高等院校会计专业本科系列教材
GAODENG YUANXIAO KUAIJI ZHUANYE BENKE XILIE JIAOCAI

财务管理

学习辅导与练习

CAIWU GUANLI XUEXI FUDAO YU LIANXI

主　编 / 敬文举
副主编 / 罗石军　王天宇　艾　俊
陈婧姝　马　泽

重庆大学出版社

内容提要

《财务管理学习辅导与练习》是应广大师生和读者的要求，根据《财务管理》教材编写的配套学习辅导书，以提高学生运用财务管理理论分析问题和解决问题的能力。本书共分为 12 章，每章由 4 部分组成。第一部分为理论辅导，分为重要概念、主要内容和重点难点，归纳每章重要知识点，辅导学生掌握重点，突破难点。第二部分为强化训练，分为单项选择题、多项选择题、判断题、计算分析题和综合题，帮助学生全面掌握本章重要的埋论知识。第三部分为案例分析，根据企业实践案例编写，有利于提高学生综合运用理论知识来解决实际问题的能力。第四部分为参考答案，有助于学生发现学习中存在的问题，帮助学生解答疑惑，提高学习效率。

图书在版编目(CIP)数据

财务管理学习辅导与练习 / 敬文举主编. -- 重庆 : 重庆大学出版社，2021.4

高等院校会计专业本科系列教材

ISBN 978-7-5689-2424-5

Ⅰ.①财… Ⅱ.①敬… Ⅲ.①财务管理—高等学校—教学参考资料 Ⅳ.①F275

中国版本图书馆 CIP 数据核字(2020)第 233682 号

高等院校会计专业本科系列教材

财务管理学习辅导与练习

主　编　敬文举

副主编　罗石军　王天宇　艾　俊

陈婧姝　马　洋

策划编辑：尚东亮

责任编辑：文　鹏　方　正　　版式设计：尚东亮

责任校对：邹　忌　　责任印制：张　策

*

重庆大学出版社出版发行

出版人：饶帮华

社址：重庆市沙坪坝区大学城西路 21 号

邮编：401331

电话：(023) 88617190　88617185(中小学)

传真：(023) 88617186　88617166

网址：http://www.cqup.com.cn

邮箱：fxk@cqup.com.cn (营销中心)

全国新华书店经销

重庆升光电力印务有限公司印刷

*

开本：787mm×1092mm　1/16　印张：17.75　字数：402 千

2021 年 4 月第 1 版　2021 年 4 月第 1 次印刷

印数：1—3 000

ISBN 978-7-5689-2424-5　定价：45.00 元

前言

财务管理是一门以会计基础、中级财务会计、成本会计、管理学原理、税法及经济法等课程为基础的,综合性和应用性较强的课程。财务管理课程主要培养学生树立科学的理财观念,掌握综合运用财务管理的理论与方法,遵循财务管理的原则,对企业经济活动进行正确的财务分析和财务决策。本书是根据重庆大学出版社《财务管理》(敬文举　张昌文主编)教材编写的配套学习辅导书,以提高学生运用财务管理理论分析问题和解决问题的能力。

本书共分为12章,每章由4部分组成。第一部分为理论辅导,分为重要概念、主要内容和重点难点,归纳每章重要知识点,辅导学生掌握重点,突破难点。第二部分为强化训练,分为单项选择题、多项选择题、判断题、计算分析题和综合题,帮助学生全面掌握本章重要的理论知识。第三部分为案例分析,根据企业实践案例编写,有利于提高学生综合运用理论知识来解决实际问题的能力。第四部分为参考答案,有助于学生发现学习中存在的问题,帮助学生解答疑惑,提高学习效率。附录则提供了两套综合模拟试卷及参考答案,以帮助学生自我测试学习效果和对本课程的掌握情况。

本书在编写过程中,参考了大量文献,在此对文献作者表示由衷的感谢!由于编写人员知识和经验有限,书中难免存在缺点和错误,敬请使用本书的师生和在职经营管理者提出宝贵意见,并将建议及时反馈给我们,以便再版时修订完善。

编　者

2020年5月15日

目录

第一章　财务管理导论

第一部分　理论辅导

一、重要概念

①财务管理是指遵循客观经济规律，利用价值形式，采取科学方法对企业资金运动进行预测、决策、计划、控制、分析，并处理好企业与各利益相关者之间的关系，以实现企业目标的管理活动。

②财务管理内容主要是组织企业财务活动和处理企业财务关系。财务活动是指资金的筹集、运用、收回及分配等一系列行为。财务关系是企业与各利益相关者之间的经济利益关系。

③财务管理目标是企业从事理财活动所期望达到的目的，企业财务管理目标就是实现企业价值最大化。

④财务管理原则是指运用财务管理理论在财务管理实务中得出的共同的、理性的认识，是企业财务管理工作必须遵循的准则。

⑤财务管理环节是指财务管理所必须经历的过程，由财务预测、财务决策、财务计划、财务控制和财务分析组成。

⑥财务管理环境是指对企业财务活动产生影响的各种条件或因素的集合，可以分为宏观环境和微观环境。

二、主要内容

1.财务管理发展历程

财务管理发展历程是指财务管理发展经历的五个主要阶段，如表 1.1 所示。

表 1.1　财务管理发展历程

发展阶段	产生年代	主要特点
萌芽阶段	15 世纪	出现股份公司，通过股权筹资，按股权分配利润
筹资管理阶段	16 世纪至 20 世纪	通过证券市场筹资，证券交易不规范
内部控制阶段	第二次世界大战以后	重视内部控制，确保资产安全性和有效性
投资管理阶段	20 世纪 60 年代	注重投资分析和投资价值管理
综合管理阶段	20 世纪 80 年代	财务管理多元化和国际化

2.财务管理内容

财务管理内容包括组织财务活动和处理企业财务，如表 1.2 所示。

表 1.2　财务管理内容

分类	具体内容	解释
财务活动	筹资活动	筹集企业所需资金，保持合理的资本结构
	投资活动	资金投放到合适项目，实现投资增值
	营运活动	合理分配资金，提高资金利用率
	分配活动	协调利益关系，保持可持续性
财务关系	与政府的关系	遵守法律，合理纳税，公平竞争
	与投资者的关系	为投资者创造价值，按规定分配收益
	与被投资者的关系	资源共享，优势互补
	与债权人的关系	保障债权人利益，按期还本付息
	与债务人的关系	保障资金安全，依法处理债务
	与顾客的关系	提供增值服务，形成利益共同体
	企业内部关系	内部资源整合，形成协同效益

3.财务管理原则

财务管理原则主要包括三大类共 12 条，具体内容如表 1.3 所示。

表 1.3　财务管理的原则

分类	具体原则	说明
竞争环境原则	自利行为原则	依据委托代理理论，寻求自身利益最大化
	双方交易原则	依据博弈论，考虑交易双方行为及税收等因素
	信号传递原则	应充分考虑交易信息的真实性和时效性
	引导原则	行业标准、搭便车及合作竞争

续表

分类	具体原则	说明
创造价值原则	价值创意原则	新创意能获得额外报酬,企业要持续创新
	比较优势原则	依据分工理论,整合资源,培育核心竞争力
	期权原则	期权具有价值,企业必须科学规划
	净增效益原则	采用差额分析法比较投资备选方案,多中择优
财务交易原则	风险报酬权衡原则	风险与报酬存在对应关系,考虑企业抗风险能力
	投资分散化原则	投资组合可以降低风险,也可以提高投资收益
	资本市场有效原则	完善资本市场能正确评估价值,进行公平交易
	货币时间价值原则	充分利用资金,完善资产结构

4.财务管理环境

财务管理环境分为宏观财务管理环境和微观财务管理环境,具体内容如图 1.1 所示。

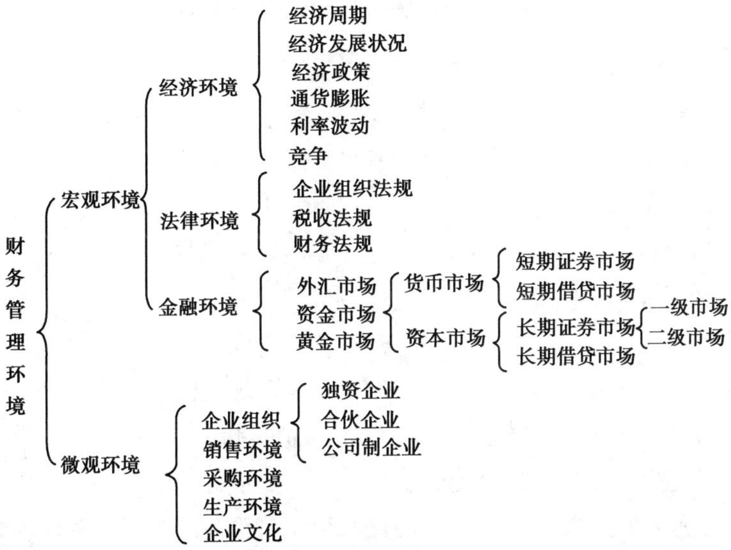

图 1.1　财务管理的环境

5.财务管理环节

财务管理包括财务预测、财务决策、财务计划、财务控制和财务分析 5 个环节,如图 1.2 所示。

三、重点难点

1.本章重点

科学理解财务管理概念,正确把握财务管理目标,合理运用财务管理原则,采取有效的财务管理程序,整合企业内外部资源,实现企业财务管理目标。

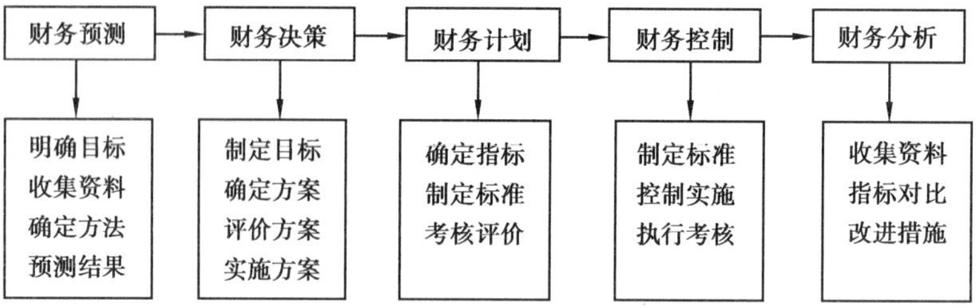

图 1.2　财务管理环节

2.本章难点

第一，坚持科学的财务管理理念，制定合理的财务管理战略，保障企业总体战略实施。

第二，树立价值管理观念，采取有效的财务管理原则，发现企业价值。

第三，运用工商管理核心理论，采取有效的财务管理措施，为企业创造价值。

第二部分　强化训练

一、单项选择题

1.企业财务管理是对(　　)所进行的管理。

A.企业的资本来源　　B.企业的各项资产

C.企业的资金运动　　D.企业收益及其分配

2.现代企业财务管理的最优目标是(　　)。

A.利润最大化　　B.股东财富最大化

C.企业价值最大化　　D.现金流量最大化

3.企业价值最大化是企业财务管理目标，其价值是指(　　)。

A.账面价值　　B.公允价值　　C.重置价值　　D.市场价值

4.所有者通常同时采取(　　)两种办法来协调自己与经营者的利益。

A.解聘和接收　　B.解聘和激励　　C.激励和接收　　D.监督和激励

5.在金融市场中，(　　)为公司财务管理提供最直接而有用的信息。

A.证券价格变动　　B.货币政策变动　　C.利率变动　　D.汇率变动

6.由于借款人无法按时支付利息或偿还本金带来的风险而要求的利率补偿是(　　)。

A.通货膨胀补偿率　　B.违约风险补偿率

C.流动性风险补偿率　　D.到期风险补偿率

7.确定国库券利率时，应考虑的主要因素是(　　)。

A.纯利率和通货膨胀补偿率

B.纯利率和违约风险补偿率

C.流动性风险补偿率和违约风险补偿率

D.流动性风险补偿率和通货膨胀补偿率

8.财务管理最重要的职能,即财务管理的核心环节是(　　)。

A.财务预测　B.财务决策　C.财务预算　D.财务控制

9.下列各项经济活动中,属于企业间接投资的是(　　)。

A.购买设备　B.购买原材料　C.购买专利权　D.购买股票

10.关于名义利率与实际利率的关系,下列说法错误的是(　　)。

A.名义利率是包含对通货膨胀补偿的利率

B.实际利率是包含对通货膨胀补偿的利率

C.实际利率是扣除通货膨胀补偿后的利率

D.年内多次计息导致实际利率大于名义利率

二、多项选择题

1.从狭义的角度看,企业财务活动的内容包括(　　)。

A.资本筹集　B.资本运用

C.资本耗费　D.资本收益分配

2.在组织资本运动过程中,企业可能会与下列利益相关者发生经济关系(　　)。

A.投资者、受资者　B.债权人、债务人

C.国家税务机关　D.员工

3.利润额最大化目标的主要缺点包括(　　)。

A.是一个绝对值指标,未能考虑投入和产出之间的关系

B.未能考虑货币时间价值

C.未能有效地考虑风险

D.未能反映股东利益

4.关于企业价值最大化目标,下列说法中(　　)是正确的。

A.企业价值与预期报酬成正比,与预期风险成反比

B.预期报酬越高,企业风险就可能越大,企业价值也越大

C.企业风险越大,预期报酬就可能越高,企业价值也越大

D.企业价值只有在风险和报酬达到比较好的均衡时才能达到最大

5.公司财务管理的法律环境所涉及的范围包括(　　)。

A.企业组织法规　B.税收法规

C.证券法规　D.财务法规

6.金融市场按交易的期限,分为(　　)。

A.货币市场　B.资金市场　C.资本市场　D.外汇市场

7.财务控制的常用方式有(　　)。

A.制度控制　B.事前控制　C.预算控制　D.过程控制

8.股东通过经营者伤害债权人利益的常用方式是(　　)。

A.不经债权人的同意,投资比债权人预期风险高的项目

B.不顾工人的健康和利益

C.不征得债权人同意而发行新债

D.支付高额的现金股利

9.关于风险—报酬权衡原则,下列说法正确的是(　　)。

A.投资者必须对风险和报酬做出权衡

B.投资者为追求较高的报酬需承担较大的风险

C.投资者为降低风险需接受较低的报酬

D.在风险相同时,人们一般会选择报酬较高的投资机会

10.财务管理应当遵循价值创造原则就意味着(　　)。

A.一切财务活动都必须以企业价值最大化为出发点和归宿点

B.企业应当以较低的筹资成本和筹资风险获取较多的筹资额

C.企业筹集的资金应当投资超过最低可接受收益率的项目

D.企业如果没有更好的投资机会并创造更大价值,最好的办法是将收益分配给股东

三、判断题

1.股东财富最大化目标考虑了众多相关利益主体间的不同利益。(　　)

2.财务管理宏观环境是企业财务决策可以改变的、影响企业财务活动的外部约束条件。(　　)

3.企业可以不受任何条件的约束自主进行筹资、投资和收益分配活动。(　　)

4.税收的缴纳会增加企业的现金流出量,但不会影响企业利润。(　　)

5.企业可以利用金融市场来调整资本结构。(　　)

6.如果企业面临的风险较大,那么企业价值就一定会下降。(　　)

7.某项投资的到期日越长,投资者受不确定性因素的影响就越大,其承担的流动性风险就越大。(　　)

8.现代企业财务管理的主要内容涉及投资决策、筹资决策和收益分配决策三项,不涉及其他方面的问题。(　　)

9.宏观经济环境、政府的经济政策、资本市场的效率、市场竞争环境等因素的变化都会对企业财务活动产生影响。(　　)

10.盈利企业给股东创造了价值,而亏损企业减少了股东财富。(　　)

第三部分　案例分析

银丰矿业改制

一、案例材料

张洁拥有一家经营得十分成功的矿业企业——银丰矿业。30 年来,张洁一直坚持独自经营,身兼所有者和管理者两职。现在他 75 岁了,打算从管理岗位上退下来,但是他希望矿业仍能掌握在自己家族手中,他的长远目标是将这份产业留给儿子和孙子。

张洁正在考虑是否将他的矿业转为公司制经营。如果他将矿业改组为有限公司,那么他就可以给自己的每一位儿孙分配合适的股份。他也可以将矿业进行合伙经营,每位儿孙成为企业合伙人。为了能够选择正确的企业组织形式,张洁制订了以下几个目标:

第一,所有权。张洁希望他的三个儿子各拥有 20%的股份,四个孙子各拥有 10%的股份。

第二,管理权。当张洁退休后,他希望将矿业交给一位长期服务于矿业的雇员李晨来管理。虽然张洁家族保持对矿业的所有权,但他并不相信他的家族成员会有足够的时间和经验管理好矿业。事实上,张洁的四个孙子根本不具有经济头脑,他并不希望他们参与矿业管理。

第三,持续经营。张洁认为即使发生意外事件导致儿孙转让或者放弃所有权的情况也不会影响矿业经营的持续性。

第四,所得税。张洁希望矿业改制后尽可能降低矿业应缴纳的所得税和儿孙们的个人所得税。

第五,其他。张洁知道,由于矿业会出现施工不当导致隧道塌方等意外事故,因此要求矿业有大量的货币资金。虽然矿业已投了保,但他还是希望矿业在发生重大损失时,他的儿孙们的个人财产不受任何影响。

二、案例分析要求

根据财务管理理论知识,你认为银丰矿业应采用哪种组织形式更合理,并说明理由。

第四部分　参考答案

一、单项选择题

1.C　2. C　3. D　4. D　5. C　6. B　7. A　8. B　9. D　10. B

二、多项选择题

1.ABD　2. ABCD　3. ABC　4. AD　5. ABD　6. AC　7. AC　8. AC　9. ABC　10. ABCD

三、判断题

1.×　2. ×　3. ×　4. ×　5. √　6. ×　7. ×　8. ×　9. √　10. ×

四、案例分析要点

企业组织形式是指企业财产及其社会化大生产的组织状态，表明一个企业的财产构成、内部分工协作与外部社会经济联系的方式。企业组织形式分为独资企业、合伙企业、公司制企业，如表1.4所示。

表1.4　企业组织形式比较

类型	界定	优点	缺点
独资企业	个人出资经营、归个人所有和控制、由个人承担经营风险和享有全部经营收益的企业	所有权和经营权高度统一；责任性强，积极性高	难以筹集大量资金，投资者风险大，管理水平低
合伙企业	各合伙人订立合伙协议，共同出资，共同经营，共享收益，共担风险	扩大了资金来源，分散了风险，管理能力增强	承担连带责任，筹资困难，决策滞后
公司制企业	由两个以上投资者依法出资组建，有独立法人财产，自主经营，自负盈亏的法人企业	筹资能力强，管理水平高，所有权转移方便，企业发展稳定	组建程序复杂，限制条件较多，保密性较差

银丰矿业应采用公司制企业更合理，理由如下：

第一，公司制企业是建立现代企业制度的前提。现代企业制度从产权制度改革入手，在资本结构多元化、资本形成社会化和市场化等制度上进行重构，才能不断加强企业管理，提高企业经营能力。

第二，公司制企业是完善法人治理结构的基础。银丰矿业在进行公司制改革后，明确投资主体，建立权责明确的法人治理结构，形成相互激励的约束机制。银丰矿业公司改制既能解决长期存在的企业“内部人控制”的问题，又能解决股东经营管理能力差的难题，有利于企业可持续发展。

第三，公司制企业有利于企业发展。银丰矿业改制为公司制以后，仅以法人财产对公司债务承担有限责任，降低了风险。公司制企业促进资本流动及投资风险转移，不断完善银丰矿业资产结构和资本结构，有利于加快企业发展。

第二章　财务管理的基本观念

第一部分　理论辅导

一、重要概念

①货币时间价值是指资金经历一定时间的投资和再投资所增加的价值。货币时间价值度量应根据实际情况采用单利或复利，度量参数包括终值、现值、利率和计息期数。

②年金是指一定时期内每期等额的收付款项，年金按付款方式可分为普通年金、预付年金、递延年金和永续年金。

③风险是指事件结果的不确定性，风险的正面效应是机会或收益，风险的负面效应是危险或损失。

④资本资产定价模型（CAPM）是指资产投资必要收益率等于无风险收益率与其风险匹配的风险收益率之和。

二、主要内容

1.货币时间价值度量

货币时间价值度量是指根据实际需要，运用货币时间价值理论计算有关指标，如表2.1所示。

表2.1　货币时间价值度量

主要指标	计算公式	系数符号	应用条件
复利终值	$F=P(1+i)^n$	$(1+i)^n=(F/P,i,n)$	一次性收付的本利和
复利现值	$P=F(1+i)^{-n}$	$(1+i)^{-n}=(P/F,i,n)$	一次性收付的本金
普通年金终值	$F=A\dfrac{(1+i)^n-1}{i}$	$\dfrac{(1+i)^n-1}{i}=(F/A,i,n)$	定期、等额、多次收付的本利和

续表

主要指标	计算公式	系数符号	应用条件
偿债基金	$A=F\dfrac{i}{(1+i)^n-1}$	$\dfrac{i}{(1+i)^n-1}=(A/F,i,n)$	已知年金终值计算每次收付额
普通年金现值	$P=A\dfrac{1-(1+i)^{-n}}{i}$	$\dfrac{1-(1+i)^{-n}}{i}=(P/A,i,n)$	定期、等额、多次收付的现值
投资回收额	$A=P\dfrac{i}{1-(1+i)^{-n}}$	$\dfrac{i}{1-(1+i)^{-n}}=(A/P,i,n)$	已知年金现值计算每次收付额
递延年金现值	递延年金现值 $=A\times(P/A,i,n-s)\times(P/F,i,s)$ $=A\times(P/A,i,n)-A\times(P/A,i,s)$		

2.单项资产风险衡量

单项资产风险衡量指标分为概率、期望值、方差、标准差和变化系数,如表 2.2 所示。

表 2.2 单项资产风险的衡量

指标	含义	计算公式	适用范围
概率	表示随机事件发生可能性大小的数值	$0\leqslant P_i\leqslant 1$	随机事件发生情况
期望值	所有可能的结果以相应的概率为权数的加权平均数	$\overline{E}=\sum\limits_{i=1}^{n}X_i\cdot P_i$	能预测出预期收益率和发生的概率
方差	用来表示随机变量和期望值之间的离散程度的一个数值	$\sigma^2=\sum\limits_{i=1}^{n}(K_i-\overline{E})^2\cdot P_i$	已知概率和期望值
标准差	各种可能的收益率偏离期望收益率的综合差异	$\sigma=\sqrt{\sum\limits_{i=1}^{n}(K_i-\overline{E})^2\cdot P_i}$	已知方差求平方根
变化系数	标准差与期望值的比值	$V=\dfrac{\sigma}{\overline{E}}$	已知标准差和期望值

三、重点难点

1.本章重点

理解货币时间价值和风险与报酬权衡的原则,熟悉货币时间价值度量方法和风险衡量方法,掌握资本资产定价模型及其应用。

(1)现金流量时间轴

画出现金流量时间轴可以清晰反映项目实际发生现金流量状况,便于准确计算货币时间价值。现金流量时间轴是一条从左到右具有方向的轴,其起点为 0,把轴分为 n 个等份,0 表示现在,即今天这个时点或者第一期初,1 表示第一期末或者第二期初、2 表示第二期末或者第三期初,以此类推。每一个间隔表示一个计息期,n 个间隔表示有 n 个计息期。现金流量直接标注在时间轴的上方或者下方,标注在时间轴的上方表示现金流入,标注在时间轴的下方表示现金流出。利率标注在时间轴的下方,用问号表示要计算的现金流量价值,即货币时间价值。例如,现在发生 10 000 元的现金流出,年利率为 5%,问经过 n 年后现金流入为多少?首先应根据题意画出现金流量时间轴,如图 2.1 所示,然后,计算 n 年 10 000 元的终值。

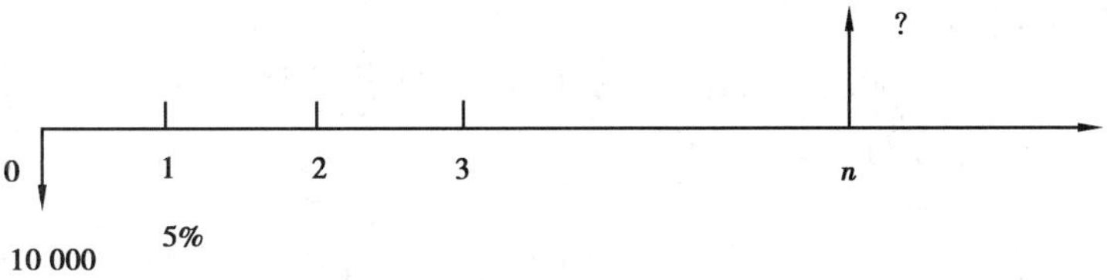

图 2.1　现金流量时间轴示意图

(2)资本资产定价模型(CAPM)

资本资产定价模型(Capital Asset Pricing Model,CAPM)是在收益和风险均衡的条件下,确定资本资产投资必要收益率的模型。其计算公式如下:

$$K_i = R_f + R_r = R_f + \beta_i(R_m - R_f)$$

式中:K_i——投资第 i 种证券或证券组合的必要收益率。

公式中有三项基本因素:

第一,R_f 为无风险收益率,通常以短期国债投资收益率为参数来确定。

第二,R_m 为市场平均收益率,通常由经济研究与咨询机构预测得到。

第三,单个证券或证券组合的 β_i,可以根据证券市场以往的相关资料计算得到。

2.本章难点

运用货币时间价值原则进行度量,做出正确投资决策。合理衡量投资项目风险,计算出投资项目必要收益率。

(1)即付年金计算

即付年金是在一定时期内每期期初等额发生的收付系列款项,相对于普通年金多一个计息期,因此,即付年金终值和现值分别在普通年金终值和现值的基础上乘以$(1+i)$。通过公式推导,即付年金终值系数是在普通年金终值系数的基础上,期数加 1,系数值减 1 所得的结果,记为$[(F/A,i,n+1)-1]$,通过查阅“1 元年金终值表”得到$(n+1)$期的值,然后减去 1 便可得出对应的即付年金终值系数。即付年金现值系数是在普通年金现值系数的基础上,期数减 1,系数值加 1 所得的结果,记为$[(P/A,i,n-1)+1]$,通过查阅“1 元年金现值表”得到$(n-1)$期的值,然后加 1,便可得出对应的即付年金现值系数。

(2)递延年金计算

递延年金终值的大小与递延期无关,计算公式与普通年金终值相同,即 $F=A\times(F/A,i,n-s)$。递延年金现值的计算有两种方法:

第一种方法称为虚增法,是先计算出 n 期普通年金现值,然后减去前 s 期没有发生的

普通年金现值,两者之差为递延年金的现值,计算公式如下:

$$P = A \cdot \left[\frac{1-(1+i)^{-n}}{i} - \frac{1-(1+i)^{-s}}{i}\right] = A \cdot [(P/A,i,n) - (P/A,i,s)]$$

第二种方法称为再折现法,是先将此递延年金视为$(n-s)$期普通年金,求出在第 s 期的现值,然后再折算为第 0 期的现值,计算公式如下:

$$P = A \cdot \frac{1-(1+i)^{-(n-s)}}{i} \cdot (1+i)^{-s} = A \cdot (P/A,i,n-s) \cdot (P/F,i,s)$$

(3)普通年金折现率计算

根据普通年金终值 F 和年金现值 P 的计算公式可推算出年金终值系数$(F/A,i,n)$和年金现值系数$(P/A,i,n)$的算式:

$$(F/A,i,n) = \frac{F}{A}$$

$$(P/A,i,n) = \frac{P}{A}$$

根据已知的 F、A、n,可求出$\frac{F}{A}$的值。通过查年金终值系数表,有可能在表中找到等于$\frac{F}{A}$的系数值,该系数值所在列的 i 值,即为所求的 i 值。同理,根据已知的 P、A、n,可求出$\frac{P}{A}$的值。通过查年金现值系数表,可求出 i 值。必要时可采用内插法,又称插值法,步骤如下:

第一,计算出$\frac{P}{A}$的值,设$\frac{P}{A}=\alpha$。

第二,查普通年金现值系数表。沿着已知 n 所在的行横向查找,若恰好能找到某一系数值等于 α,则该系数值所在的列相对应的利率便为所求的 i 值。

第三,若无法找到恰好等于 α 的系数值,就应在表中 n 行上找与 α 最接近的两个左右临界系数值,设为 β_1、β_2,系数 β_1、β_2 所对应的利率分别为 i_1、i_2,然后运用内插法。

第四,在内插法下,假定利率 i 同相关系数在较小的范围内线性相关,因而可根据临界系数 β_1、β_2 和临界利率 i_1、i_2 计算出 i,其公式为:

$$i = i_1 + \frac{\beta_1 - \alpha}{\beta_1 - \beta_2} \cdot (i_2 - i_1)$$

【例 2-1】 某公司于第一年年初借款 160 000 元,每年年末还本付息额均为 40 000 元,连续 5 年还清。问借款利率是多少?

根据题意,已知 $n=5$,$P=160\ 000$,$A=40\ 000$,则:

$$(P/A,i,5)=\frac{P}{A}=\frac{160\ 000}{40\ 000}=4$$

查 $n=5$ 的普通年金现值系数表。在 $n=5$ 一行中无法找到恰好等于 $\alpha(\alpha=4)$ 的系数值,于是在该行上找大于和小于 4 的临界系数值,分别为 $\beta_1=4.100\ 2$,$\beta_2=3.992\ 7$,相对应

的临界利率为 $i_1=7\%$，$i_2=8\%$。则：

$$i=i_1+\frac{\beta_1-\alpha}{\beta_1-\beta_2}\cdot(i_2-i_1)$$

$$=7\%+\frac{4.100\ 2-4}{4.100\ 2-3.992\ 7}\times(8\%-7\%)=7.93\%$$

(4)普通年金期间计算

普通年金期间计算与普通年金折现率计算相似，已知 P、A、i 的情况下，推算期间 n 的基本步骤。

第一，计算出$\frac{P}{A}$的值，设其为$\frac{P}{A}=\alpha$

第二，查普通年金现值系数表。沿着已知 i 所在的列纵向查找，若恰好能找到某一系数值等于 α，则该系数值所在行的 n 值便为所求的期间值。

第三，若无法找到恰好等于 α 的系数值，就在该列查找与 α 最接近的两个上下临界系数值 β_1、β_2 及对应的临界期间 n_1、n_2，然后运用内插法求 n。其公式为：

$$n=n_1+\frac{\beta_1-\alpha}{\beta_1-\beta_2}\cdot(n_2-n_1)$$

【例 2-2】　依上例，假设借款利率为 8%，问几年能还清？

根据题意，已知 $i=8\%$，$P=160\ 000$，$A=40\ 000$，则：

$$(P/A,8\%,n)=\frac{P}{A}=\frac{160\ 000}{40\ 000}=4$$

查普通年金现值系数表。在 $i=8\%$ 的列上纵向查找，无法找到恰好等于 $\alpha(\alpha=4)$ 的系数值，于是在该列上找大于和小于 4 的临界系数值，分别为 $\beta_1=4.622\ 9$，$\beta_2=3.992\ 7$，相对应的临界期间 $n_1=6$、$n_2=5$，则：

$$n=n_1+\frac{\beta_1-\alpha}{\beta_1-\beta_2}\cdot(n_2-n_1)=6+\frac{4.622\ 9-4}{4.622\ 9-3.992\ 7}\times(5-6)$$

$$=5.011\ 6$$

(5)标准离差率计算

标准离差率，又称变化系数，是标准差同期望值的比值，是反映随机变量离散程度的重要指标，通常用符号 V 表示，其计算公式为：

$$V=\frac{\sigma}{\overline{E}}$$

计算标准离差率必须先计算方差和期望值。因此，标准离差率计算步骤如下：

第一，分析项目预期收益率及其发生的概率；

第二，计算项目的期望值；

第三，计算项目的方差；

第四，计算项目的标准差；

第五，计算项目标准离差率。

第二部分　强化训练

一、单项选择题

1.李先生打算在10年后购买价值100万元的房屋，银行年复利率为10%，则他现在应一次性存入(　　)。

A.259 400元　　B.110 000元　　C.386 000元　　D.614 500元

2.甲方案的标准差为1.8，乙方案的标准差为1，若两方案的期望值相同，则二者的风险关系为(　　)。

A.甲小于乙　　B.甲大于乙　　C.二者相等　　D.无法确定

3.在多个方案比较中，标准离差率越小的方案，风险(　　)。

A.越大　　B.越小　　C.相等　　D.不存在必然联系

4.为了能在第5年末获得10万元，求每年年末应存入多少，采用的计算方法为(　　)。

A.年金现值系数　　B.年金终值系数

C.复利现值系数　　D.复利终值系数

5.在普通年金现值系数的基础上，期数减1、系数加1所得的结果，在数值上等于(　　)。

A.普通年金现值系数　　B.预付年金现值系数

C.普通年金终值系数　　D.预付年金终值系数

6.下列年金中，只有现值没有终值的年金是(　　)。

A.普通年金　　B.预付年金　　C.永续年金　　D.递延年金

7.如果选择在本年初存入20 000元，银行每年按10%的复利计息，在之后的每年年末取出4 000元，则最后一次能够足额提款的时间是(　　)。

A.第5年年末　　B.第8年年末　　C.第7年年末　　D.第9年年末

8.在10%的利率下，一至三年期的复利现值系数分别为0.909 1、0.826 4、0.751 3，则三年期的年金现值系数为(　　)。

A.2.486 8　　B.1.735 5　　C.0.751 3　　D.2.735 5

9.投资者甘愿冒着风险进行投资的诱因是(　　)。

A.可获得报酬　　B.可获得利润

C.可获得等同于时间价值的报酬率　　D.可获得风险报酬

10.在利息不断资本化的条件下，资金时间价值的计算基础应采用(　　)。

A.单利　　B.复利　　C.年金　　D.普通年金

11.有一项年金，前3年无流入，后5年每年年初流入500万元，假设年利率为10%，其现值为(　　)万元。

A.1 423.21　　B.1 566.35　　C.1 813.48　　D.1 994.59

12.某人购入债券，在名义利率相同的情况下，对其比较有利的复利计息期是(　　)。

A.一年　　B.一个季度　　C.半年　　D.一个月

13.已知$(F/A,8\%,10)=14.487$,$(F/A,8\%,12)=18.977$,则$(F/A,8\%,11)$的预付年金终值为(　　)。

A.15.487　　B.16.726　　C.17.977　　D.19.415

14.已知$(P/A,10\%,10)=6.1446$,$(P/A,10\%,9)=5.7591$,则10年期、10%利率的预付年金现值系数应该为(　　)。

A.6.759 1　　B.6.144 6　　C.5.579 3　　D.7.579 2

15.未来值扣除时间价值后所剩的“本金”,可以看作(　　)。

A.终值　　B.现值　　C.年金　　D.收益

16.A证券的预期报酬率为10%、标准离差率为18%,B证券的预期报酬率为18%、标准离差率为20%,A证券与B证券之间的相关系数为0.25,两项投资各占50%,则投资组合的标准离差率为(　　)。

A.16%　　B.12.88%　　C.10.26%　　D.13.79%

17.某投资组合的风险收益率为10%,市场组合的平均收益率为12%,无风险收益率为8%,则该投资组合的β系数为(　　)。

A.2　　B.2.5　　C.1.5　　D.5

18.财务管理中,把一定条件下和一定时期内可能发生的各种结果的变动程度称为(　　)。

A.危险　　B.损失　　C.风险　　D.收益

19.经济具有周期性,不可避免地会发生通货膨胀、经济持续衰退等情况,称为(　　)。

A.系统风险　　B.非系统风险　　C.经营风险　　D.企业风险

20.当两个方案的期望值不同时,比较风险大小的指标应该选择(　　)。

A.标准差　　B.标准离差率　　C.方差　　D.β系数

二、多项选择题

1.永续年金具有(　　)的特点。

A.没有终值　　B.没有期限

C.每期等额收或付　　D.没有现值

2.递延年金具有以下特点(　　)。

A.年金的第一次支付发生在若干期之后

B.年金的现值与递延期无关

C.年金的终值与递延期无关

D.现值系数是普通年金现值系数的倒数

3.关于股票或股票组合的β系数,下列说法正确的有(　　)。

A.市场组合的β系数为1

B.股票组合的β系数是构成组合的个别股票β系数的加权平均数

C.股票的β系数用于衡量个别股票的系统风险

D.股票的β系数用于衡量个别股票的非系统风险

4.在财务管理中经常用来衡量风险大小的指标有(　　)。

A.标准差　　B.方差

C.期望风险报酬率　　D.标准离差率

5.影响复利现值计算的因素有(　　)。

A.利率　　B.终值　　C.期数　　D.年金

6.下列表述中,正确的有(　　)。

A.复利现值系数与复利终值系数互为倒数

B.普通年金终值系数与已知终值求年金的系数互为倒数

C.普通年金终值系数与普通年金现值系数互为倒数

D.普通年金现值系数与预付年金现值系数相比较期数和系数各差1

7.概率必须满足(　　)条件。

A.每个随机变量出现的概率在0与1之间

B.所有随机变量的概率之和必须等于1

C.每个随机变量出现的概率必须相等

D.所有随机变量的概率之和必须大于1

8.某公司拟购置一处房产,付款条件是:从第4年开始,每年年初支付10万元,连续10次,共计100万元,假设该公司的资金成本率为8%,则相当于该公司现在一次付款的金额为(　　)万元。

A.$10\times[(P/A,8\%,12)-(P/A,8\%,2)]$

B.$10\times[(P/A,8\%,10)\times(P/F,8\%,2)]$

C.$10\times[(P/A,8\%,13)-(P/A,8\%,3)]$

D.$10\times[(P/A,8\%,12)-(P/A,8\%,3)]$

9.下列项目表述正确的是(　　)。

A.资金时间价值不是时间的产物,而是劳动的产物

B.资金时间价值与利率是一回事

C.资金时间价值通常是按复利计算

D.如果通货膨胀率极低,政府债券率可以视同时间价值

10.关于风险下列说法正确的是(　　)。

A.从理论上讲,风险和不确定是一回事

B.投资项目风险是客观存在的

C.风险在一定条件下,一定时期内可以发生的各种结果的变动程度

D.某一随机事件只有一种结果,则无风险

11.关于普通年金的叙述正确的是(　　)。

A.普通年金终值是一系列复利终值之和

B.普通年金终值与预付年金终值在计算时收付的期数相同,但计息期相差一期

C.$n+1$期的预付年金终值与n期的普通年金终值的计息期数相同

D.$n-1$期的预付年金终值与n期的普通年金终值相同

12.财务管理最基本的价值观念有(　　)。

A.时间价值观念　　B.风险价值观念

C.利润最大化观念　　D.经济效益最大化观念

13.下列可视为永续年金例子的有(　　)。

A.零存整取　　B.存本取息

C.利率较高持续期限较长的等额定期的系列收支

D.整存整取

14.下列因素引起的风险中,投资者不能通过证券投资组合予以消减的有(　　)。

A.宏观经济状况变化　　B.世界能源状况变化

C.发生经济危机　　D.被投资企业出现经营失误

15.资本资产定价模型在财务管理中被广泛应用于(　　)等方面。

A.资本预算　　B.资本成本估计

C.杠杆效应　　D.投资组合分析

三、判断题

1.货币时间价值所代表的是没有投资风险和通货膨胀因素的投资报酬率。(　　)

2.普通年金与预付年金的区别仅在于计息时间的不同。(　　)

3.永续年金可以视为期限趋于无穷的普通年金。(　　)

4.在利率相同的情况下,第 8 年年末 1 元的复利现值系数大于第 6 年年末 1 元的复利现值系数。(　　)

5.证券 A 的标准离差率为 40%,β 系数为 0.5;证券 B 的标准离差率为 20%,β 系数为 1.5,则可以判断证券 A 比证券 B 的总体风险大,而系统风险小。(　　)

6.在现值和利率一定的情况下,计息期数越少,则复利终值越大。(　　)

7.风险本身可能带来超出预期的损失,也可能带来超出预期的收益。(　　)

8.在终值和计息期一定的情况下,折现率越低,则复利现值越高。(　　)

9.一个投资组合的标准差,也可以根据两个单独标准差的简单加权平均数计算出来。(　　)

10.在市场均衡情况下,投资者的预期收益率与必要报酬率总是相等的。换言之,股票的市场价值总是维持在均衡状态。(　　)

四、计算分析题

1.目的:练习预付年金终值和普通年金现值的计算。

资料:甲公司在 2016 年和 2017 年年初对 A 设备投资均为 80 000 元,该项目于 2018 年年初完工投产,2018、2019、2020 年每年年末的预期收益均为 70 000 元,银行存款的复利率为 6%。

要求:按年金计算 2017 年年末投资额的终值和 2018 年年初每年预期收益的现值。

2.目的:练习插值法下利率的计算。

资料:若要使复利终值经过4年后翻4番,每年计息一次。

要求:计算年报酬率。

五、综合题

1.资料:张望购买一套商品房,如付现金,则应一次性支付50万元,如果通过商业银行按揭贷款,则年复利率为6%,每年年末支付6万元,共需支付20年。

要求:

(1)分析哪一种付款方式好?

(2)若使两种方法的结果无差异,在一次性付款额、利率、期数不变的情况下,应该在每年年末支付的金额是多少?

2.资料:A、B两只股票,其预期收益的概率分布见表2.3。

表2.3 预期收益的概率分布

市场情况	概率	预期收益/%	
		A股票	B股票
好	0.2	20	30
一般	0.5	10	15
差	0.3	5	-5

要求:

(1)计算两只股票的预期收益率、标准差和标准离差率。

(2)假设资本资产定价模型成立,若市场组合的收益率为10%,短期国债的利息率为3%,市场组合的标准差为5%,计算A、B两只股票各自的β系数以及它们与市场组合的相关系数。

(3)假设A、B两只股票投资的价值比重为6:4,两只股票间相关系数为0.5,计算两只股票的组合收益率、组合β系数和组合标准差。

第三部分 案例分析

乐视集团长期股权投资

一、案例材料

(一)乐视集团简介

1.乐视集团介绍

乐视集团坐落于中关村高科技产业园区,由贾跃亭创办的乐视网成立于2004年11月,是一家享有国家级高新技术资质的网络视频企业,2010年8月12日在创业板上市,成为视频网站中最早 IPO 的企业。目前乐视网影视版权库覆盖十万多集电视剧和五千多部电影,国产剧涵盖率达到全行业第一的好成绩,是中国最大的正版影视剧版权库,并正在加速向自制、体育、综艺、音乐、动漫等不同领域进军。旗下包括乐视致新、乐视流媒体、乐视新媒体、乐视移动、花儿影视、乐视体育、乐视云计算、网酒网等公司,如图 2.2 所示。乐视致力于打造涵盖互联网视频、电子商务、影视制作与发行、应用市场以及智能终端等多项业务的完整生态系统。乐视的生态业务于 2014 年实现了将近一百亿元的营业收入,贾跃亭在 2012 年年底推出了乐视的“SEE 计划”, 该计划的主要内容是打造汽车“O2O 模式”,即将超级汽车线上线下结合,形成汽车智能生态系统。此外,乐视集团还于次年 4 月在北京举办了首场乐视手机发布会。最终在 2015 年乐视集团实现了应收超过 130 亿元,年增长率接近 1 倍, 其中有 5.73 亿元的净利润用于股东分红,比上一年增长了将近一半有余。由此可知,乐视生态业务在 2015 年取得了十分良好的发展,向董事会交出了一张十分满意的业绩报告。

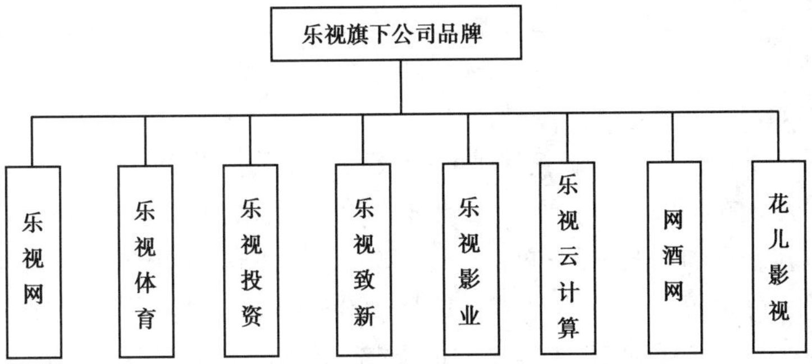

图 2.2　乐视旗下公司品牌

2.乐视集团长期股权投资

在过去六年中,乐视集团已经实现了将近 750 亿元的对外投资,天眼查询平台的结果显示,乐视集团已经参股将近 41 家企业,其中对外投资的企业多达 29 家。乐视控股集团的生态圈建设主要由 15 家公司参与,详见表 2.4。

表 2.4　乐视投资生态圈企业

序列	关联公司名称	参控关系	参控比例/%
1	乐视网(天津)信息技术有限公司	子公司	100
2	东阳市乐视花儿影视文化有限公司	子公司	100
3	重庆市乐视小额贷款有限公司	子公司	100
4	乐视新媒体文化(天津)有限公司	子公司	100
5	北京乐视流媒体广告有限公司	子公司	100
6	乐视财富(北京)信息技术有限公司	子公司	100
7	乐视网(上海)信息技术有限公司	子公司	100

续表

序列	关联公司名称	参控关系	参控比例/%
8	乐想控股有限公司	子公司	100
9	霍尔果斯乐嗨文化传媒有限公司	子公司	100
10	乐视网信息技术(香港)有限公司	子公司	100
11	乐视致新电子科技(天津)有限公司	子公司	58.55
12	乐视网文化发展(北京)有限公司	子公司	51
13	乐视云计算有限公司	合营企业	50
14	乐视电子商务(北京)有限公司	联营企业	30
15	乐视体育文化产业发展(北京)有限公司	子公司	100

(1)投资版权

乐视集团很早便预测未来版权保护将会成为国家关注的重点,故视频网站在未来的核心竞争力将体现在视频内容方面。因此,乐视便趁机以较低的价格收购了大批影视剧的网络版权。在乐视的招股说明书中显示,2007 年至 2008 年乐视在电视剧及电影采购方面的费用每部分别仅为 1. 74 万及 2. 68 万,2009 年乐视在电影电视剧版权方面的采购量急剧增加,接近 2007 年和 2008 年总和的七倍,但每部的采购单价也仅为 1.47 万元左右。也就是说,乐视在三年内仅花了 5 850 万元左右就采购了巨量的影视作品的网络版权,且随着版权保护的不断强化,这些作品为乐视集团带来了可观的利润,帮助乐视集团在短期内实现了 A 股上市。

由于提前预测出了影视作品的互联网版权费用将会迅速上涨,乐视前期便开始大量收购影视作品的网络版权,且逐步开始扩展乐视网的业务领域,尝试自制内容。前光纤影业总裁张昭便在贾跃亭的邀请下于 2011 年正式入驻乐视,并成立了乐视旗下首家电影互联网公司——乐视影业。同年四月乐视耗资 2 000 万将《甄嬛传》的独家网络版权收入囊中,后来该剧的热播为乐视带来了超过 20 亿的流量。此外,2013 年 10 月乐视还全资收购了有着巨大发展潜力的花儿影视,从而帮助乐视将业务领域进一步扩展到了电视剧制作方面,使得乐视成功在影视行业站稳了脚跟。此后,乐视也十分看好体育行业在我国的发展前景,并于 2014 年在乐视网正式开设了专门的体育频道,注册了乐视体育文化产业发展(北京)有限公司。该公司成立之后逐步构建了一个集增值服务、智能化、内容平台以及赛事运营等于一身的完整的生态体育产业链。乐视体育于次年五月实现了首轮融资,B 轮融资于 2016 年完成,其市值已经超过 200 亿元。

(2)投资硬件

2012 年,乐视致新电子科技(天津)有限公司从其以往所属的乐视 TV 事业部中独立出来,正式将智能电视业务作为主营业务。2013 年 7 月,乐视的第一台超级电视问世,从而完成了乐视集团生态圈中的应用端环节。乐视在手机领域的发展也借助了“硬件+内容+平台+应用”这种发展模式，并于 2014 年正式启动了其手机业务。2015 年，首台超级手机亮相，次年 7 月美国最大的电视厂商 VIZIO 也被乐视以二十亿美金全额收购，从而使得乐视成功在美国的电视市场站稳了脚跟。

(3)投资汽车。易到用车于 2014 年被乐视收购了部分股份，同年，乐视成立了零派乐享这一电动汽车租赁平台。2015 年下半年，乐视控股集团斥资千万对北京电桩科技有限公司进行投资，并向外界介绍了充电服务体系。2016 年乐视还与众城汽车保险、广汽集团合作，共同投资大圣科技股份有限公司。该公司集中了众诚保险公司在企业风险管理以及专业保险服务方面的优势，乐视集团在客户流量、销售渠道以及知名度的优势，广汽集团在汽车全产业链方面的专业技术优势，从而将自身打造成为一个极具品牌效应的换车、租车、买车、用车、修车全方位汽车服务平台。

(二)VIZIO 项目决策及评价

1.VIZIO 项目的决策

VIZIO 是美国著名高清电视品牌中的一员，是北美平板电视品牌 2007 年的销售冠军，并逐渐成为美国电视销售市场的领头羊。VIZIO 企业稳扎稳打，已经形成十分成熟的管理体系。如今，该企业占据了美国电视行业的大部分市场份额，成为了美国第二大电视品牌，仅次于三星。VIZIO 在 2002 年成立时仅用了 60 万美金，2016 年 7 月乐视宣布斥资 20 亿美金收购 VIZIO，经过 14 年的发展，乐视对其高达 3 000 多倍的估价着实让人瞠目结舌，那么乐视看中的是 VIZIO 带来的什么价值？第一，拓展电视机行业的国际市场。乐视对 VIZIO 的收购使得乐视能够成功进军美国电视市场，并在全球电视产业供应链中占据一个席位。VIZIO 为乐视带来了完善、科学的全球供应链管理以及众多优秀的渠道商。因此，乐视得益将其以往集中在产业链上游的屏幕、芯片以及智能终端的业务进一步向下游的营销以及渠道等领域扩展，从而实现了从品牌到用户的价值重构以及产业链整合。第二，VIZIO 公司的显示器等技术专利。VIZIO 是一家华人创办的企业，其创始人王蔚在创办 VIZIO 之前是做显示器起家的，而乐视在显示器这方面并无自身专利，通过收购 VIZIO，乐视能完善自己的产业链，增强面板资源掌控权。这为乐视未来超级电视的发展奠定了一定的技术基础。

2.净现值法评价 VIZIO 项目

作为美国最大的本土电视生产企业，VIZIO 掌握着北美地区超过 20% 的电视市场份额，美国境内就密布了超过 8 000 个的实体销售网点，相关音响产品以及电视的销售量高达 7 000 万，同时还有销售了超过 1 000 万的智能电视。那么乐视花费 20 亿美金值吗？下面使用净现值法来对本次收购做粗略的评价。2016 年 VIZIO 就已经递交申请，开始着手在美国的 IPO 事宜，但令人惊讶的是，VIZIO 之后选择了放弃 IPO，并向乐视伸出橄榄枝。VIZIO 披露的信息显示，2014 年 VIZIO 有高达 4 500 万美元的净利润，而 2015 年的发展态势更佳，在前三季度就达到了几乎 2014 年全年的净利润水平。以 VIZIO 的经营状况来看，VIZIO 称得上是发展稳定的企业，按其发展走势推算，2015 年 VIZIO 可获纯利 5 907万美元，2016 年可实现净利润 7 753 万美元，2017 年净利润 10 177 万美元，2018 年净利润 13 358 万美元，2019 年净利润 17 533 万美元，2020 年净利润 23 013 万美元，2021 年净利润 30 206 万美元，2022 年净利润 39 647 万美元，2023 年净利润 52 039 万美元，2024 年净利润 68 304 万美元。根据央行公布的 2016 年 7 月的金融信息显示，市场贴现率平均在 2.12%。由此，计算 VIZIO 项目的净现值是：

$$NPV_{2016} = \sum_{t=1}^{n} \frac{R_t}{(1+i)^t} - C_0 = 7\ 753 + \frac{10\ 177}{(1+2.12\%)^1} + \frac{13\ 358}{(1+2.12\%)^2} + \frac{17\ 533}{(1+2.12\%)^3} + \frac{23\ 013}{(1+2.12\%)^4} + \frac{30\ 206}{(1+2.12\%)^5} + \frac{39\ 647}{(1+2.12\%)^6} + \frac{52\ 039}{(1+2.12\%)^7} + \frac{68\ 304}{(1+2.12\%)^8} - 200\ 000$$

$$= 7\ 753 + 9\ 966 + 12\ 810 + 16\ 463 + 21\ 161 + 27\ 198 + 34\ 958 + 44\ 938 + 57\ 751 - 200\ 000$$

$$= 32\ 998 > 0$$

在假定 VIZIO 保持持续经营和稳定增长的情况下，通过上述净现值法估算到 2024 年，乐视的这笔 20 亿的投资才能回收成本。乐视愿意花费巨额资金和时间成本投资 VIZIO 更多的是看中了美国的市场，乐视收购 VIZIO 成为乐视控股集团走向世界的第一步，后期乐视还可以将生态圈布局美国。乐视通过这次收购，成功进入美国市场。

二、案例分析要求

通过阅读上述材料，你认为乐视集团在长期投资决策中有哪些缺点并加以说明？

第四部分　参考答案

一、单项选择题

1.C　2.B　3.B　4.B　5.B　6.C　7.C　8.A　9.D　10.B　11.B　12.D　13.C　14.A　15.B　16.B　17.B　18.C　19.A　20.B

二、多项选择题

1.ABC　2.AC　3.ABC　4.ABD　5.ABC　6.ABD　7.AB　8.AB　9.ACD　10.BCD　11.AB　12.AB　13.BC　14.ABC　15.ABCD

三、判断题

1.√　2.×　3.√　4.×　5.√　6.×　7.√　8.√　9.×　10.√

四、计算分析题

1.投资额的终值 = 80 000 元×(F/A ,6%,2)×(1+6%) = 80 000 元×2.06×1.06 = 174 688 元

每年收益的现值=70 000 元×(P/A ,6%,3)= 70 000 元×2.673=187 110 元

2.根据 $F=P\times(F/P,i,4)=16P$,即 $(1+i)^4=16$ 解出年报酬率 $i=100\%$ 。

五、综合题

1.(1)分次付款的现值 = 6 万元×$(P/A,6\%,20)$ = 68.819 4 万元

故在有足够现金的情况下应选择一次性支付。

(2)若使两种结果无差异,则:

每年年末应付金额 = 50 万元÷$(P/A,6\%,20)$ = 50 万元÷11.469 9 = 4.359 2 万元

2.(1)A 股票预期收益率 = 0.2×20%+0.5×10%+0.3×5% = 10.5%

B 股票预期收益率 = 0.2×30%+0.5×15%+0.3×(−5%) = 12%

$$A\text{ 股票标准差} = \sqrt{(20\%-10.5\%)^2\times0.2+(10\%-10.5\%)^2\times0.5+(5\%-10.5\%)^2\times0.3} = 5.22\%$$

$$B\text{ 股票标准差} = \sqrt{(30\%-12\%)^2\times0.2+(15\%-12\%)^2\times0.5+(-5\%-12\%)^2\times0.3} = 12.49\%$$

A 股票标准离差率 = 5.22%÷10.5% = 0.50

B 股票标准离差率 = 12.49%÷12% = 1.04

(2)$10.5\% = 3\%+\beta_A\times(10\%-3\%)$

计算得到 A 股票的 β 系数,$\beta_A = 1.07$

同理:$12\% = 3\%+\beta_B\times(10\%-3\%)$

计算得到 B 股票的 β 系数,$\beta_B = 1.29$

A 股票的 β 系数 = A 股票与市场组合的相关系数×(A 股票标准差/市场组合标准差)
　　　　　　　　= A 股票与市场组合的相关系数×(5.22%÷5%)

则,A 股票与市场组合的相关系数 = 1.02

同理:B 股票的 β 系数 = B 股票与市场组合的相关系数×(B 股票标准差/市场组合标准差) = B 股票与市场组合的相关系数×(12.49%÷5%)

B 股票与市场组合的相关系数 = 0.52

(3)两只股票组合收益率 = 60%×10.5%+40%×12% = 11.1%

两只股票组合的 β 系数 = 60%×1.07+40%×1.29 = 1.16

组合标准差

$$= \sqrt{(60\%\times5.22\%)^2+(40\%\times12.49\%)^2+2\times(60\%\times5.22\%)\times(40\%\times12.49\%)\times0.5} = 7.1\%$$

六、案例分析要点

答:从乐视投资的 VIZIO 项目来看,乐视长期投资决策的第一个特点是没有考虑到资金在项目上产生的时间价值,且项目均为溢价收购。溢价收购对于投资方来说更具投资风险,溢价资金在未来将产生时间价值,忽视其时间价值就是损失溢价资金在短期内能给公司带来的经济效益。货币时间价值客观存在已是成熟的定论,在考虑货币时间价值的基础上选择企业投资项目才是保证投资金额不贬值的关键。因此,在企业经营活动中,应该关注货币资金的流动性,如果闲置不用是不会产生时间价值的。并且,企业在进入稳定发展阶段后,将持续产生资金流入,若将该部分资金闲置,只会在如今严重的通货

膨胀情况下贬值。因此,资金的周转和流动是企业经营中的一门学问,将静态的资金运用到生产活动或者是风险低的投资项目都是有效控制资金贬值的方式。

投资需要占用企业的现金流,而现金流占用时间的长短、占用是否能带来可观的经济效益,均需要企业有相应的考核评价体系来确定。投资与风险共存,在关注投资有利益流入可能的同时也不能忽略了它还有风险,投资回报期越长,投资金额的时间价值成本越高,面临的风险越大,由于投资项目存在经营上的不确定性,投资时间长会放大投资资金的回收风险,从而放大溢价收购带来的利益损失。经营好的投资项目被溢价收购后会给企业带来源源不断的经济效益,相反,投资项目经营不佳,投资企业会遭受巨大损失。企业草率的投资决策,会大大增加投资回报的不确定性,使投资资金打水漂。材料中对乐视近年来对 VIZIO 收购进行了分析,乐视投资回本的时间较长,甚至存在无法回本的可能。由此可明显得出乐视长期投资决策忽略考虑资金时间价值的问题。无论乐视是否是溢价收购,在面临投资回报期过长及投资回报风险难以评估的情况时,都应该慎重权衡该项投资的意义,而溢价收购更加应该衡量溢价资金的时间价值,考虑资金贬值的风险。因此,长期投资决策是综合企业自身发展状况、评估投资标的未来效益、分析外部投资环境利弊等多方面因素的复杂过程。此外,衡量投资资金的机会成本也会对决策起到重要作用,当机会成本大于投资回报时,可能会改变企业的投资决定。

第三章　财务预算

第一部分　理论辅导

一、重要概念

①财务预算是指企业在计划期内反映有关现金收支、经营成果和财务状况的预算，主要包括现金预算、预计损益表、预计资产负债表等。

②定性预测法主要是利用直观的资料，依靠个人经验、主观分析和判断能力，对未来资金的需要数量作出预测。一般在企业缺乏完备、准确的历史资料的情况下采用。

③定量预测法是根据比较完备的历史和现状统计资料，运用数学方法对资料进行科学分析、处理，找出预测目标与其他因素的规律性联系，对事物发展变化进行量化推断的预测方法。

④现金预算是以其他预算为基础，汇总其他预算有关的现金收支，且采取筹措和运用来解决企业现金溢余和短缺。

⑤财务预算控制是指以企业财务预算为依据，对预算执行主体的财务收支活动进行监督、评价及调整，以实现财务预算目标。

二、主要内容

1.财务预算编制程序

财务预算编制程序如图 3.1 所示。

2.现金预算编制内容

现金预算编制主要包括销售预算、生产预算、直接材料预算、直接人工预算、制造费用预算、产品成本预算、销售及管理费用预算、现金预算等内容，如表 3.1 所示。

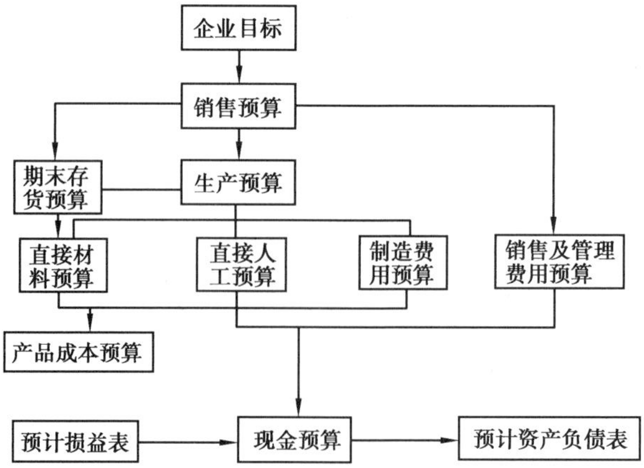

图 3.1　财务预算编制程序

表 3.1　现金预算编制内容

内容	方法	说明
销售预算	预计销售收入 = $\sum$ 单个产品预计销售量 × 单价 预算期经营现金流入 = 该期现销收入 + 该期收回以前期的应收账款	销售预算是预算编制的起点,包括预计销售量、售价、销售收入和现金收入
生产预算	预计生产量=预计销售量+预计期末存货-预计期初存货 预计期末存货=预期销售量×预计百分比	生产预算是根据销售预算编制的,保障销售不受影响
直接材料预算	预计采购量=(生产需用量+期末存量)-期初存量	直接材料预算是以生产预算为基础编制的,同时要考虑原材料库存水平和价格波动
直接人工预算	预计直接人工成本合计 = $\sum$(单位产品工时定额 × 预计产品产量 × 单位工时工资率 × 其他直接费用计提标准 + 预计单个产品耗用直接工资)	直接人工预算是以生产预算为基础编制
制造费用预算	预计变动制造费用=预计生产量×费用定额 固定制造费用按预算期实际支付额预计	根据制造费用与生产量的关系分为变动制造费用和固定制造费用
产品成本预算	预计产品总成本=直接材料+直接人工+变动制造费用+固定制造费用 预计单位产品成本=预计产品总成本÷产量	产品成本归集采用制造成本法
销售及管理费用预算	预计销售费用=销售人员工资+广告费+包装费+运输费+保管费等 预计管理费用=管理人员工资+福利费+保险费+办公费+差旅费等	销售费用与产量成比例,管理费用比较稳定
现金预算	现金溢余或短缺=期初现金余额+销货现金流入-各项现金流出	现金溢余应偿还债务或投资理财产品,现金短缺应体现银行借款或出售交易性金融资产

3.财务预算控制原则

财务预算控制原则分为适时控制原则、适度控制原则、重点控制原则和弹性控制原则,如表 3.2 所示。

表 3.2　财务预算控制原则

适时控制原则	建立财务预警系统,及时发现偏差并纠正
适度控制原则	遵循成本效益原则,财务预算控制的范围、程度和频度要合理
重点控制原则	把握财务控制的关键,强化财务控制效果
弹性控制原则	运用权变原则,财务控制应具有灵活性

三、重点难点

1.本章重点

理解财务预算的目的,掌握财务预算程序和方法,根据企业实际正确编制现金预算,有效实施财务控制。

2.本章难点

第一,定量预算方法应用条件和预测结果分析;

第二,现金预算资料收集和整理,现金预算编制及现金管理。

第二部分　强化训练

一、单项选择题

1.直接人工预算额=(　　)×单位产品直接人工工时×小时工资率。

A.预计生产量　　B.预计工时量　　C.预计材料消耗量　　D.预计销售量

2.下列预算中,属于财务预算的是(　　)。

A.销售预算　　B.生产预算

C.产品成本预算　　D.利润表预算

3.作为整个企业预算编制的起点的是(　　)。

A.生产预算　　B.销售预算　　C.现金预算　　D.财务预算

4.与生产预算没有直接联系的预算是(　　)。

A.直接材料预算　　B.变动制造费用预算

C.销售及管理费用预算　　D.直接人工预算

5.预计期初存货 50 件,期末存货 40 件,本期预算销售量 250 件,则本期预计生产量为(　　)件。

A.250　　B.240　　C.260　　D.230

6.某公司的内含增长率为 15%,当年的实际增长率为 11%,则表明(　　)。

A.外部融资销售增长率比大于零　B.外部融资销售增长率比小于零
C.外部融资销售增长率比等于零　D.外部融资销售增长率比为4%

7.某商业企业2017年预算全年的销售收入为5 000万元,假设全年均衡销售,按年末应收账款计算的周转次数为12次,第三季度末预计的应收账款为500万元,则第四季度预计的销售现金流入为(　　)万元。

A.1 289.54　B.1 344.5　C.1 333.33　D.1 267.67

8.预计明年的通货膨胀率为8%,公司销售增长率为12%,则销售的名义增长率为(　　)。

A.20.23%　B.20.96%　C.19.35%　D.2.45%

9.下列各项资金中属于不变资金的是(　　)。

A.原材料的保险储备　B.应收账款
C.最低储备以外现金　D.最低储备以外存货

10.生产预算的主要内容有生产量、期初和期末产品存货及(　　)。

A.资金量　B.工时量　C.购货量　D.销货量

11.弹性预算的编制首先要确定的是(　　)。

A.变动成本　B.固定成本　C.业务量标准　D.业务量范围

12.下列各项中属于销售百分比法所称的敏感项目的是(　　)。

A.对外投资　B.固定资产净值　C.应付票据　D.长期负债

13.能够同时以实物量指标和价值量指标分别反映企业经营收入和相关现金收入的预算是(　　)。

A.现金预算　B.预计资产负债表
C.生产预算　D.销售预算

14.某企业2016年年末敏感资产总额为4 000万元,敏感负债总额为2 000万元。该企业预计2017年度的销售额比2016年度增加10%(即增加100万元),预计2017年度留存收益的增加额为50万元,则该企业2017年度应追加资金量为(　　)万元。

A.0　B.2 000　C.1 950　D.150

15.下列预算中,在编制时不需要以生产预算为基础的是(　　)。

A.变动制造费用预算　B.销售费用预算
C.产品成本预算　D.直接人工预算

二、多项选择题

1.下列关于全面预算的表述中,正确的是(　　)。

A.财务预算多为长期预算
B.利润表预算和资产负债表预算为综合预算
C.营业预算是关于采购、生产、销售业务的预算
D.财务预算主要包括利润表预算、现金预算和资产负债表预算

2.下列预算中,属于短期预算的有(　　)。

A.资产负债表预算　B.直接材料预算　C.资本预算　D.现金预算

3.下列预算中,在编制时需要以生产预算为基础的有(　　)。

A.直接材料预算　　B.变动制造费用预算

C.销售费用及管理费用预算　　D.直接人工预算

4.编制生产预算中的“预计生产量”项目时,需要考虑的因素有(　　)。

A.预计销售量　　B.预计期初存货

C.预计期末存货　　D.前期实际销售

5.在编制现金预算的过程中,可作为其编制依据的有(　　)。

A.销售预算　　B.利润表预算

C.资产负债表预算　　D.资本预算

6.弹性预算所采用的业务量标准可以是(　　)。

A.销售量　　B.生产量　　C.直接人工工时　　D.材料消耗量

7.除了销售百分比法外,财务预测的方法还有(　　)。

A.回归分析技术　　B.交互式财务规划模型

C.综合数据库财务计划系统　　D.可持续增长率模型

8.外部融资销售增长比能够(　　)。

A.预计融资需求量　　B.有利于调整股利政策

C.有利于预计通货膨胀对融资影响　　D.测算可持续增长率

9.影响可持续增长率大小的因素有(　　)。

A.总资产周转率　　B.销售净利率　　C.权益乘数　　D.收益留存率

10.现金预算是各有关现金收支预算的汇总,通常包括(　　)等几个部分。

A.现金收入　　B.现金支出

C.现金多余或不足　　D.现金筹集与运用

三、判断题

1.生产预算是以销售预算为基础编制的。(　　)

2.财务预算也称“总预算”。(　　)

3.生产预算是以实物量作为计量单位的预算。(　　)

4.零基预算法特别适用于产出较难辨认的服务性部门费用预算的编制。(　　)

5.可持续增长思想表明企业超常增长是十分危险的,企业的实际增长率绝不应该高于可持续增长率。(　　)

6.生产预算是在销售预算的基础上编制的。按照“以销定产”的原则,生产预算中的各季度的预计生产量应该等于各季度的预计销售量。(　　)

7.外部融资销售增长比越大,则说明企业销售增长对外部融资的依赖程度越大。(　　)

8.企业预算是财务控制的先导,其量化指标是日常控制与业绩考核的依据。(　　)

9.若外部融资销售增长比为负数,则说明企业不需要外部融资。(　　)

10.管理费用多属于固定成本,所以管理费用预算一般是以过去的实际开支为基础,按预算期的可预见变化来调整。(　　)

四、计算分析题

1.假设A公司只生产一种产品,销售单价为200元,预算年度内四个季度的销售量经测算分别为250件、300件、400件和350件。根据以往经验,销货款在当季可收到60%,下一季度收到其余的40%,预计预算年度第一季度可收回上年第四季度的应收账款20 000元。

要求:

计算本年各季度的现金收入。

2.A公司2016年度前6个月的预计销售量如下:

单位:kg

月份	1	2	3	4	5	6
预计销售量	3 000	3 600	3 800	5 000	3 800	4 000

该公司只生产这一种产品,单位产品材料用量为4 kg。此外,该公司采取下列政策:期末存货水平为随后两个月预计销售量的50%,月末原材料存货量保持在次月预计生产需用量的150%。2015年12月31日的所有存货也反映了这种政策。

要求:

(1)编制2016年1—4月的生产预算;

(2)编制2016年1—3月的直接材料预算。

第三部分 案例分析

信息化环境下的房地产企业全面预算管理——以ZT置业为例

一、案例材料

(一)ZT置业概况

ZT置业集团有限公司(以下简称"ZT置业")是中国ZT股份有限公司(以下简称"ZT股份")的全资子公司,成立于2007年2月,注册资本金21亿元人民币。公司具有房地产开发、房屋建筑工程施工总承包、物业服务管理三个一级资质,并通过质量、环境、职业健康安全管理三标一体认证。经营范围包括:房地产开发与经营、策划、咨询,建筑工程施工,市政工程,装饰装修,建筑材料销售,机械设备租赁,投资管理,物业管理及相关服务。目前,ZT置业已拥有44家分、子公司,初步建立了覆盖环渤海、长三角、珠三角中心经济区域以及全国各中心城市的全国性战略布局,其开发项目分布在北京、上海、深圳、西安、三亚、青岛、杭州、厦门、成都、长沙、贵阳、沈阳、石家庄、蚌埠、秦皇岛、烟台、遵义、亳州等地,累计开发面积超过1 000万平方米。同时,作为ZT股份房地产板块的旗舰企业,目前置业集团同步开发项目94个,开发面积2 887万平方米。自2008年起,历年房地产年投资额和销售收入均突破 100 亿元人民币。

1.ZT 置业的战略布局

ZT 置业的战略布局覆盖大半个中国,遍布 21 个城市,包括东北地区的长春和沈阳,环渤海的北京、天津、石家庄和秦皇岛,山东区域的烟台、青岛、济南、亳州,华东区域的蚌埠、上海和杭州,珠三角的厦门、深圳和三亚,华中区域的长沙,西南区域的成都、贵阳和遵义,西北区域的西安。

2.ZT 置业组织架构

ZT 置业是 ZT 股份下属二级集团公司,下有 5 家三级区域公司,31 家二级项目开发公司,3 家一级项目开发公司,4 家专业公司和 1 家分公司,如图 3.2 所示。

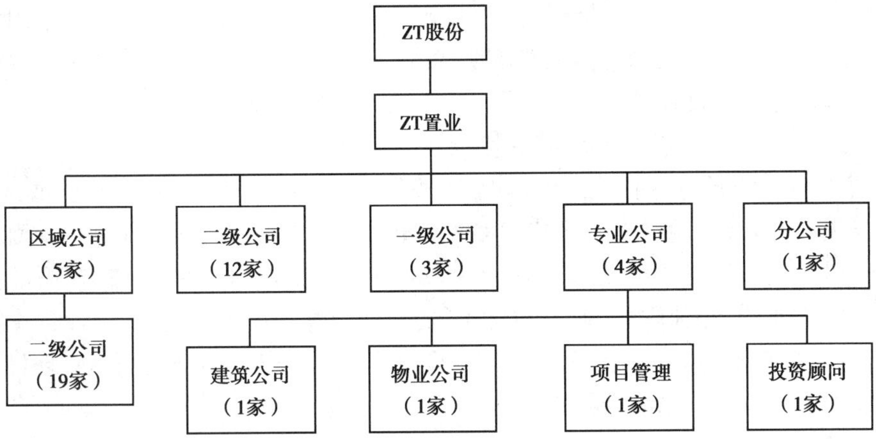

图 3.2　ZT 置业的组织架构

(二)ZT 置业信息化环境下的预算建设概况

1.建设需求与预算现状

(1)建设需求

第一,股份公司要求。应中央国资委和财政部要求,ZT 股份全面预算信息化项目于 2012 年 2 月份启动,于 10 月份完成全面预算咨询方案,于 2013 年 5 月召开了全面预算管理信息化建设试点项目总部启动会议。ZT 置业是参加首批试点的 6 家二级集团之一,以房地产业态为特色。第二,行业竞争要求。鉴于房地产巨头企业的强大实力和不断涌现的新进房地产企业,置业集团面临激烈的行业竞争压力,利润空间逐步降低,需要通过全面预算进行资源配置、执行控制,从而压缩经营成本,提升经济效益。第三,加强风险控制要求。作为资金密集型产业,经营风险高、影响大,必须加强企业内部控制管理,加强精细化管理。第四,提升管理要求。置业集团成立时间较短,存在较多管理问题,缺乏有效的管理提升工具。

(2)预算现状

置业集团是 ZT 股份组建较年轻的一个从事房地产的新型集团公司,相对兄弟公司来说历史包袱小。而在置业集团成立之初,就十分重视全面预算管理体系的建设。经过多年的探索和实践,基于 Excel 的全面预算管理体系初见成效,但依然存在较多不足,主要体现在:第一,部门职责不清晰。存在交叉管控、标准不统一、口径不统一的问题,导致资源分配不合理。第二,预算组织不完善。集团公司的预算委员会、预算管理办公室比较健全。但项目公司的预算组织建立不健全,没有形成“集团—区域公司—项目公司”的多级管控体系,导致全面预算管理不能贯彻到底。第三,预算范围受限制。偏重于财务预算,业务预算体系不健全,没有形成从业务到财务的全面预算管控体系,导致预算缺乏业务源头,难以发挥预算执行及考核的作用。第四,预算流程不完整。没有形成相应的全流程的全面预算闭环管理体系。基础标准体系及定额体系薄弱,没有形成滚动预算,导致预算只停留在编制阶段,难以真正发挥全面预算的作用。第五,预算认识不深刻。对全面预算理解得不够深入,主要还停留在财务预算的阶段,认为预算就是财务部门的事情,各部门之间沟通较少。基于预算项目建设需求和预算管理现状,置业集团急需实施一套全面预算管理系统来进行战略落地、资源平衡配置、实现从上至下的精细化管理。

2.建设目标及建设原则

(1)建设目标

ZT 置业全面预算信息化建设项目为 ZT 股份预算咨询项目成果的试点验证,依据 ZT 股份预算咨询成果,通过实施浪潮 ERP-GS6.0 全面预算模块,在 ZT 置业进行全面预算试点工作。项目的整体目标是:建立一个全面预算管理信息集成平台,支撑 ZT 置业落地实现“分层级、分业态、全流程、从业务到财务”的全面预算管理体系,体现全面预算管理内涵要求,实现“横向到边、纵向到底,全方位、全过程、全员参与”的全面预算管理目标。建立的全面预算管理信息系统,要固化预算管理制度、流程,逻辑清晰完整,数据真实可靠,系统稳定有效运行。

项目的具体目标是:第一,建立覆盖各预算主体的预算编制体系,并按层级进行汇总,提供一个能够让全集团共同参与的预算编制平台,实现集团全面预算编制的统一管理。第二,根据建设规划和管理要求,在主要业态中建立预算控制系统,明确分级控制和归口管理职责,提高对各项经营活动的事前和事中控制水平。第三,建立覆盖各预算主体的预算分析系统,提供即时查询分析的功能,根据业务特点、管控重点设计相应的预算分析内容及相应指标,完成自动分析,通过分析模块,实现各种图形和表单直观展示预算完成情况,满足预算管理人员对全面预算分析结果的需求。第四,根据业绩考核总体思路和管理要求,在主要业态中建立预算考核系统,并将预算考核结果回传至相应业务系统,以满足日常的预算考核要求。第五,建立预算系统间的数据接口,保障 ZT 置业与 ZT 股份总部的预算数据传送顺畅准确;建立预算系统与核算系统、业务系统等的数据接口,通过将预算数据、核算数据、业务审批及执行数据等进行集成,为预算管理各环节提供数据支持,实现数据共享。第六,ZT 置业在实施全面预算管理信息系统的同时,同步制定集团及下属单位的分层级、分业态全面预算管理实施细则。

(2)建设原则

全面预算信息化建设不但要满足目前的管理需要,而且要能适应可预见的变革,即全面预算信息化系统建设应是柔性的,必须满足前瞻性、渐进性、开放性、整合性、可行性、安全性、规范性、适应性等方面要求,可以根据集团预算管理模式的变化进行相应的调整。第一,战略目标一致性原则。全面预算信息化建设应当从促进实现集团战略目标出发,与企业整体战略规划相一致,着眼于实现企业全面预算管理创新和集团全面预算管控,既要满足集团各级全面预算管理工作的需要,又要充分考虑集团未来发展战略对全面预算管理的要求,以适应企业不同战略发展阶段的需要。第二,整体规划、分步实施原则。全面预算信息化建设是企业整体信息化工作的重要组成部分和先导,是企业集团整体信息化规划的一部分。因此需要整体规划全面预算管理体系和功能,有计划地分步实施。第三,灵活设计、科学适用原则。由于企业管理理论、实践和管理模式日新月异的变化,全面预算信息化将面临不断的自我调整、自我扩展的挑战,设计上必须灵活、可扩展。同时要注重适用,讲求实效。第四,信息集成、资源共享原则。实现全面预算信息化的主要目的在于企业集团的全面预算管控,并实现信息集成基础上的预算、控制、分析的完全动态化管理。第五,成本效益匹配原则。在全面预算管理信息化建设中,要坚持成本与效益相互匹配的原则,充分利用企业现有信息化基础设施,加强信息化资源整合,提高全面预算信息化建设的投入产出水平。

3.预算组织与实施策略

(1)预算组织

ZT 置业的预算管理组织机构包括预算管理委员会、预算管理办公室及预算责任单位,相应的成员构成及职责如表 3.3 所示。

表 3.3 ZT 置业的预算管理组织机构

预算组织	主任	委员/成员
预算管理委员会	总经理	集团副总
预算管理办公室	集团财务部负责人	各业务部门相关领导及预算人员
预算责任单位	本部各业务部门、所属三级及以下单位	各级预算管理组织机构

(2)实施策略

第一,集中规划、分步实施。企业在短期内能够承受的变革是有一定限度的,同时考虑到各试点单位组织层级复杂度不同、地域分布广、网络条件差异较大等客观情况,采用集中规划、分步实施的方法,集中力量完成预算体系的预制,先试点再推广。第二,规范先行、逐步细化。规范企业的业务、操作流程、数据、输出等,制订相应的标准,以保证全面预算系统稳定、健康地实施和应用。在 ZT 股份标准规范统一的基础上,对可以进一步细化的基础数据,根据具体需求进行个性化完善。第三,集中培训、集中编制。为了能够保证培训效果、更好地解决出现的问题,培训工作采用分批集中的策略,并且在培训时进行部分预算编制工作,使培训人员熟练地操作软件、了解预算体系内容,达到良好的培训和实施效果。

4.试点范围及时间规划

(1)试点范围

在试点阶段,根据 ZT 置业的主要业态为房地产,选择具有代表性的区域公司 2 家,项目公司 4 家和集团本部进行试点。其中，集团本部包括财务部、项目管理部、人力资源部、市场开发部、物资管理中心、土地开发部、成本合约部、设计部、综合部、营销部，共计10 个部门；2 家区域公司，分别为西安区域公司和沈阳区域公司及其所辖项目公司；1 家一级开发项目公司，即 ZT 置业亮州投资发展有限公司；3 家二级开发项目公司，即北京 ZT 润丰房地产开发有限公司、成都 ZT 蓉丰置业有限公司和秦皇岛 ZT 置业房地产开发有限责任公司。

（2）时间规划

ZT 置业试点公司的预算实施时间规划如表 3.4 所示。

表 3.4　ZT 置业的预算实施时间规划

序号	主要工作	工作任务细化	计划完成时间	实际完成时间
1	项目启动	1.召开项目启动会	2013/06/07	2013/06/07
2	需求调研	1.完成现场单位现场需求验证与确认	2013/07/19	2013/07/19
		2.需求报告签字确认	2013/08/15	2013/08/23
3	系统搭建	1.服务器、网络环境部署	2013/08/30	2013/09/04
		2.浪潮全面预算系统部署	2013/09/06	2013/09/06
4	预算编制调整	1.预算编制模块全级次单位上线	2013/10/10	2013/09/25
		2.一上编制版数据上报总部	2013/11/22	2013/11/22
		3.二上备案版数据上报总部	2014/03/14	2014/03/12
		4.预算调整模块全级次单位上线	2014/04/22	2014/04/04
5	预算分析	1.预算分析模块全级次单位上线	2014/01/01	2013/12/27
		2.预算编制、分析模块阶段性验收签字	2014/02/24	2014/02/24
6	预算控制	1.预算控制模块试点单位上线	2014/04/15	2014/04/18
		2.预算控制模块全级次单位推广	2014/05/09	2014/05/09
7	预算考核	1.预算考核模块全级次单位上线	2014/04/05	2014/04/03
		2.预算控制、考核模块阶段性验收签字	2014/05/15	2014/05/13
8	系统集成	1.预算上报总部接口	2013/11/22	2013/11/22
		2.预算系统与报表系统接口	2014/01/31	2014/03/01
		3.预算系统与核算系统接口	2014/01/31	2014/02/14
		4.预算系统与 OA 系统接口	2014/01/31	2014/03/19
		5.预算系统与网报系统接口	2014/03/31	2014/03/20
		6.预算系统与浪潮房地产成本管理系统接口	2014/01/31	2014/06/30
9	全面预算实施细则	1.全面预算管理细则（终稿）	2014/05/30	2014/05/09
		2.全面预算管理提升报告（终稿）	2014/06/30	2014/06/10

续表

序号	主要工作	工作任务细化	计划完成时间	实际完成时间
10	系统优化内部推广	1.全流程模块系统优化	2013/06/30	2013/06/27
		2.咨询成果全级次单位培训	2013/06/08	2013/06/08
		3.预算编制上线全级次培训	2013/09/30	2013/09/29
		4.全流程模块全级次单位培训	2014/05/09	2014/05/09

5.预算范围与管理流程

(1)预算范围

第一,预算功能范围。根据 ZT 股份的总体部署,在 2014 年 6 月实现预算手册中预算编制、预算分析、预算控制、预算调整、预算考核等全部流程模块的信息化实施工作。第二,预算组织范围。预算编制、分析模块横向覆盖 ZT 置业所有下属企业所有业态,纵向应深入到房地产开发主要业态最基层的项目公司;预算控制、预算调整、预算考核模块应实现房地产开发主要业态在参与试点工作单位的试点成功。ZT 置业的预算组织是根据 ZT 置业预算业务中分子公司的上下级关系来设置的。此预算组织中包含一些合并汇总组织,主要用于汇总查询下级单位的数据,不做具体的预算编制业务。第三,信息系统范围。本项目实施的信息系统为 GS6.0 平台中的预算管理、工作流平台内容、BI 商务智能模块。为了实现预算执行、分析功能,需要第三方软件公司提供技术开发上的支持,通过预算管理标准接口实现和 ZT 股份总部统一部署的项目管理系统、OA 系统、财务核算系统、资金系统基础数据的业务对应和执行数据的归集。

(2)预算层次

整个 ZT 股份的预算可划分为以下四个层次。第一,股份公司层面。股份公司层面的预算管理内容,主要是 ZT 股份的 KPI 指标、预算整体情况;对产业板块及局集团整体情况的管控,按管理架构和法人架构进行报表合并汇总等。第二,二级集团公司。作为 ZT 股份二级集团,ZT 置业在全面预算管理体系中的主要职责为:承接 ZT 股份的预算工作要求,组织全面预算管理工作;将预算管理重点工作和主要预算目标分解至三级单位;认真组织实施年度预算编制工作,并进行严格过程控制;制订预算的定期分析和报告制度,形成预算执行分析报告;承接 ZT 股份全面预算执行考核及执行对下属三级单位的预算监控和考评。第三,三级区域公司。三级区域公司在全面预算管理体系中的主要职责为:承接二级集团的预算工作要求,在年度预算启动初期,根据经营计划向二级集团公司预报初步目标,以供二级集团公司制订年度目标时参考;将预算管理重点工作和主要预算目标分解至项目公司;根据二级集团公司下达的年度预算目标编制区域公司本部预算,并汇总所属项目公司预算(包括业务预算、资本预算和财务预算)形成本单位完整的预算初稿并上报二级集团公司;认真组织实施年度预算并严格进行控制,对预算执行情况进行监控,制订预算的定期分析和报告制度,形成预算执行分析报告,审核所属单位的预算调整申请,并依照程序向二级集团提出调整申请,对所属单位的预算执行情况进行考评。第四,项目公司。作为落实地产业态的基层单位,项目公司应在日常工作中体现预算管理各项要求。包括:根据上级公司下达的年度目标编制预算,并按要求上报;预算编制结果若与下达的目标有差异,应详细说明,并提供依据;参加预算审核,并根据审核结果修正预算;分析预算执行情况,并详细说明产生差异的原因;严格执行预算控制要求,并接受上级公司的预算考核;对预算管理提供改进建议。

6.系统架构与系统集成

(1)系统架构

ZT 置业预算管理平台基于浪潮 ERP-GS6.0 架构,如图 3.3 所示。最底层是硬件与基础平台,包括云计算中心、网络硬件、安全设施和数据库等,第二层是可动态拓展配置的应用平台和数据总线集成工具,第三层是企业资源管理系统,第四层是预算管理系统,第五层是商业智能及门户系统。在 ZT 置业预算管理平台建设的过程中,还涉及与相关异构信息系统的集成。

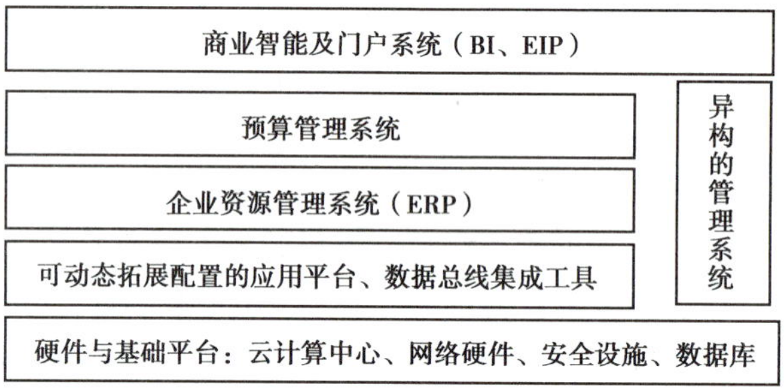

图 3.3 ZT 置业预算管理平台的架构

(2)系统集成

为让预算管理平台充分发挥作用,ZT 置业的预算管理系统除要与 ZT 股份的预算管理平台传递预算数据之外,还要与置业集团内部有数据和指令传递关系的信息系统进行系统集成与数据交换。财务核算系统是通过财务核算系统(思源核算)和预算系统的系统集成,完成预算指标和核算科目的对应,并通过定期的预警提示进行预算控制。财务信息管理系统与全面预算管理系统的接口内容包括基础数据共享和执行数据归集。基础数据包括核算组织、部门核算、核算科目、项目核算、业务类别、商品类别等。执行数据包括税金执行数、营业外收支、融资执行数、资本支出数等。资金管理系统进行资金组织信息与预算组织信息的对照,在资金支付阶段进行预算控制。但是由于资金系统中缺乏业务数据的支撑,而且在支付时只支持工、农、中、建、交五大银行,因此现阶段缺乏预算控制的业务基础。

第一,OA 系统。实现用户单点登录和审批流消息的推送。单点登录是指,OA 用户登录 OA 系统后,无须再次认证直接登录浪潮 GS 全面预算系统。审批流消息的推送是指,通过待办任务以系统短消息的方式,将浪潮 GS 全面预算系统中的审批流消息推送到 OA 系统中,包括具体用户的待办任务总数和待办任务列表。第二,网上报销系统。浪潮预算系统根据预算分析、控制、考核的需要,将预算数据以报销部门、费用项目信息的形式提供给网上报销系统,网上报销系统通过读取预算数据对费用报销单据进行预算控制,并将经过审核审批的报销(分摊)数据作为预算执行数,提供给预算分析模块使用。

第三,售楼管理系统。通过售楼管理系统(明源)和预算系统建立接口,采用报表式交互的方式。定期归集数据,并通过定期的预警提示进行预算控制。接口内容包括基础数据共享和执行数据归集。基础数据包括组织、房地产项目、营销指标等,执行数据包括销售及回款预算,销售库存预算等。第四,成本管理系统。通过成本管理系统(浪潮)和预算系统的接口,可实时归集成本数据,通过目标成本和动态成本的对比,进行累计总额的预警控制。接口内容包括基础数据共享和执行数据归集。基础数据包括组织、房地产项目、成本科目、成本指标等,预算系统定期从成本管理系统读出成本预算执行数进行展示和分析。第五,ZT 股份预算管理系统。ZT 置业通过预算系统与 ZT 股份预算管理系统(海波龙)的上报接口,一上编制版和二上备案版数据上报 ZT 股份公司,同时接收和查看 ZT 股份下达数和批复数。第六,报表管理系统。置业通过预算系统与报表管理系统的接口,实现从财务报表系统抓取三大报表数据(资产负债表、利润表、现金流量表)和快报数据。

(三)ZT 置业信息化环境下的预算编制

1.ZT 置业全面预算编制概况

(1)预算目标的确定过程

ZT 股份预算目标的确定及分解是"二下一上"的过程。一下是指 ZT 股份下达预算目标预报通知,规定相应原则及要求;一上是指 ZT 股份要求各层级单位自下而上预报下一年度能完成的预算目标;二下是指 ZT 股份主要根据公司战略发展要求、当年管理重点及资源情况,分析预算年度企业市场环境、资源匹配程度,参考国资委要求确定 ZT 股份整体的年度预算目标。在 ZT 股份的整体发展战略指引下,各层级、各业态通过年度预算目标的层层分解保证各单位的协同发展和对战略目标的支持。核心预算目标要层层分解,贯穿到底。

(2)预算目标确定的因素考量

二级集团在全面预算管理体系中的主要职责为:第一,承接 ZT 股份的预算工作要求,组织全面预算管理工作;将预算管理重点工作和主要预算目标分解至三级单位;第二,认真组织实施弹性预算编制工作,并进行严格过程控制;第三,制订预算的定期分析和报告制度,形成预算执行分析报告;第四,承接 ZT 股份全面预算执行考核及执行对下属三级单位的预算监控和考评。ZT 置业是 ZT 股份下属的二级集团,制订预算目标时应考虑的因素有:ZT 股份下达的指标、自身中长期规划、对标及管理需要,以及 ZT 置业对三级区域公司的管控重点。

(3)预算的汇总与上报

ZT 股份各级预算单位通过汇总下级单位的预算、结合本部自身的预算,层层合并抵消后形成股份公司总的年度预算,并按国资委要求进行上报。作为二级集团,ZT 置业主要的预算编制任务是编制集团本部的相关预算,汇总三级及以下公司的预算,并上报给 ZT 股份。

2.二级集团的全面预算编制

ZT 股份的二级集团大多作为多元化产业集团,在二级集团全面预算管理中,需要充分体现多元化产业集团的业务特点及管理重点。鉴于多元化集团管理主业的差异性,在

ZT 股份二级集团公司全面预算管理体系的设计中考虑了“以某一业务为主导产业的二级集团公司”的业务特点和预算管理特点，建立“通用+个性”的全面预算管理模式：在预算目标、预算编制、预算控制及预算分析等业务性较强的预算环节建立“通用方案+以某一业务为主导产业的个性化方案”的预算管理方案；在组织定位、预算组织、预算调整、预算考核等管理性较强的预算环节，建立一套通用的预算管理方案。

（1）二级集团预算编制逻辑

ZT 置业的预算编制逻辑是从业务到财务，层层抵消合并，如图 3.4 所示。ZT 置业不仅要编制本部的各类经费预算和投融资预算，形成本部的三大预算报表，还需要汇总三级公司的三大预算报表，进行合并抵消后形成 ZT 置业的三大预算报表。

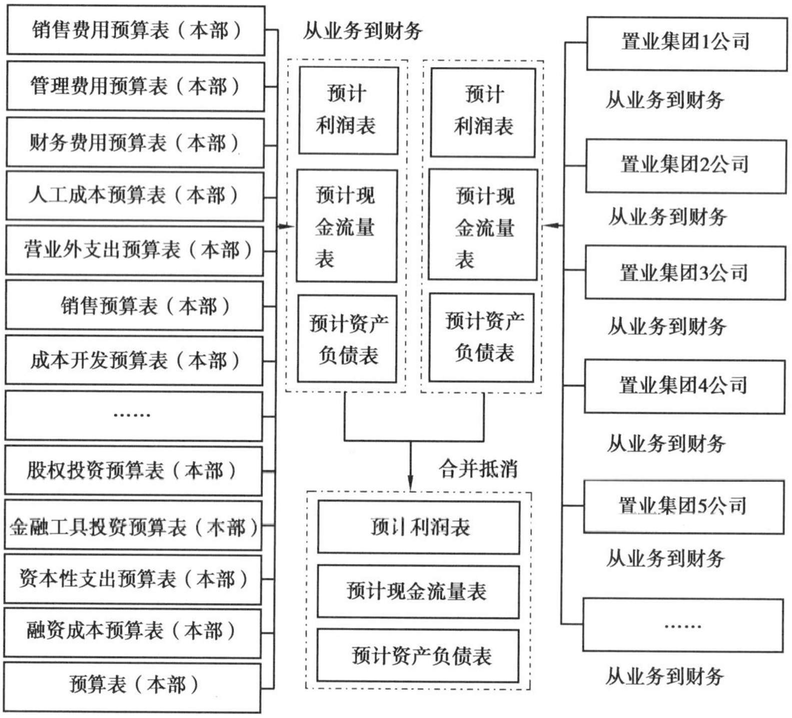

图 3.4　ZT 置业的预算编制逻辑

（2）二级集团预算编制表单

ZT 股份的预算编制分为股份公司总部、二级集团公司、三级及以下公司、基层单位多个层级，每个层级（基层单位除外）的预算表单都由自身编制的表单和汇总下级单位的表单两大部分构成。ZT 置业二级集团的预算表单可划分为通用的业务预算表单，资本预算表单和财务预算表单，以及房地产业态个性化的业务预算表单、资本预算表单和财务预算表单，如图 3.5 所示。

（3）通用业务预算

主要业务预算，汇总二级集团公司各层级及各业态预算年度的主要指标预算，以此纵观二级集团的主要业务指标在各业态的预算编制总体情况。海外业务预算，通过对海外业务基层单位相关预算指标数据的汇总，形成各业态的海外项目主要指标预算情况对

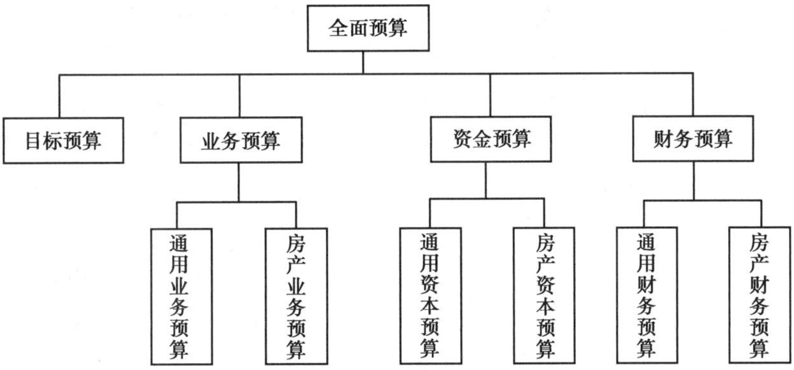

图 3.5　ZT 置业全面预算编制表单

比。费用预算,由各相关部门对预算年度内预计本部门发生的费用按部门、费用科目、季度进行预算编制。

(4)房产个性业务预算

项目进度预算,在二级集团公司,相关人员需要掌握各个开发项目关键节点的进展情况,项目进度预算的内容能展示各个项目各个分期节点工期的预计完成时间。销售预算,按照组织和产品类型两种口径进行汇总。库存预算,按照组织和产品类型两种口径来汇总库存预算,在二级集团公司既可以看到集团汇总的某种产品类型的库存预算情况,也可以看到某个项目公司的某种产品类型的库存预算情况,汇总的科目包括期初库存面积与货值,新增可售面积,签约销售面积与签约销售额,期末库存面积与货值及去化率。开发成本预算,开发成本投入汇总将各个项目公司的开发成本(明细到二级科目)投入汇总至集团,汇总的项目包括目标成本、动态成本、已发生成本、预计发生成本、预算期付款金额。开发成本付款汇总,将各个项目公司的开发成本付款额(明细到二级科目)按照项目公司/季度汇总至集团。物业业务预算,物业收入和物业成本费用预算。

(5)通用资本预算

股权投资预算,由二级集团公司财务管理部门对预算年度内,预计发生投资项目的投资主体、级次、投资性质、投资类别、被投资企业所属行业等内容进行预算编制,内容与国资委预算体系中表单一致。金融工具投资预算,由二级集团公司财务管理部门对预算年度内,集团整体金融工具的投资进行预算编制,是投资途径和编制期间的细化。资本性支出预算,二级集团公司汇总二级集团公司本部及各三级单位编制的固定资产、无形资产等预算内容。二级集团公司本部的资本性支出预算在各以不同产业为主导的预算中体现。

(6)房产个性资本预算

新项目投资额预算,是指预算期内对虚拟项目的投资额预算,由集团公司本部市场开发部门填报。资本性支出预算是指二级集团公司本部的固定资产、无形资产的预算。

(7)通用财务预算

融资预算,二级集团公司根据汇总形成的资金余缺情况,安排预算年度内的融资预算,税金、营业外收支预算,由二级集团公司财务管理部门对预算年度内预计发生的营业税金及附加、费用性税金、增值税、营业外收支等按季度进行预算编制。财务报表预算，汇总二级集团公司本部及各三级单位上报的财务报表，并进行内部抵消处理，形成二级集团公司合并财务报表。其中，预计现金流量表、预计利润表按季度编制；预计资产负债表按年度编制。管理报表，二级集团公司根据自身管理需要设置各种不同的管理报表，主要包括关键预算指标表和资产管理报表。

(8)房产个性财务预算

资金预算，由各个项目公司的资金预算和二级集团公司本部的投融资预算汇总得出。

(四)ZT置业信息化环境下的预算建设成效

1.提升全员预算意识

(1)全员参与

预算组织已经建立到基层项目公司，并且覆盖到各业务部门，越来越多的员工认识并参与到全面预算的工作中来。

(2)意识提高

员工逐渐形成“先算后干”的意识，如某部门在进行办公用品采购时，会提前考虑“咱们还有预算吗?”

(3)积极性提高

通过全面预算管理的考评体系，将企业的经营目标与员工的责权利结合起来，有效提升了各级员工的积极性，使他们真正为企业经营着想，提高了企业的经营管理效率。

2.实现预算管理效果

(1)提升了ZT置业的管理基础

通过全面预算的实施，重新深入理顺了ZT置业的管理流程及管理体系，提升了ZT置业的管理基础及员工素质，通过预算系统的实施促进了ZT置业管理水平的提升。

(2)业务财务闭环管理，为企业规划提供了依据

通过全面预算信息系统，建立了一套从单方成本、单方售价到销售面积、销售回款的完整逻辑。当这个逻辑中的任何一个数据发生变化，其他数据也会滚动随变，可以进行多维度的预算分析和情景预测，提前预测未来，并进行相应的规划，这正是全面预算管理的最大价值所在。

(3)提升了企业经营风险预警的能力

房地产开发是资金高度密集型企业，对现金流的要求非常高。通过做好长期规划和滚动的短期预算，企业能对未来可能发生的各种情况的分析。企业通过预算做好各种情景分析使企业的资金成本能够保持在一个合理的水平，保证企业在变动的环境下也能够实现战略目标。

(4)促进战略目标落地

通过全面预算系统的实施，改善了置业的组织体系，落实公司的治理结构；通过全面预算管理的指标体系，明确了公司的整体经营目标，促进了战略目标的落地与执行，协调企业资源的合理配置。

(5)推动精细化管理,实现过程管理

全面预算信息系统的上线将之前的管理颗粒度进行了大幅度细化,如营销预算细化到按批次按季度编制、细化销售和库存指标,成本预算除编制总控成本外,按产品类型进行分摊,融资预算按融资途径进行细化等。通过细化管理颗粒度,结合系统集成,更好地在过程中对关键指标做预警监控、分析评价,从结果管理向过程管理过渡。如管理者可以通过定期关注预算分析中对销售单价、单方成本和单方毛利等指标的对比分析,对各项目的利润率等指标进行有效监控。

3.提高预算管理效率

(1)促进管理标准化,实现数据标准统一

通过全面预算系统实施的推动,组织集团各部门对管理中用到的基础数据进行统一标准,统一管理,如项目、产品类型、关键指标的含义统一定义等,实现了各业务部门之间的数据标准一致,为后续的分析决策、数据集成等奠定基础,同时也避免各部门口径不一致的问题。

(2)整合信息孤岛,搭建综合管理平台

全面预算系统由于涉及从业务到财务的整个管理流程,所以整合了包括售楼管理系统、成本管理系统、OA 办公系统、财务核算系统等置业在用的所有相关信息系统,尤其是售楼管理系统、成本管理系统和财务核算系统的整合,基本涵盖了全面预算体系中所需的实际数据。通过从这些系统中直接提取实际数据,实现全面预算系统的统一管理平台,可以定期甚至实时看到预算的实际执行情况,为分析决策提供更全面更准确的数据支撑。

(3)实现信息共享,提高协同工作效率

通过搭建信息化平台,实现项目管理部、营销部、成本部、财务部等各部门之间的数据共享,提高协同工作的效率。如各部门通过项目管理部提供的项目进度计划作为年度预算的编制依据,营销部通过成本部提供的单方成本进行销售单价的预测,项目管理部通过成本部和财务部提供的开发成本和开发费用做投资预算,财务部则根据营销的销售额和成本部的开发成本编制利润表等。

二、案例分析要求

ZT 置业全面预算管理有哪些特征?ZT 置业信息化环境下的全面预算有哪些内容?ZT 置业信息化环境的预算编制有什么特色?

第四部分 参考答案

一、单项选择题

1.A 2.D 3.B 4.C 5.B 6.B 7.C 8.B 9.A 10.D 11.A 12.C 13.D 14.D 15.B

二、多项选择题

1.BCD 2.ABD 3.ABD 4.ABC 5.AD 6. ABCD 7.ABC 8.ABD 9. ABCD 10.ABCD

三、判断题

1.√ 2.√ 3.√ 4.√ 5.× 6. × 7.√ 8.√ 9.√ 10.√

四、计算分析题

1. A公司本年各季度的现金收入 单位:元

季度	1	2	3	4	全年
销售单价	200	200	200	200	200
销售量/件	250	300	400	350	1 300
销售收入	50 000	60 000	80 000	70 000	260 000
收到当季销售款	30 000	36 000	48 000	42 000	156 000
收到上季应收款	20 000	20 000	24 000	32 000	96 000
现金收入	50 000	56 000	72 000	74 000	252 000

2.(1) 2016年1—4月的生产预算表 单位:kg

月份	1	2	3	4
预计销售量	3 000	3 600	3 800	5 000
加:预计期末存货量	3 700	4 400	4 400	3 900
减:预计期初存货量	3 300	3 700	4 400	4 400
预计生产量	3 400	4 300	3 800	4 500

注:3 300=(1月预计销售量+2月预计销售量)×50%=(3 000+3 600)×50%

(2) 2016年1—3月的直接材料预算表 单位:kg

月份	1	2	3	4
预计生产量	3 400	4 300	3 800	4 500
材料单耗	4	4	4	4
预计生产需用量	13 600	17 200	15 200	18 000
加:期末材料存量	25 800	22 800	27 000	
减:期初材料存量	20 400	25 800	22 800	27 000
预计材料采购量	19 000	14 200	19 400	

注:20 400=1月预计生产需用量×150%=13 600×150%

五、案例分析要点

1.ZT 置业全面预算管理有哪些特征？

（1）房地产企业预算模式的选择

房地产行业的特点决定房地产企业的销售收入滞后且不确定因素较多，使房地产企业很少选择以销售收入为核心的全面预算管理模式。房地产企业追求利润最大化，但是由于房地产开发销售周期长，利润很难在开发销售当期反映出来，房地产企业的利润表与当期经营往往不同步，房地产企业实行以目标利润为核心的预算模式存在难度。房地产企业实施全面预算，最早学习借鉴制造企业，但因房地产行业有其自身特点，照搬来的管理经验因“水土不服”并未充分显现应有的作用。近几年，一些房地产企业结合行业特点，在全面预算管理方面进行了广泛而深入的探索和实践，逐步形成“以项目成本控制为核心，以现金流量控制为重点”的具有房地产行业特色的预算模式。该模式的主要特点是以开发项目成本为核心，预算编制以成本费用预算为起点，预算控制以成本费用控制为主轴，预算考评以成本费用为主要考评指标，运用现金预算控制开发项目的投资额和现金支出的预算管理模式。

（2）房地产企业全面预算管理的特征

第一，项目预算为主体。房产开发项目投资是房地产企业的主要投资方式，其全面预算管理需要细化到开发项目，对开发项目的全生命周期进行预算。房地产项目开发周期一般需要 3 年以上。为此，较长周期的项目预算成为房地产全面预算中的主体内容。

第二，资金预算为核心。房地产企业往往需要巨额银行贷款及其他金融机构融资的天量资金支持，严重的资金链断裂会威胁企业生存。巨额资金吞吐若筹划不善，也会大大增加企业成本，减少企业利润，降低企业价值。为此，资金预算成为房地产全面预算中的核心内容。

第三，风险防控为重点。房地产行业属于高风险行业，企业风险识别和风险管控能力的强弱，是影响企业生存的重要因素。为此，预算控制成为房地产全面预算中的重点内容。

2.ZT 置业信息化环境下的全面预算有哪些内容？

ZT 置业全面预算主要包括财务预算、业务预算和资本预算，具体如下：

第一，业务预算。业务预算是各项预算工作的基础，主要由各业务部门进行编制，反映房地产企业在预算执行期内，日常发生的各种具有实质性的生产经营活动的预算，包括主要业务预算、项目进度预算、销售预算、库存预算和费用预算等方面。

第二，财务预算。财务预算是在预测和决策的基础上，围绕房地产企业战略目标，对一定时期内企业资金的取得和投放、各项收入和支出、经营成果及分配等资金运作所做的具体安排。一般由财务部门以业务预算为基础，根据用款安排融资，根据各项业务开展情况进行税金预算，最后根据管理的需要以及各项预算，编制财务和管理报表，包括融资预算、税金预算、资金预算、财务报表和管理报表五部分。

第三，资本预算。资本预算是指房地产企业非正常经营活动的预算，主要涉及长期投资，如固定资产购置预算、对外投资预算等。

3.ZT 置业信息化环境下的预算编制有什么特色?

(1)ZT 置业预算编制要点

保障预算编制有效进行的措施包括:合理的预算目标制定和分解,规范的预算编制流程,严密而准确的预算逻辑,灵活的预算编制办法,合理的企业内部定额。ZT 置业预算编制要点如下:

第一,遵循预算目标。预算目标的确定尤为重要,预算编制和预算调整的过程中,应严格遵循已确定的预算目标。如 ZT 置业通过两下一上确定预算目标,预算目标按组织层级和业态逐层分解。

第二,重视编制依据。预算编制的过程中,应当充分考虑各种影响因素,明确各种编制依据。如 ZT 置业二级集团制订预算目标时,应考虑的因素有 ZT 股份下达的指标、自身中长期规划及管理需要,以及 ZT 置业对三级区域公司的管控重点。

第三,设计编制模型。编制模型与企业类型、企业组织架构、企业业态密切相关,应精心设计、充分理解预算编制模型。如在 ZT 置业二级开发预算编制过程中采用"1+X"模型,1 是指预算年度的年度预算,预算数据需要分解至季度;X 是指项目剩余年度的预算,预算数据分解至年度即可。

第四,构建业务逻辑。预算编制逻辑应当严密而准确,预算编制流程应当规范,最好能够适度嵌入信息系统。如在 ZT 置业三级区域公司预算编制过程中,要汇总并审核所属项目公司的预算,并填报区域公司本部预算,合并后形成区域公司层级预算。

第五,体现管理重点。预算管理的职能之一就是管理控制,为此预算编制应充分体现企业的管理重点,如房地产企业的项目管理和资金管理。如 ZT 置业二级集团预算执行控制的重点是,对下属三级单位及二级集团公司本部的费用、资金支付、资本性支出控制,体现了其管理重点。

第六,结合生命周期。任何产品都有生命周期,房地产企业的产品也不例外。ZT 置业同时进行项目预算和年度预算。对同一个二级开发项目而言,年度预算是项目预算的一个具体阶段的体现。

除编制体系外,全面预算的共性要求还包括建设预算控制体系、建设预算分析体系、形成预算调整机制、实现预算考核、实现预算信息化体系。

(2)成功的预算编制的特征

与企业战略管理流程相一致,预算指标体系科学合理,计划与预算相整合,假设合理,预算准确,与企业的绩效评价考核系统相一致,预算编制方法选择适当。

第四章 财务估价

第一部分 理论辅导

一、重要概念

①财务估价是指对一项资产价值的估计。财务估价的对象既可能是股票或债券等金融资产，又可能是实物资产，甚至是一个企业，财务估价涉及的价值是指资产的经济价值，即内在价值。

②债券是指某社会经济主体为筹措资金而向债券投资者出具的、承诺按一定利率定期支付利息，并到期偿还本金的债权债务凭证。

③债券收益率是指一定时期内债券投资收益与投资额的比率。债券投资收益主要包括债券利息收入、债券的价差收益和债券利息的再投资收益。

④股票是股份公司发给股东的所有权凭证，股东借以取得股利的一种有价证券。股东对该公司净资产拥有分配权。

⑤股票收益是指投资者从购入股票开始到出售股票为止整个持有期间的收入，由股利、资产增值、资本利得及认股权证价值组成。

⑥企业价值是企业的内在价值，即企业公平市场价值，通常用该企业预期现金流量以恰当的贴现率折现的现值来计算。

二、主要内容

1.价值类型

价值类型是指资产评估结果的价值属性及其表现形式，分为内在价值、账面价值、市场价值和清算价值四种，如表 4.1 所示。

表 4.1　价值类型比较

价值类型	界定	应用
内在价值	采用适当的折现率计算的资产预期未来现金流量的现值	产权交易定价的基础,客观真实
账面价值	资产负债表上列示的资产价值,以交易为基础,采用历史成本计量,可验证性	财务报告要求采用的价值类型
市场价值	资产在交易市场上的价格,它是买卖双方竞价后产生的双方都能接受的价格	公平交易下的市场价值就是评估价值
清算价值	企业清算时对一项资产单独拍卖产生的价格,通常会低于正常交易的价格	清算假设前提条件下的评估价值

2.债券价值评估

债券价值评估是指采用折现现金流量法确定债券内在价值。债券价值评估模型根据债券期限、付息方式分为一般债券估价模型、永久债券估价模型和零息债券估价模型,如表 4.2 所示。

表 4.2　债券价值评估模型

模型分类	度量方式	适用条件
一般债券估价模型	$PV = \frac{I_1}{(1+i)^1} + \frac{I_2}{(1+i)^2} + \cdots + \frac{I_n}{(1+i)^n} + \frac{M}{(1+i)^n} = \sum_{t=1}^{n} \frac{I_t}{(1+i)^t} + \frac{M}{(1+i)^n}$	票面利率固定,按期付息、到期还本的债券
永久债券估价模型	$PV=\frac{I}{i}$	债券期限很长,按期付息的债券
零息债券估价模型	$PV=M\times(P/F,i,n)$	债券不支付利息,低于面值发行,到期按面值偿还

3.企业价值评估

企业价值评估是指评估人员依据相关法律、法规和资产评估准则,对评估基准日特定目的下企业整体价值、股东全部权益价值或者股东部分权益价值等进行分析、估算并发表专业意见的行为和过程。企业价值评估模型分为股权自由现金流量模型和公司自由现金流量贴现模型,如表 4.3 所示。

表 4.3　企业价值评估模型

	主要模型	度量方法	适用条件
股权自由现金流量模型	单阶段模型	$股权价值=\frac{下期股权自由现金流量}{股权资本成本-永续增长率}$	长期稳定、可持续增长企业
	两阶段模型	假设预测期为 n 年 $股权价值=\sum_{t=1}^{n}\frac{股权自由现金流量_t}{(1+股权资本成本)^t}+$ $\frac{股权自由现金流量_{n+1}\div(股权资本成本-永续增长率)}{(1+股权资本成本)^n}$	预测期为 n 年，可持续增长呈现两个阶段的企业
	三阶段模型	假设增长期为 n 年，转换期为 m 年 $股权价值=\sum_{t=1}^{n}\frac{增长期股权自由现金流量_t}{(1+股权资本成本)^t}$ $+\sum_{t=n+1}^{n+m}\frac{转换期股权自由现金流量_t}{(1+股权资本成本)^t}$ $+\frac{后续期股权自由现金流量_{n+m+1}\div(股权资本成本-永续增长率)}{(1+股权资本成本)^{n+m}}$	适用于评估初始高增长阶段、增长率下降的转换阶段和稳定增长阶段的企业
公司自由现金流量贴现模型	单阶段模型	$实体价值=\frac{下期公司自由现金流量}{加权平均资本成本-永续增长率}$	长期稳定、可持续增长企业
	两阶段模型	假设预测期为 n 年 $实体价值=\sum_{t=1}^{n}\frac{公司自由现金流量_t}{(1+加权平均资本成本)^t}+$ $\frac{公司自由现金流量_{n+1}\div(加权平均资本成本-永续增长率)}{(1+加权平均资本成本)^n}$	适用于增长呈现两个阶段的企业
	三阶段模型	假设增长期为 n 年，转换期为 m 年 $实体价值=\sum_{t=1}^{n}\frac{增长期公司自由现金流量_t}{(1+加权平均资本成本)^t}+$ $\sum_{t=n+1}^{n+m}\frac{转换期公司自由现金流量_t}{(1+加权平均资本成本)^t}+$ $\frac{后续期公司自由现金流量_{n+m+1}\div(加权平均资本成本-永续增长率)}{(1+加权平均资本成本)^{n+m}}$	适用于评估初始高增长阶段、增长率下降的转换阶段和稳定增长阶段的企业

4.普通股价值评估

普通股价值是指普通股预期能够为股东提供的所有未来现金流量的现值。普通股价值评估模型分为一般股利模型、股利固定模型、股利固定增长率模型和股利分阶段模型,如表4.4所示。

表4.4 普通股价值评估模型

模型分类	度量方式	适用条件
一般股利模型	$P_0=\sum_{t=1}^{\infty}\frac{D_t}{(1+R_s)^t}$	长期持有,按年支付股利
股利固定模型	$P_0=\sum_{t=1}^{\infty}\frac{D}{(1+R_s)^t}=\frac{D}{R_s}$	长期持有,股利固定不变
股利固定增长率模型	$P_0=\frac{D_0\times(1+g)}{R_s-g}=\frac{D_1}{R_s-g}$	长期持有,股利增长率固定不变
股利分阶段模型	采用组合方式度量	根据企业发展情况和股利分配政策可以分为两阶段和三阶段

三、重点难点

1.本章重点

理解财务估价原理,掌握债券估价和股票估价方法,运用现金流量分析方法合理评价企业价值。

2.本章难点

(1)按复利计息的债券收益率

债券通常情况采取复利计息方式来衡量债券收益率,债券收益率是指债券未来现金流量现值等于债券购入价格的折现率。计算债券收益率一般采用内插法。

【例4-1】 某公司2017年1月1日发行面值为1 000元,票面利率为10%的5年期债券,每年末付息,一次还本,复利计息,假设2019年1月1日投资者用950元购买该债券并持有到期,问债券到期收益率为多少?

解:

$950=100\times(P/A,i,3)+1\ 000\times(P/F,i,3)$

求解 i 采用内插法,其计算公式为 $i=i_1+\frac{\beta_1-\alpha}{\beta_1-\beta_2}\times(i_2-i_1)$,计算步骤如下:

当 $i=12\%$时,右边$=951.98$

当 $i=13\%$时,右边$=929.22$

$i=12\%+(951.98-950)\div(951.98-929.22)\times(13\%-12\%)$

$\approx12.09\%$

即该债券到期收益率12.09%。

(2)企业价值评估

企业价值评估通过企业预期现金流量以恰当的贴现率折现的现值来计算,企业价值评估程序如下:

第一,企业现金流量估算,根据企业现金流量变化情况划分为一阶段、两阶段或三阶段;

第二,计算企业加权平均资本成本;

第三,将企业现金流量折现后汇总就可以达到企业价值。

【例 4-2】 F 公司 2010 年年底的债务账面价值为 9 678 万元,市场价值为 10 000 万元,公司股票价格为每股 33 元,流通在外普通股股数为 375 万股,本年销售收入为3 070 万元,息税前利润为 1 225 万元,资本支出 1 172 万元被等额的折旧与摊销所抵消,营运资本为 220 万元,加权平均资本成本为 12%,公司平均所得税税率为 30%,预计 2011 至 2015 年的息税前利润增长率为 8%,2016 年以后将稳定为 6%,资本支出、折旧、营运资本和销售收入与息税前利润增长率同步增长。预计 2016 年以后,加权平均资本成本将下降为 10%,试分别计算 F 公司实体价值和股权价值?

解:由于实体价值减去债务价值等于股权价值,本题可先计算出实体价值,计算过程详见表 4.5。

表 4.5　F 公司实体价值评估表　　单位:万元

项目	2010	2011	2012	2013	2014	2015	2016
EBIT	1 225	1 323	1 428.84	1 543.15	1 666.60	1 799.93	1 907.93
息前税后利润	857.50	926.10	1 000.19	1 080.20	1 166.62	1 259.95	1 335.55
资本支出	1 172	1 265.76	1 367.02	1 476.38	1 594.49	1 722.05	1 825.38
营运资本	220	237.6	256.61	277.14	299.31	323.25	342.65
营运资本增加		17.6	19.01	20.53	22.17	23.94	19.4
折旧	1 172	1 265.76	1 367.02	1 476.38	1 594.49	1 722.05	1 825.38
实体现金流量		908.5	981.18	1 059.67	1 144.45	1 236.01	1 316.15
现值系数		0.892 9	0.797 2	0.711 8	0.635 5	0.567 4	
现值		811.20	782.20	754.27	727.30	701.31	
预测期现金流量现值	3 776.28						
后续期现金流量现值	18 669.59						
实体价值	22 445.87						
债务价值	10 000						
股权价值	12 445.87						

$$后续期公司自由现金流量现值=\frac{1\ 316.15\ 万元}{10\%-6\%}\times(1+12\%)^{-5}=18\ 669.59\ 万元$$

第二部分　强化训练

一、单项选择题

1.(　　)投资不能偿还本金,所获得的股息和红利也不确定,完全取决于公司经营利润的高低。

A.债券　　B.股票　　C.基金　　D.期货合约

2.当投资者为获得较高的投机收益时,他会选择投资(　　)。

A.流动性好、有稳定收益的证券　　B.短时期内价格波动较大的证券

C.具有稳定的现金收益的长期证券　　D.长期投资某公司股票

3.下列各项证券中,违约风险最小的是(　　)。

A.公司债券　　B.国库券　　C.金融债券　　D.企业债券

4.对每年付息一次,到期还本的债券进行投资,如果投资者以低于债券面值的价格买入并持有到期,其实际投资收益率将(　　)债券的票面利率。

A.低于　　B.等于　　C.高于　　D.无法确定

5.ABC 公司拟投资购买某企业发行债券,在名义利率相同的情况下,对 ABC 公司比较有利的复利计息期是(　　)。

A.1 年　　B.半年　　C.1 季　　D.1 月

6.有一笔国债,5 年期,平价发行,票面利率 12.22%,单利计息,到期一次性还本付息,到期收益率(复利按年计息)是(　　)。

A.9%　　B.11%　　C.10%　　D.12%

7.A 公司发行面值为 1 000 元,票面利率为 10%,期限 5 年的利随本清债券,发行价格为 1 050 元。投资者小张有能力投资,但想获得 8%以上的投资报酬率(复利按年计息),则(　　)。

A.A 债券的投资收益率为 8.25%,小张不应该投资

B.A 债券的投资收益率为 8.25%,小张应该投资

C.A 债券的投资收益率为 7.4%,小张不应该投资

D.A 债券的投资收益率为 7.4%,小张应该投资

8.对降低投资组合风险最有效的方法是(　　)。

A.选择足够多数量的证券进行组合

B.把投资收益呈负相关变化的证券放在一起进行组合

C.把投资收益呈正相关变化的证券放在一起进行组合

D.把风险大、风险中等和风险低的证券放在一起进行组合

9.某股票当前的市场价格是 20 元,每股股利是 1 元,预期股利增长率是 5%,则其市场决定的预期收益率是(　　)。

A.10.5%　　B.10%　　C.10.25%　　D.5.5%

10.面值为100元的普通股,预计年固定股利收入为10元,如果投资者要求的必要报酬率为8%,那么准备长期投资该股票的投资者能接受的最高购买价格为(　　)元。

A.80　　B.100　　C.125　　D.150

二、多项选择题

1.投资主体为获得经济效益或社会效益而进行的实物资产投资活动称为(　　)。

A.项目投资　　B.直接投资　　C.金融投资　　D.间接投资

2.下列哪些因素会影响债券的到期收益率(　　)。

A.票面价值　　B.票面利率　　C.市场利率　　D.到期日

3.债券C和债券D是两只刚发行的分期付息债券,债券的面值和票面利率相同,票面利率均高于投资必要报酬率,以下说法正确的有(　　)。

A.如果两债券的必要报酬率和利息支付频率相同,偿还期限长的债券价值低

B.如果两债券的必要报酬率和利息支付频率相同,偿还期限长的债券价值高

C.如果两债券的偿还期限和必要报酬率相同,利息支付频率高的债券价值低

D.如果两债券的偿还期限和必要报酬率相同,必要报酬率与票面利率差额大的债券价值高

4.债券票面利率与到期实际收益率不一致的情况有(　　)。

A.债券平价发行,每半年付息一次　　B.债券平价发行,每年付息一次

C.债券溢价发行,每年付息一次　　D.债券折价发行,每年付息一次

5.与股票内在价值呈反方向变化的因素有(　　)。

A.股利年增长率　　B.年股利

C.必要投资报酬率　　D.β系数

6.实际计算股票价值时常用的估价模型有(　　)。

A. $P=\sum_{t=1}^{n}\frac{D_t}{(1+K)^t}+\frac{P_n}{(1+K)^n}$　　B. $P=\sum_{t=1}^{\infty}\frac{D_t}{(1+K)^t}$

C. $P=\frac{D}{K}$　　D. $P=\frac{D_1}{K-g}$

7.从贴现现金流量理论看,影响股票内在价值的基本因素有(　　)。

A.股份公司的现金股利　　B.股票的市场价格

C.股票的面值　　D.投资者的必要报酬率

8.以下属于证券投资基金的特征有(　　)。

A.组合性　　B.专业性　　C.规模性　　D.集合性

9.基金投资的优点有(　　)。

A.专家管理,分散风险　　B.变现灵活,流动性好

C.投资选择多样化,易于变化　　D.节省时间和精力

10.影响债券内在价值的基本因素包括(　　)。

A.债券的面值　　B.债券年利息

C.债券票面利率　　D.债券利息支付方式

三、判断题

1.债券当其票面利率大于市场利率时,债券发行价格就低于债券的面值。 ( )

2.长期债券与短期债券相比,其投资风险和融资风险均很大。 ( )

3.一种 10 年期的债券,票面利率为 10%;另一种 5 年期的债券,票面利率为 10%。两种债券的其他方面没有区别,在市场利率急剧上涨时,前一种债券价格下跌得更多。 ( )

4.把风险大、风险中等和风险低的证券放在一起进行组合的方法,比选择投资收益呈负相关变化的证券进行组合的方法更能有效地降低投资风险。 ( )

5.可转换债券是一种含有期权的有价证券,其市场价格就是期权价格。 ( )

四、计算分析题

1.目的:练习债券估价的计算方法。

资料:某公司准备发行一种债券,票面金额 1 000 元,票面利率 6%,期限 10 年,本金按面值支付。发行时预计同类债券市场利率为 10%。如果分别按以下几种情况来支付本金和利息:

(1)每年年末付息一次,到期还本;

(2)到期一次还本付息;

(3)不支付利息,到期归还本金。

要求:计算发行时各种支付方式下的债券价值。

2.目的:练习股票股价的计算。

资料:某公司计划发行两种股票进行筹资:A 股票为普通股,发行后第一年预计发放的现金股利为每股 3 元,之后保持 3%的股利年增长率;B 股票为优先股,发行后每年预计发放的现金股利为每股 3 元,并保持不变。假如投资者对该公司股票投资的预期收益率为 15%。

要求:计算两种股票的内在价值。

五、综合题

1.资料:某公司代号为 1207A 的债券 2012 年 7 月 20 日到期,票面利率 8%,每年 7 月 20 日付息一次,面值 1 000 元。2008 年 1 月 20 日该债券的市场价格为 1 076.84 元。现在公司拟发行 1301B 债券:面值 1 000 元,票面利率 6%,每年 1 月 20 日付息一次,2013 年 1 月 20 日到期。

要求:计算 1301B 债券的内在价值。

2.资料:你正考虑购买两家非常相似的股票。两家公司今年财务报表大体相同,每股盈余都是 8 元,若 A 公司预期发放每股股利 8 元,而 B 公司预期每股发放股利 4 元。已知 A 公司的股价为 100 元,假设两家股票的市盈率类似,你所要求的必要报酬率为 10%。

要求:计算 B 股票的股利增长率。

第三部分 案例分析

万科集团价值评估

一、案例分析材料

(一)公司简介

万科企业股份有限公司于1984年5月成立,1988年进入房地产行业,1991年万科A股在深交所上市(股票代码:000002),B股于1993年在深交所上市,并于同年确定了其核心业务专注于大众住宅的开发和销售。经过20多年的发展,万科已经成为国内最大的住宅开发企业,业务覆盖珠三角、长三角、环渤海三大城市经济圈以及中西部地区,销售规模持续居全国同行业首位。万科凭借持续增长的业绩以及规范透明的公司治理结构,成为股市中代表性的地产蓝筹股,赢得了投资者的广泛认可。公司在发展过程中先后入选《福布斯》"全球200家最佳中小企业""亚洲最佳小企业200强""亚洲最优50大上市公司""2013亚太地区最佳上市公司50强"排行榜,中国上市公司市值管理研究中心发布的2013年资本品牌价值百强,并多次获得《投资者关系》等国际权威媒体评出的"最佳公司治理""最佳投资者关系"等奖项。

1.股权结构

万科是国内少有的公众持股公司,股权结构非常分散,即便是第一大股东华润股份有限公司,也只持有不到15%的股权,第二大股东的持股占比甚至不到2%。通过采用职业经理人、大股东、中小股东"三头博弈"的治理结构,万科使管理层成为平衡各股东利益的中间人,能够弥补中小股东的天然弱势,加强股东对公司的信任。另外,当管理层拥有主要发言权后,股东也能给予管理层开展工作以最大的支持和最好的配合,使企业一直运行在良性发展的路径上,实现管理层和股东的双赢。

在"三头博弈"的治理结构下,万科在相关的各项操作中始终秉承公平、公正、公开的原则,按规范运作。如万科与大股东在业务、人员、资产、机构、财务等方面一直是完全分开的,保证了公司具有独立完整的业务及自主经营能力。如通过实施稳定的分红派息政策,向老股东倾斜的低价配股策略,向老股东优先配售的可转债方案及其较高的利率等,万科从细微处体现了公司"善待股东"的理念。此外,万科还是国内最早推行"职业经理人"理念的企业之一。1997年,万科确立了全面培养职业经理人的管理思路,并加快业务架构调整,完善了分权和授权机制,并快速建立了投资、决策的专业委员会运作模式,为职业经理搭建良好的运作平台。经过近20年的发展,万科已经培养出一批适应市场运作的职业经理队伍,使企业能够不依靠某个人而是依靠合理的架构和管理团队获得自由生长的土壤。

2.经营理念

坚守价值底线,拒绝暴利诱惑,坚持以专业能力从市场获取公平回报是万科获得成功的基石。在多年的经营中,万科秉承“追求卓越、客户导向、报效股东、与员工和伙伴共同成长、效率优先、可持续发展”的经营原则,坚持“不囤地,不轮盘,不拿地王”,实行快速周转、快速开发,依靠专业能力获取公平回报的经营策略。为配合国家倡导满足自住型及改善型住宅需要,公司近年产品以中小户型普通商品房为主,2013 年所销售 144 平方米以下户型占比达到91.5%。公司坚持快速销售、合理定价,要求各地下属公司楼盘推出后当月销售率达到60%以上。同时,公司规范经营,不追求高利润率,自 2005 年以来公司累计纳税额超过 500 亿元,且每年的纳税额均高于净利润。

万科通过责任战略制订企业愿景和目标——成为中国房地产行业的领跑者,成为卓越的绿色企业,从而建立企业内外共识,通过带动上下游利益相关者和合作伙伴的社会责任合作网络,达到企业公民行为的最大辐射效应。“让建筑赞美生命”是万科的核心理念,也是万科坚持的产品核心价值观。万科始终不懈地致力于为不同消费者提供展现自我、和谐共生的理想生活空间,保护环境、改善环境,促进人与自然的可持续发展。因此,公司致力于通过规范、透明、简单、责任的企业文化和稳健、专注的发展模式,成为最受客户、投资者、员工、合作伙伴欢迎,最受社会尊重的企业。自公司成立以来,万科始终致力于不断提升产品的品质,其很多思想理念一直引领着我国房地产行业的发展。从第一个提出物业管理模式到建立我国第一个业主委员会,从万客会的成立到近年来“建筑无限生活”品牌理念的提出,万科的企业价值理念不仅在本企业传播,而且影响了诸多房地产公司的经营理念。此外,近年来万科还通过和当地知名开发商合作的方式,先后进入中国香港地区,以及美国、新加坡市场。万科积极进军海外的战略不仅有利于规避国内房地产市场调控风险,还能增进对海外市场和商业模式的理解,有利于自身的经营管理水平。

(二)资本运作

在市场竞争中,万科秉持长期以来坚持的“善待股东”理念,努力完善资本运作。纵观万科的发展史,也是其资本运作变迁史,如表 4.6 所示。

表 4.6　万科资本运作变迁史

时间	事件
1998 年	万科发行新股,募集了 2 800 万元的资金
1991 年	万科第一次配股,募集资金 1.3 亿元
1993 年	万科发行 B 股,筹集了 4.5 亿港元
1997—2000 年	万科相继增资配股,募集资金约 10 亿元
2000 年	华润集团及其关联公司成为万科第一大股东,持股 15.08%
2002 年	发行可转债 15 亿元
2003 年	万科与新华信托达成总额 2.602 亿元的信托贷款协议
2004 年	发行可转债 19 亿元

续表

时间	事件
2004 年	万科与德国银行 lpo Rel Ette Bak lmeatiol 达成合作协议,由后者提供不超过 3 500 万美元的资金
2004 年	成都万科与新加坡 Reco Ziang Pteld 签订协议,将其持有的成都万科置业 95%股权中的 40%转让给 RZP
2004 年	万科与深圳国际信托投资公司签署期限 2 年的信托贷款协议
2005 年	万科与中信资本投资有限公司共同筹组成立“中信资本·万科中国房地产开发基金”
2006 年	万科收购了 13 家公司
2006 年	万科定向增发 42 亿元
2006 年	万科以 23.8 亿元收购了 22 家公司
2006 年	深圳万科与中粮地产通过联合投标,以 17.5 亿元竞得广州某地块使用权
2007 年	万科公开增发 100 亿元
2007 年	万科以 18.7 亿元收购了 27 家公司
2008 年	万科发行公司债 59 亿元
2008 年	万科以近 30 亿元收购了 18 家公司
2009 年	万科增发 A 股,募集资金 112 亿元
2009 年	万科以近 18 亿元收购了 27 家公司
2010 年	万科以 2.19 亿元收购了 24 家房地产企业
2011 年	万科在深交所正式公布股权激励方案,对包括王石在内的 383 名高管、核心业务人员实施 5 年的股权激励
2011 年	万科向华润深国投信托有限公司申请信托借款 10 亿元,借款期限 2 年,年利率 11.2%
2012 年	万科置业(香港)有限公司完成对南联地产的收购,并持有其 79.26%的股份
2012 年	万科以 4.78 亿元收购京投银泰旗下两家公司
2012 年	万科向华润深国投信托有限公司申请金额为 10 亿元和 20 亿元的两笔信托借款,投向 7 个项目,借款期限均为 2 年,利率分别为 10.6%和 10.5%
2012 年	万科向华润深国投信托有限公司申请信托借款 11 亿元,借款期限 1.5 年
2012 年	12 月 26 日,万科宣布 A、B 股停牌,称正“筹划重大事项”,即 B 股转 H 股事宜
2013 年	全资子公司上海万科投资将持有的沪彤置业 39%的股权转让给华威欣城,合作总价款约 8.68 亿元
2013 年	综合性购物网站天猫和万科达成战略合作协议,双方拟通过电子商务和地产商的结合,打造从线上到线下的家装预售,实现用户从购房、装修、家居订购的一体化服务
2013 年	万科向市场公布了拟通过境外子公司万科置业在香港发行美元债券的计划,并于 2013 年 3 月 7 日成功完成金额为 8 亿美元的 5 年期定息美元债券的定价

万科每一次成功的资本运作之后，都给企业带来了更快的发展，也最终给投资者带来了丰厚的回报。资本运作提高了万科的核心能力，强大的融资能力成为推进万科腾飞的主要力量。而能够与资本市场形成良性互动，对于万科来说并非偶然，这与其长期以来注重建立公司良好治理结构，以透明规范的体制应对市场挑战有着紧密的关系。“专业化+规范化+透明化”的阳光体制，“善待股东”的理念以及良好的投资者关系，令万科的发展得到了各类股东的积极支持。如2003年9月万科推出可转债发行方案，但因为市场低迷，加上此前有上市公司再融资方案遭到质疑，引来市场一片反对声，令万科进退两难。万科迅速启动危机公关，公司高管频繁造访基金公司与机构，记录股东的意见与建议，并做出适当反馈。通过不断加深沟通，万科最终提出了既充分照顾流通股股东的利益，同时又能够照顾到企业发展的可转债发行修订方案，从而打动了投资者。万科是同批上市企业当中唯一一家上市以来持续盈利并增长的公司，上市以来连续分红，股价回报更是超过基准，使其在业内的龙头地位进一步巩固。

（三）我国房地产行业现状及万科战略分析

1.我国房地产行业现状分析

对房地产行业来说，过去的十年是该行业黄金发展的十年。从目前国内房地产的经济来源分析，房地产投资依然呈现出不断增长的态势，占全社会固定资产投资的比重也比较大。这种投资一方面来自国内民间资本的投入，另一方面是国际投资。其中前者是主要投资来源，占到国内房地产市场投资总额的绝大部分，2011年这一比例在76%左右，而从增长速度来看，除了2008年有较小回落，2004—2010年都保持了高速增长状态，2011年随着国内房地产调控政策的出台，这一数据又逐渐开始归落。国家统计局发布的数据显示，2013年上半年全国房地产开发投资36 828亿元，同比名义增长20.3%，增速比1—5月回落0.3个百分点，这也是该指标连续两年出现回落。从投资结构来看，投资对象则逐渐由商业营业用房转向住宅投资。

（1）政策面：中央着力深化改革，调控以稳为主

从国外发达国家的历史发展来看，房地产市场都曾为这些国家的经济发展做出过很大贡献，但是也有很多因为房地产而失足的例子，如日本持续十年的经济衰退，根源就是房地产泡沫，包括2008年席卷全球的金融海啸，也是由美国的房地产企业和银行引发。因此全社会都对中国房地产市场的高速增长保持警惕，避免房地产泡沫成为威胁经济和社会稳定的不利因素，近几年国家对该行业进行了严厉的宏观调控。2010—2011年是国家历年来对房地产调控最严厉的阶段，结果造成了房地产市场交易量大幅萎缩，很多中小开发商纷纷倒闭，城市房价开始回调；2012年后开始进入房地产调控的第二个阶段，由于前期严厉的调控使该行业的持续低迷给地方政府的财政状况带来了非常大的压力，在这一阶段房地产行业的基本面开始慢慢好转，老百姓在沉默了一段时间后重新开始投入房地产市场，于是房地产市场交易量开始恢复，价格也开始逐步上涨。2013年，“调控”字眼在公开场合消失，行业政策面趋于平缓。新一届政府在2014年以来历次重要会议中，均未提及“调控”二字，类似“高房价问题”这样的提法也再未出现在任何公开场合。在三中全会最终公布的决定中，对房地产行业虽无明确扶持表态，但诸如“处理好政府和

市场的关系,使市场在资源配置中起决定性作用”“建立城乡统一的建设用地市场”“完善城镇化健康发展体制机制”“推进以人为核心的城镇化”等内容均毫无悬念地将对未来行业发展起到巨大的推动作用,尤其是政府职能转型的提法意味着过去十年房地产行政性调控的淡出。据2013年的行业数据显示,2010年以来国家宏观调控对房地产行业的负面影响正在消退,行业呈现增长迹象。

(2)市场面:楼市有所回暖,房企投资不忘谨慎

价格方面,据国家统计局发布《2013年全国房地产开发和销售情况》数据显示,2013年全国城镇商品房销售面积130 551万平方米,比上年增长17.3%,商品房销售额81 428亿元,增长26.3%,由此计算商品房为6 237元/平方米,比2012年5 791元/平方米增长7.7%,此数据与2013年GDP增长7.7%相同。房价同比涨幅较高的城市主要集中在一线城市和个别二、三线城市。2013年以来,百城价格指数环比连续18个月上涨,2013年累计上涨10.74%,同比连续12个月上涨,涨幅扩大至10.98%,并且十大城市涨幅明显高于百城平均水平,北京、广州、深圳尤为突出。住宅销售量方面,2013年商品房销售面积130 551万平方米,比上年增长17.3%,增速比2012年提高15.5个百分点;其中,住宅销售面积增长17.5%,办公楼销售面积增长27.9%,商业营业房销售面积增长9.1%。商品房销售额81 428亿元,增长26.3%,增速比2012年提高16.3个百分点。销售市场的火爆也引燃了土地市场,2013年房地产开发企业土地购置面积38 814万平方米,比上年增长8.8%,土地成交价款9 918亿元,增长33.9%,增速提高2.4个百分点。虽然2013年房地产市场整体呈现了量价齐升的基本态势,但进入2014年,市场情况有所变化,房地产开发投资增速开始放缓,持续回落的住宅成交市场向房地产开发市场传递出消极信号,在房地产市场变化周期较短且风险渐增的背景下,房地产上市公司竞争压力不断增加,整体表现持续分化。已经上市的公司,对未来几年房地产市场的态度也相对开始谨慎。

(3)企业面:业绩稳健,加快出海步伐

2013年对大多数企业而言,销售额已经远超年初预定的销售目标,千亿元俱乐部中新增中海、恒大、碧桂园3家。在拿地方面,十大企业本地规模和金额均大幅增长,分别同比增长47%和87%,品牌房企回归一、二线城市,一线城市拿地占比明显提高,拿地金额占比由上年的22%上升至29%,导致企业平均拿地成本提高近30%。资金方面,全行业整体偿付能力有所提升,企业融资渠道多样化,债券、票据等直接融资方式明显增多,优质企业融资成本降低。为了寻求更低的融资成本,上市房企纷纷加快出海步伐。由于大陆上市房企以境内母公司身份在海外市场直接发行债券的难度较高,内地龙头房企纷纷通过搭建的“A+H”双重融资平台,顺利实现海外发债融资,并且凭借企业品牌影响力获得较高的信用评级,实现低成本融资。万科、保利、绿地、万达等龙头企业在2013年均首次通过新上市子公司发债,并通过创新债券融资方式获取大额低息资金,资金实力大大增强。与此同时,房企海外投资步伐不断加快。2013年2月,万科首次进军美国,以1.75亿美元与美国铁狮门公司合作开发旧金山一个豪华公寓项目。6月,以张欣家族为首的SOHO中国联手巴西财团以7亿美元购得美国通用大楼40%的股权。8月,万达宣布在伦敦建造酒店的计划。10月,复兴国际以7.25亿美元买下纽约曼哈顿摩根大通第

一大楼。11 月,富力以 85 亿元人民币收购了马来西亚一幅土地。表现最抢眼的绿地,于 7 月、10 月、11 月分别在美国洛杉矶及纽约、韩国、澳大利亚等地投资总额超过 100 亿美元,2014 年还计划再落实同等投资规模的海外项目。

2.万科企业战略分析

万科的发展历程主要经历了四个阶段:第一阶段,从做贸易起步,由单一经营到多元化经营;第二阶段,转向以房地产为主营业务,大规模进行全国扩张;第三阶段,将房地产主营业务经营范围进行收缩与调整;第四阶段,规模化房地产品牌发展。与之相对应,万科的发展战略也经历了“加法”“减法”和“乘法”的变迁,如图 4.1 所示。

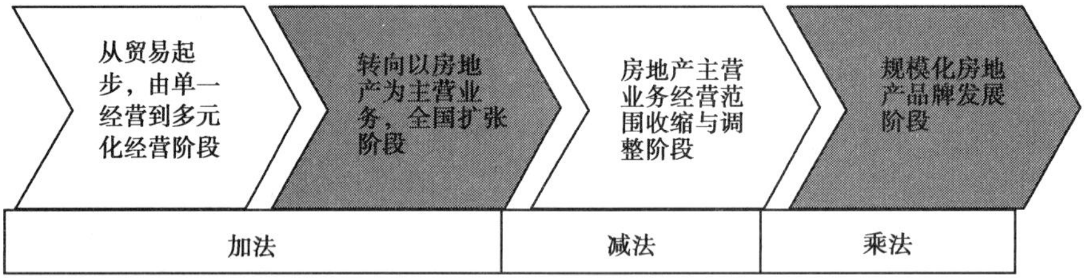

图 4.1　万科发展历程

(1)加法:混合式多元化经营

包括房地产开发企业在内的许多新兴企业,在发展历程中,均经历了一条专业化向多元化渗透的路子。万科 20 世纪 80 年代以做贸易起家,最初从事录音机进口贸易,接着什么赚钱就干什么,真正的“加法”也从此时开始。到 1991 年底,万科的业务已包括进出口、零售、房地产、投资、影视、广告、饮料、机械加工、电气工程等 13 大类。在企业发展方向上,创始人王石曾提出,把万科建成一个具有信息、交易、投资、融资、制造等多种功能的大型“综合商社”。1992 年前后,万科通过增资扩股和境外上市筹集到大量资金,一方面将业务向全国多个地区、多个领域扩展,另一方面向国内 30 多家企业参股,多元化发展的速度和程度达到其历史顶点。

(2)减法:专业化经营阶段

1984—1992 年,万科参股 30 多家企业,总投资 1.3 亿元,但是这种跨地域经营遍地开花的发展,由于缺乏整体开发思路和发展战略造成了资源的过度分散,主导产业不突出,企业的经营业务缺乏市场竞争力,无法在一个领域形成规模效益。此外,20 世纪 90 年代初房地产出现泡沫,1993 年下半年国家开始紧缩银根,进行宏观调控。万科各项业务规模都比较小,缺乏规模优势,企业持续发展能力受到限制,抗风险能力也明显不足,因此万科决定大规模瘦身,步入专业化经营阶段,如图 4.2 所示。

为此,1994 年万科进行了一次战略大调整,这是万科发展史上的一次大拐点——做减法。这次战略减法长达 8 年,所有与地产行业无关的都退出了万科的舞台,万科从此进入了专业化快速发展的轨道,也为后来企业的发展奠定了良好的战略基础。同时,万科也在地产行业内部进行了一系列的变革,从多种经营转向专注住宅产品开发。对于非核心业务,万科坚决进行了资源重组,把怡宝蒸馏水等较有潜力且投资较大的业务出售重组。因为万科已不适合对其非核心业务进行更多的投入,将怡宝等这些成长型业务出

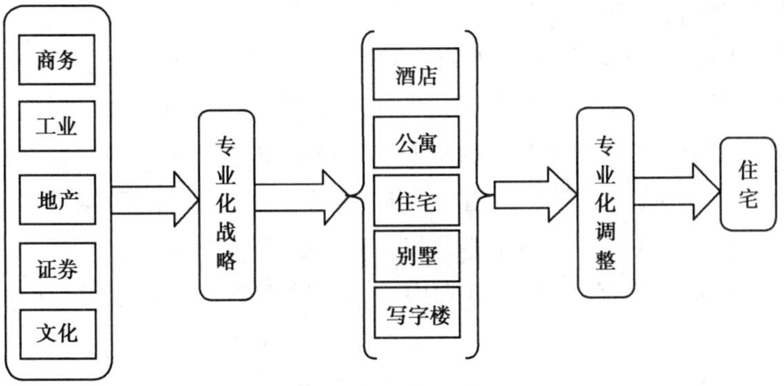

图 4.2　万科专业化经营

售反而更有利于它自身的发展。而万科把这个思路一直坚持下去,直到 2002 年,万科把减法做到极致,将辛苦十年打造的名牌零售业公司万佳百货也全部售给华润创业。至此,万科的调整期才算真正完成,其后才真正专注于房地产住宅业的发展。

(3)乘法:精细化经营阶段

随着房地产市场的日益规范和不少地方的房地产市场由卖方市场逐步过渡到买方市场,精细化管理的重要性日益凸显,向管理要效益将比向市场要效益更重要,或者说周转率将比利润率更重要。事实上,即使在 2007 年之前所谓的"暴利时代",万科等一流地产商的利润率也不是很高,但它们的周转率遥遥领先。正是由于始终把握"向管理要效益,而不是纯粹依赖市场机遇"这一重要的经营管理理念,万科等标杆性企业通过精细化管理、品牌化经营、规范化服务,才获得长足发展,并将在未来创造更大的发展空间。2007 年,万科进入了第三个十年发展阶段,万科将这十年的发展战略定位于做精细化的乘法。对于万科来说,精细化就是在其专注的住宅领域做到更专业、更优秀、更卓越,追求有质量的增长,这也可看成万科的第二次专业化的调整。近年来,万科将过去的"点—线"战略调整为"点—线—片"战略。万科的业务已经扩展到全国 20 多个大中城市,形成以珠三角、长三角、环渤海区域为中心的三大区域城市群带以及几个内陆核心城市为重点的发展策略。

(四)万科财务分析

1.财务结构分析

企业的财务结构会对企业价值产生重要影响,如何实现企业价值最大化是财务管理的主要目标,因此,对财务结构进行分析具有重要意义。暨南大学宋献中教授认为,财务结构是组成财务系统的各要素及各要素之间的相互联系、相互作用的方式。在企业的财务系统中,资产结构体现了企业资源的分布,其合理与否决定了生产经营能否顺利进行;资本结构则解释了企业的融资来源,是企业在资本市场奋斗的结果,资本结构的选择与企业的资产结构密切相关;现金流是支撑企业生产经营的血液,现金流量结构体现了企业经营、融资、投资活动的造血能力,对企业的重要性不言而喻。因此,下面从资产结构、资本结构和现金流量结构三个方面对万科的财务结构进行分析。

(1)万科资产结构分析

资产结构是构成公司全部资产的各个组成部分在全部资产中的比例,如表4.7所示。2013年,万科总资产47 920 532万元,其中流动资产44 204 658万元,占总资产比重92.25%。在流动资产中,存货又是最大的构成部分。对房地产企业而言,存货包括完工开发产品、在建开发产品和拟开发产品。截至2013年底,公司各类存货中已完工开发产品(现房)177.2亿元,占比3.70%;在建开发产品1 886.8亿元(其中包含已售出未结算产品),占比39.37%;拟开发产品(对应规划中项目)1 243.7亿元,占比25.95%,存货结构保持在合理水平。

表4.7 万科资产结构 单位:万元

资产项目	2013年	比重/%	2012年	比重/%	2011年	比重/%	2010年	比重/%
资产总值	47 920 532	100	37 880 162	100	29 620 844	100	21 563 755	100
流动资产	44 204 659	92.25	36 277 374	95.77	28 264 666	95.42	20 552 073	94.71
存货	33 113 322	69.10	25 516 411	67.36	20 833 549	70.33	12 222 246	65.46
其中:完工产品	1 771 731	3.70	1 599 383	4.22	723 939	2.44	529 072	3.86
在产品	18 868 169	39.37	16 221 879	42.82	13 800 468	46.59	7 893 496	30.12
拟开发产品	12 437 453	25.95	7 673 383	20.26	6 258 918	21.26	4 931 269	31.44
长期股权投资	1 063 749	2.22	704 031	1.86	642 649	2.17	449 375	2.59

在房地产行业中,万科、保利地产、金地集团和招商地产是四大龙头企业,在自身纵向比较之外,通过与同行业竞争对手的对比分析更能够客观体现企业的财务状况。由图4.3可知,自2009年以来,四大房企的流动资产比率都有所波动,其中万科和保利波动较小,且均保持在高位。较高的流动资产比率表明企业应变能力强、企业创造利润和发展的机会增加,加速资金周转潜力大。在同行业中万科处于中上地位,但2013年由于企业经营规模扩大,同时要满足开工和获取资源增加的需求,造成流动资产比率大幅下降。

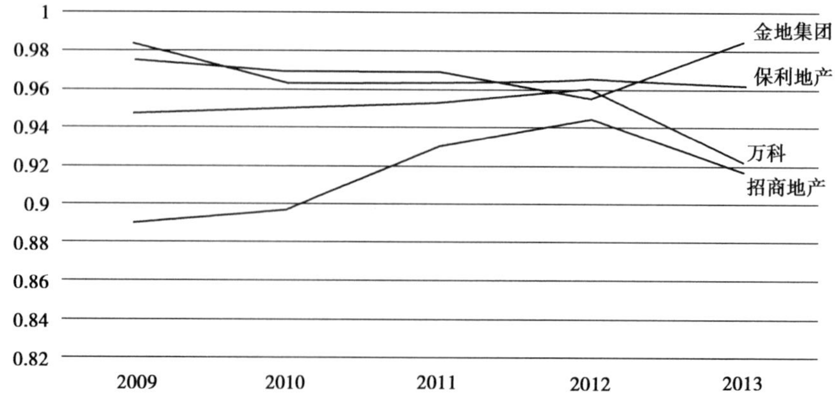

图4.3 龙头企业流动资产比率

(2)万科资本结构分析

资本结构反映了资产负债表右栏的全部项目构成。由于行业调控的加紧,房地产企业的资产负债率呈现持续攀高的走势。《2014 中国房地产上市公司测评研究报告》指出,2013 年 199 家房企的净负债率达到 79.67%,同比上升了 16.95 个百分点,是近 3 年来最高的水平,同时,这些房地产企业的资产负债率均值也同比上升 0.95 个百分点,达到 65.81%。截至 2013 年末,万科的资产负债率为 78%,与年初持平,高出行业均值 12 个百分点,但总体仍在可控范围内。2013 年末,公司剔除预收账款后的其他负债占总资产的比例为 45.54%,公司净负债率为 30.7%,较 2013 年中期时的 41.5%下降约 10.8 个百分点,继续保持在行业较低水平;公司的负债结构得到进一步优化,有息负债中,短期负债合计占比 42.5%,较 2012 年的 49.7%下降 7.2 个百分点。与其他龙头房企近年来呈现出不断增长的趋势不同,万科的有息负债率呈现出稳定的下降趋势,体现出公司资本结构持续的改善及对使用有息负债谨慎的态度。在流动比率方面,万科自 2011—2013 年流动比率逐年下降,可知短期偿债能力有所下降,债权人权益的安全程度也有所下降,如表 4.8 和图 4.4 所示。

表 4.8　万科资本结构

年份	2013	2012	2011	2010	2009
资产负债率	0.78	0.78	0.77	0.75	0.67
有息负债率	0.31	0.22	0.25	0.20	0.12
流动比率	1.34	1.4	1.41	1.59	1.91

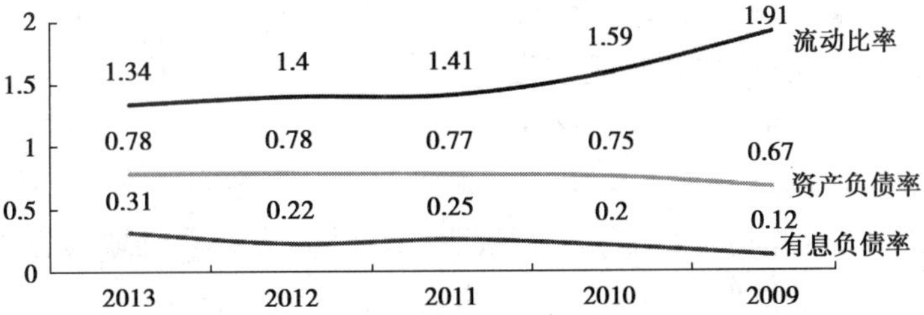

图 4.4　万科资产负债率、有息负债率及流动化率变动

(3)万科现金流量结构分析

由万科现金流量结构变动情况可知,自 2009 年以来,投资活动产生的现金流量净额一直为负值,表明企业的投资效率有很大提升空间。经营活动产生的现金流较为稳定,但 2013 年由于受相关政策影响,收入的现金流出现大幅下滑。此外,筹资活动带来的现金流变动最大,公司在 2010 年和 2012 年进行了两次增发,造成筹资金额大幅上升。总体来看,万科现金流量结构波动较大,没有达到稳定为公司提供现金的目的,建议万科未来着重改善投资活动,并增强收入的变现能力,如表 4.9 和图 4.5 所示。

表 4.9　万科现金流量结构　　单位:万元

年份	2013	2012	2011	2010	2009
经营活动产生的现金流量净额	192 386.89	372 595.85	338 942.46	223 725.55	925 335.13
投资活动产生的现金流量净额	-795 441.72	-245 345.17	-565 256.77	-219 165.93	-419 066.06
筹资活动产生的现金流量净额	-205 764.56	1 628 550.91	80 685.83	1 302 452.98	-302 865.52

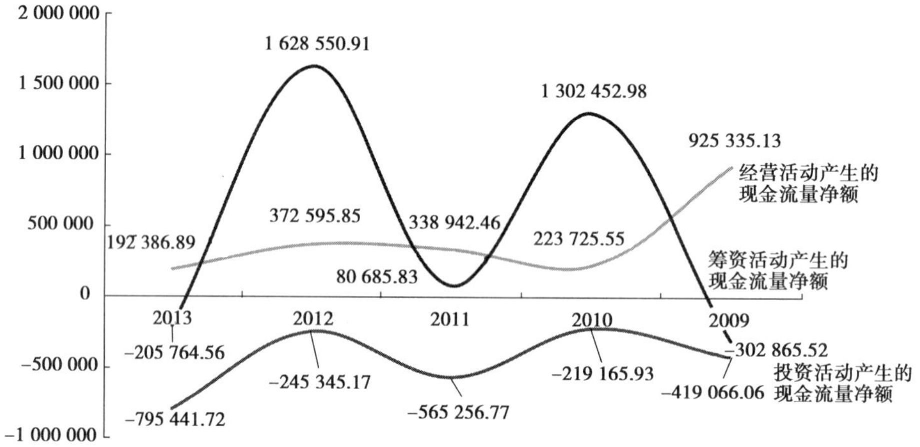

图 4.5　万科现金流量结构变动

2.投资分析

房地产开发企业有两种重要的能力:投资能力和经营能力。优秀的企业能在周期波动中获利,也能凭借经营能力在长期的竞争中占优。对于房地产企业而言,其经营模式可以概括为周转率与利润率的权衡,这种权衡主要体现在以下几个方面:①投资配置(土地获取投资与开发比例)会同时影响周转率和利润率。资金来源中用于土地投资的比例越高,相应的短期周转率就会降低。土地投资比例较高意味着土地囤积时间较长,在地价上涨的情况下土地的增值也较高。②产品定位也涉及利润率与周转率的取舍。高端楼盘利润率较高,但是建设周期可能较长,楼盘需求的去化速度可能相对较慢,需求的波动性大。③销售环节的定价策略。定价高低直接影响需求对供给的响应情况,高定价会带来较高的收益,但会对周转率造成影响。因此为了全方位分析万科的投资经营能力,以下就从利润率和周转率两个方面进行分析。

(1)利润率分析

从产品价值链的角度,开发商要获取高利润率,就需要创造满足更多的消费者效应,以提高销售的价格,同时控制不必要的成本支出。2009 年以来,万科的销售收入实现稳步增长,但是净利润率却有所下滑。2013 年,万科房地产业务结算毛利率为 22.31%,较 2012 年下降 3.53 个百分点;结算净利率为 13.51%,较 2012 年下降 1.68 个百分点。尽管 1 354.19 亿元的全年营收让其收入稳坐行业老大的宝座,但受到行业整体成本上涨等因素影响,加之装修房交付比例提升,房价上升减缓和土地增值税等多重因素,其毛利率、净利率出现双双下滑的局面,而这可能也是房企未来共同需要面对的问题。除行业整体趋势外,万科利润率下降的主要原因,一方面在于结算中装修房比例的上升,而装修房比例上升会降低利润率;另一方面在于 2011 年下半年市场调整期内售出的房屋进入结算期。总体来看,公司通过提升经营效率,克服了利润率下降的影响。公司的净资产收益率仍然保持在历史上的高点,2013 年公司全面摊薄的净资产收益为 19.66%,与 2012 年持平。

从历史的权益收益率来看,万科在四大龙头中处于领先地位。2009 年到 2012 年,万科基本上保持着行业内最高的权益净利率。2013 年,保利在四大龙头中表现突出,ROA 逆市上升,远高于同行业其他企业。权益净利率代表了企业对股东的利润回报,万科高回报的业绩得益于精细化的业务经营和强有力的资本运营。但是如何在全行业净利率下滑的趋势下保持较高的 ROE,则成为万科未来要严肃考虑的问题。

(2)周转率分析

低成本高周转是分公司的长期发展战略,虽然此轮调控对市场环境产生了较为严重的影响,但万科高周转的经营战略并不会因此而改变。从公司公布的数据来看,2013 年公司的应收账款周转率有所下降,但存货周转率较前两年有很大提升,表明存货管理水平较好。总资产周转率方面,万科 2013 年末总资产周转率为0.32,与保利地产的周转率基本相同,略高于金地集团,总体表现良好,行业环境变化对公司经营策略影响不大。由于房地产企业在销售收入的确认上有滞后性,而资产总额却反映了当期的规模增长,因此公司的实际总资产周转率应高于该数值。万科未来仍将以高周转作为其经营策略,增强资产的管理和运用效率,保障企业的稳定发展。

3.市场价值分析

在有效市场假设下,股价是所有与上市企业相关的宏观信息、行业信息及企业信息的综合反映。即便在尚未发展成熟的中国股市中,股价也是评估企业价值的重要参考信息,因为股市行情是市场各方力量博弈的综合结果。从资本市场布局看,这些力量主要是国家资本力量、机构资本力量、社会资本力量和国外资本力量在其中的相互作用。这四方力量分别掌握着资源、政策、管理、产品或者市场五张牌子,形成了四方力量运用五张牌子在博弈的复杂关系。万科自 1991 年和 1993 年分别在深交所 A 股和 B 股上市以来,凭借优异的业绩表现成为房地产行业的蓝筹股代表,获得了投资者的信任和青睐。2014 年初,公司 B 转 H 股方案获证监会批准,预计将于 6 月 19 日以 H 股的形式正式在香港联交所主板上市及挂牌,该转股方案有利于提高公司的国际知名度,将进一步帮助公司利用国际资源及市场加强核心竞争力。

(1)每股盈余(EPS)

EPS 是综合反映公司获利能力的重要指标,它是公司某一时期净收益与股份数的比率。自 2010 年以来,万科的每股盈余处于稳步上升趋势,企业的净利润率虽然有所下降,但是对股东而言,每股获得的利润在上升,2013 年 EPS 达到了 1. 38 的高值。不过从全行业来看,万科的每股收益并不是很高,只是略高于市场平均水平,加之其自身也处在一个上升的状态,表明企业还有很大的增长潜力。

(2)市净率。市净率在一定程度上揭示了股票价格背离价值的投资风险。2013 年 12 月 31 日万科 A 的市净率为 1.29,低于前两年同一时期的市净率和同行业的市净率,表明该股票市价背离价值小,投资风险小龙头企业净率变动如图 4.6 所示。

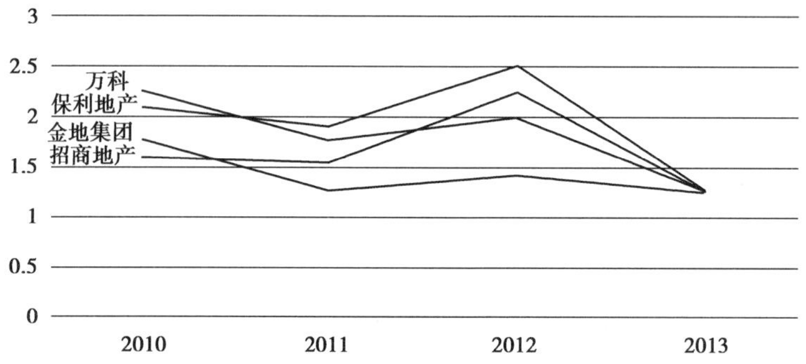

图 4.6　龙头企业市净率

(3)市盈率

一般认为,如果一家公司股票的市盈率过高,那么该股票的价格具有泡沫,价值被高估。地产行业的重资产特征决定了利润的增长来自于资产的扩张,但是,只有处于财务安全底线之内时,资产的扩张才能创造有效的增长。最乐观情况下,万科估值 22~24 倍市盈率,最保守情况下,万科估值 9~10 倍市盈率。2013 年以来,万科的市盈率有了大幅下降,表明投资者对每股收益所愿支付的价格相对较低,2013 年投资者对万科未来的盈利能力和发展前景不看好。一方面是由于整个房地产行业近年来业绩表现有所下降,另一方面也是由于万科净利润等的下滑对投资者情绪产生了负面影响。龙头企业市盈率变动如图 4.7 所示。

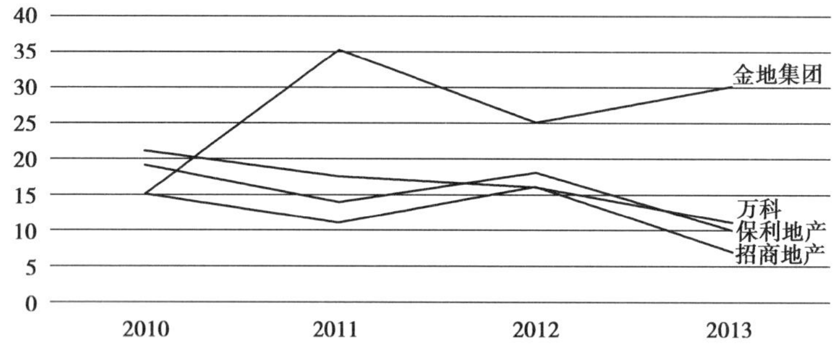

图 4.7　龙头企业市盈率

(五)企业风险分析

1.杠杆分析

万科 2013 年财务战略主要体现在主动去杠杆:扣除预售的真实负债率降至 45.45%;长期借款余额与 2012 年末基本持平,对总资产占比下降近 2 个百分点;货币资金/(短期借款+一年内到期长债)比率上升至 1.38。从近几年财务杠杆系数的变动趋势来看,万科的财务杠杆维持在 1.03 左右,在地产行业趋势难判的大背景下,公司继续坚守稳健的财务战略,财务风险较小,显示出了可持续的成长能力。经营杠杆系数也在 1.3 左右波动,近五年来几乎没有变化,表明公司维持稳健的经营战略,经营风险较小。总体来看,万科的总杠杆系数呈下降趋势,进一步凸显万科优秀的风险控制能力,如表 4.10 所示。万科表示在未来的发展过程中,财务安全仍是公司最为关注的方面,未来在货币资金量和占资产比重上仍会保持现有规模,同时将进一步优化杠杆率的运用,增强企业抗风险能力。

表 4.10　杠杆分析

年份	2013	2012	2011	2010	2009
财务杠杆	1.031	1.036	1.029	1.041	1.063
经营杠杆	1.317	1.311	1.356	1.366	1.397
总杠杆	1.358	1.358	1.394	1.422	1.484

2.土地投资趋于谨慎,合理布局分散风险

依靠丰富的土地储备,万科在新项目的获取上总体保持谨慎态度,拿地速度略有放缓。在决定是否拿地上主要仍以地价水平是否合理作为判定的重要指标,同时也考虑新增项目对目前已布局城市的完善作用。2013 年以来万科新获得项目的平均楼面地价为 2 647 元,较 2012 年的 2 791 元下降了 5.2 个百分点,楼面地价处于较低水平。从全国土地市场的表现来看,由于目前的地产调控仍在持续,商品房交易量下滑严重,影响了开发商的拿地积极性。在政策没有松动迹象的前提下,开发商仍将采取谨慎的土地投资策略,减少拿地数量及规模以度过行业寒冬。

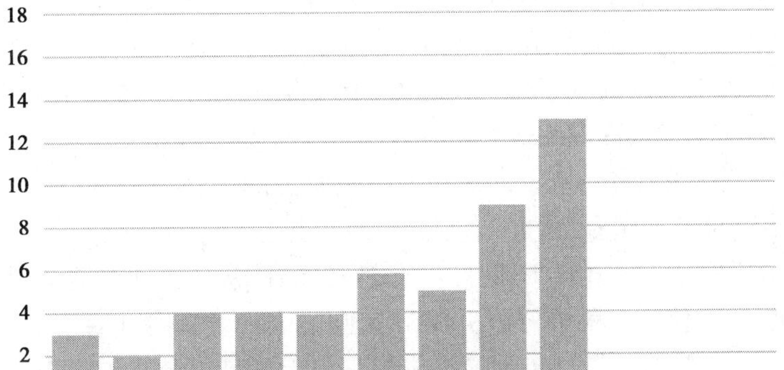

图 4.8　万科合作项目开发比例

3.合作开发模式降低扩张风险

近年来,万科合作开发项目的比例有逐渐上升的趋势,如图 4.8 所示。合作开发模式充分利用万科在品牌上的优势,万科能够投入少量的资源获取较高的回报,减少管理方面的负担。风险共担的方式降低了单个项目的风险,同时能更多地参与资金需求大、壁垒较高的项目。进入新城市与当地开发商合作,减少了解市场的时间和试错的风险。

4.进军海外市场,分散国内政策风险

随着国内房地产政策的调控和市场的波动,越来越多的开发商开始布局海外市场,一方面可以减少国内政策风险,另一方面也可以获得更多的投资收益。从2013年以来,包括万科、绿地、碧桂园、富力、泛海建设在内的多家房企纷纷踏足海外,掀起海外投资开发热潮。2013年,碧桂园在马来西亚的项目实现了百亿元的销售业绩,根据仲量联行研究部最新数据显示,2013年中国在海外商业房地产市场总投资额达到76亿美元,增幅124%,而2012年与2011年的总投资额分别为33亿美元和29亿美元。

万科为了巩固其行业老大的位置,也在加大海外的投资金额。在2013年前4个月里,万科便完成了中国香港、新加坡、纽约的海外市场布局,投资金额超过44亿元。值得注意的是,万科在其出海布局时,仍在延续其联手当地知名房企共同开发的方式。之前已经分别联手中国香港老牌房企新世界发展,有美国头号房企之称的铁狮门,以及亚洲顶尖房地产开发商之一的吉宝置业。与成熟国际发展商合作学习成熟市场经验、平衡市场风险和为万科客户海外提供产品及服务,是万科海外投资的三点策略。

5.试水海外融资、推进B转H股上市,健全融资平台

在美国第三轮量化宽松政策实施后,全球尤其是美国资本市场出现了超低利率环境,此时发行美元债能以较低融资成本获得企业中长期发展所需资金,从而实现股东利益最大化。2013年3月,万科向市场公布了拟通过境外子公司万科置业在香港发行美元债券的计划,并于2013年3月7日成功完成金额为8亿美元的5年期定息美元债券的定价。虽然未能拔得国内房企海外发债的头筹,但万科的此次海外融资以2.625%的票息率创下海外融资成本新低,而与目前国内信托普遍达到15%左右的融资利率相比,2.755%的年息更可谓相差数倍,这是能令所有房企心中羡慕的低成本。除万科、金地外,佳兆业、世茂等内地房企已率先掀起了一股海外融资潮,大量内地房企趁美元债券市场兴旺,纷纷发债集资。而美元债远低于国内融资成本的优势,正是国内企业趋之若鹜的主要原因。从百度发行美元债票面利率3.5%,到万科发债年票息率2.625%,与国内动辄高达10%以上的融资成本有数倍之差。对于中国企业而言,境外发债还能为其海外扩张和并购提供美元储备,可谓一举多得。

此外,万科还积极实行B转H股上市,预计在6月19日实现在港交所挂牌上市。B转H股通道的开放,使得万科母公司实现在港上市,意味着万科也拥有了海外的融资平台,为万科打开一扇新的大门。转股的成功将有利于万科提升其国际影响力,加快其海外业务的拓展进程。

(六)价值评估

随着社会和经济的发展,“价值投资”已成为一种人们较为推崇的投资策略,企业价值评估问题的重要性日益凸显。经济增加值(EVA)又名经济利润,是20世纪80年代在美国兴起的一种可以广泛用于企业内部和外部的业绩评价指标。作为企业管理中有用的工具之一,EVA可以全面地衡量企业的经营业绩,反映管理价值的所有方面。EVA价值评估法是20世纪90年代由美国一家咨询公司Stem Stewart发明并发展起来的一种新的绩效评估方法,其后也广泛运用于企业价值评估领域。EVA企业价值评估法区别于传统企业价值评估法的最大优越性在于它把权益资本的成本考虑进去，且对会计账面价值做直接指向企业价值的必要调整，从而能够真正全面、准确地反映企业的价值和增值能力。

目前，EVA 指标在国外得到了广泛应用，许多世界著名的大公司、投资银行和大型基金，如可口可乐、索尼、高盛、第一波士顿等已经将 EVA 指标作为投资分析的重要工具，它曾被《财富》杂志喻为"当今最炙手可热的财务理念"。国外实践证明，采用该模型比其他模型更能准确全面地评估一家公司的价值，对指导投资实践具有极其重要的意义。

1.财务分析

下面将以万科 2004—2013 年的资产负债表、利润表和现金流量表中的数据为基础，以确定未来 EVA 的基准值。

(1)计算资本总额

资本总额＝债务资本+股权资本+投资资本调整额−在建工程净值＝短期借款+一年内到期的长期借款+长期借款+应付债券+普通股权益+少数股东权益+坏账准备+存货跌价准备+短期投资跌价准备+长期投资减值准备+固定资产减值准备+无形资产减值准备+递延税款贷方余额(−递延税款借方余额)+累计商誉+研发费用的资本化金额−在建工程净值

(2)计算债务总额和权益总额并估算资本结构

计算出 2009—2013 年的债务总额、权益总额和资本总额，相应地即可计算出债务资本和权益资本在资本总额中的比重。

(3)计算加权平均资本成本

①债务资本成本。通常公司的债务资本主要是银行的借贷资本，而且此处的资本成本是指企业的长期资金成本，因此我们选取中国人民银行公布的 3~5 年中长期银行贷款基准利率为税前债务资本成本，故可得 2009—2013 年债务资本成本，结果如表 4.11 所示。

表 4.11　万科 2009—2013 年债务资本成本　　单位:%

年份	2009	2010	2011	2012	2013
税前债务资本成本	5.76	5.79	6.71	6.63	6.40
其中:2010:5.76×(10÷12)+5.96×(2÷12)= 5.79					
2011:6.22×(1÷12)+6.45×(2÷12)+6.65×(3÷12)+6.90×(6÷12)= 6.71					
2012:6.90×(5÷12)+6.65×(1÷12)+6.40×(6÷12)= 6.63					
税后债务资本成本	4.32	4.34	5.03	4.97	4.80

②权益资本成本。

第一，权益资本成本采用 CAPM 模型计算：$K_e = K_f + \beta(K_m - K_f)$。由于近年来受银行理财和互联网金融产品的影响，国债市场需求逐年下降，央行自 2010 年来较少发行一年期国债,因此这里采用中国人民银行公布的当年银行一年期整存整取的年利率作为 K_f,具体数据如表 4.12 所示。

表 4.12 万科 2009—2013 年无风险收益率

年份	2009	2010	2011	2012	2013
K_f	2.25	2.29	3.29	3.23	3.00
其中:2010:2.25×(10÷12)+2.25×(2÷12)= 2.29					
2011:2.75×(1÷12)+3.0×(2÷12)+3.25×(3÷12)+3.5×(6÷12)= 3.29					
2012:3.5×(5÷12)+3.25×(1÷12)+3.10×(6÷12)= 3.23					

第二,借鉴国内大多数学者的做法,选取我国 GDP 增长率作为市场风险溢价(K_m-K_f)。由于“国家统计数据库”中的历年 GDP 是按当年价格计算的,所以以各年的国内生产总值指数为数据,对 GDP 增长率进行计算。具体数据如表 4.13 所示。

表 4.13 万科 2009—2013 年市场风险溢价

年份	2010	2011	2012	2013
K_m-K_f	10.3	9.5	7.8	7.7

第三,β 值参照美国标准普尔的月收益计算方法,选择一个月作为回报期,即采用万科的月收益率 K_1 与对应的深证成指的月收益率 K_2,利用 Excel 做线性回归:$K_1=\alpha+\beta\times K_2$ 后得出。计算出的各年 β 值如表 4.14 所示。

表 4.14 万科 2009—2013 年 β 值

年份	2009	2010	2011	2012	2013
β	1.13	0.89	0.96	0.99	1.09

第四,根据公式 $K_e=K_f+\beta(K_m-K_f)$,求出各年的权益资本成本,结果如表 4.15 所示。

表 4.15 万科 2009—2013 年权益资本成本

年份	2009	2010	2011	2012	2013
K_e	12.65	11.46	12.41	10.95	11.39

③加权平均资本成本。由以上计算出的参数值及公式 $WACC=K_e[S/(S+D)]+K_d[D/(S+D)](1-T)$ 即可求得 $WACC$。

(4)计算税后净营业利润

$NOPAT$=(净利润+利息+所得税)×(1-税率)+少数股东损益+本年商誉摊销+递延税项贷方余额的增加(-递延税款借方余额的增加)+各种准备金余额的增加+资本化研发费用-资本化研发费用在本年的摊销

根据万科 2009—2013 年的资产负债表、利润表及附注，利用上述公式即可求出各年的 *NOPAT*。

2.财务预测

财务预测是最难把握的一部分，因为未来的经营财务状况受到内外部各种因素的影响。销售收入是整个财务预测的基础，其他项目则基于其与销售收入的比率关系来进行预测，而这些比率一般相对稳定。

(1)销售收入的预测

销售收入的预测需要综合考虑公司的收入构成情况、所属行业的特点、公司的竞争性资源以及公司的生产与销售能力。对万科 2004—2013 年的销售收入进行分析，每一年的销售收入都是几乎同比例地以指数形式稳步增长。使用 Excel 的指数拟合回归统计分析函数对万科 2004—2013 年的销售收入计算回归统计量，如图 4.9 所示。得出万科销售收入以指数增长的估计方程如下：

$$销售收入 = 7\ 000\ 000\ 000 \times 1.3\ 539x = 7\ 000\ 000\ 000 \times (1 + 0.353\ 9)x$$

(2004 年，$x = 1$；2005 年，$x = 2$；……)

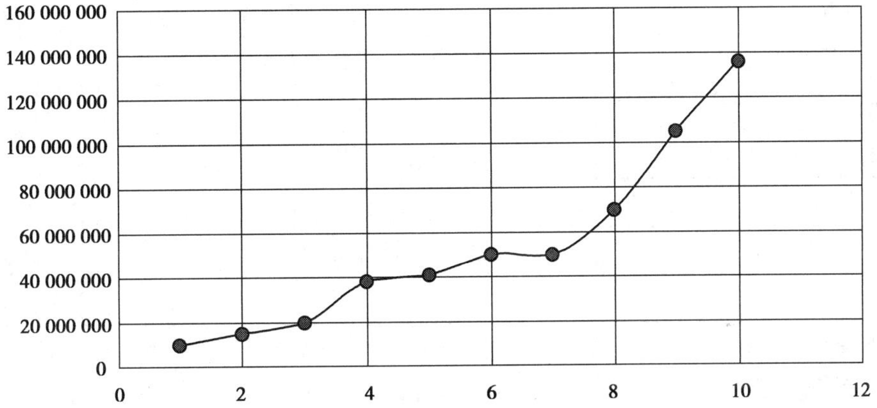

图 4.9　万科销售收入回归拟合示意图

在指数拟合回归中，如果拟合可决系数 R^2(或称判定系数)在 0.07~1 时，则说明拟合程度较高，拟合增长率的可信度也较高。万科的统计拟合年销售收入增长率 g 为 35.39%，拟合可决系数 R^2 达 0.953，表明拟合质量非常高，同时也说明统计拟合的年销售收入增长率是可信的。但是分析近几年的行业状况发现，房地产行业很难再保持高增长，兴业证券、东兴证券等证券公司的分析师也预测未来 3~5 年万科的增长率只有 20%左右。因此，预计万科未来 5 年的销售状况不能保持指数增长趋势，本案例在拟合出的增长率上将其降低 12 个百分点，即将 2014—2018 年万科的销售收入增长率定为 23.39%。2018 年以后，中国的房地产市场增速反弹的可能性不大，保守估计万科的销售收入增长率为 20%。

(2)预计未来 5 年的利润表及资产负债表

在销售收入确定后，即需要进一步确定其他财务报表项目与销售收入的对应关系，然后据以对后 5 年的财务报表进行预计。利润表中相关项目与销售收入的比例关系假设,如表4.16所示。根据以上关于利润表和资产负债表相关项目的预测假设,即可预测出2008—2012年万科的利润表和资产负债表相关项目。

表4.16 万科利润表中相关项目的比例关系假设

项目	预测方法	计算方式	设定
一、营业收入	假定	根据指数回归拟合增长率进行调整	23.39%
减:营业成本	比例	假定未来保持过去5年相对于营业收入的平均比率	64.42%
营业税收及附加	比例	假定未来保持过去5年相对于营业收入的平均比率	9.68%
销售费用	比例	假定未来保持过去5年相对于营业收入的平均比率	3.32%
管理费用	比例	假定未来保持过去5年相对于营业收入的平均比率	3.02%
财务费用	比例	假定未来保持过去5年相对于营业收入的平均比率	0.86%
其中:利息支出	比例	假定未来保持过去5年相对于营业收入的平均比率	0.80%
资产减值损失	假定	非经常性项目,假定未来五年为0	0
加:公允价值变动收益	假定	非经常性项目,假定未来五年为0	0
投资收益	假定	假定未来将保持过去5年的平均值	867 120
加:其他业务利润	假定	假定未来将保持过去5年的平均值	0
二、营业利润	计算		
补贴收入	假定	假定未来将保持过去5年的平均值	0
营业外收入	假定	假定未来将保持过去5年的平均值	96 441
减:营业外支出	假定	假定未来将保持过去5年的平均值	74902
三、利润总额	计算		
减:所得税	假定	假定未来将按25%的所得税税率缴税	25%
减:少数股东损益	比例	假定未来保持过去5年相对于营业收入的平均比率	2.68%
四、净利润	计算		

3.预计未来5年的EVA

(1)预计各年NOPAT

根据预计的利润表及资产负债表相关项目即可预计出各年的NOPAT。

(2)预计WACC

汤姆·科普兰在《价值评估——公司价值的衡量与管理》中进行价值评估时,对预测期的EVA折现采用的WACC是评估时点的值。但因为对企业未来的经营状况和各种会计数据及财务指标进行了详细的预测,从而企业未来的资本结构也能有一个基于预测财务指标的数值,所以对预测各项指标折现时也应相应地预测WACC,这样才更合乎逻辑,故假定2014—2018年WACC采用前五年的平均值8.64%。

(3)预计各年EVA

根据以上预计数值及EVA计算公式,可得各样预计的EVA、计算过程及结果如表

4. 18 所示。

表 4.17　2014—2018 年五年的 EVA　　　　单位:元

年份	2014	2015	2016	2017	2018
税后净营业利润	26 602 269	31 726 637	38 991 605	47 955 848	59 016 828
期初资本总额	178 781 834	244 572 314	3 018 364 402	373 054 605	461 782 446
WACC/%	8.64	8.64	8.64	8.64	8.64
EVA	11 162 670	10 605 372	12 925 013	15 738 852	19 137 296

4.预计稳定期的 EVA

同理,按照 20%的收入增长速度,与 2014—2018 年增长期同样的预测假设和预计出的 2014—2018 年利润表及资产负债表相关项目,预计 2019 年的利润表及资产负债表相关项目。

①预计稳定期利润表。

②预计资产负债表相关项目及资本总额、负债权益比重。

③根据 2013 年的预计利润表及预计资产负债表相关项目,预计 2013 年的税后净营业利润,相关结果如表 4.18 所示。

表 4.18　预计 NOPAT　　　　单位:元

项目	2019
净利润	53 413 310
加:利息	3 714 529
所得税	21 960 395
息税前利润	79 088 234
(1-税率)	
息前税后利润	59 316 175
加:少数股东损益	12 467 875
本年商誉摊销	
坏账准备的增加	264 463
存货跌价准备的增加	202 984
长期投资减值准备的增加	
资本化研发费用	
递延税项贷方余额的增加	835 442
减:递延税款借方余额的增加	2 267 532
资本化研发费用在本年的摊销	
税后净营业利润	70 819 407

④预计 EVA。根据预计的 NOPAT 及资本总额,并假设 2019 年的 WACC 仍为 8.64%,可得:

2019 年的 EVA=70 819 407 元-572 524 818 元×8.64%=21 376 164 元

5.评定估算

通过对万科高速增长期和稳定期的预测,运用经营增加值两阶段模型,即可对万科进行价值评估。2013 年底的资本总额为 178 781 834 246 元,即为 2014 年的期初投资资本,则:

$$
\begin{aligned}
\text{企业价值 } V &= \text{期初投入资本} + \text{未来 } EVA \text{ 的折现值} \\
&= \text{期初投资资本} + \text{增长期 } m \text{ 年内 } EVA \text{ 现值} + m \text{ 年后稳定期 } EVA \text{ 现值} \\
&= C + \sum_{t=1}^{m} \frac{EVA_t}{(1+WACC)_t} + \frac{EVA_m + 1}{(1+WACC)^m (WACC - g_m)} \\
&= 178\ 781\ 834\ 246 \text{ 元} + \frac{11\ 162\ 670\ 210 \text{ 元}}{(1+8.64\%)^1} + \frac{10\ 605\ 372\ 190 \text{ 元}}{(1+8.64\%)^2} + \frac{12\ 925\ 013\ 026 \text{ 元}}{(1+8.64\%)^3} + \\
&\quad \frac{15\ 738\ 852\ 388 \text{ 元}}{(1+8.64\%)^4} + \frac{19\ 137\ 295\ 959 \text{ 元}}{(1+8.64\%)^5} + \frac{21\ 376\ 163\ 852 \text{ 元}}{(1+8.64\%)^5 (8.64\% - 20\%)} \\
&= 107\ 728\ 416\ 839 \text{ 元}
\end{aligned}
$$

经过以上计算,得出结论万科企业价值为 107 728 416 839 元,除以 2013 年底的总股本 11 014 968 919 元,得每股价格为 9.78 元。

6.基于乘数的价值评估法验证分析

模型正确输入关键变量具有一定主观性,如未来增长率、现金流的预测偏差、贴现率的选择偏差,都有可能影响估值的精确性,因此有必要辅以基于乘数的估值结果进行进一步验证。市盈率指在一个考察期内,股票的价格和每股收益的比率,便于在不同公司的股票之间进行比较,取浪潮网发布的 78 家在深交所上市的房地产企业的加权平均市盈率为 10.02,对万科股价进行计算:

$$
\begin{aligned}
\text{万科股票价格} &= \text{房地产行业平均市盈率} \times \text{摊薄每股收益} \\
&= 10.02 \times 1.37 \text{ 元} \\
&= 13.73 \text{ 元}
\end{aligned}
$$

7.万科价值评估差异分析

结合 EVA 估价模型和乘数估价法验证,万科目前股价的合理区间为 9.78~13.73 元。2013 年 12 月 31 日,万科在深市收盘价为 8.03 元/股,2014 年 5 月 30 日收盘价为 8.55 元/股。企业的市场价值总是围绕企业的内在价值波动。一个企业的市场价值不仅是其内在价值的表现,也包含投资者对企业的绩效预期、市场的投机成分、市场整体环境等因素评估。EVA 是反映企业价值的有效指标,用 EVA 评估企业价值也被认为是较为准确有效的。近十年来,房地产市场发展迅猛,社会舆论和经济学家不断有“房地产泡沫”的言论出现,国家也加大对房价及房地产市场的调控力度。因此在舆论环境和政策调控下,投资者对房地产行业的信心有所减弱,房地产行业存在价值被低估的可能。此外,我国的证券市场并不是一个充分有效的市场,股价信息不能准确反映企业价值,西方经济学也有理论认为,企业市场价值往往滞后于企业内在价值,从而造成万科的市值低于

EVA估值结果。在用基于乘数的价值评估法进行验证后发现，万科的股价用房地产行业的平均市盈率计算结果更大，进一步反映出万科目前股价被低估的现状。预计未来万科在国家的宏观调控背景下，将会围绕居民住房的有效刚性需求发掘利润增长点，通过自身的行业重要地位博取稳健发展的机会，因此本文认为该公司在未来的中长期具有一定的投资价值。但无论应用何种评估方法，估值结果都会受到经济、行业和企业客观情况的影响，也与分析师的判断能力和技术有关，它的结果带有相当大的主观成分。因此可以说公司价值评估从来都是科学性和艺术性的结合。由于EVA价值评估模型中对于未来EVA的预测包含着一定的主观成分，所以不可避免会带来不准确性。另外，价值评估是一个动态的过程，投资者应该用动态的眼光看问题。评估者应该持续观察可能影响估值准确程度的因素的变化情况，从而及时根据这些变化对估值进行修正。

二、案例分析要求

通过上述了解，谈谈万科带来的借鉴和启示。

第四部分　参考答案

一、单项选择题

1.B　2.B　3.B　4.C　5.D　6.C　7.C　8.B　9.C　10.C

二、多项选择题

1.AB　2.ABD　3.BD　4.ACD　5.CD　6.ACD　7.AD　8.ABCD　9.ABCD　10.ACD

三、判断题

1.×　2.　×　3.√　4.×　5.×

四、计算分析题

1.(1)754.18元;(2)690.35元;(3)385.50元。

2.**普通股25元，优先股20元。**

五、综合题

1.先设2008年1月20日的市场利率为K，则以下等式成立：

$$1\ 076.84\times(1+\frac{K}{2})=1\ 000\times8\%(P/A,K,4)+1\ 000(P/F,K,4),$$

用试算法算出市场利率约为7%，然后利用债券估值公式计算出1301B债券的内在价值应为959.01元。

2.$g=6\%$。

六、案例分析要点

2013年是万科第三个十年发展阶段的收官之年，而2014年是第四个十年阶段的开始。过去十年中，中国房地产行业的大发展造就了众多企业的辉煌。万科也由一个年销售不足百亿元的小公司，成长为全世界最大的房地产开发企业。作为中国房地产企业的排头兵，万科受到中小投资者的青睐，为了更准确地了解其企业价值，本案例选择EVA

估值法对万科进行价值评估。通过估值发现,万科的市场价值低于其内在价值,存在被低估的风险。通过对万科股权结构、企业战略及经营状况的系统分析,结合对其 EVA 估值过程,现提出以下几点借鉴和启示:

(1)保护中小股东利益,持续为股东创造价值。自股份制改造开始,万科就致力于将所有权与经营权分离,并参照国外上市企业的管理模式,建立起一整套权力制衡机制和企业管理规范,注重保护股东尤其是中小股东的利益。从 LaPorta 等对一些国家中小股东保护程度所做的实证研究看,中小股东权益保护得较好的国家,一般而言其外部资本价值与 GNP 的比率较高,每百万人的上市公司数也较多,这说明中小股东保护程度与公司价值及资本市场发展规模之间有直接的正相关关系。对上市公司而言,中小股东的保护程度则会直接影响公司价值。因为如果公司存在大股东"掠夺"行为,就得不到投资者认可,最终在"用脚投票"机制下,其股价必然走向低迷,导致公司市场价值下降。同时,"掠夺"行为也会使管理层的经营努力得不到反映和认可,因为管理层的激励多与股价相联系,他们将丧失勤勉尽责以提高公司业绩的积极性,导致公司内在素质下降。因此,企业应加强对中小股东利益的保护,持续为股东创造价值,这也是一个成熟企业对所有股民负责任应有的态度。

(2)加强资本运作,搭建战略投融资平台。万科是房地产企业中进行资本运作的典型代表,资本运作提高了万科的核心能力,成为推进万科腾飞的主要力量。在资本市场日趋成熟的今天,为使企业抗风险能力得以保证和加强,使企业的发展得到有力支撑,搭建资本运作平台对任何一家希望在激烈的市场竞争中立于不败之地的企业都具有非常重要的意义。战略性投融资平台的搭建要求企业全面布局金融业,以资本为纽带,与金融机构形成战略联盟,对集团内外的资源进行综合管理,使之为自身的资本运作提供更有效的服务,以达到企业所有者利益最大化的目的。

(3)贯穿价值创造理念,凸显 EVA 指标优势。为股东创造最大的价值,是现代公司应具备的最基本的理念。许多企业尤其是一些国有企业的经营者还没有建立这一理念,甚至认为股本融资是没有成本的,因此造成许多国有企业的经营者以扩大企业规模、争取财政的投资为最重要的经营目标,在国家有投资的领域"抢项目",而不管这些项目能否创造足够的回报,能否为股东真正创造价值。实施 EVA 考核方法能有效助力企业打造价值观念,企业要从企业文化入手,树立价值管理理念,以经济增加值最大化为企业目标,建立一个以价值为核心的管理体系,正确衡量企业的价值创造,有效进行价值创造的管理和监督。目前我国对央企的考核加入了 EVA 指标,取得了显著成效。未来随着经济体制改革的进一步深化,EVA 将不仅仅只应用于上市公司,而且将更广泛地应用于广大的非上市公司,促进企业管理向着以开发企业潜在价值为主要目的的价值管理转变。

(4)完善 EVA 估值方法,精确还原企业价值。在价值引领投资的理念下,无论是对企业还是个人投资者而言,都将越来越增大对价值的关注度。通过利用 EVA 估价模型对万科进行价值评估,可以看到 EVA 估值模型还是比较有效的。EVA 估值模型更注重评估过程,很多数据来源于会计报表,并且进行了多项科学的调整,使之能更加及时准确地反映公司的价值,从而可以为投资者进行股票投资,以及公司决策者进行兼并重组决策提供很好的依据。但是 EVA 理论源于美国,美国成熟的市场经济体制和完善的公司治理是 EVA 理论应用成功的前提和假设,而这一前提和假设也正是处于发展中的中国资本市场乃至中国市场经济以及企业需要逐步建立的。因此,在当前中国的市场环境下,能否将 EVA 理论原封不动地挪用过来值得怀疑,我们认为更需要对现有的估值方法进行"本土化"调节,使其更适用于中国企业。虽然现在用 EVA 进行估值的企业不多,但随着经济体制改革的进一步深化,现代企业制度的建立,股权分置问题的解决,可以预见,以 EVA 为基础的企业价值评估方法将会在我国走向完善和成熟。

第五章 筹资管理

第一部分 理论辅导

一、重要概念

①筹资是指企业根据其生产经营、对外投资和调整资本结构的需要，通过筹资渠道，运用筹资方式，筹措所需资金的财务活动。

②筹资方式是指企业在筹措资金时所采用的具体形式，分为吸收直接投资、发行股票、发行债券、借款、租赁、商业信用、利用留存收益等。

③股权筹资是指筹集没有固定的到期日、无须偿还的永久性资本，主要包括吸收直接投资、发行普通股、发行优先股。

④普通股是指股份公司发行的无特别权利的股份，也是最基本、最标准的股份；普通股是具有管理权、股利不固定的股票。

⑤债权筹资是指通过负债方式筹集所需的资金，主要包括长期借款筹资、长期债券筹资、融资租赁等。

⑥混合性筹资是指兼具股权性筹资与负债性筹资双重性质的筹资活动。

⑦认股权证是指公司向股东发放的一种凭证，授权其持有者在一个特定期间以特定价格购买特定数量的公司股票。

二、主要内容

1.筹资组合

筹资组合是指筹资渠道和筹资方式相互组合以解决企业资金不足。筹资渠道包括国家财政资金、银行信贷资金、非银行金融机构资金、民间资金、境外资金、企业自留资金及其他企业资金等。筹资方式主要有吸收直接投资、发行股票、发行债券、借款、租赁、商业信用和利用留存收益等，如表 5.1 所示。

表 5.1　筹资组合

筹资方式 筹资渠道	吸收直接投资	发行股票	发行债券	借款	租赁	商业信用	利用留存收益
国家财政资金	√	√					
银行信贷资金				√			
非银行金融机构资金	√	√	√	√	√		
其他企业资金	√	√	√		√	√	
民间资金	√	√	√				
企业自留资金	√						√
境外资金	√	√	√	√	√	√	

2.**筹资方式比较**

筹资方式是指企业在筹措资金时所采用的具体形式,体现企业资本属性,分为股权筹资、债务筹资和混合筹资三大类。每类又有不同的方式,各种方式有其优缺点及适用范围,如表 5.2 所示。

表 5.2　企业筹资方式比较

分类	方式	优点	缺点	适用范围
股权筹资	吸收直接投资	灵活、风险低,手续简单,费用低,有利于增强企业实力	成本高,易分散控制权,不利于产权交易	有限责任公司
	发行普通股	无固定的利息负担,无固定偿还日,风险小,增强公司信誉	成本高,手续烦琐,易分散控制权	股份公司
	留存收益	成本最低,无筹资费用,不会分散公司的控制权	筹资数额有限	各类企业
债务筹资	短期借款	筹资速度快,灵活性大,资本成本较低	借款数量有限,筹资风险大	有抵押或担保能力的企业
	长期借款	筹资速度快,灵活性较大,资本成本较低	财务风险高,限制条款较多,筹资数额有限	有抵押或担保能力的企业
	长期债券	成本低,能发挥财务杠杆作用,利于调整资本结构	财务风险大,限制条件多,筹资数额有限	符合债券发行条件的企业
	融资租赁	迅速获得资产,灵活性大	租赁成本高,使用期限固定	中小企业

续表

分类	方式	优点	缺点	适用范围
混合筹资	发行优先股	股利支付有弹性，股东控制权不会被稀释，不用偿还本金	成本高，限制条件较多，有股息支付压力	股份公司
	发行可转换债券	降低筹资成本，利于企业调整资本结构，避免股权稀释	遭受筹资损失和兑付风险	上市公司
	认股权证	为公司筹集额外资金，增强公司的资本实力和运营能力	灵活性低，费用较高	股份公司

三、重点难点

1.本章重点

理解企业的筹资动机、筹资渠道和筹资方式，掌握股权筹资、债务筹资和混合筹资优缺点及应用条件。

2.本章难点

第一，确定企业筹资渠道与筹资方式最佳组合，既能筹集企业所需资金，又能优化企业资本结构。

第二，企业在不同发展阶段采用合理的筹资手段，实现企业筹资目的，保障企业资金需求。

第二部分　强化训练

一、单项选择题

1.下列筹资方式形成债务资本的是(　　)。

A.吸收直接投资　　B.发行股票　　C.利用留存收益　　D.筹资租赁

2.下列各项符合筹资原则的是(　　)。

A.为了保障资本的及时到位，企业越早筹集到所需资金越好

B.为了减少企业的财务风险，企业应尽可能少利用负债资金

C.为了减少企业的财务风险，企业筹集资金越多越好

D.应综合考虑各种筹资方式的资本成本和筹资风险

3.关于长期资本与短期资本，表述错误的是(　　)。

A.各种权益资本属于长期资本来源

B.短期资本是一种高成本、低风险的资本来源

C.利用商业信用形成的是短期资本

D.长期资本是一种高成本、低风险的资本来源

4.下列各项中,能使企业权益资本增加的筹资方式是(　　)。

A.认股权证行权　　B.发行公司债券

C.利用商业信用　　D.留存收益转增资本

5.与长期借款筹资相比较,普通股筹资的优点是(　　)。

A.筹资速度快　　B.筹资风险小　　C.筹资成本低　　D.筹资弹性大

6.公司发行优先股筹资可以克服普通股筹资的下列不足(　　)。

A.资本成本高　　B.容易分散公司控制权

C.财务风险高　　D.需到期还本付息

7.相对于股票、留存收益筹资,吸收直接投资筹资最大的好处是(　　)。

A.能尽快形成生产能力　　B.有利于降低财务风险

C.有利于增强企业信誉　　D.扩大公司知名度

8.某股票现行市场价格50元/股,认购股权证规定认购价40元/股,每张权证可认购2股普通股,则每张认股权证的理论价值为(　　)。

A.5元　　B.10元　　C.15元　　D.20元

9.关于认股权证,表述不正确的是(　　)。

A.对于发行公司而言,发行认购证是一种筹资方式

B.认股权证所附的证券可以是普通股,也可以是公司债券

C.认股权证持有人必须是公司股东

D.认股权证可以同债券分离,也可以同债券联结在一起

10.下列属于短期借款缺点的是(　　)。

A.筹资成本高　　B.筹资速度慢　　C.财务风险较大　　D.借款弹性差

11.下列属于债券筹资缺点的是(　　)。

A.资本成本较高　　B.筹资额受到一定的限制

C.不能发挥财务杠杆作用　　D.需要完全公开公司信息

12.长期借款与长期债券筹资相比,其特点是(　　)。

A.利息能节税　　B.筹资弹性大　　C.筹资费用大　　D.债务利息高

13.关于短期融资券,表述正确的是(　　)。

A.发行短期融资券的上市公司可以豁免信用评级

B.短期融资券的最长期限是365天

C.短期融资券的利率由发行企业确定

D.社会公众可以是短期融资券的购买者

14.下列项目不属于股票无偿增发行为的是(　　)。

A.配股　　B.资本公积转增股本

C.发放股票股利　　D.股票分割

15.上市公司向特定对象增发股票的行为称为(　　)。

A.股票公开增发　　B.股票非公开增发

C.股票公开间接发行　　D.股票公募发行

二、多项选择题

1.下列各项属于直接筹资方式的是(　　)。

A.吸收直接投资　　B.发行股票　　C.银行借款　　D.发行债券

2.企业筹资必须遵循的原则有(　　)。

A.合理性原则　　B.及时性原则　　C.效益性原则　　D.适度性原则

3.普通股筹资具有以下特点(　　)。

A.没有固定的利息负担　　B.筹资数量有限

C.资本成本较高　　D.能增强公司信誉

4.关于股票上市与终止交易,下列说法正确的是(　　)。

A.上市公司股本总额为 4.2 亿元,公开发行的股份为 0.5 亿元,符合股票上市条件

B.上市公司的财务会计报告作虚假记载且拒绝纠正,其股票会被终止上市交易

C.上市公司有重大违法行为,其股票会被暂停上市交易

D.上市公司近三年连续亏损,其股票就会被终止上市交易

5.优先股筹资的优点有(　　)。

A.不用偿还本金　　B.股利支付既固定,又有一定的弹性

C.降低资本成本　　D.有利于增强公司信誉,提高举债能力

6.在境内 A 股市场,股票上市有下列方式(　　)。

A.IPO(首次公开募股)　　B.买壳上市

C.借壳上市　　D.造壳上市

7.股票在境外上市的方式有(　　)。

A.买壳上市　　B.造壳上市　　C.利用存股证上市　　D.境外直接上市

8.设备购买租赁决策应考虑因素有(　　)。

A.设备折旧方式和残值　　B.租赁设备的每期租金

C.企业所得税税率　　D.银行贷款利率

9.放弃现金折扣的成本大小与(　　)。

A.折扣率大小呈反向变动　　B.信用期长短呈反向变化

C.折扣率大小呈同向变动　　D.折扣期长短呈同向变化

10.债券发行价格由两部分组成,即(　　)。

A.到期票面金额按市场利率折算的现值

B.到期票面金额按票面利率折算的现值

C.各期利息按市场利率折算的现值

D.各期利息按票面利率折算的现值

三、判断题

1.相对于长期资本,短期资本是一种高成本、低风险的资本来源。（　　）

2.直接筹资过程简单,筹资效率高,筹资费用低。（　　）

3.负债资本成本一般低于权益资本成本。（　　）

4.负债经营可能产生逆向财务杠杆作用。（　　）

5.股利支付率越高,外部筹资需求量越小。（　　）

6.借壳上市可以不取得壳公司的控制权而直接上市。（　　）

7.认购权证是一种债权和股权混合证券。（　　）

8.资产证券是指将缺乏流动性的资产,转换为在金融市场上可以自由买卖的证券的行为。（　　）

9.可转换债券的转换不增加公司资本总量,不改变公司资本结构。（　　）

10.在国内应收账款保理业务中,回购型保理银行不承担买方的商业信用风险。（　　）

四、计算分析题

1.目的:练习运用销售百分比法预测外部筹资需求量。

资料:某企业基年资产负债表(简表)见表5.3。

表5.3　资产负债表

编制时间:基年12月31日　　　　单位:万元

资产		负债与股东权益	
项目	金额	项目	金额
现金	40	应付账款	18
应收账款	100	应付费用	32
存货	100	短期借款	46
预付账款	15	长期负债	67
固定资产净值	65	股本	32
		资本公积	90
		留存收益	35
资产总额	320	负债与股东权益总额	320

根据历史资料考察,现金、应收账款、存货、固定资产净值、应付账款、应付费用等项目于销售收入变化成正比,其他资产、负债项目不随销售收入变动而变动。该企业基年销售收入4 000万元,实现净利100万元,支付股利60万元。预测年度预计销售收入5 000万元,销售净利润率增长10%,股利支付率保持上年水平。

要求:

(1)运用销售百分比法预测计划年度外部筹资需要量。

(2)假设其他条件不变,预测年度销售净利润率与上年度相同,股利支付率比上年提高10%以稳定股价。如果从外部筹资25万元,你认为是否可行?

2.已知:现行国库券的利率为5%,证券市场组合平均收益率为15%,市场上A、B、C、

D 四种股票的 β 系数分别为 0.91、1.17、1.8 和 0.52；B、C、D 股票的必要收益率分别为 16.7%、23%和 10.2%。

要求：

(1)采用资本资产定价模型计算 A 股票的必要收益率。

(2)计算 B 股票价值，为拟投资该股票的投资者做出是否投资的决策，并说明理由。假定 B 股票当前每股市价为 15 元，最近一期发放的每股股利为 2.2 元，预计年股利增长率为 4%。

(3)计算 A、B、C 投资组合的 β 系数和必要收益率。假定投资者购买 A、B、C 三种股票的比例为 1∶3∶6。

第三部分　案例分析

企业筹资的另一条出路——众筹

一、案例材料

众筹在中国是一种新型的筹资渠道。众筹可以通过 P2P 或 P2B 平台的协议机制使筹资人获得来自不同主体的出资，其商业模式包括筹资人、出资人和众筹平台这三个有机组成部分。与 P2P 网络借贷平台的不同之处在于：众筹服务于融资方，更多的是通过众筹平台对项目进行宣传吸引公众关注，从而获得资金支持。创业企业通过众筹把社会上大量分散资金集中起来，完成初期发展所需的资金。对于创新产品，众筹相当于提供预先检测市场反应的平台，企业可以把产品需要的基本费用在众筹平台完成筹集之后再生产。2011 年 7 月众筹模式才进入中国，我国成立网站——点名时间，之后陆续出现追梦网、淘梦网等，目前已存在多家众筹平台。但并不是全部企业都会众筹成功，下面介绍几个经典众筹的案例。

案例一：3W 咖啡——会籍式众筹

互联网分析师许单单这两年风光无限，从分析师转型成为知名创投平台 3W 咖啡的创始人。3W 咖啡就是采用众筹模式，向社会公众进行资金募集，每个人 10 股，每股6 000元，即每个人出资 6 万元。那时正是玩微博最火热的时候，很快 3W 咖啡汇集了一大帮知名投资人、创业者、企业高级管理人员，其中包括沈南鹏、徐小平、曾李青等数百位知名人士，股东阵容堪称华丽，3W 咖啡引爆了中国众筹式创业咖啡在 2012 年的流行，几乎每个城市都出现了众筹式的 3W 咖啡。

3W 很快以创业咖啡为契机，将品牌衍生到了创业孵化器等领域。3W 的游戏规则很简单，不是所有人都可以成为 3W 的股东，也就是说，不是你有 6 万元就可以参与投资，股东必须符合一定的条件。3W 强调的是互联网创业和投资圈的顶级圈子，而没有人是为了 6 万元未来可以带来的分红来投资的，更多的是 3W 给股东的价值回报在于圈子和人脉价值。试想如果投资人在 3W 中找到了一个好项目，那么多少个 6 万元就赚回来了。

同样,创业者花6万元就可以认识大批同样优秀的创业者和投资人,既有人脉价值,也有学习价值。很多顶级企业家和投资人的智慧不是区区6万元可以买的。其实会籍式众筹股权俱乐部在英国的M1NT Club也表现得淋漓尽致。M1NT在英国有很多明星股东会员,并且设立了诸多门槛,曾经拒绝过著名球星贝克汉姆,理由是当初小贝在皇马踢球,常驻西班牙,不常驻英国,因此不符合条件。后来M1NT在上海开办了俱乐部,也吸引了500个上海地区的富豪股东,主要以老外圈为主。

案例二:大家投自众筹——天使式众筹

2012年12月10日,李群林把他的众筹网站大家投(最初叫"众帮天使网")搬上了线。在这之后的10个月内,他做了5件大事:给"大家投"众筹了一笔天使投资、推出领头人+跟投人的机制、推出先成立有限合伙企业再入股项目公司的投资人持股制度、推出资金托管产品"投付宝","大家投"有了第一个自己之外的成功案例。

李群林之前是做技术和产品的,2012年想创业可钱不够,想找投资却不认识天使投资人。环顾一圈,中国创业这么热,像他这样没有渠道推广自己的想法,苦于找投资人的创业者比比皆是。同时,除了那些能几十万上百万投资的天使投资人之外,中国还有大把有点存款、闲钱的人。而且,目前中国的天使投资人还太少,远不能满足创业者的需求。李群林想到做一个众筹网站,把创业者的商业想法展示出来,把投资人汇聚起来,让他们更有效率地选择。

那时,中国最早的众筹网站点名时间已经推出1年多,最开始李群林也想上去碰碰运气,看看能不能先帮自己筹到项目资金。但他发现,点名时间采用的是预购方式,就像当时的法律规定那样,众筹网站给支持者的回报不能涉及现金、股票等金融产品,也就是对支持者来说,参与众筹是一项购买行为。李群林觉得这对自己来说有些不切实际,自己做互联网项目,推出的大多是虚拟产品和服务,而且鉴于中国互联网的免费特征,很难事先跟支持者约定回报的方式。不仅对自己不适用,李群林也觉得这种认购的方式吸引力有限。买东西的动力不足,仅为了帮别人实现理想就拿出钱财支持这也不太适合国人的务实精神,至少难以扩散开来。李群林判断,把众筹作为一种购买行为会限制它的成长速度和规模,他觉得作为投资行为更符合大家参与众筹的需求。于是,他决定做一个股权融资模式的众筹网站。

第一个实践对象就是他自己的项目"大家投"。李群林把"大家投"的项目说明放在了网站上。那时他的想法特别简单,创业者把自己的项目展示在网站上,设定目标金额和期限,投资人看了觉得不错就来沟通,然后投资成为项目股东,投的人多了逐渐把钱凑齐。众筹完成,平台收取服务费。不久,有人给他建议,这么搞是不行的。投资需要专业能力,投资人需要带动,最好是设立领投人+跟投人的机制,可以通过专业的投资人,把更多没有专业能力但有资金和投资意愿的人拉动起来,这样才能汇聚更多的投资力量。同时,在投资过程中和投资后的管理中,有一个总的执行人代表投资人进入项目公司董事会行使项目决策与监督权力。李群林采纳了这条建议,为"大家投"增加了这一条规则,投资人可以自行申请成为领投人,平台审核批准之后就可以获得这一资格。

"要想众筹得快,最好是创业者熟人+生人的结合",聊起现在网站上还没筹资成功的项目，李群林反复强调这句话。众筹是个汇聚陌生人的平台，创业者最好能先发动自己的熟人支持自己，然后由这些熟人的行为带动平台上的陌生人。这是李群林的经验之谈，“大家投”只用3个月时间成功筹得100万元人民币，在项目团队只有他一个人的情况下获得12个投资人的支持就是这样做到的。大家投的12名投资人中，有投资经验的只有5人。这有点像美国人所说的最早的种子资金应该来自于3F，Family（家庭），Friends（朋友）和Fool（傻瓜）。在先被一些天使投资人拒绝之后，李群林把目光转向了微博与各类创投沙龙活动，在上面找认同他的人。最后，他找到深圳创新谷的合伙人余波，余波觉得大家投的股权融资众筹模式是当时能填补初创企业融资渠道空白、构筑微天使投资平台的业务模式，所以决定做一做这种金融创新背后的推手。于是，创新谷成为了“大家投”这个项目本身第一个投资者，也是唯一一个机构投资者。有了创新谷的信用背书，大家投又成功吸引了后面11个跟投人。这十二位投资人分别来自全国8个城市，6人参加了股东大会，5人远程办完了手续，这里面甚至有4人在完全没有接触项目的情况下决定投资。

大家投网站模式是：当创业项目在平台上发布项目后，吸引到足够数量的小额投资人（天使投资人），在凑满融资额度后，投资人就按照各自出资比例成立有限合伙企业（领投人任普通合伙人，跟投人任有限合伙人），再以该有限合伙企业法人身份入股被投项目公司，持有项目公司出让的股份。而融资成功后，作为中间平台的大家投则从中抽取2%的融资顾问费。如同支付宝解决电子商务消费者和商家之间的信任问题，大家投将推出一个中间产品叫“投付宝”。简单而言，就是投资款托管，对项目感兴趣的投资人把投资款先打到由兴业银行托管的第三方账户，在公司正式注册验资的时候再拨款进公司。投付宝的好处是可以分批拨款，比如投资100万元，先拨付25万元，根据企业的产品或运营进度决定是否继续拨款。

对于创业者来讲，有了投资款托管后，投资人在认投项目时就需要将投资款转入托管账户，认投方可有效，这样就有效避免了以前投资人轻易反悔的情况，会大大提升创业者融资效率；由于投资人存放在托管账户中的资金是分批次转入被投企业的，这样就大大降低了投资人的投资风险，投资人参与投资的积极性会大幅度提高。社交媒体的出现使得普通人的个人感召力可以通过社交媒体传递到除朋友外的陌生人，使其获得更多资源、资金成为可能。

案例三：罗振宇用众筹模式改变了媒体形态

2013年最瞩目的自媒体事件也似乎在证明众筹模式在内容生产和社群运营方面的潜力。《罗辑思维》发布了两次“史上最无理”的付费会员制：普通会员会费200元；铁杆会员会费1 200元。买会员不保证任何权益，却筹集到了近千万会费。爱就供养，不爱就观望，大家愿意众筹养活一个自己喜欢的自媒体节目。

而《罗辑思维》的选题，是专业的内容运营团队和热心罗粉共同确定，用的是“知识众筹”，主讲人罗振宇说过，自己读书再多积累毕竟有限，需要找来自不同领域的牛人一起玩。众筹参与者名曰“知识助理”，为《罗辑思维》每周五的视频节目策划选题，由老罗来演讲。一个中国人民大学叫李源的同学因为对历史研究极透，老罗在视频中多次提及，也小火一把。要知道，目前《罗辑思维》微信粉丝 150 余万，每期视频点击量均过百万。罗振宇以前是央视制片人，正是想摆脱传统媒体的层层审批和言论封闭而离开电视台，做起自己的自媒体来。靠粉丝为他众筹来养活自己，并且过得非常不错。这是自媒体人给传统媒体人的一次警示。

案例四：乐童音乐众筹——专注于音乐项目发起和支持的众筹平台

据乐童音乐创始人马客介绍，近期完成了一个百万级的音乐硬件类产品众筹，成为原始会众多成功融资经典案例之一。马客表示，目前乐童音乐的主要支出是人力成本，所得融资会更多地去做产品，内容上也会有变化，多去拓展音乐衍生品、艺人演出方面，突破现有音乐产业模式，探讨更多新的可能。马客认为，众筹模式已经改变了很多行业和链条，这种方式很有价值，之前曾入驻众筹网开放平台，在资源整合以及产品曝光方面给予乐童音乐不小帮助。此次再次与网信金融旗下的原始会合作发起融资，他表示很受益，对股权众筹这种全新的融资方式抱有信心。

作为专注于做音乐的垂直类众筹网站，乐童音乐在音乐众筹，音乐周边的实物预售等方面已经取得了不小的成绩，在业内颇有名气。当谈及乐童音乐能够成功融资的秘诀时，他认为，除了明确的商业目标和未来规划，对于一个初创企业来说，投资人很看重团队的执行力，因为这会直接影响到企业的运作。据了解，除了乐童音乐，原始会还帮助过许多的企业成功融资。公开资料显示，截至目前，原始会的合作创业项目已有 2 000 多个，投资人(机构)超过 1 000 位，成功融资的项目已有 8 个，融资额已经超过 1 亿元。原始会 CEO 陶烨表示，基于互联网的优势，众筹[illegible]线下融资改为线上融资。一方面，投资人可以在这个平台上找到海量的融[illegible]投资变化也可以在这个平台上找到，不会有一对一线下的渠道可以找到。[illegible]台上，互联网投融资双方可以在这种海量信息中快速配对，快速找到买家[illegible]音乐之所以能够快速在原始会融资成功，主要在于其项目足够优秀。互联[illegible]行业，股权众筹市场潜力非常大；把线下的传统投融资逐渐转到线上[illegible]个变革性的东西，是一次革命。

案例五：Her Coffee 咖啡——海归白富美众筹

如果要说当下最时髦的互联网金融概念非众筹莫属。但近日却爆出了 66 位海归白富美众筹的 Her Coffee 咖啡店经营不到一年就濒临倒闭的消息。在经历了起初的喧嚣后，如今越来越多的众筹咖啡店陷入了亏损窘境。众筹咖啡店为何玩不转呢？

如果说去年互联网金融最热门的话题还要属余额宝和 P2P 的话，那时下最热门的话题无疑是众筹了。无论是此前阿里推出的“娱乐宝”，还是 7 月初京东推出的“凑份子”，巨头们对众筹的追捧，也让众筹为越来越多人所知晓，成了不少人眼中新颖的投资理财方式。但作为海外最原始的众筹形态的移植，最早一批兴起的众筹咖啡店却在喧嚣过后，面临着亏损倒闭的窘境，“不以盈利为目的≠亏钱也无所谓”。记得有位女性作家说过，每个女孩内心深处都驻扎着几个梦想精灵，其中就包括开一家属于自己的咖啡店的梦想。只是过去敢把梦想变为现实的女孩少之又少，然而借助众筹的力量，去年 8 月，66

位来自各行各业的海归白富美每人投资两万元，共筹集 132 万元在北京建外 SOHO 开了一家咖啡馆，名字叫 Her Coffee。这些美女股东几乎都有国外名校的背景，大多就职于投行、基金、互联网行业，最初只是八九个人凑在一起想开个咖啡店，因为钱不够，于是又各自拉进来不少朋友，最后开了这家被称为“史上最多美女股东”的咖啡馆。记得开业当天，影视明星李亚鹏，主持人王梁、李响，暴风影音 CEO 冯鑫，银泰网 CEO 廖斌等众多明星、企业家都前来捧场，好不热闹。当初，这家咖啡店的股东们声称她们将会举办各种主题活动，以吸引创业女性来此聚集，可谁曾想到开业不到一年，却传出要关店的消息。股东之一的李彤(微博)说，目前她们确实在商讨这个问题。她说：“可能是一个准备吧，你有几个决定都需要通过股东大会嘛。比如说新的股东介入啊，没有的话是不是要暂时闭店，是不是要换地方啊。如果我们没有新的方案出来那就闭店，然后再选新地方。”

事实上，Her Coffee 的情况并非个案，去年长沙一家吸纳了 144 个股东的众筹咖啡馆，同样在摸索近一年后，因为持续亏损，正面临倒闭；杭州一家有 110 名股东的众筹咖啡馆开业一年半，收支从来没有实现过平衡。类似例子不胜枚举。然而有意思的是，几乎所有众筹咖啡店的小老板们，在当初开店时被问及如果今后经营业绩不佳该怎么办时，几乎清一色回答是“我们不以盈利为目的”。在他们看来，众筹咖啡店不但是一种很新颖有趣的创业形式，而且咖啡店本身所散发的小资情调和天然的交流平台的功能，才是他们最为看重的卖点。只是套用一句有点烂俗的话：“理想很丰满，现实很骨感”。不盈利并不代表能保证不亏损，不以盈利为目的不代表亏钱了也无所谓。之所以不少众筹咖啡店在经营将近一年时传出面临倒闭的新闻，正是因为当初开店时众筹的原始资金只够第一年初始投资费用，即装修、家具、咖啡机等一次性硬件投入和第一年的租金。假如第一年咖啡店持续亏损，则意味着咖啡店只有两条出路：要不就是进行二次众筹，预先筹集到第二年的房租、原料、水电、员工等刚性成本，继续烧钱；要不就是关门歇业，一拍两散。

事实证明，对大部分参与众筹的股东来说，“不以盈利为目的”甚至“公益性质”的说辞只是一种冠冕堂皇的高调子，毕竟砸进去的是几千元甚至几万元血汗钱，大部分股东还是希望咖啡店能赚钱并给自己带来投资回报，即使不赚钱，如果咖啡店能维持经营也行。但如果持续亏损，那这个资金缺口谁来承担。第一次众筹成功依靠的是希望和梦想，当盈利希望破碎后，又有几人愿意再通过二次众筹，往这个亏损的无底洞里砸钱，因此关门歇业成了最理性的选择。

二、案例分析要求

1.你认为众筹等不等于融资？融资等不等于众筹？如不是，两者之间又有何关系？

2.你认为众筹有哪些优点和缺点？

3.企业的融资方式有哪两大类，并进行比较。

第四部分　参考答案

一、单项选择题

1.D　2.D　3.B　4.A　5.B　6.B　7.A　8.D　9.C　10.C　11.B　12.B　13.B　14.A　15.B

二、多项选择题

1.ABD　2.ABCD　3.ACD　4.ABC　5.ABD　6.ABC　7.ABCD　8.ABCD　9.BCD　10.AC

三、判断题

1.×　2.×　3.√　4.√　5.×　6.×　7.×　8.√　9.×　10.√

四、计算分析题

1.(1)外部筹资额=8.75 万元。

(2)外部筹资需求=21.25 万元,小于 25 万元,可行。

2.(1)A 股票必要收益率=5%+0.91×(15%-5%)= 14.1%。

(2)B 股票价值=2.2 元×$\frac{1+4\%}{16.7\%-4\%}$=18.02 元

因为股票的价值 18.02 元高于股票的市价 15 元,所以可以投资 B 股票。

(3)投资组合中 A 股票的投资比例=$\frac{1}{1+3+6}$=10%

投资组合中 B 股票的投资比例=$\frac{3}{1+3+6}$=30%

投资组合中 C 股票的投资比例=$\frac{6}{1+3+6}$=60%

投资组合的 β 系数=0.91×10%+1.17×30%+1.8×60%=1.52

投资组合的必要收益率=5%+1.52×(15%-5%)= 20.2%。

五、案例分析要点

1.答:众筹是互联网金融里比较重要的融资方式之一。而融资是从企业外部筹集资金的方式,包括直接融资和间接融资,其中,直接融资主要是指直接向资金持有人,如股东、投资人等筹集资金的方式,比如在股票市场发行股票,以获取资金用于企业的发展、经营等;间接融资主要是指通过金融机构,如银行、财务公司、信托公司等,以借入长短期借款、发行债券等方式获得资金的方式。因此众筹不等于融资,融资也不等于众筹。两者之间的关系是:众筹是众多融资方式的一种。

2.答:(1)优点:主要表现在创业门槛较低,现在有许多众筹网站本着"实现梦想"的目的,换句话说,也就是之前的创业门槛高,风险投资,众筹帮你降低这一门槛。从实际意义上来讲,众筹平台帮许多创业者筹集到了资金,并且推广了产品,实现了产品的真实价值。其次,众筹获得的不仅仅是资金,还有一份市场调查报告,这是之前的融资渠道不能达到的。简单概括，就是消费者对于你的产品有很好的评价与认可，所谓的评价就是一份调查报告，这在一定程度上会反映出你的产品的真实价值。众筹模式存在一个隐性的价值就在于，先让消费者为你掏腰包，然后再去制造产品，如果项目融资成功，并且实际的研发与生产过程都一切顺利，那么对于创业者来说，就在很大程度上降低了创业成本与风险。另外，众筹相当于一个很好的广告平台。第一，如果你的项目融资成功了，这就是一次对大众的广告，并且这些消费者与投资者就会成为你未来的客户；第二，无论融资是否成功，你的项目都得到了一次很好的展示，也就是给潜在的投资者看。

（2）缺点：首先，最突出的表现就是带来了生产压力，根据众筹平台的规则，如果你的项目融资成功，就必须在一定时间内完成产品的开发与研制，实现给支持者或投资者的承诺，因此众筹在让你筹到资金的同时，也给你带来了订单的压力。其次，众筹缺乏创业指导，与传统的风险投资与融资项目相比，众筹缺乏宽广的行业人脉和观察积累。总之众筹平台的投资者是不可能给你提供统一的建设性的意见。最后，众筹平台的投资者不够专业，虽然众筹平台能帮你快速筹到资金，用于产品研发和生产，但并不能保证你今后的资金链就会完整，由于众筹的项目种类较多，随着项目的发展顺利，很可能那些支持者早已把注意力转移到了其他新奇的发明上。

3.答：企业融资方式即企业融资的渠道，它可以分为两类：债务性融资和权益性融资。前者包括银行贷款、发行债券和应付票据、应付账款等，后者主要指股权融资。债务性融资构成负债，企业要按期偿还约定的本息，债权人一般不参与企业的经营决策，对资金的运用也没有决策权。权益性融资构成企业的自有资金，投资者有权参与企业的经营决策，有权获得企业的红利，但无权撤退资金。两者区别：①对企业结构影响不同。权益性融资增加了企业所有者权益，投资者可能对企业具有重大影响，甚至控制；债务性融资增加企业的负债。②风险不同。权益性融资一般伴有更高的风险，所以权益性融资期末的利润分配率一般比债务性融资产生的利息率高。③对企业所得税影响。期末，权益性融资产生的利润分配，在所得税提取后进行；债务性融资产生的利息在缴纳所得税前支付，所以，一定规模的债务既可以增加企业的资金实力，也可以减少企业所得税应纳税额，从而起到杠杆效应。④期限不同。权益性融资一般没有固定期限，所以投资者不能从筹资单位撤资，只能将权益转让；债务性融资一般有固定的期限，到期后须归还本金。

债务性融资优点：①股权投资人可以保持投资比例。采取负债融资的方式筹集长期资本，不会影响原股东的持股比例，也不会影响其控制能力。②企业采用负债融资方式，还债压力小。债权人除具有按期收回本金和取得利息的权利外，不享有任何其他权利，也不承担任何其他义务。③负债融资的利息支出可以抵税。举借债务发生的利息可以在缴纳所得税之前予以扣除，从而减少企业的现金流出量。债务性融资的缺点：①举债经营时的财务风险大，缺乏财务上的灵活性。债务融资的利息是企业根据合同必须承担的一种长期性固定支出，到期必须偿还。②企业的经营决策，尤其是财务政策往往受到债务合同的制约和限制。③负债融资改变了企业的资本结构，从而降低了企业未来的举债能力。

权益性融资的优点:①权益融资具备灵活性。企业发行股票以后是否分发股利主要取决于企业盈利状况和财务状况。当发生资金周转困难时,企业可以不分派现金股利或者分配股票股利,甚至不分派任何形式的股利。股票到期不需要企业偿还。②权益融资所筹集的资本具有永久性。权益资本是企业最基本的资金来源,它可以增强企业负债的能力,容易吸收资金。权益性融资的缺点:①存在影响投资人投资比例或转移企业的控制权的风险。股份制企业,若采用增发股票形式筹集长期资本,可能会影响原有股东的持股比例,从而影响原股东对企业的控制能力或权限。②权益融资的成本高。当企业资产利润率高于长期债务利率时,所有者可以享受其剩余的盈余。③企业采取权益融资方式,不会享受税收优惠。由于发行股票筹资导致的股利发放需要在缴纳所得税后支付,企业不会享受负债融资的利息税前抵扣的优惠。

第六章　资本成本与资本结构

第一部分　理论辅导

一、重要概念

①资本成本是指企业取得和使用资本时所付出的代价，包括筹资费用和用资费用。资本成本是机会成本，也是投资者要求的最低收益率。

②经营杠杆是指在企业生产经营中由于存在固定成本而使息税前利润变动率相当于产销量变动率的倍数。它是衡量企业经营风险的重要指标。

③财务杠杆是指由于固定债务利息和优先股股利存在而导致普通股每股收益变动率相当于息税前利润变动率的倍数。它是评价企业财务风险的重要指标。

④资本结构是指企业各种资本的构成及其比例关系。最佳资本结构是企业追求的目标。

二、主要内容

1.个别资本成本

个别资本成本是各种不同筹资方式所付出的代价，包括借款资本成本、债券资本成本、普通股资本成本、优先股资本成本和留存收益资本成本，如表 6.1 所示。

表 6.1　个别资本成本

种类	计算公式	备注
借款资本成本	$K_t = \frac{I(1-T)}{L(1-F)}$	不考虑货币时间价值
	$L(1-F) = \sum_{t=1}^{n} \frac{I(1-T)}{B(1+K_l)^t} + \frac{L}{(1+K_l)^n}$	考虑货币时间价值

续表

种类	计算公式	备注
债券资本成本	$K_b=\frac{I(1-T)}{B(1-F)}$	不考虑货币时间价值
	$B(1-F)=\sum_{t=1}^{n}\frac{I(1-T)}{(1+K_b)^t}+\frac{B_0}{(1+K_b)^n}$	考虑货币时间价值
普通股资本成本	$K_s=R_f+\beta(R_m-R_f)$	资本资产定价模型
	$K_s=\frac{D}{P_0(1-F)}$或　$K_s=\frac{D_1}{P_0(1-F)}+g$	股利折现模型
	普通股资本成本=债券资本成本+风险溢价	风险溢价法
优先股资本成本	$K_p=\frac{D_p}{P_0(1-F)}$	股利折现模型
留存收益资本成本	$K_e=K_s=R_f+\beta(R_m-R_f)$	资本资产定价模型
	$K_e=\frac{D}{P_0}$或 $K_e=\frac{D_1}{P_0}+g$	股利折现模型
	留存收益资本成本=债务资本成本+风险溢价	风险溢价法

2.杠杆原理

杠杆原理是指用于固定经营成本和固定财务费用导致业务量发生较小变动时,相关财务指标发生较大幅度变动的现象。杠杆原理有关系数包括经营杠杆系数、财务杠杆系数和总杠杆系数,如表 6.2 所示。

表 6.2　杠杆原理有关系数

杠杆系数	计算公式	备注
经营杠杆系数	$DOL=\frac{\Delta EBIT/EBIT_0}{\Delta Q/\Delta Q_0}$	息税前利润变动率相当于产销量变动率的倍数
	$DOL=\frac{Q_0(P-V)}{EBIT_0}$	边际贡献除以息税前利润
财务杠杆系数	$DFL=\frac{\Delta EPS/EPS_0}{\Delta EBIT/EBIT_0}$	普通股每股收益变动率相当于息税前利润变动率的倍数
	$DFL=\frac{EBIT_0}{EBIT_0-I}$	息税前利润除以利润总额
总杠杆系数	$DTL=\frac{\Delta EPS/EPS_0}{\Delta Q/\Delta Q_0}$	普通股每股收益变动率相当于产销量变动率的倍数
	$DTL=DOL\times DFL$	经营杠杆系数和财务杠杆系数的乘积
	$DTL=\frac{Q_0(P-V)}{Q_0(P-V)-F-I}$	边际贡献除以利润总额

3.资本结构决策

资本结构决策是指确定企业最佳资本结构所采用的方法，通常采用综合资本成本比较法、每股收益无差别点法和综合分析法，如表 6.3 所示。

表 6.3　资本结构决策方法

决策方法	方法界定	决策标准
综合资本成本比较法	通过计算和比较企业各种可能的筹资组合方案的综合资本成本，选择综合资本成本最低的方案	资本成本最低方案为最佳资本结构
每股收益无差别点法	通过每股收益的变化来分析资本结构是否合理，即凡是能够提高每股收益的资本结构是合理的，反之，则为不合理	当预期息税前利润（或销售额）大于（小于）该差别点时，资本结构债务比重高（低）的方案为最优方案
综合分析法	综合考虑资本成本、企业总价值及风险进行资本结构决策的方法	在风险承受范围内，企业价值最大且综合资本成本最低时的资本结构为最优资本结构

三、重点难点

1.本章重点

熟悉个别资本和加权平均资本成本计算，理解经营杠杆、财务杠杆和总杠杆原理并灵活应用，掌握企业资本结构决策方法。

2.本章难点

（1）个别资本成本计算

第一，在一年以内不需要考虑货币时间价值，计算公式为：

$$资本成本率 = \frac{资本占用成本}{筹资总额 - 资本取得成本}$$

将上式分子分母同时除以筹资总额，计算公式为：

$$资本成本率 = \frac{资本占用成本率}{1 - 资本取得成本率}$$

【例 6-1】　某公司向银行借入一笔借款 1 000 万元，手续费率为 0.5%，借款的年利息率为 6%，期限 1 年，到期一次还本付息，公司所得税税率为 25%。请计算这笔银行借款的资本成本。

解：根据计算公式，银行借款资本成本 = 6%×（1−25%）÷（1−0.5%）= 4.53%

第二，长期借款和长期债券时间较长，需要考虑货币时间价值来计算资本成本。

【例 6-2】　某公司决定按面值 105%溢价发行票面利率为 8%的 10 年期债券，面值为 1 000 元，筹资费用率为 3%，企业所得税税率为 25%，该债券每年付息一次，到期一次还本。计算该债券的资本成本。

$1\ 000\times105\%\times(1-3\%)=1\ 000\times8\%\times(1-25\%)\times(P/A,K,10)+1\ 000\times(P/F,K,10)$

利用内插法，K 在 5%和 6%之间，

当 $K=5\%$ 时，右边等于 1 021.70；

当 $K=6\%$ 时，右边等于 949.91；

$K=5\%+(1\ 021.7-1\ 018.5)\div(1\ 021.70-949.91)\times(6\%-5\%)=5.04\%$

(2)加权资本成本计算

计算加权资本成本时，个别资本权重应当以内在价值或者市场价值作为计算依据，而不能以账面价值作为计算依据，计算公式如下：

$$K_w=\sum_{i=1}^{n}K_i\times W_i$$

(3)资本结构决策方法

第一，综合资本成本比较法。通过计算和比较企业各种可能的筹资组合方案的综合资本成本，选择综合资本成本最低的方案。

第二，每股收益无差别点法。每股收益无差别点是指两种资本结构下每股收益等同时的息税前利润点(或销售额点)，也称息税前利润平衡点或筹资无差别点。当预期息税前利润(或销售额)大于(小于)该差别点时，资本结构中债务比重高(低)的方案为较优方案。这种方法侧重于从资本的产出角度作分析。

【例 6-3】 某公司目前资本结构为：长期资本总额 800 万元，其中债务 400 万元，普通股股本 400 万元，每股面值 100 元，4 万股全部发行在外，目前市场价每股 300 元。债务利息率 10%，所得税税率 25%。公司由于扩大业务追加筹资 200 万元，有以下两种筹资方案：

甲方案：全部发行普通股。向现有股东配股，4 配 1，每股配股价 200 元，配发 1 万股。

乙方案：向银行贷款。取得所需长期资本 200 万元，因风险增加银行要求的利息率为 15%。

根据测算，追加筹资后销售额可望达到 800 万元，变动成本率为 50%，固定成本为 180 万元。

假设两个方案的筹资无差别点为 S

甲方案 $EPS=\dfrac{(S-0.5S-180-40)(1-25\%)}{4+1}$ 元/股

乙方案 $EPS=\dfrac{(S-0.5S-180-70)(1-25\%)}{4}$ 元/股

令上述两式相等，求得：$S=740$ 万元。740 万元为两个方案的筹资无差别点。在此点上，两个方案的每股收益相等，均为 22.5 元。企业的预期销售额 800 万元大于无差别点销售额。所以资本结构中负债比重较高的方案即乙方案为较优方案。

第三，综合分析法。综合资本成本、企业总价值及风险综合考虑进行资本结构决策的一种方法。企业的市场总价值等于债务资本的总价值和权益资本的总价值之和。在风险变动情况下，企业价值最大、综合资本成本最低时的资本结构为最优资本结构。举例说明如下：

【例 6-4】 全兴公司的现有资本结构为 100%的普通股,账面价值 1 000 万元,期望的息税前利润为 400 万元,假设无风险报酬率为 6%,市场证券组合平均报酬率为 10%,所得税税率为 40%。该公司认为现有资本结构不能发挥财务杠杆作用,拟通过发行债券购回部分股票的方式(假设这样做合法且无交易成本)予以调整。经调查,目前的债务利息率和普通股成本情况如表 6.4 所示。

表 6.4 全兴公司债务利息率与普通股成本资料

债券的市场价值/万元	债务利息率/%	β 值	普通股成本/%
0	—	1.5	12.0
200	8.0	1.55	12.2
400	8.3	1.65	12.6
600	9.0	1.80	13.2
800	10.0	2.00	14.0
1 000	12.0	2.30	15.2
1 200	15.0	2.70	16.8

上表中末栏普通股成本是按资本资产定价模型计算出的。例如,

$16.8=6\%+2.7\times(10\%-6\%)$

根据上述材料,可计算出资本结构中不同债务情况下的企业总价值和综合资本成本。如表 6.5 所示。

表 6.5 全兴公司的企业总价值和综合资本成本

债务的市场价值/万元	股票的市场价值/万元	公司总价值/万元	债务资本成本/%	普通股资本成本/%	综合资本成本/%
0	2 000	2 000	—	12	12
200	1 888	2 088	4.8	12.2	11.5
400	1 747	2 147	4.98	12.6	11.2
600	1 573	2 173	5.4	13.2	11.0
800	1 371	2 171	6.0	14.0	11.1
1 000	1 105	2 105	7.2	15.2	11.4
1 200	786	1 986	9.0	16.8	12.1

计算综合资本成本时以市场价值为权数。表中数字计算示例如下:

$$786=\frac{(400-1\ 200\times15\%)(1-40\%)}{16.8\%}$$

$1\ 986=1\ 200+786$

$9\%=15\%\times(1-40\%)$

$$12.1\%=\frac{9\%\times1\ 200}{1\ 986}+\frac{16.8\%\times786}{1\ 986}$$

可以看出,在没有债务的情况下,公司的总价值就等于其原有股票的价值。当公司增加一部分债务时,财务杠杆开始发挥作用,公司总价值上升,综合资本成本下降。在债务达到600万元时,公司总价值最高,综合资本成本最低,债务超过600万元后,随着利息率的不断上升,财务杠杆作用逐步减弱甚至显现负作用,公司总价值下降,综合资本成本上升。因此,债务为600万元时的资本结构是该公司的最优资本结构。

第二部分　强化训练

一、单项选择题

1.从资本成本的本质与应用价值看,资本成本属于(　　)。

A.实际发生的成本　B.标准成本　C.沉没成本　D.机会成本

2.公司的资本成本取决于(　　)。

A.筹资量　B.资本来源

C.投资人的期望报酬率　D.资产配置结构

3.某种股票当前市场价格为20元,拟按当前市价增发新股100万股,增发第一年年末预计每股股利为2.5元,以后每年股利增长率为6%,则该公司本次增发普通股的资本成本为(　　)。

A.15%　B.15.5%　C.10%　D.18.5%

4.不需要考虑发行成本影响的筹资方式是(　　)。

A.发行债券　B.发行普通股　C.发行优先股　D.留存收益

5.某企业的经营杠杆系数为4,计划息税前利润增长率达到40%,假定其他因素不变,则预计的销售增长率为(　　)。

A.40%　B.30%　C.20%　D.10%

6.XYZ公司2014年的财务杠杆系数为2,息税前利润的计划增长率为20%,假定其他因素不变,则该年普通股每股收益的增长率为(　　)。

A.50%　B.30%　C.20%　D.40%

7.ABC公司本年息税前利润为150 000元,每股收益为6元,不存在优先股,下一年财务杠杆系数为1.67,息税前利润200 000元,则下年每股收益为(　　)。

A.9.35　B.9.34　C.9.36　D.9.38

8.一般情况下,下列关于杠杆系数的说法中,正确的是(　　)。

A.经营杠杆系数越小,总杠杆系数就越大

B.财务杠杆系数越大,总杠杆系数就越小

C.总杠杆系数越大,经营杠杆系数不一定越大

D.总杠杆系数越大,财务杠杆系数就越大

9.若企业无负债(不考虑优先股),财务杠杆效应(　　)。

A.不存在　B.加大　C.减少　D.存在

10.某公司年营业收入为500万元,变动成本率为40%,经营杠杆系数为1.5,财务杠杆系数为2。如果固定成本增加50万元,那么,总杠杆系数将变为(　　)。

A.7　　B.5　　C.6　　D.8

11.某公司的经营杠杆系数为1.8,财务杠杆系数为1.5,则该公司销售额每增长1倍,就会造成每股收益增加(　　)。

A.3.3倍　　B.4.3倍　　C.0.3倍　　D.2.7倍

12.下列各项中,通常不会导致企业资本成本增加的是(　　)。

A.通货膨胀加剧　　B.投资风险上升

C.经济持续过热　　D.证券市场流动性增强

13.资本结构理论是基于研究(　　)而提出的。

A.负债对企业总价值的影响

B.权益资本对企业总价值的影响

C.负债与权益资本比例变化对企业总价值的影响

D.资本成本对企业总价值的影响

14.只要企业存在固定成本,当企业息税前利润大于零时,那么经营杠杆系数(　　)。

A.与销售量呈正比　　B.与固定成本呈反比

C.与风险呈反比　　D.恒大于1

15.通过调整资本结构,可以(　　)。

A.降低经营风险　　B.影响财务风险

C.提高经营风险　　D.不影响财务风险

二、多项选择题

1.当企业息税前利润大于零时,只要企业存在固定经营成本,那么经营杠杆系数必(　　)。

A.恒大于1　　B.与销售量呈反比

C.与固定成本呈反比　　D.与风险呈反比

2.下列筹资活动中,会加大企业财务杠杆作用的有(　　)。

A.增发普通股　　B.增发优先股　　C.增发公司债券　　D.增加银行借款

3.下列关于资本成本的说法中,正确的有(　　)。

A.资本成本的本质是企业为筹集和使用资金而实际付出的代价

B.企业的加权平均资本成本由资本市场和企业经营者共同决定

C.资本成本的计算主要以年度的相对比率为计量单位

D.资本成本可以视为项目投资或使用资金的机会成本

4.若不考虑财务风险,下列属于利用每股收益无差别点进行企业资本结构分析的正确表述的有(　　)。

A.当预计EBIT高于每股收益无差别点时,采用权益筹资方式比采用负债筹资方式有利

B.当预计EBIT高于每股收益无差别点时,采用负债筹资方式比采用权益筹资方

式有利

C.当预计 EBIT 低于每股收益无差别点时,采用负债筹资方式比采用权益筹资方式有利

D.当预计 EBIT 等于每股收益无差别点时,两种筹资方式的每股收益相同

5.若某企业的经营处于盈亏临界状态,正确的说法有(　　)。

A.销售收入正处于销售收入线与总成本线的交点

B.经营杠杆系数趋近于无穷小

C.销售利润率(息税前利润率)等于零

D.此时的边际贡献等于固定成本

6.关于留存收益的成本,正确的说法有(　　)。

A.它不存在成本问题

B.其成本是一种机会成本

C.其成本计算不考虑筹资费用

D.其成本相当于股东投资某种股票所要求的必要收益率

7.下列各项中,属于影响资本结构的内部因素有(　　)。

A.利率　　B.行业特征　　C.管理层偏好　　D.成长性

8.从企业内部看,影响资本结构的因素有(　　)等方面。

A.企业管理人员的偏好　　B.企业的资本成本水平

C.企业的获利能力　　D.企业的现金流量状况

9.总杠杆系数(　　)。

A.反映每股收益变动率相当于销售量变动率的倍数

B.等于财务杠杆系数与经营杠杆系数的乘积

C.反映息税前利润随业务量变动的剧烈程度

D.反映每股收益随息税前利润变动的剧烈程度

10.以下关于营运资本政策的表述中,正确的有(　　)。

A.采用激进型筹资政策时,企业的风险和收益均较高

B.如果在企业季节性低谷,除了自然性负债没有其他流动负债,则其所采用的政策是配合性的筹资政策

C.采用配合性筹资政策最符合股东财富最大化的目标

D.采用稳健性筹资政策,企业的变现能力比率最高

三、判断题

1.优先股股利可以在成本费用中列支。(　　)

2.在实行单利计息而且无其他信用条件下,实际利率与名义利率是一致的。(　　)

3.当债券票面利率高于市场利率时,债券溢价发行。(　　)

4.放弃现金折扣的机会成本与折扣率成同方向变化。(　　)

5.负债筹资与普通股筹资相比,不会分散企业的控制权。(　　)

6.优先股是一种具有双重性质的证券,它原属自有资金,但却兼具债券性质。(　　)

7.相对于股票筹资而言,银行借款的缺点是筹资成本高,财务风险大。 ( )

8.当经营杠杆和财务杠杆系数都为 1.5 时,总杠杆系数为 3。 ( )

9.在计算债券成本时,债券筹资额应按发行价确定,而不应按面值确定。 ( )

10.相对于股票资金,长期借款由于借款期限长,风险大,因此资金成本比较高。 ( )

四、计算分析题

1.目的:练习加权平均资本成本的计算。

资料:ABC 公司按平均市场价值计量的目标资本结构是:40%的长期债务、10%的优先股、50%的普通股。长期债务的税后成本是 3.9%,优先股的成本是 8.16%,普通股的成本是 11.8%。

要求:计算该公司的加权平均资本成本。

2.目的:练习加权平均资本成本的计算与应用。

资料:杭州发达公司需要筹集 5 000 万元,长期资本成本率已分别测定,有关资料如表 6.6 所示。

表 6.6 发达公司资本成本与资本结构数据表

筹资方式	资本结构			个别资本成本率
	A 方案	B 方案	C 方案	
贷款	40%	30%	20%	6%
债券	10%	15%	20%	8%
普通股	50%	55%	60%	9%
合计	100%	100%	100%	

要求:

(1)计算加权平均资本成本。

(2)该公司应选择哪一个筹资方案?

第三部分 案例分析

迪士尼乐园优化资本结构

一、案例材料

(一)公司介绍

1923 年 10 月 16 日,华特・迪士尼和洛伊・迪士尼兄弟用 3 200 美元的资本金在美国加州洛杉矶创办迪士尼兄弟工作室(Disney Brothers Studio),1986 年更名为华特迪士尼公司。近百年来，迪士尼经过不断的发展创新，其业务由当初的电影动画片逐渐扩展到多个娱乐领域，由小小的工作室演变成如今的综合性娱乐巨头。具体来讲，迪士尼公司目前建立五大板块业务：影视娱乐、主题乐园度假区、消费品、媒体网络与互动媒体。其中，影视娱乐业务的核心是世界著名的华特迪士尼动画长片和真人电影业务；主题乐园度假区负责全球多个主题乐园以及两艘巨型游轮海上巡游线的运营、设计和建造；消费品部门主要负责迪士尼周边消费品的授权，作为全球最大的品牌消费品授权商，迪士尼和全球各大授权商合作推出包括服饰、玩具、食品等各种消费品。另外，迪士尼全球出版部门也在该部门旗下，媒体网络与互动媒体部门负责运营迪士尼的各种媒体网络资产。迪士尼公司的主题乐园度假区一直是其引以为豪的产业，即使在 1999 年美国金融危机时，公司整体利润下滑，公司的其他事业部均遭受了不同程度的业绩滑坡，主题乐园度假区却一枝独秀，为公司提供了最稳定的增长源。

早在 20 世纪，迪士尼公司在纽约证券交易所上市（股票代码：DIS）。近五年来，其股价一直持续上涨，直到 2015 年 7 月 17 日收盘价已达到每股 118.86 美元。2014 年，公司实现营业收入 488.13 亿美元，同比增长 8.37%；净利润 80.04 亿美元，较 2013 年同期增长 20.6%；每股收益 4.26 美元，同比增长 26%。世界娱乐旅游业的蓬勃发展使得迪士尼主题乐园度假区的盈利能力平稳增长，近五年来，主题乐园度假区为公司创造的收入稳定在 30%左右，带来的利润也保持在近 20%。到 2014 年，该项业务实现利润 26.63 亿美元，占公司总利润的 20.5%。

（二）PPP 融资国内外概况

公私伙伴关系（Public-Private-Partnerships，PPP）是项目融资的一种典型模式，又称公共民营合作、官方民间合作。关于它的概念目前有多种说法，联合国发展计划署给出 PPP 的概念是：PPP 是指政府、营利性企业和非营利性组织基于某个项目而形成的相互合作关系的形式。通过这种合作形式，合作各方可以达到比预期单独行动更有利的结果。合作各方参与某个项目时，政府并不是把项目的责任全部转移给私营部门，而是由参与合作的各方共同承担责任和融资风险。尽管关于 PPP 模式的概念目前尚未有一个公认的说法，但我们总结出 PPP 模式具有以下的特征：①公共部门和私营部门合作是前提。也就是我们说的政府必须和私营企业建立伙伴关系，政府从企业购买商品服务、征税这些都不是伙伴关系，只有双方目的一致才能维系这种合作关系。②两部门合作目标一致，都是为了以最低的成本消耗完成公共基础建设、提供公共产品和服务。两部门共赢，这是合作的基础。政府的目的是实现公共服务和利益，而私营部门的目的是获取利润。PPP 模式中，私营企业往往容易获得高额的利润，政府通过限制价格抑制企业从中获得超额利润，这样一方面私营企业从限价中取得正常利润，另一方面公众也能享受到价格合适的产品和服务。③共同承担责任和风险。在合作的过程中，双方不可能只在利益上共享，在风险方面需共担，合作双方根据自身优势承担对应的风险，那么整个项目的成本将会降到最低，这也体现了合作的目标要求。PPP 融资模式各方合作关系如图 6.1 所示。

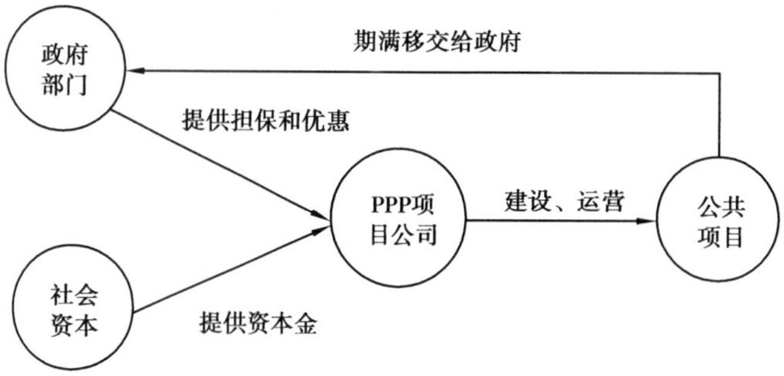

图 6.1 PPP 融资模式

1.PPP 融资方式的优势

(1)降低项目成本

政府和企业发挥各自优势、资源共享,共同参与到项目识别、设计、融资、建设当中,确保了项目在技术和经济上的可行性,缩短前期工作周期,使项目成本降低。研究表明,与传统的融资模式相比,PPP 融资平均节约 17%的费用。

(2)两部门互补

利用私营部门来提供资产和服务能为政府部门提供更多的资金和技能,促进了投融资体制改革。同时,私营部门参与项目还能推动在项目设计、施工、设施管理过程等方面的革新,提高办事效率,传播最佳管理理念和经验。

(3)降低项目整体风险

PPP 管理模式中,更多是考虑双方风险的最优应对、最佳分担,而将整体风险最小化。事实证明,追求整个项目风险最小化的管理模式,要比公、私双方各自追求风险最小化更能化解准公共产品服务领域内的风险。

2.PPP 模式国外发展状况

PPP 模式兴起于英国,随后在全球范围内被广泛应用。全球 PPP 研究机构 PWF 研究表明,1985—2011 年,全球基础设施 PPP 名义价值为 7 751 亿美元,其中,欧洲处于领先地位,大约占全球 PPP 名义价值的 45.6%,接下来是亚洲和澳大利亚,所占份额为 24.2%,墨西哥、拉丁美洲和加勒比海地区三者合计占 11.4%,美国和加拿大所占的份额分别是8.8%、5.8%,非洲和中东地区 PPP 名义价值为 315 亿美元,占全球份额的 4.1%。而从 PPP 模式所应用的项目数和投资金额来看,1990—2011 年,全球排名前十的国家中,“金砖四国”占据前四,PPP 模式在“金砖四国”中以不可思议的速度在发展。

3.PPP 模式国内发展状况

早在 20 世纪 80 年代,我国就已进行公私合作模式的探索和实践,客观上提升了公共服务的水平,但 BT、BOT 等模式曾几度遭遇搁浅。1997 年 BOT 达到高潮,但受到东南亚经济危机的波及而步入低谷,直到中共十六届三中全会才再度复兴。2005 年,随着鼓励非公有制经济发展相关文件的实施,PPP 逐渐进入公众的视野。中共十八届三中全会提出“特许经营”“政府购买服务”“公共资源配置市场化”等多项改革,为 PPP 应用和推广进一步打开了空间。2013 年末财政部在中央授意下多次召开 PPP 专题研讨会,再一次掀起 PPP 热潮。2014 年 2 月,国家发改委启动了 PPP 立法工作,并于 5 月公布《关于发布首批基础设施等领域鼓励社会投资项目的通知》,80 个项目清单面世。5 月,财政部成立了 PPP 工作领导小组,并于 9 月发布《关于推广运用政府和社会资本合作模式有关问题的通知》。10 月,《国务院关于加强地方政府性债务管理的意见》和《地方政府存量债务纳入预算管理清理甄别办法》,无疑将 PPP 视为地方债务清理中的重要一环。11 月,国务院发改委、财政部各自发布了《关于开展政府和社会资本合作的指导意见》和《政府和社会资本合作模式操作指南(试行)》,分别从政策层面和实际操作上对政府与社会资本的合作予以指导。PPP 已逐渐成为助推基础设施建设和公用事业发展的利器。从第一个经国家批准的 BOT 项目——广西来宾 B 电厂,到上海黄浦江大桥、北京第十水厂,再到鸟巢项目,无不以 PPP 模式完成。但是,这些实践尚处在比较"浅层次"的层面,在利益分配、风险分担、政府监督等方面,并不具备真正意义的 PPP 特征。2014 年以来,洛阳市和哈尔滨市被财政部定位亚行 PPP 项目的试点城市;江苏、浙江、天津、安徽、青海、重庆等省市相继启动一批 PPP 试点项目。8 月以来,11 省市已推出的项目合计超 3 万亿元。近期,中信地产和汕头市政府拟以 PPP 模式建设跨海隧道。

(三)上海迪士尼度假区 PPP 融资历程

兴建香港迪士尼度假区之前,迪士尼公司也将上海列入考虑范围之内,但与上海接触的同时,迪士尼代表团亦先后 6 次考察广东珠海,并对珠江口澳门和珠海交汇处的横琴岛产生浓厚的兴趣。直至 1998 年 10 月,美国华特迪士尼公司方才对外宣布,拟在香港或珠海兴建亚洲第二座迪士尼乐园。长期以来,业界就中国是否需要第二个迪士尼乐园而争论不休。2000 年,时任上海市市长徐匡迪就指出,长三角地区拥有中国最富裕的 1 亿人口,仅这 1 亿人口就足以支撑上海修建一座迪士尼度假区。2008 年两会期间,上海市政府相关负责人在接受中外媒体采访时表示:"上海有能力和条件建好一座迪士尼,各项前期准备工作都在进行中,最后将由国务院决定。"这是上海市政府重要官员首次给予迪士尼度假区传闻的正面回应。2009 年 1 月,迪士尼公司宣布与上海市政府签订《项目建议书》,将联合上海市政府在浦东兴建全球第六个迪士尼度假区,并将报告提交中央政府审批。上海迪士尼度假区项目是中国改革开放 30 多年来服务业领域最大的投资项目之一,标志着中国对外开放的新领域和新高度。华特迪士尼公司总裁兼 CEO 罗伯特·艾格坦言:"我们将与中国的合作伙伴一起,建设一个有着鲜明迪士尼特色和中国特点的上海迪士尼度假区。"

2009 年 11 月 4 日,上海迪士尼项目申请报告获国家有关部门核准,11 月 23 日,国家发改委在网站上发布,正式批复核准该项目,批准度假区中的主题乐园占地 116 公顷,建设内容包括游乐区、后勤配套区、公共事业区和一个停车场。2010 年 8 月 8 日,上海市政府批准设立上海申迪有限公司,这是一家由三家股东联合投资设立的合资企业,股东单位分别是上海陆家嘴(集团)有限公司、上海文广发展有限公司与上海锦江国际控股公司。上海申迪(集团)有限公司将通过两家全资子公司——上海申迪旅游有限公司和上海申迪建设有限公司——承担上海国际旅游度假区的土地开发、基础设施建设和相关产业发展任务,同时负责与美方合资合作,共同建设、管理和运营上海迪士尼主题乐园。11

月5日,上海申迪与美国迪士尼签署上海迪士尼乐园项目合作协议,标志着上海迪士尼乐园项目正式启动。协议规定出资方式为33%债务融资,67%权益出资,申迪控股57%,迪士尼控股余下的43%,在双方协议的基础上成立上海国际主题乐园有限公司、上海国际主题乐园配套设施有限公司、上海国际主题乐园和度假区管理有限公司三家中外合资公司。至开园,主题乐园投资294亿元人民币,酒店及零售餐饮娱乐投资45亿元人民币,整个度假区耗资339亿元人民币,双方按协议规定的比例为上海迪士尼项目出资。

上海迪士尼度假区的兴建吸引不少业界人士的关注,考虑到中国人口数量较大,鉴于之前世博会7 000万人次超预期的情况,有学者认为:一旦上海迪士尼度假区建成,参观人数首年将达到2 500万人次,成为世界上接待人数最多的迪士尼度假区。此外,按照门票400元/人和年均接待2 500万人次,以及10倍经济杠杆测算,迪士尼开园后每年将带来千亿元以上旅游消费增量。这样的趋势持续下去,估计将带动总计上万亿元的GDP总值增长,可为当地创造5万个新职位。上海迪士尼度假区的建设还将拉动上千亿元的间接投资,直接拉动相关产业和周边经济,填补国内旅游产业空白,刺激本土文化和旅游产业加速发展,利于上海和长三角地区的经济结构转型,并为上海及周边地区创造众多就业机会,香港与上海迪士尼度假区可合作互补,共同带动中国经济发展。

如今,上海迪士尼度假区已基本完工,迪士尼方面宣布将于2016年春天开业,届时上海迪士尼度假区不但将拥有与全球迪士尼旅游目的地度假区一致的设施,还将具有中国本土的传统特色。上海迪士尼乐园度假区总占地390公顷,并留有发展备用地供将来扩建,整个度假区将包括上海迪士尼乐园、两座主题酒店、大型零售、餐饮和娱乐中心、康乐设施,人工湖以及相关的停车场和交通枢纽。度假区有六大主题,分别是"米奇大街""奇想花园""探险岛""明日世界""宝藏湾"和"梦幻世界"。作为中国大陆第一个迪士尼乐园,该乐园拥有多项"全球第一",创极速光轮、十二朋友园、宝藏湾等景点均为全球首发项目;探险岛、晶彩奇航、明日世界等包含为中国游客特别设计的活动内容。"星球大战远征基地"和"漫威英雄总部"景点是专门为上海迪士尼设计。在上海迪士尼乐园的中心位置,标志性的"奇幻童话城堡"将是全球迪士尼乐园中最高、最大、最具互动性的城堡,它还是第一个汇集了所有迪士尼公主的城堡。上海迪士尼乐园不仅让中国为之期待,也可谓举世瞩目,而正是良好的投融资规划与执行,为这一规模巨大、项目丰富的乐园项目在五年内顺利竣工提供了坚实的基础与保障。

(四)上海迪士尼度假区PPP融资结构及资金去向

1.融资结构

上海迪士尼首期建设的初建阶段,仅主题乐园的投资就已经达到了245亿元人民币,主要包括一座集娱乐、餐饮、演艺等功能于一体的迪士尼城堡和一个美丽花园。而作为配套酒店及零售餐饮娱乐的投资为45亿元人民币,包括一座豪华酒店和一座经济型酒店,共1 220间客房和27 900平方米零售、餐饮、娱乐区。2014年又追加投资近50亿元,最终主题乐园总投资为294亿元,连带辅助项目总投资共达339亿元人民币。上海迪士尼度假区的融资总体规模远大于香港迪士尼,且其融资结构也有所变化,总初始投资资金中67%由代表中方的申迪集团与迪士尼公司共同进行权益出资,其余33%为债务融资，即产权比率为3∶7，加大了股权的占比，使得迪士尼公司的偿债能力增强，政府的权益保证有所增加，从而承担的风险降低。在67%的股权中，中方持有57%，迪士尼公司持有43%；而在债权融资方面，采用银团贷款的方式，由国家开发银行、上海浦东发展银行、交通银行等12家银行组成的银团为上海迪士尼项目提供贷款。上海迪士尼乐园融资结构如表6.7所示。关于土地方面，政府采取租赁制，这意味着，迪士尼主题乐园公司每年要向上海市政府缴纳一定数量的租金。

表6.7　上海迪士尼乐园融资结构

资金来源	金额/亿元	所占份额/%
股本：	227.1	67
申迪集团	129.45	38.2
迪士尼公司	97.65	28.8
债务：	111.9	33
商业机构借出	111.9	33
总额	339	100

2.资金去向

在上海迪士尼项目的具体实施中，中方发挥的重要作用是设立经上海市政府批准的国有企业——上海申迪（集团）有限公司（下文简称“申迪集团”）。这家国有企业于2010年8月8日宣布成立，注册资金为3亿元人民币，是由上海陆家嘴（集团）有限公司、上海文广发展有限公司与上海锦江国际控股公司分别以45%、30%、25%的资金及持股比例共同出资建立，主要负责上海国际旅游度假区的土地开发、基础设施建设和相关产业的发展。在2014年，迪士尼和申迪集团为上海迪士尼度假区追加8亿美元投资，上海最大的零售商业巨头百联集团参与其中，成为第四大股东，持股10%，而上海文广集团的持股比例由30%降至20%。加上这8亿美元，迪士尼和申迪集团总计为上海迪士尼度假区投资55亿美元。

申迪集团下设三家全资子公司：上海申迪建设有限公司（下文简称“申迪建设”）、上海申迪旅游度假开发有限公司（下文简称“申迪旅游”）和上海申迪发展有限公司（下文简称“申迪发展”）。其中，申迪旅游与迪士尼子公司［WD HOLDINGS（SHANGHAI），LLC］具体合作，用股权融资中的200多亿元人民币设立三家中外合资公司，负责上海迪士尼主题乐园和配套设施的投资建设与运营管理。这三家公司分别为上海国际主题乐园有限公司、上海国际主题乐园配套设施有限公司、上海国际主题乐园和度假区管理有限公司，其注册资金与控股结构如表6.8所示。在上海迪士尼项目中，中美双方均以现金方式入股，土地使用权和知识产权均不作价入股，而是分别由中方和美方另行租赁和许可给中外合作的项目公司。

表 6.8　上海迪士尼乐园注册资金与控股结构

公司名称	注册资金/元	中方控股比例/%	美方控股比例/%
上海国际主题乐园有限公司	171.36 亿	57	43
上海国际主题乐园配套设施有限公司	31.68 亿	57	43
上海国际主题乐园和度假区管理有限公司	2 000 万	30	70

上海国际主题乐园有限公司注册资金为 171.36 亿元,其中申迪旅游和迪士尼子公司的股权比例分别是 57%和 43%,主要负责主题乐园的开发、建设和经营等,也包括园区内服务提供。上海国际主题乐园配套设施有限公司的注册资金为 31.68 亿元,申迪旅游和迪士尼子公司的股权比例也为 57%和 43%,主要负责酒店、餐饮、零售、体育、娱乐等配套休闲设施的开发、建设和管理等。上海迪士尼主题公园配套设施总投资约 45 亿元人民币,约合 7 亿美元。上海国际主题乐园和度假区管理有限公司注册资金 2 000 万元,申迪旅游和迪士尼子公司的股权比例为 30%和 70%,这与上述两家公司二者的持股比例有所不同。该公司主要负责接受主题乐园公司和配套设施公司的委托,在授权范围内对主题乐园项目和配套设施的开发、建设和经营的全部事宜进行日常管理和服务,也将负责度假区创意、发展和运营。

(五)迪士尼度假区 PPP 融资动因分析

1.迪士尼度假区在中国选址的动因

(1)顺应行业趋势,增强竞争力

在娱乐主题乐园行业,能够与迪士尼相抗衡的娱乐品牌也就只有环球嘉年华和全球影城了,为了进一步增强自己的竞争优势,不被对手赶超,迪士尼总是时刻关注竞争对手的动向,并及时做出战略调整。作为世界最大型的巡回移动式游乐场,环球嘉年华已经游历了法国巴黎、英国伦敦、马来西亚吉隆坡、新加坡、阿联酋迪拜以及中国香港、上海等诸多城市,受到各地的热烈欢迎。为了完成其战略目标——到 2010 年前,扩大嘉年华品牌在中国大陆的知名度和影响力,环球嘉年华打破以往巡回移动式营业方式,在中国连云港建立游乐园,并于 2009 年正式营业。好莱坞环球影城是一个再现电影主题的游乐园,其以多部大制作电影为主题的景点最受欢迎。美国、日本、新加坡都有环球影城游乐园的身影,并且早在 2009 年,北京就计划建设环球影城,但项目报到国务院时被迫叫停,从而让上海迪士尼抢先,但到 2014 年 9 月,国务院又批准重新启动北京环球影城的项目。该行业内的竞争非常激烈,大家的共同目标是进军中国市场,进一步扩大全球范围的影响力。迪士尼经过近 20 年的努力,在中国先后建立两所乐园,与竞争对手相抗衡,也是顺应行业发展趋势的表现。

(2)兴建地点具备良好优势

从建址的角度来看,一个主题乐园度假区的选址必须具备以下五点要素:第一,客源保证。庞大的人口规模将为大型主题乐园提供充足客源,这是公园日后经营成功的首要前提和基本保证。一个大型主题公园的一级客源市场(80 千米或 1 小时汽车距离内)至少需要有 200 万人口,二级客源市场(240 千米或 3 小时汽车距离内)要有 200 万人口以上,之外的三级客源市场虽也很有帮助,但不能过分依赖。因此,迪士尼主题公园的选址尽量向人口庞大的国际都市靠拢。第二,交通便捷。完善的交通设备配置能扩大主题公园的可进入性。发达的交通网,便利的运输业,对于发展娱乐旅游业、保证客源的充足稳定至关重要。第三,高水平的区域经济。选址区域的经济水平应处于一定的高度,它不仅关系到主题公园的投资规模,而且直接影响游客的消费水平。第四,优越的地理投资环境。大型主题乐园往往需要占用大面积土地,并且土地的可利用性以及周遭的环境都会影响乐园的施工与运营。第五,文化认同感。主题公园的广大客源要对公园的主题有较强的认同感,这样可以大大消除其对乐园进入市场的抵触情绪。文化认同感对于海外主题乐园来说十分重要,这一点,迪士尼公司深有体会,因为早在 1992 年建成的巴黎迪士尼乐园就是因为缺乏文化认同感导致乐园开业以来,游客人数和盈利状况并不佳。综上所述,香港和上海确实在这五个方面存在明显的优势,两座度假区分别坐落两地也是最好的选择。只是上海迪士尼度假区与香港相比,还将面临一个挑战,就是赢得大陆游客的迪士尼文化认同感,为此,迪士尼公司与上海政府共同合作,邀请了众多中方设计师一起参与主题乐园的设计,尽可能多地融入中国传统元素,希望赢得中国游客的认同。

(3)政府合作意愿度极高

旅游业的发展可以带动相关产业的发展,从而拉动整座城市的经济水平。迪士尼主题乐园在文化旅游方面的影响力颇高,它必将为其所在的城市带来各方面的回报,政府之所以愿意接受投资建设此项目,并且一再让步,接受各种不平等协议,也是看中了其未来无穷的潜力对于拉动当地经济有着不可估量的影响。尤其是 1997 年深处亚洲金融危机的香港,对主题乐园项目更是寄予厚望。1997 年亚洲金融危机后,以服务业、旅游业及国际贸易为支柱的中国香港经济大受打击,失业率屡创新高。香港旅游业跌进低谷,世界各国的访港旅客人数显著下跌,甚至被视为 30 年来最差的境况。旅游业是香港的支柱产业之一,占香港国民生产总值的 8%,作为振兴香港经济和旅游业的措施之一,兴建世界级的主题公园被提上了议事日程。1999 年 11 月,中国香港特别行政区政府用了 9 个月的谈判时间,就与迪士尼公司签订了相关协议。按照当时的预计,香港迪士尼开业之初将为中国香港创造 1.8 万个就业机会;开业 10 年内这一数字将增至 3.6 万个;预期开业的第一年可吸引 340 万名游客,开业后 5~15 年,年客流量将达 1 000 万人。项目预期收益率则达 17%~25%,预计开业第二年便可收支平衡,12 年内即可收回成本。中国香港特别行政区政府还预留了 154 公顷土地作为迪士尼乐园第二、第三期发展用地。未来 40 年,迪士尼乐园将为香港经济带来 800 亿~1 480 亿港元的净额收入,资金回报率高达 25%,比中国香港特别行政区政府投资铁路、机场 10%的投资回报率还要高。

因此,在这样的时代背景以及前景预测下,香港政府对迪士尼所提出的新建度假区的项目无疑是非常欢迎的,这样积极的政府态度降低了迪士尼乐园项目的融资难度,提高了项目融资成功的可能性,对迪士尼公司而言自然极具吸引力。同理,上海受到 2008 年国际金融危机的影响,为了重振经济,政府对迪士尼公司抛出的橄榄枝也是欣然接受。上海迪士尼乐园的建设预测将拉动上千亿元的间接投资,直接拉动相关产业和周边经济，填补国内旅游产业空白，刺激本土文化和旅游产业加速发展，利于上海和长三角地区的经济结构转型，并为上海及周边地区创造众多就业机会。因此，上海政府与迪士尼公司在谈判合作中也是给予其不少优惠政策。虽然经济环境的特殊使得政府对该项目的热情程度异常之高，但是其他海外乐园的兴建同样离不开政府的主动合作。

2.迪士尼度假区选择用PPP融资模式筹资的动因

(1)拓宽融资集道，缓解资金压力

高额的资本投入是兴建度假区的必备条件，香港迪士尼乐园的总投入最终高达约300亿港元，上海迪士尼度假区仅建设主题乐园和配套酒店零售餐饮娱乐的投资就已经达到了339亿元人民币，加上日后运营和维护费用、公共配套设施的投入，该项目的总体投资规模达到了127亿美元。如果仅凭迪士尼公司一己之力独自承担兴建费用，如此巨大的投资会给迪士尼带来难以承受的资金压力。而且，一次性投资如此之高，将使项目投资回收期遥不可及。更重要的是，把过多的资金用在乐园的建设上，会使公司流动资金紧张，增加运营风险。然而在PPP融资模式下，迪士尼公司与政府合作，则只需要投入部分资金以及以迪士尼的品牌入股投资。以香港和上海迪士尼度假区为例，从最终结果来看，美国华特迪士尼公司仅以24.5亿港元出资就占有了总投入约300亿港元的香港迪士尼乐园43%的权益，同样，以22.07亿美元出资占有总投入127亿美元的上海迪士尼乐园43%的权益。不难看出，迪士尼公司在PPP融资中以极少的投资拥有了相对多的股权，并且在土地开发与后勤基建方面的资金支出多由政府无偿承担。与传统融资方式相比，在节省资金方面，PPP融资对于华特迪士尼公司来说，明显更具资金优势。

从公司财务的视角看，PPP融资是资本和债务的组合。首先根据项目的投资数量，决定项目所需的资本数量；其次确定项目的债务融资渠道和数量；最后确定资本和债务资金的比例，即项目的资本构成问题。一个公司或者项目的资本结构并不像MM定理显示的那样，两者的比例不会影响项目本身的价值。相反，由于税收和破产成本的作用，资本结构会影响项目本身的价值，并且会影响项目的成功率和经济性。PPP融资模式可以增加资金来源的多样性，优化资本结构，同时由政府出面，融资也相对便利。传统的融资方式主要为债务融资和权益融资，相比起来，债务融资成本较低且不会转移公司的控制权，在合理的借贷范围内，是公司优先考虑的融资途径。一个最常见的债务融资来源就是商业银行贷款。中国国内银行贷款包括商业银行贷款和政策性银行贷款。在中国，除了四大国有商业银行外，还有交通银行、中信银行、中国光大银行等新兴股份制商业银行和地方性商业银行。在政策性银行方面，中国于1994年先后组建了3家政策性银行。此外，商业银行贷款在国际融资领域中的合理延伸是国际辛迪加银团贷款。国际辛迪加银团是指由不同国家的数家银行联合组成银行团，按照贷款协议所规定的条件，统一向借款人提供巨额中长期贷款的国际贷款，国际上众多大型PPP融资案例因其资金需求规模巨大、结构复杂，需要大型跨国银行和金融机构联合组织起来以承担其中的融资任务，在PPP融资中使用辛迪加银团贷款具有的优点是：第一，有能力筹集到数额巨大的资金；第二，贷款货币的选择余地大，对贷款银行的选择范围同样比较自由，这一点为贷款者提供了较大的便利；第三，参与辛迪加银团贷款的银行通常是国际上具有一定声望和经验的银行,具有参与负责 PPP 融资和承担信誉风险的能力;第四,资金使用方式灵活,还款方式也比较灵活。

在 PPP 融资模式下,政府不仅注册资本,提供贷款,还出面帮助迪士尼乐园项目取得足够的商业银行贷款,丰富其资金来源。上海迪士尼乐园度假区项目的融资就包括由国家开发银行、上海浦东发展银行和交通银行牵头组建银团进行的贷款,其贷款额度约占整个项目投资总额的 33%。香港迪士尼乐园度假区也吸收了约占项目总投资 16%的商业机构的贷款。运用 PPP 融资模式,迪士尼公司不但能很好地减轻自身建设项目的融资压力,而且能通过融资来源的多样性实现两个主要的经营目的:第一,通过提高股本资金的比例,降低项目的债务负担,从而增强项目经济的强度,例如上海迪士尼融资结构与香港相比最大的改进就是提高股权占比,使得股权占比高达 67%,债务占比为 33%,降低了偿债风险,减少了利息负担,能够使得盈利的资金更好地进入再投资,提高资金的利用率;第二,项目经济强度的增强实现了资金成本的正循环,股本资金及政策性银行的低成本增强了项目的债务承受能力,有利于项目获得优惠低成本银团贷款和资本市场筹集大量股本资金,股本资金的增加又可以进一步降低项目债务资金的比例。

(2)责任双方承担,共同应对风险

兴建度假区投资大,持续时间长,只有项目最终建成开园盈利才能给公司带来收益回报,而无论是建设期还是营运期随时都可能出现意外风险,也许是前期项目建设不利,无法按时完工,或者是开园后观光游客较少,不能达到预期收入,都可能使得已有的资金投入化为泡影,给公司带来巨大的风险。常见的跨国项目风险可以分为不可控风险和可控风险。在 PPP 融资项目中,政府部门和私人部门的合作是项目的支撑和基础,双方签订特许权协议对各自的责权利以及风险的分担加以规定。项目的风险分配应该遵从四条主要原则:①风险共担原则;②由对风险最有控制力的一方控制相应的风险;③承担的风险程度与所得回报相匹配;④承担的风险要有上限。依据以上四条原则分配风险,最终,政府力量的参与将增强项目的抗风险能力,分散公司应承担的风险。

(3)政府地位被动,公司掌管大局

在全球迪士尼度假区中,美国迪士尼度假区基本由迪士尼自行投建管理,盈利和风险全担。东京迪士尼是特许经营,美方收取授权费,风险较小,但由于东京迪士尼经营不错,故而大量利润被日方拿走。巴黎和香港迪士尼由两方合资,但仅由迪士尼公司一方管理,政府这个大股东却没有管理权。有学者认为香港开园之初盈利不佳与迪士尼的经营模式有很大的关系,据了解,从景点拿门票折扣价是旅行社的行规,但香港迪士尼度假区却要求捆绑园内的酒店才肯给优惠,而如果要预订迪士尼的酒店,旅行社还要向迪士尼缴纳数额 100 万港元的押金。强硬的"美式管理"引发了大量旅行社的抵制,使得内地游客大量减少。而且香港模式的利润分配方面对政府也有很大的不公平,根据合约,中国香港政府只能在乐园门票收入中分成,而相关产品销售收益和附属经营项目却全部归迪士尼,也就是说,香港政府在承担亏损的同时,华特迪士尼却是旱涝保收的。

上海迪士尼项目中,中美股份与香港迪士尼中美双方股份比例相同。因此香港迪士尼的前车之鉴引起上海相关部门及迪士尼公司的注意,为了避免重蹈香港模式的覆辙,上海迪士尼在运营模式上有所创新，采取双方合资模式运作，中美双方都出资，成立三家公司，包括一家管理公司和两家业主公司，即上海国际主题乐园和度假区管理有限公司、上海国际主题乐园有限公司、上海国际主题乐园配套设施有限公司。从三家公司的股权结构上可以看出，其中主要负责运营管理的公司由美方控股，而另外两家业主公司则由中方控股，这种合资管理模式在全球迪士尼乐园中是首次运用，这更有利于植入本土化中国元素，今后中美双方也是利润共享的。这种模式很明显看到中方是投资为主，美方是管理为主，有点类似高星级酒店管理模式——外方出品牌和管理，而中方投建。这类模式下，政府与迪士尼公司一样共享经营利润，但大型项目的回收期很长，中方投资方风险仍然较大，外方管理方则较少负担成本，且有固定收益。总而言之，上海模式在运营管理和利润分配方面有一定的突破，但是与以往相同的是迪士尼公司仍然掌管大权，这也正是迪士尼公司通过 PPP 融资模式想要达到的目的，用少量的投资拥有大量的权利。

二、案例分析要求

根据材料，通过迪士尼乐园在上海运用资本结构理论进行 PPP 融资兴建成功的案例，你有哪些启发？

第四部分　参考答案

一、单项选择题

1.D　2.C　3.D　4.D　5.D　6.D　7.B　8.C　9.A　10.C　11.D　12.D　13.C　14.D　15.B

二、多项选择题

1.AB　2.BCD　3.BCD　4.BD　5.ACD　6.BCD　7.CD　8.ABCD　9.AB　10.ACD

三、判断题

1.×　2.√　3.√　4.√　5.√　6.√　7.×　8.×　9.√　10.×

四、计算分析题

1.该公司的加权平均资本成本 $=(40\%\times3.9\%)+(10\%\times8.16\%)+(50\%\times11.8\%)$

$=1.56\%+0.816\%+5.9\%=8.276\%$

2.(1)加权平均资本成本

A 方案加权平均资本成本 $=40\%\times6\%+10\%\times8\%+50\%\times9\%=7.7\%$

B 方案加权平均资本成本 $=30\%\times6\%+15\%\times8\%+55\%\times9\%=7.95\%$

C 方案加权平均资本成本 $=20\%\times6\%+20\%\times8\%+60\%\times9\%=8.2\%$

(2)A 方案加权平均资本成本最低，应选择 A 方案。

五、案例分析要点

近年来，随着中国经济的发展，每年有大量跨国公司进驻中国，或谋求合作，或开设分支。然而，跨国公司在中国的发展历程中，面临融资模式选择与政府合作关系等一系列问题。本案例通过对香港和上海迪士尼乐园的 PPP 融资历程进行比较分析,探讨迪士尼公司独特融资模式的成功秘诀,从以下三个层面总结其带来的启示:第一,从宏观层面,迪士尼乐园建设将带动中国文化产业发展;第二,从中观层面,迪士尼乐园建设将催化迪士尼概念股持续利好,盘活资本市场;第三,从微观层面,迪士尼乐园 PPP 融资模式将优化原有资本结构、完善迪士尼公司企业战略。

(1)运筹帷幄,借力迪士尼乐园带动中国经济与文化发展

迪士尼经营的本质是多样化经营和体验经济。通过主题化的乐园、形象化的商品、表演化的服务,增进消费者的体验,延长消费者逗留的时间。同时,通过多样化的产品,混合消费的模式增进消费。目前世界五大迪士尼主题乐园的经验显示,凭借迪士尼所带来的外部效应和外溢贡献、迪士尼乐园均成为当地重要的经济与文化引擎,对该国的经济与文化发展起着极大推动作用。上海迪士尼乐园于 2016 年春季开园,考虑到中国人口数量较大,鉴于之前世博会 7 000 万人远超预期的情况,上海迪士尼的参观人数首年将达到 2 500 万人次,成为世界上接待人数最多的迪士尼乐园。此外,按照门票 400 元/人和年均接待 2 500 万人次,以及 10 倍经济杠杆测算,迪士尼开园后每年将带来千亿元以上旅游消费增量。因此,上海迪士尼乐园的建设将拉动上千亿元的间接投资,直接拉动相关产业和周边经济,填补国内旅游产业空白,刺激本土文化和旅游产业加速发展,利于上海和长三角地区的经济结构转型,并为上海及周边地区创造众多就业机会。

(2)顺势而为,乐园开幕催化迪士尼概念股持续利好

迪士尼乐园从立项、建设到运营,持续周期较长,同时受到资本市场的持续性关注。综观香港迪士尼的发展历程,港股随着迪士尼的酝酿、兴建、建成前夕,呈持续升温趋势,前后长达五年,迪士尼概念股在其签约期、建设期都曾迎来较大涨幅,其中,在迪士尼乐园最终建成前夕,市场投资热情达到最高点。数据显示,娱乐旅游相关的银河娱乐、香格里拉和英皇娱乐酒店在香港迪士尼开园前一年,其间股价涨幅最高分别达 498%、296% 和 2 383%。另外,商贸零售相关的珠宝等,在香港迪士尼的影响下股价涨幅均超过 3 倍。因此,基于上海迪士尼的高确定性以及催化时间长两大要素,上海迪士尼主题将成为市场青睐的主题投资机会,迪士尼主题板块包括基建、商业地产、旅游酒店以及零售业、交通运输业、文化传媒业和特许经营等。将上海迪士尼和香港迪士尼进行类比分析,由于香港的零关税政策,港股零售板块上涨幅度巨大且持续时间较长,而上海迪士尼对于 A 股零售板块的带动作用将弱于香港。

从商业地产角度来看,上海迪士尼对于周边商业地产具有带动效应。以界龙实业为例,迪士尼乐园计划落户上海浦东川沙地区,该地区发展将加快速度,土地价格持续上涨,界龙实业拥有该地区数百亩土地资源,进行房地产开发,带动资产的大幅升值。从商贸零售、交通运输和旅游酒店等板块来看,美盛文化、中路股份、百联股份、上海机场、陆家嘴等迪士尼概念股将迎来增长。此外,还有一类公司尤其值得投资者关注,与上海迪士尼或迪士尼公司拥有战略合作或特许经营权的公司,这些公司将借助迪士尼的品牌效应来提升公司的企业形象,成为迪士尼的衍生品。以美盛文化为例,上海迪士尼开业将给公司带来大额订单,年销售增长率将超过 20%。从迪士尼概念股的受益顺序来分析,

迪士尼乐园前期较大规模的基础设施投资,将给场馆建设、建筑建材等相关上市公司带来订单,随着基建结束并开始进入运营准备期,相关的运营、旅游酒店、商贸零售等消费类企业,将受到市场重点关注。据机构测算,按照上海迪士尼直接投资294亿元,基础设施配套按10倍杠杆来计算,迪士尼带动的间接投资约为2 900亿元,前期受益的房地产和建筑建材,已获得实质性订单的支撑。在上海迪士尼乐园开园之后,交通运输、餐饮旅游和商贸零售等相关行业,将迎来旅游消费热潮,年均市场规模有望达千亿元规模。近日,界龙实业、锦江投资、华虹计通、亚通股份、豫园商城、斯米克、陆家嘴、龙头股份等迪士尼概念股涨幅逾9%,迪士尼概念股将迎来持续利好发展。

(3)革故鼎新,利用PPP模式深度优化企业财务结构

香港和上海迪士尼项目的建设采用PPP融资模式,该种模式最大特点就是中方通过参股管理公司,参与迪士尼主题乐园和配套设施的投资、建设和经营管理。主题公园的成功需要保证有足够的资金支持与良好的运营手段,迪士尼通过PPP融资方式与政府进行合作,有效解决投资资金、土地等问题,并且利于审批与分散风险。此外,由于政府不具备直接运营主题公园的能力,与迪士尼等经营公司合作可以为项目的成功建设与运营保驾护航。香港迪士尼采用PPP融资模式,并在初期建设成功后进行扩建。香港迪士尼扩建中双方股东都认可重组股本,把原来股东贷款变成资本,注资进去,有助于大大提高企业的盈利状况,大大缩短投资回报时间。

上海迪士尼乐园项目的融资延续了香港"优化产权比率+降低融资成本"的优势,优化了财务结构,主要表现在以下三点:第一,稳定迪士尼的控制权力结构。负债融资所筹资金的债权人一般只有优先于股东获取利息和收回本金的权利,不能分享企业剩余利润,也没有企业的经营管理权,因而负债融资占主要成分的融资结构有利于稳定控制权力结构。第二,降低融资成本。企业取得贷款或发行债券的利率是确定的,发行股票进行筹资,股东因投资风险大,要求的报酬率就高。因此负债融资占主要成分的融资结构有利于降低迪士尼的融资成本。第三,负债融资可为股东带来杠杆效应并具有节税功能。杠杆效应主要体现在降低资金成本及提高权益资本收益率等方面;节税功能反映为负债利息计入财务费用抵扣应税所得额,从而相对减少应纳所得税。在息税前利润大于负债成本的前提下,负债额度越大,节税作用越明显。同时,上海迪士尼乐园的PPP融资相较于香港迪士尼PPP融资模式有了进一步优化,合作双方将按持股比例共同分享与承担上海迪士尼项目的利润与风险。相对于以往全球迪士尼项目管理公司迪士尼一家独大的局面,中方所持有的30%股份不仅意味着利益的分享,也意味着迪士尼的日常经营中拥有一定的话语权,避免像其他迪士尼乐园一样出现风险与利益不对等的局面。与此同时,迪士尼乐园在与政府合作的过程中,用比较少的投资拥有了相对较多的股权,具有明显的资金优势。这种合资管理模式为全球迪士尼乐园中首次运用,举世瞩目,被称为"上海模式"。

第七章　项目投资管理

第一部分　理论辅导

一、重要概念

①项目投资是指企业以未来收回现金并取得收益为目的而发生的现金流出活动，包括直接投资和间接投资。项目投资具有投资数额大，投资时间长，投资风险大等特点。

②项目投资现金流量是指在项目投资周期内所有与项目投资有关的现金流入和现金流出，既包括货币资金，又包括投资项目所需的非货币资产的变现价值。

③项目投资财务决策是指项目投资所采用财务评价指标进行判断的标准和程序。项目投资财务决策方法分为非折现财务决策方法和折现财务决策方法。

④决策树是指在事件发生概率的基础上使用简单树枝图形，明确地说明项目投资各方案的情况，完整反映决策过程的一种决策方法。

⑤情境分析法是指通过计算不同情境下所有主要变量同时变动时的净现值，并将其与基础值对比的一种分析方法。情境分析法至少设定三种情境，即乐观情境、悲观情境和正常情境。

⑥调整现金流量法是指把不确定的现金流量调整为确定的现金流量，然后用无风险的收益率作为折现率计算净现值的方法。

二、主要内容

1.项目投资财务决策流程

任何项目投资财务决策流程包括提出备选方案、估计方案现金流量、计算方案价值指标、综合评价方案和选择可接受方案 5 个步骤，如图 7.1 所示。

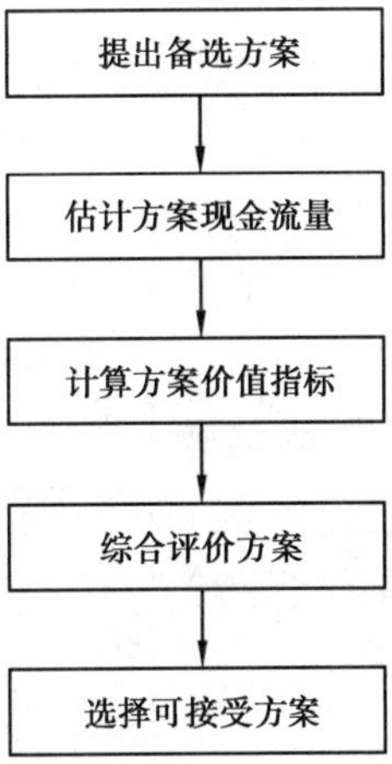

图 7.1　项目投资方案财务决策流程

2.项目投资现金流量分析

项目投资现金流量分析是指估算项目投资周期内所有与项目投资有关的现金流入和现金流出,可以根据现金流动方向和现金流量发生时间进行分类,如表 7.1 所示。

表 7.1 项目投资现金流量分析表

分类标准	类型	说明
按现金流动方向	现金流入量	项目投资引起现金收入的增加额
	现金流出量	项目投资引起现金支出的增加额
	现金净流量	项目投资现金流入量减去现金流出量
按现金流量发生时间	初始现金流量	项目投资开始时的现金净流量
	营业现金流量	项目投资营运期间的现金净流量
	终结现金流量	项目投资在终结点所发生的现金净流量

3.项目投资财务决策方法

项目投资财务决策方法按其是否考虑资金时间价值分为非折现财务决策方法和折现财务决策方法,非折现财务决策评价指标包括投资回收期、会计收益率,折现财务决策评价指标包括净现值、现值指数、内含报酬率和动态投资回收期等,如表 7.2 所示。

表 7.2 项目投资财务决策评价指标

决策方法	指标	计算方法
非折现财务决策	投资回收期	$投资回收期=\dfrac{原始投资额}{每年现金净流量}$ 或:$投资回收期=M+\dfrac{在第 M 年尚未收回的投资额}{第 M+1 年的现金净流量}$
	会计收益率	$会计收益率=\dfrac{年平均净利润}{原始投资额}$
折现财务决策	净现值	$NPV = \sum_{t=1}^{n} \dfrac{NCF_t}{(1+k)^t} - \sum_{t=0}^{n} \dfrac{C_t}{(1+k)^t}$
	现值指数	$PI = \dfrac{\sum_{t=1}^{n} \frac{NCF_t}{(1+k)^t}}{\sum_{t=0}^{n} \frac{C_t}{(1+k)^t}}$
	内含报酬率	$\sum_{t=1}^{n} \dfrac{NCF_t}{(1+k)^t} = \sum_{t=0}^{n} \dfrac{C_t}{(1+k)^t}$
	动态投资回收期	$\sum_{t=1}^{n} \dfrac{NCF_t}{(1+k)^t} = C$

4.项目投资现金流量估算应考虑事项

项目投资现金流量估算时，要遵循相关性原则，凡属于项目投资相关成本必须考虑，凡属于项目投资非相关成本一律不予考虑，如表7.3所示。

表7.3　项目投资现金流量估算应考虑事项

考虑事项	解释
相关成本	包括差异成本、未来成本、可避免成本、重置成本、机会成本等
企业所得税	项目投资营业期间现金流量等于营业收入减去付现成本和企业所得税，项目投资初始阶段和终结阶段必须考虑企业所得税
折旧与摊销	项目投资在营运期间要考虑固定资产折旧和无形资产摊销，属于非付现成本，具有抵税作用
营运资金	项目投资营运期间必须垫支营运资金，项目投资终结收回营运资金
对相关项目产生影响	必须考虑对企业相关项目现金流量产生有利或不利影响
项目计算期	项目计算期包括建设期和营运期，投资项目现金流量分为建设期现金净流量、营运期现金净流量和终结现金流量

三、重点难点

1.本章重点

熟悉项目投资现金流量分析，掌握项目投资财务决策方法、项目投资财务决策评价指标及其应用，理解项目投资风险管理方法。

2.本章难点

(1)项目投资现金流量分析

根据项目投资情况分析项目投资现金流量，确定初始现金流量、营业现金流量和终结现金流量，并画出现金流量时间轴。

【例7-1】　段洁公司项目投资总额为150万元，其中固定资产投资110万元，建设期为2年，在建设期内分两次平均投入；无形资产投资20万元，于建设开始时一次投入；营运资金投资20万元，在项目营运开始垫付。该项目营运期10年，固定资产按直线法计提折旧，期满有10万元净残值，无形资产在营运期前5年平均摊销，代垫的营运资金在项目终结时收回。另外，预计项目投产后，前5年项目每年营业收入40万元，营业成本38万元；项目后5年每年营业收入60万元，付现成本40万元。企业所得税税率为25%，要求估算该项目投资的现金流量。

①建设期现金流量的估计：

$$NCF_0 = -550\ 000\text{ 元} - 200\ 000\text{ 元} = -750\ 000\text{ 元}$$

$$NCF_1 = -550\ 000\text{ 元}$$

$$NCF_2 = -200\ 000\text{ 元}$$

②经营期现金净流量的估计：

$$\text{固定资产年折旧额} = \frac{1\ 100\ 000\text{ 元} - 100\ 000\text{ 元}}{10} = 100\ 000\text{ 元}$$

无形资产年摊销额$=\frac{200\ 000\text{元}}{5}=40\ 000$元

$NCF_{3-7}=(400\ 000\text{元}-380\ 000\text{元})\times(1-25\%)+100\ 000\text{元}+40\ 000\text{元}=155\ 000$元

$NCF_{8-12}=600\ 000\text{元}\times(1-25\%)-400\ 000\text{元}\times(1-25\%)+100\ 000\text{元}\times25\%=175\ 000$元

③经营期终结现金净流量的估计：

$$NCF_{12}=200\ 000\text{元}+100\ 000\text{元}=300\ 000\text{元}$$

在估计现金流量时，如果项目寿命期较长，建议采用图 7.2 的形式来估算，可在一定程度上减少差错的发生。

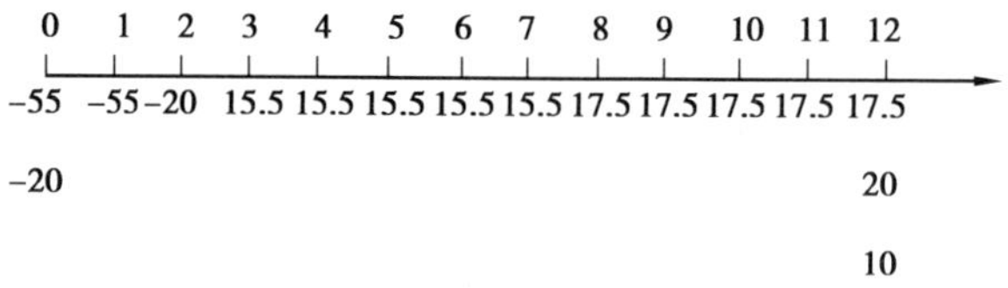

图 7.2　段洁公司某投资项目现金流量图

(2)内含报酬率的概念

项目投资方案净现值为零时的折现率，又称为内部收益率，其计算公式如下：

$$\sum_{t=1}^{n}\frac{NCF_t}{(1+k)^t}=\sum_{t=0}^{n}\frac{C_t}{(1+k)^t}$$

【例 7-2】　某项目投资额 30 000 元，期初一次投入，寿命期为 6 年，各年的净现金流量分别为 8 000 元、8 000 元、9 000 元、9 000 元、10 000 元和 11 000 元，计算该项目投资的内含报酬率。

先按 16%估计的贴现率进行测试，其结果净现值 2 855.8 元，是正数；于是把贴现率提高到 18%进行测试，净现值为 100.6 元，仍为正数，再把贴现率提高到 20%重新测试，净现值为−526.5 元，是负数，说明该项目的内含报酬率在 18%～20%。有关测试计算如表 7.4 所示。

表 7.4　内含报酬率测算表

年限	现金净流量/元	贴现率＝16%		贴现率＝18%		贴现率＝20%	
		现值系数	现值/元	现值系数	现值/元	现值系数	现值/元
0	−30 000	1	−30 000	1	−30 000	1	−30 000
1	8 000	0.862 1	6 896.8	0.847 5	6 780	0.833 3	6 666.4
2	8 000	0.743 2	5 945.6	0.718 2	5 745.6	0.694 4	5 555.2
3	9 000	0.640 7	5 766.3	0.608 6	5 477.4	0.578 7	5 208.3
4	9 000	0.552 3	4 970.7	0.515 8	4 642.2	0.482 3	4 340.7
5	10 000	0.476 2	4 762	0.437 1	4 371	0.401 9	4 019
6	11 000	0.410 4	4 514.4	0.370 4	4 074.4	0.334 9	3 683.9
净现值			2 855.8		1 090.6		−526.5

然后根据内插法就能计算出该项目投资的内含报酬率。

$$IRR=18\%+\frac{0-1\ 090.6}{-526.5-1\ 090.6}\times(20\%-18\%)$$

$IRR=19.348\ 8\%$

(3)动态投资回收期计算

动态投资回收期考虑货币时间价值,比静态投资回收期更加科学、合理。

【例 7-3】　某投资项目的投资总额为 500 万元,在期初一次投入,该项目使用寿命为 5 年,第 1 年到第 5 年每年的净现金流量分别为:130 万元、180 万元、140 万元、200 万元、170 万元,折现率为 10%,则该项投资的动态投资回收期的计算如表 7.5 所示。

表 7.5　动态投资回收期计算表　　单位:万元

年限	0	1	2	3	4	5
初始投资	-500					
净现金流量		130	180	140	200	170
现值系数	1	0.909 1	0.826 4	0.751 3	0.683 0	0.620 9
现值	-500	118.183	148.752	105.182	136.6	105.553
累计现值	-500	-381.817	-233.065	-127.883	8.717	

截至第三年末合计净现金流量=118.183+148.752+105.182=372.117(万元)

尚未收回投资额=500-372.117=127.883(万元)

$$动态投资回收期=3+\frac{127.883}{136.6}=3.94(年)$$

第二部分　强化训练

一、单项选择题

1.现金净流量是指(　　)。

A.现金流入量现值　　B.现金流入量与现金流出量差额

C.净现值　　D.净利润

2.某投资方案的年营业收入为 120 000 元,年总营业成本为 80 000 元,其中年折旧额 15 000 元,所得税税率为 25%,该方案的年营业现金净流量为(　　)。

A.15 000　　B.30 000　　C.40 000　　D.45 000

3.在考虑所得税因素以后,下列哪个公式能够计算出营业现金净流量?(　　)

A.营业现金净流量=营业收入-付现成本-企业所得税

B.营业现金净流量=税后净利-折旧

C.营业现金净流量=收入×(1-税率)+付现成本×(1-税率)+折旧×税率

D.营业现金净流量=税后收入-税后成本

4.某投资方案年营业收入240万元,年付现成本170万元,年折旧70万元,所得税税率25%,则该方案年营业现金净流量为(　　)万元。

A.17.5　　B.52.5　　C.70　　D.122.5

5.在项目生产经营阶段,最主要的现金流出量项目是(　　)。

A.固定资产投资　　B.营运资金投资　　C.付现成本　　D.无形资产投资

6.下列指标中没有直接利用现金净流量的是(　　)。

A.平均会计收益率　　B.获利指数　　C.净现值　　D.内部收益率

7.下列项目投资决策评价指标中,没有考虑货币时间价值的指标是(　　)。

A.净现值　　B.现值指数

C.内含报酬率　　D.平均会计收益率

8.存在所得税的情况下,以“利润+折旧”估计经营期现金净流量时的“利润”是指(　　)。

A.利润总额　　B.净利润　　C.营业利润　　D.息税前利润

9.下列各项中,属于项目投资决策非贴现评价指标的是(　　)。

A.平均会计收益率　　B.获利指数　　C.净现值　　D.内部收益率

10.已知某投资项目的原始投资额为100万元,建设期2年,投产后第1—8年每年的现金净流量为25万元,第9、10年每年的现金净流量为20万元。则该项目包括建设期的回收期为(　　)。

A.4年　　B.5年　　C.6年　　D.7年

11.不考虑建设期的投资回收期恰好是(　　)。

A.净现值为零时的年限　　B.净现金流量为零时的年限

C.累计净现值为零时的年限　　D.累计净现金流量为零时的年限

12.在一般投资项目中,当一项投资方案的净现值等于零时,即表明该方案(　　)。

A.现值比率小于零

B.不具备经济可行性

C.获利指数等于1

D.内含报酬率小于设定贴现率或行业基准收益率

13.对于原始投资额不同的互斥方案的比较决策,最适用的方法是(　　)。

A.回收期法　　B.净现值法

C.现值比率法　　D.平均会计收益率法

14.能使投资方案的净现值等于零的贴现率,叫作(　　)。

A.现值比率　　B.净现值率

C.内含报酬率　　D.平均会计收益率

15.下列评价指标中,其数值越小越好的是(　　)。

A.净现值率　　B.投资回收期　　C.内含报酬率　　D.投资利润率

16.现值指数与净现值相比,其优点是(　　)。

A.便于投资额相同方案的比较

B.便于独立投资机会获利能力的比较

C.考虑了投资项目现金流量的时间价值

D.考虑了投资项目的投资风险

17.某投资项目原始投资为 12 000 元,当年完工投产,有效期 3 年,每年可获得现金净流量 4 600 元,则该项目内含报酬率为(　　)。

A.7.32%　　B.7.58%　　C.8.45%　　D.8.69%

18.若净现值为负数,表明该投资项目(　　)。

A.为亏损项目,经济不可行

B.它的投资报酬率小于 0,经济不可行

C.它的投资报酬率没有达到预定的贴现率,经济不可行

D.它的投资报酬率不一定小于 0,因此也有可能是经济可行方案

19.运用风险调整贴现率法进行投资项目风险分析,需要调整的项目是(　　)。

A.有风险的贴现率　　B.无风险的贴现率

C.有风险的现金收支　　D.无风险的现金收支

20.在肯定当量法下,变异系数(标准离差率)与肯定当量系数的关系是(　　)。

A.变异系数越大,肯定当量系数越大

B.变异系数越小,肯定当量系数越小

C.变异系数越小,肯定当量系数越大

D.变异系数与肯定当量系数呈同向变化

二、多项选择题

1.下列各项中构成初始现金流量的有(　　)。

A.固定资产投资　　B.无形资产投资　　C.营运资产垫支　　D.其他投资

2.投资回收期评价指标的主要缺点是(　　)。

A.不能衡量企业的投资风险　　B.没有考虑货币时间价值

C.没有考虑回收期后的现金流量　　D.回收期标准的确定有一定的主观性

3.净现值法的优点包括(　　)。

A.考虑了货币时间价值

B.考虑项目计算期的全部净现金流量

C.考虑了投资风险

D.可以从动态上反映项目的实际收益率

4.某公司拟投资 10 万元建设一项目,无建设期,投产后年均现金流入 48 000 元,年付现成本 13 000 元,预计有效期 5 年,按直线法提折旧,无残值,所得税税率 25%,贴现率为 10%,则该项目(　　)。

A.回收期 2.86 年　　B.回收期 3.2 年

C.*NPV* 为 1.85 万元　　D.*NPV* 为 11.85 万元

5.净现值法与现值指数法的主要区别是(　　)。

A.前者是绝对数,后者是相对数

B.前者考虑了货币时间价值,后者没有考虑货币时间价值

C.前者所得的结论总是与内含报酬率法一致,后者得出的结论有时与内含报酬率法不一致

D.前者不便于在投资额不同的方案之间比较,后者便于在投资额不同的方案间比较

6.下列关于评价投资项目净现值法的说法中,正确的有(　　)。

A.它考虑了货币时间价值　　B.净现值指标不受贴现率高低的影响

C.理论上它比其他方法更完善　　D.若净现值为正数,方案经济可行

7.投资项目的内含报酬率是(　　)。

A.净现值为零的贴现率　　B.现值指数为零的贴现率

C.现值指数为1的贴现率　　D.银行借款利率

8.已知某投资项目运营期某年的有关资料如下:营业收入为300万元,不含财务费用的总成本费用为150万元,付现成本为120万元,所得税前净现金流量为120万元,该年所得税后净现金流量为100万元,所得税税率为25%。则下列各项中,说法正确的有(　　)。

A.该年折旧摊销为30万元　　B.该年调整所得税为20万元

C.该年息税前利润为80万元　　D.该年营业税金及附加为70万元

9.下列关于肯定当量系数的说法中,正确的是(　　)。

A.它可以把有风险的现金流量换算为无风险的现金流量

B.肯定当量系数越大,说明风险越大

C.利用肯定当量系数可以把现金流量中的全部风险剔除

D.利用肯定当量系数只能把现金流量中的系统风险剔除

10.下列关于肯定当量系数的表述,正确的有(　　)。

A.它是指不肯定的1元现金流量期望值相当于使投资者满意的肯定金额的系数

B.肯定当量系数的取值在0~1

C.通过它可以把不肯定的现金流量换算成肯定的现金流量

D.肯定当量系数可以由投资风险专家凭主观经验判断确定

三、判断题

1.估计投资项目的现金流量是分析投资方案时最重要、最困难的步骤。　(　　)

2.若某一个企业是免税企业,则无论采用何种折旧方法,折旧对现金流量均无影响。　(　　)

3.项目投资非贴现评价方法由于不考虑货币时间价值,是过去最常用的方法,目前只作为辅助方法使用。　(　　)

4.投资方案的回收期越长,表明该方案的风险程度越小。　(　　)

5.在多个投资项目中,净现值最大的项目为最优的投资项目。　(　　)

6.比较任何两个投资方案时,内含报酬率较高的方案较优。　(　　)

7.某个贴现率可以使某投资方案的净现值等于零,则该贴现率可以称为该方案的内含报酬率。　(　　)

8.在项目投资决策中,内含报酬率与项目设定贴现率的高低无关。（　　）

9.根据肯定当量系数可以把各年不肯定的现金流量换算成肯定的现金流量,其取值与管理层对风险的好恶有关。（　　）

10.风险调整贴现率法比较符合逻辑,但把货币时间价值和风险价值合在一起,隐含着风险随着时间的推移而加大的假设,这与事实是相符的。（　　）

四、计算分析题

目的:练习项目投资现金流量的估量。

资料:某公司准备购入一套设备以扩充生产能力,现有甲、乙两个方案可供选择。甲方案需投资 60 000 元,使用寿命为 5 年,采用直线法折旧,5 年后设备无残值,5 年中每年销售收入为 30 000 元,每年付现成本为 10 000 元。乙方案需投资 72 000 元,采用直线法折旧,使用寿命 5 年,5 年后有残值收入 12 000 元,5 年中每年销售收入为 34 000 元,付现成本第 1 年为 12 000 元,以后每年增加 600 元,另需垫支流动资金 6 000 元。假设所得税税率为 25%。

要求:估算两个方案各个时点的现金净流量。

五、综合题

1.资料:某工业投资项目的 A 方案情况如下:项目原始投资额 650 万元,其中:固定资产投资 500 万元,流动资金垫支 100 万元,其余为无形资产投资。该项目建设期为 2 年,经营期为 10 年。除流动资金垫支在项目建设期结束时(第 2 年年末)外,其余投资均于建设起点一次投入。固定资产的寿命期为 10 年,按直线法计提折旧,期满有 40 万元的净残值;无形资产从投资年份起分 10 年摊销,流动资金于终结点一次收回。预计项目投产后,每年发生的相关营业收入和付现成本分别是 380 万元和 129 万元,所得税税率假设为 30%。

要求:

(1)计算 A 方案下列指标:项目计算期、固定资产折旧、无形资产投资额、经营期每年的总成本、经营期每年的净利润。

(2)计算 A 方案的下列现金净流量指标:建设期各年的现金净流量、投产后每年的营业现金净流量、项目终结点的现金净流量。

(3)按 10%的行业基准贴现率计算 A 方案的净现值,并评价该方案的经济可行性。

(4)该项目的 B 方案在第 1 年的年初投入 700 万元固定资产,建设期为 0 年,经营期不变仍为 10 年,净残值为 0,每年的净现金流量为 200 万元,请计算 B 方案的净现值。

2.资料:已知某企业为开发新产品拟投资 1 000 万元建设一条生产线,现有甲、乙、丙三个方案可供选择。甲方案的各年净现金流量(NCF)为:$NCF_0=-1\ 000$ 万元,$NCF_1=0$ 万元,$NCF_{2-6}=250$ 万元。乙方案的相关资料为:在建设起点用 800 万元购置不需要安装的固定资产,同时垫支 200 万元营运资金,立即投入生产:预计投产后第 1—10 年每年新增 500 万元营运收入,每年新增的付现成本和所得税分别为 200 万元和 50 万元;第 10 年回收的固定资产余值和营运资金分别为 80 万元和 200 万元。丙方案的现金流量资料如表 7.6 所示。

表 7.6　丙方案现金流量资料表　　单位:万元

年限	0	1	2	3	4	5	6—10	11	合计
原始投资	500	500	0	0	0	0	0	0	1 000
年净利润	0	0	172	172	172	182	182	182	1 790
年折旧额	0	0	72	72	72	72	72	72	720
年摊销额	0	0	6	6	6	0	0	0	18
回收额	0	0	0	0	0	0	0	280	280
税后净现金流量						A			B
累计税后净现金流量					C				

(注:“6—10”年一列中的数据为每年数,连续 5 年相等)

若该企业要求的必要报酬率为 8%,部分资金时间价值系数如表 7.7 所示。

表 7.7　$i=8\%$的资金时间价值系数表

年限	1	6	10	11
$(F/P,8\%,n)$	—	1.586 9	2.158 9	—
$(P/F,8\%,n)$	0.925 0	—	—	0.428 9
$(A/P,8\%,n)$	—	—	—	0.140 1
$(P/A,8\%,n)$	0.925 9	4.622 9	6.710 1	—

要求:

(1)指出甲方案项目计算期,并说明该方案第 2—6 年的净现金流量(NCF_{2-6})属于何种年金形式。

(2)计算乙方案项目计算期各年的净现金流量。

(3)根据表 7.6 的数据,写出表中用字母表示的丙方案相关净现金流量和累计净现金流量(列算式),并指出该方案的原始投资投入方式。

(4)计算甲、丙两方案包括建设期的静态投资回收期。

(5)计算$(P/F,8\%,10)$和$(A/P,8\%,10)$的值(保留四位小数)。

(6)计算甲、乙两方案的净现值指标,并据此评价甲、乙两方案的财务可行性。

第三部分　案例分析

中国电信投资管理

一、案例材料

中国电信集团公司(简称“中国电信”)成立于 2000 年 5 月 17 日,总部位于中国北京,主要经营移动通信、互联网接入及应用、固定电话、卫星通信、ICT 集成等综合信息服务,是中国三大主导电信运营商之一。中国电信曾连续多年入选《财富》杂志“世界 500 强企业”,在 2013 年度《财富全球 500 强企业》中,中国电信排名第 182 位;在“Institutional Investor”举办的 2013 年度“亚洲最佳企业管理团队”评选中,中国电信获选为“亚洲最受尊崇企业第一名”;在“Finance Asia”举办的第十三届年度亚洲最佳公司评选中,中国电信连续三年被评选为“亚洲最佳管理公司第一名”;在“Euromoney”的亚洲最佳管理公司评选中,中国电信连续四年获选为“亚洲最佳管理公司第一名”,成为首家连续四年获得这些荣誉的公司。

中国电信在各省(自治区、直辖市)以及欧美、亚太等地区的主要国家均设有分支机构,拥有全球规模最大、技术领先的宽带互联网络和 CDMA2000 移动通信网络,具备为全球客户提供跨地域、全业务的综合信息服务能力和客户服务渠道体系。中国电信旗下拥有“天翼领航”“天翼 e 家”“天翼飞 Young”等著名客户品牌以及“号码百事通”“翼支付”等多个知名产品品牌。中国电信拥有庞大的客户资源,截至 2013 年底,移动用户规模超过 1.8 亿户,宽带互联网接入用户规模约为 1.0 亿户,固定电话用户约 1.5 亿户,是全球最大的 CDMA 移动运营商、无线宽带提供商和固定电话用户运营商。中国电信通过控股“中国电信股份有限公司”和“中国通信服务股份有限公司”两大上市公司,形成了主业和辅业的双股份运营架构,其中中国电信服务股份有限公司于 2002 年在中国香港和纽约上市(股票代码分别为 00728.HK 和 NYSE:CHA),中国通信服务股份有限公司(股票代码 00552.HK)于 2006 年在中国香港上市。

截至 2013 年 12 月 31 日,中国电信股份有限公司的总资产为 5 269.35 亿元,其中股东权益为 2 725.59 亿元,全年实现营业收入 3 215.84 亿元,净利润为 176.66 亿元,每股盈余为 0.22 元,总资产报酬率为 3.35%,净资产报酬率为 6.48%,2013 年的 CAPEX 为 799.92亿元,CAPEX 占收入比例为 24.87%。

二、中国电信投资管理及现状分析

(一)中国电信投资管理

电信企业投资是指将企业筹集的资金投入使用的过程,包括主要用于购建固定资产的日常性投资和主要采用并购、重组、股权投资等形式的战略性投资两个方面。作为企业财务管理的重要内容,投资管理对中国电信未来的发展有着决定性的作用,投资决策的好坏对整个企业的财务状况都会产生影响。中国电信在进行投资决策时需要选择合适的投资方向和投资方式,确定合理的投资结构,以提高经济效益或降低投资风险。随着电信运营市场竞争的加剧,企业股份制改制上市后来自资本市场的股东监督压力,对电信运营企业加强投资管理提出了严格的要求,以保证投资方向和投资规模的正确性。中国电信需要加强企业的投资管理,在注重市场效益的同时也要确保管理的效益是当前中国电信的一个重要关注点。

(二)电信业投资的特点和趋势

电信业是典型的资源密集型产业,存在着规模经济性和网络外部性,其投资方向主要是用于购建固定资产,初始投入的资金量大,且投入资金的回收周期很长,只能等用户数量达到一定规模才能转化为盈利模式。与其他行业的投资相比,电信业投资具有以下特点:首先是资产的专业化和地域专门化,以及设备的成套性和对特定原料的依赖性等一系列专门化属性,使其交易费用极高;其次是电信投资数量相对集中,投资要素的积聚和集中必须达到一定数量才能进行现实的投资;最后是投资实施具有连续性,项目一旦动工兴建,就必须不断投入资金、物资、劳力、技术和其他要素。正因为如此,所以电信投资过程比较复杂,要求有较高水平的项目决策和宏观决策进行科学化和规范化的管理(吴洪、李晓春,2007)。此外,由于电信领域技术更新频繁,电信业的投资还具有高风险性。

目前中国电信的3G网络在全国范围内已经基本完成部署,而随着4G牌照的发放,中国电信将开启新一轮的网络建设,我国地域广阔,人口众多,运营商建设网络的投资规模将非常庞大。从3G网络建设经验和国外NTT、Verizon的4G网络建设周期来估计,我国4G网络建设需要3~4年的周期方能建设成熟。从投资规模来看,在4G网络建设中,中国电信4G投资规模在三大运营商中居中,保守估计中国电信的累计投资在320亿~430亿元,即企业在未来的网络资源建设对资金有着巨大的需求。

此外,近年来,随着世界企业并购重组浪潮的来临,国家电信运营商巨头都在积极采用并购、股权投资等方式进行战略性投资,其中沃达丰、英国电信、西班牙电信、日本KDDI及和记电讯表现得最为突出。沃达丰最初是英国Racal Electronics集团旗下的子公司,后来通过收购美国Airtouch、德国曼内斯曼,以及持有美国Verizon无线、西班牙Airtel公司、法国Cegetel电信集团和日本电信等公司的股份,实现了跳跃式发展,成功由一个不知名的企业转变成为全球知名的跨国电信运营企业巨头。沃达丰在全球42个国家拥有合作伙伴,有着很高的国际化程度,是“走出去”比较成功的典范。英国电信在进军ICT领域过程中,不断采取并购方式来实现市场规模的快速扩张,通过收购包括美国IT咨询和软件解决方案提供商INS、法国CS和Infonet等近20个国内外的IT服务商,显著地增强了其在本国、北美、欧洲和亚洲这些重要战略市场的IT服务实力,从而实现了为其全球服务部门的跨国公司客户提供全过程的快速IT服务。作为国际一流的跨国电信运营企业,和记电讯通过合资、上市、收购和出售等多种资本运营方式的综合并用,逢低吸入、逢高抛出的资金操控和驾驭能力为其自身、母公司和记黄埔以及企业集团创造了巨大的价值。因而,对于中国电信来说,进行战略性投资是企业加速自身向国际性企业转变,做大做强,由国内市场向国际市场发展,进而实现“走出去”战略的必由之路。

(三)中国电信投资管理现状分析

随着互联网的普及和发展,电信企业正面临产业变革的挑战,产业界限越来越模糊。互联网公司、终端厂商等行业外竞争者不断凭借自身所具有的某些优势向电信产业渗透,对电信运营商的传统语音业务和新业务都产生了巨大的冲击,国内外三大运营商目前普遍面临着增量不增收、电信业务市场逐渐饱和以及ARPU值不断下降等困境。在这种情况下,电信运营商管道化趋势越来越明显,传统业务发展受到的限制越来越多,投资风险和投资回报的不确定性也都不断增加(饶柳、王力,2011)。同时,电信企业有着典型的资源、技术密集特点,资本性支出(CAPEX)在电信企业投资中占比较大。近年来,为了完成全国范围内3G网络的覆盖,三家电信运营商投入了大量的资金,此外,为了创造新的赢利点,电信企业还广泛投资了包括移动互联网业务和物联网业务在内的新业务。2012年,我国三大运营商CAPEX占收比都显著高于进入世界500强的20家电信运营企业的平均水平。然而从投资效果来看,我国三家运营商的盈利能力不尽如人意,呈现了逐渐下降的趋势,各项效益指标逐年下滑。而当前电信技术的不断升级,LTE商用的指日可待,有线宽带的不断提速等,所有这些都对中国电信有着大量的资金需求,有限的资源如何取舍,怎样配置投资才最优,以及如何才能提高企业的投资效率,是中国电信在进行投资管理时面临的新难题。

总而言之,当前中国电信面临着产业结构调整及转型升级的挑战和机遇。在行业发展方面,一方面,传统产品乏力、收入增长缓慢甚至开始下降;另一方面,转型要增加成本支出,以支撑新产品的发展。而移动互联网、云计算的发展势不可当,融合竞争、集中化运营不断向纵深发展,如何创新企业投资管理模式,提高投资管理效率,合理配置资源,将更多资源用于形成企业的核心竞争力,实现低成本高效运营目标和保证企业战略实现,对于中国电信的发展至关重要。

三、中国电信战略性投资管理

企业的本质是价值创造和价值增值,如何有效地实现价值创造和增值是企业运营的不变追求和本质目标。随着科学技术和管理理论的发展,企业的经营方式最终要经历由产品经营向资本运营即进行战略性投资的转变过程,这就要企业在发展中重视价值创造和实现,将追求价值创造和价值实现作为企业发展的目标和企业战略的导向(张先治,2009)。电信企业的战略性投资是指对电信企业未来产生长期影响的投资支出,主要包括行业内并购、股权投资、多元化发展等投资方式。电信企业战略性投资的主体主要是企业,客体是资本及其运动,动机是追求资本增值的最大化,本质是企业产权的交易,结果是企业产权的转移或重新划分及由此而引起的企业资产控制权和剩余索取权的转移和重新划分(张先治,2009)。中国电信进行战略性投资,目的是在国内外市场竞争中建立明显的竞争优势,加强在市场中的竞争地位,如此企业价值的实现和增值才能有可靠保障。近年来,中国电信已逐步开始在国内外市场进行战略性投资,但其投资水平稍显保守和落后。当前,移动互联网之风越刮越劲,OTT业务打破了电信运营商的围墙,中国电信亟须通过战略性投资的方式来提高自身的竞争力,从而继续保持在市场中的领先地位。当前环境下中国电信可以采取的具体实施策略如下:

为了应对移动互联网来势汹涌的挑战,电信运营企业早早便做好准备,并计划进行企业战略转型。然而面对瞬息万变的互联网环境以及互联网企业的快节奏,电信运营企业的转型显得不够坚决,步伐也稍显缓慢。以微信为代表的OTT让电信企业为此而付出了惨重的代价,王牌语音业务和短信业务的动摇、数据业务的增量不增收和产业链利润向上下游的转移都迫使电信运营企业采取措施改善其运营状况。而股权投资可以从企业运营层面帮助中国电信抓住移动互联网时代的机遇,实现企业的发展。通过股权投资,中国电信可以及时抓住市场发展潮流。当前,移动互联网能顺应市场发展潮流,迅速推出满足用户异质化需求的应用,主要依托于其背后资本的推动。资本对市场的新潮流、新发展趋势非常敏感,并能在很大程度上对其造成影响。在移动互联网时代,移动互联网提供了一个平台,而各方面资本则积极参与并密切关注该平台的动向。如果中国电信能够参与其中,一方面,可以随时关注平台的动向,及时抓住电信市场的新潮流、新趋势;另一方面,可以通过主动的资本运作方式影响行业的发展趋势,并引导其向有利于自身发展的方向推进。借力股权投资,中国电信可以让与公司发展战略协同且顺应市场发展潮流的应用招致麾下,并利用资金的优势将其做大,而那些与公司发展战略不协同的应用,也可以通过资本运作对其进行干预。通过股权投资,中国电信可以紧跟移动互联网的快节奏。移动互联网给电信运营企业带来巨大的冲击,主要依托于其节奏转换极快,能迅速适应瞬息万变的市场需求。而电信运营企业缓慢的运作模式则很难适应市场的需求。例如,三大运营商在微信推出之前也推出了一些移动互联网方面的应用,包括中国电信的"翼聊"、中国移动的"飞聊"和中国联通的"沃友",然而直到微信的成功运作才真正给电信运营企业带来震动。因而,中国电信需要通过股权投资的方式,随着市场需求的变化做出相应的调整,只有这样才能在应用层面有所作为。通过股权投资,有助于中国电信实现"去电信化"。"电信化"是指观念、理念、技术、服务、体制、机制、组织乃至监管等涉及电信服务运营的封闭制度文化,这种固化的封闭制度文化在电信垄断时代曾经发挥过巨大的历史作用,然而在新的互联网时代,面对像谷歌和腾讯之类的轻型运营商的挑战时,却成为沉重的包袱,致使电信企业屡战屡败(韦乐平,2013)。而借力股权投资,中国电信可以让那些在市场上已经成熟的应用、开发运营团队,直接为自己所用。通过股权投资,中国电信可以化被动为主动。面对汹涌而来的移动互联网大潮,中国电信只有变成其一部分才能保持基业长青,通过对移动互联网企业的股权投资,中国电信将能够分享行业快速发展的成果,减少传统业务遭受冲击带来的损失(熊雄,2013)。

中国电信在进行系统性股权投资时,可以尝试以下几种形态:第一,风险投资。中国电信可以对市场上处于初创时期的创业项目有选择地进行风险投资,一方面是通过资本运作向市场传递信号,引导市场向有利于自身发展的方向发展;另一方面为这些适应行业发展趋势的应用注入资金,将其早日培育壮大。移动互联网时代是充满机遇的时代,存在着许多抓住市场发展新趋势的初创型企业,这些企业并不缺乏优秀的创意和优秀的应用,其缺乏的是资金和机会。中国电信从事风险投资,吸引这些创业公司的除了资金外,更重要的是强大的推广能力。同样一项应用,依托于中国电信亿量级的用户群体,能够很快发展并茁壮成长。第二,战略性入股和并购。战略性入股和并购指的是对那些已经具有较大规模并在市场上独立生存的企业进行投资。这些企业经过了市场的洗礼,具有自己的市场规模,具有成熟的管理团队,并且符合中国电信的发展方向。在移动互联网领域,中国电信可以重点考虑对即时通信类、社交类、电子商务类、支付类等行业进行有选择的投资。第三,全产业链经营。这是中国电信从事股权投资的终极形态。在大电信时代,中国电信转型的目标是成为综合信息服务提供商,其业务将涉及信息制造、信息传递、信息存储、信息安全等各大领域,需要拥有基础接入公司、内容制造公司、电子商务公司、技术开发公司、支付公司、物流公司等。要成长为这样的跨领域、多业务公司，仅靠自己的积累还远远不够，股权投资将有事半功倍的效果。总而言之，借力股权投资，中国电信将实现新的蜕变，从而能继续站在信息产业发展的潮头浪尖，享受信息技术进步带来的红利(熊雄，2013)。

(一)通过实施纵向并购，继续保持产业链优势地位

纵向并购是指对同一产业链上不同生产阶段的企业的并购，当前以苹果和谷歌为代表的新型、轻型运营商通过技术、业务和商业模式上的创新，大举进入电信服务业，获取了电信产业链利润的大部分，造成了电信产业的产业链重点和利润向上层业务和终端的转移。而通过对产业链上终端商和业务提供商进行战略性纵向并购，一方面，中国电信可以实现上下一体化经营，便于发挥内部化控制和协调的优势，从而产生协同效应，实现成本的节约。另一方面，电信企业和上下游企业之间存在资源差异，通过纵向并购，中国电信可以充分利用上下游企业的资源，并基于资源优势显著增强自身的市场竞争力，从而重新获得产业链上的大部分利润，保持产业链上的优势地位。如移动互联网时代，上下游企业对市场变化有着敏锐的洞察力，而中国电信自身拥有丰富的用户群体和高质量的网络资源，依托纵向并购，中国电信可以迅速把握市场潮流并将其推广，从而快速攫取移动互联网时代的果实。纵向并购还有助于组织专业化的形成和实现产销一体化。中国电信在选择并购对象时，应根据发展和扩张的需要灵活选择，择机组合使用。当前中国电信需要通过纵向并购的形式对产业链的上下游进行渗透，战略性地实现由传统的基础网络提供商向综合性的信息服务商转型，在这个过程中，可以通过组合使用“大吃小”和“大并大”的方式，建立有效支撑中国电信主业发展并且风险收入共担的价值链合作新模式。此外，中国电信在进行战略性纵向并购时，还需要注意并购带来的风险，尤其是经济风险中对财务风险的控制，如企业是否存在充足的现金流、资产负债率的高低等。和记电讯能够在全球众多的电信运营巨头中成为战略性投资成功案例的典范，离不开其卓越的财务风险控制能力。和记电讯自公司成立之始就一直保持着稳健的财务政策、合理的资本结构、稳定的资产负债率以及较高的现金流，并从不进行超出企业偿债能力范围外的战略性投资。为了有效地防范战略性纵向并购的风险，中国电信需要注意以下两点：一是并购必须与企业的发展战略一致，而且目标公司应该与企业自身有相同或者是相似的业务领域，不能与企业自身的业务发生冲突；二是并购时还应该注重充分使用各种融资手段。

(二)基于战略联盟的方式，实现产业链的共赢

战略联盟是指两个或两个以上战略利益相同且经济实力对等的企业为了实现各自的战略目标，通过各种公司协议或联合组织等方式而结成的优势互补和风险共担的一种合作模式。目前互联网企业对传统的电信运营企业提出了新的挑战，如果中国电信还局限于电信运营商之间的竞争，其在产业链上的利润空间和领先地位将会迅速被互联网企业吞噬，与之相反，中国电信应该积极寻求合作，即通过战略联盟的方式，发挥协同效应，实现电信企业之间的共赢。同时，电信业务的提供是个系统的过程，不能仅仅依托一家

电信运营企业，而电信运营企业的资源也存在差异，通过战略联盟的方式，中国电信可以实现资源共享和优势互补，加快产品开发进程和市场化进程。西班牙电信是世界上拥有最大海外市场的电信运营企业，其成功的经验则是通过加强与国际电信运营商的战略联盟合作，以发展跨国经营业务。例如，早在 2005 年，Telefonica 就入股中国网通公司，持股 5%；2009 年 9 月，Telefonica 和中国联通宣布成立一个广泛的战略联盟，并且发布了一个价值 10 亿美元的股权转换协议；2011 年 Telefonica 与中国联通加强了在采购、移动服务平台、MNC_s 服务等领域的合作；至 2012 年末，西班牙电信共持有中国联通 5.01%的股份；Telefonica 还通过战略联盟的方式与意大利电信进行合作，并持有意大利电信 10.49%的股份。通过战略联盟的方式，西班牙电信显著增强了其在电信行业中的领先地位。此外，当前，电信产业链的利润和价值逐渐向网络提供商、业务提供商和设备制造商等利益主体转移，中国电信应该打破常规，寻求与产业链上下游企业之间的合作，实现多元化主体合作的整链条企业联盟。电信产业链上下游企业具有敏锐的信息捕捉和分析能力，能够及时地捕捉电信技术和市场发展的新潮流，并依托开发经验丰富、技术实力强大的开发团队迅速地研发出符合电信市场和技术发展新潮流的产品和应用。通过加强与产业链上下游企业的协调合作，建立以中国电信为核心的战略联盟，一方面，可以避免产业链价值和利润的进一步流失；另一方面，上下游企业也可以利用中国电信的资源优势提高服务质量，从而实现多方共赢。

(三)适时地进行战略性投资退出，支持核心业务的发展

中国电信在经营过程中，其外部经营环境是不断变化的，而公司总体战略也会有一定程度的变化，在这过程中，总会存在不适应企业长期发展战略、没有成长潜力或影响企业整体业务发展的子公司、部门或产品生产线。为了更加合理地配置资源并规避风险，从而为企业创造更多的价值，中国电信需要适时地进行战略性投资退出。战略性投资退出通常是指将与公司核心业务没有协同效应或协同效应不明显的业务以及附加价值低的业务放弃，战略性投资退出方式主要包括剥离、分立、股权切离和股份回购等，其宗旨是支持企业核心业务的发展。对非核心业务的剥离或收缩，一方面可以为企业带来可观的特殊收益和现金流，例如，2007 年 2 月中旬，和记电讯向沃达丰出售其所持有的 Hutchison Essar 67%的股权，售价 110.8 亿美元，通过此交易，和记电讯获得约 96 亿美元的税前特殊盈利，为和记电讯其他业务的发展提供了充足的现金流；另一方面企业可以将更多的资源转移到核心业务之上，实现专业化经营，提高核心能力，进而为企业自身的发展创造更大的价值。当前中国电信面对移动互联网的挑战，其资源也是有限的，亟须将企业资源转移到核心业务或为应对互联网冲击而开发的新业务上，并适度放弃资源耗费较多且附加价值较低的业务。中国电信进行战略性投资退出不仅可以优化企业的资源结构，也有助于企业整个价值链的优化，虽然从表面看，企业的规模缩小了，但实质上通过收缩，企业可以进行更大幅度更高效率的扩张。沃达丰是电信运营企业进行战略性投资退出并获得成功的典范。沃达丰日本公司曾是日本第三大移动运营商，但在发展和营销多媒体的 3G 手机方面落后于日本 KDDI 和 NTT DoCoMo 公司，手机用户净增长率大大下降，甚至还出现过负增长的月份，鉴于此，沃达丰于 2006 年适时地将其在日本子公司

97.7%的股权以150亿美元出售给日本软银公司,其中119亿美元为现金,通过这次出售,沃达丰获得了足够的资金投资其他新兴地区市场;2010年9月,沃达丰以43亿英镑出售其所持有的中国移动3.2%的股权;2010年10月沃达丰以31亿英镑出售其所持有的日本软银股权,股权出售所得的第一笔16亿英镑资金被用于减少沃达丰的负债净额。通过战略性投资退出的方式,沃达丰增强了资金的流动性,增多了企业的自由现金流,增加了对股东的投资回报并为公司的投资活动提供了充足的资金。总之,沃达丰的战略性投资策略告诉我们,战略性投资退出作为战略性投资的一种类型,经营绩效差的企业可以使用。经营绩效好的企业同样可以使用。通过将经营不善的部门、业务或产品线转让出去,优化企业的内部资源配置,调整企业的经营结构和产品结构,并强化核心业务。当前,中国电信在进行战略性投资时要协同并用战略性投资扩张和退出这两种手段。在世界经济日益一体化的今天,任何一个企业只有既精于扩张型战略投资,又善于适时地战略性投资退出,才能实现企业的做大做强。

(四)依托于产融结合,实现跨行业的协同效应

产融结合是指产业资本和金融资本为了共同的发展目标和整体效益,基于股权关系,通过参股、持股、控股和人事参与等方式而进行的结合或融合。产融结合存在着经济合理性,可以实现资金有效配置并提高企业生产效率,同时,产融结合对于企业的多元化经营、交易成本和运营成本的降低都有积极的作用,此外,还能加快集团公司财富聚集的速度,形成跨行业的协同效应。产融结合是现代企业发展的必然趋势。电信业是资金密集型产业,中国电信在与金融产业进行产融结合的过程中,一方面,其资本的获得将会更便利,来自金融产业的规模经营,会提高企业的核心竞争力,实现企业可持续发展的目标。另一方面,金融产业将会渗透到中国电信的经营活动中,通过对市场、产品以及企业财务状况的分析,可以有效地加强中国电信的风险防范与控制。因而,中国电信采取产融结合的方式不仅是实现企业自身发展的内在要求,也是为了应对国际电信市场竞争、互联网企业冲击,进而实现跳跃式发展的需要。目前,世界500强企业中超过80%的企业通过不同的形式在不同程度上实现了产融结合,全球电信运营企业采取产融结合方式,也很早就有成功的先例。2005年,日本NTT支付980亿日元收购了三井住友金融集团旗下三井住友卡公司34%的股权,实现了电信运营企业与金融产业的强强联合与紧密合作。我国另外两大电信运营企业也顺应全球企业发展的潮流,对产融结合方式进行了尝试,例如,2010年3月,中国移动子公司广东移动以398亿元人民币对价认购浦发银行增发的每股18.03元的22.1亿股股份,占浦发银行全部股权的20%,成为浦发银行的第二大股东;双方还签署了《战略合作备忘录》,共同发展包括移动支付和移动银行卡在内的移动金融和移动电子商务业务;2011年4月22日,中国联通成立了移动支付公司“沃易付”,这是我国电信运营企业首次为了进军移动支付行业专门成立的独立公司;2012年3月,经银监会等部门批准,国内首家电信运营商财务公司——中国移动通信集团财务有限公司在北京成立。我国电信企业对于产融结合的这些尝试还停留在表层,因而中国电信需要在总结国际电信运营企业成功经验的基础上进行更深层次的探索。

四、中国电信日常性投资管理

中国电信是资产、技术密集型企业,技术更新频繁,其提供的服务主要依托于网络设备,因而需要利用日常性投资拉动客户的消费,其日常性投资主要是指固定资产投资。固定资产作为中国电信资产的最重要组成部分,是企业生产力水平的重要标志,对于企业的生产经营有着举足轻重的影响,是企业生存、发展和壮大不可或缺的影响因素。随着电信产业4G牌照的发放,中国电信的设备更新换代将会加快,对于资金有着巨大的需求,因而加强对固定资产投资的管理,对提高企业投资效益和实现企业发展战略有着至关重要的意义。

(一)构建以价值为核心的投资精细化管理体系

随着互联网企业的发展,中国电信面临着产业变革挑战,市场结构发生了翻天覆地的变化,投资结构日益复杂,投资风险也在日益增大,这些对企业投资管理体系的响应速度和精准程度提出了更高的要求,而中国电信传统的投资管理体系在资源核算和管理方面存在很多问题,如资源管理职责不清,资源管控偏重预算与核算,后续的评估、考核与激励相对欠缺,已不适应当前环境的需求,亟须进行突破与革新。企业的本质是价值创造和价值增值,因而中国电信应当建立适应新形势的、以价值为核心的精细化投资管理体系。为了提高企业的投资效率,实现以价值为核心的投资管理精细化,中国电信需要划小核算单元,实施收入和成本责任制,积极推行微事业经营体系,并建立包括投资前评审、过程实施监控和投资后评估与反馈的完整的闭环投资管理体系,为企业实现收入最大化、成本最小化、价值最大化和可持续发展提供全方位的支持和保障。

1.划小核算单元,积极推行微事业经营体系

当前,中国电信面临着收入增长幅度逐年降低、成本费用日益增加的困境,而传统的资源核算与管理体系缺乏明确的资源责任主体,资源耗用归集与核算颗粒度也不够精细,省职能部门及市营销单元和微区域无法细化。因而,划小核算单元,积极推行微事业经营体系是适应市场环境变化、实现投资管理精细化的必然要求。划小核算单位核心理念来源于"阿尔巴经营模式",由日本经营四圣之一的稻盛和夫所创。其内涵是指将企业的经营单元和业务单元作为基础划小组织,统一资源配置过程中的"责、权、利"关系,通过整合多维划小数据核算基础业务单元的投入与产出,并根据产出效益进行利益分配,把每个单元转变为独立的自主经营主体,以更好地激发企业内在活力和创新动力。正是这套经营模式,让白手起家的稻盛和夫在40年间将京瓷和KDDI做大做强,并跻身世界500强之列。微事业经营体系的本质是量化分权,即将企业各组织划小成若干个核算单元,构成精细化的部分独立核算管理体制,并设计相应的经营考核目标,以契约化的管理模式推进各组织明确责任意识,为企业创造价值。具体来说,即依据资源"谁占有、谁管理、谁负责"原则,首先认定资源的各责任主体,实现成本管理责任的可溯源;其次完成对各项业务的收入计量,归集、核算各单元的全成本;最后建立相应激励约束机制,促进资源使用与价值创造匹配。

①基于企业管理的两个维度，中国电信划小核算单元包括划小经营单元与划小业务单元两个维度，同时考虑企业经营状况，划小经营单元与划小业务单元并重，相互促进。横向以划小业务单元资源精确管理为主，纵向以划小经营单元通过激励提升效益为主。横向的划小业务单元是基于企业内部价值链和管理流程，在投资、运维、产品设计、市场营销、客户服务等不同流程模块中对业务板块进行划小，重点关注各业务单元的资源耗费，通过划小业务单元确定资源耗费的标准，精确资源使用，提高资源使用效率，为资源配置服务，具体来说，就是制订各业务模块的资源耗费标准和目标，支撑精细化资源配置和资源使用效益评估和分析，提升各业务单元的资源效益。纵向划小经营单元是构建从集团公司到省公司、本地网、县公司及支局的管理责任体系和效益评价体系，针对各级经营主体的战略定位、战略价值和管理要求，明确各级经营主体价值管理责任和评价标准。

②基于企业内部管理的需要，要明确核算规则，对各业务单元进行收入核算和成本归集，科学地计量各业务单元的价值创造及资源耗用，引导其由成本中心向利润中心转型。收入核算方面，针对能够直接形成财务账面收入的业务，企业结合管理的需要进一步细化核算颗粒度，针对无法直接形成财务账面收入的业务，如营业厅服务营销等，可以通过内部转移定价法等，量化其价值创造。成本归集方面，可以综合运用5W1H法和作业成本法，实施生产单元全成本核算和多维度管理，对关键作业流程进行业务梳理和规范，实现成本的全过程和透明化核算。

③构建涵盖业务发展指标和财务效益指标在内的业绩综合考评体系，推进各业务单元的综合运营效能的提升。核算规则服务于考核机制，中国电信划小核算单元，推行微事业经营体系的目的是提高内部资源配置效率，促进企业规模与效益的提升，因而离不开内部考核和激励体系的构建。具体来说，省公司各业务单元需要借助平衡计分卡，设计包括财务目标和聚焦核心能力的业务目标等综合性量化目标体系；市公司业务单元需要改变传统的单纯以市场发展类指标为主导的关键绩效指标考核体系，将效益指标纳入KPI考核，并实施分区（类）指导。

④搭建数据信息支撑系统。划小核算单元，推行微事业经营体系，离不开人员、产品、用户、收入、成本等多维度数据的支撑，其工作质量很大程度上取决于数据的质量。因而构建数据信息支撑系统，保障数据的及时性、准确性和可靠性是划小核算单元的基础，能对后续的推进工作起到事半功倍的作用。

2.科学的投资前评估，保障投资的有效性

固定资产的投资前评估是指对项目的市场需求、资源调查、收入预测、发展前景等各环节进行评估，以减少投资的盲目性，提高投资效益。“凡事预则立，不预则废”，科学的投资前评估是实现固定资产有效控制的保障。中国电信固定资产投资的投资前评估包括市场分析和功能评估、技术指标评估、财务效益评估、社会效益评估和综合评估。市场分析和功能评估是指对市场预测的结果、市场风险因素以及投资规模的合理性进行评估。技术指标评估是指对生产技术指标、资源消耗指标、技术风险和风险发生带来的损失的评估。财务效益评估是指对投资的财务数据估算、盈利能力和财务风险的评估，具体来说是指该投资带来的收入、耗费的成本费用、投资收益率、投资回收期以及财务风险因素和风险发生的损失的评估。社会效益评估是从社会福利的角度考虑该投资能否对社会带来积极的影响。投资是在社会环境中进行的,社会环境和投资项目之间的影响是双向的,即投资项目也会为社会带来效益或产生代价。对社会效益评估时主要评估对劳动就业、社会环境的改善和污染、自然生态以及人民物质和精神生活水平的影响。综合评估是基于上面的分析,从企业总体战略和发展方向以及结合该投资对企业未来可持续发展的影响的角度,形成投资前评估的结论。

此外,依据国家建设项目经济评价的相关规定,中国电信的投资前评估流程应该包括以下几个方面:依据企业的总体战略和滚动规划确定企业的投资建设方案,基于建设方案测算企业的投资总额,基于市场预测估算收入并依据建设方案测算出成本,根据投资的收入预测、投资和成本进行财务评价和评价指标的分析,对投资项目进行财务风险分析并结合财务评价指标进行投资决策。中国电信投资前评估的财务关键评价指标主要有内部收益率(IRR)、财务净现值(NPV)和投资回收期。内部收益率是指在项目计算期内,各年净现金流量现值之和等于零时的折现率,同基准收益率进行比较,若大于基准收益率则可行;否则项目经济效益上不可行。净现值是指按照设定的折现率(一般采用基准折现率)计算的项目计算期内净现金流量的现值之和,如折现率为基准收益率,净现值大于零,项目经济效益上可行;否则项目经济效益上不可行。投资回收期是指项目的净收益收回全部投资所需要的时间。将投资回收期同规定回收期进行比较,如计算的投资回收期短于规定的回收期,项目经济效益上可行;否则项目经济效益上不可行。

3.加强投资过程中的监控,确保投资管理精细化

中国电信的投资规划决策是在企业历史财务数据和市场数据基础上进行的分析预测,在投资过程中,受多方面因素的影响,财务预测的数据总会与现实的数据有偏差。在项目实施过程中,如果由于外界因素导致项目的拖延,会引起未来现金流的回报比预期晚,依据资金时间价值的定义,现金流的现值自然会下降,即存在原来为正值的NPV项目变成价值毁灭型项目的可能。因此,中国电信需要加强投资过程中的监控,以确保投资管理的精细化,提高投资的运作效率,更快地提升企业价值,实现有限投资的效益最大化,具体可以通过指标化管理来实现,如,构建网络能力指标体系,对投资建设与市场发展的匹配程度进行量化监控;构建投资进度监控指标体系,对整体投资和项目投资进行全生命周期量化监控。

4.建立投资后的评估与反馈机制,形成完整的闭环投资管理系统

完善的投资管理是一个包括投资前评估、投资过程中监控和投资后评估,并进行反馈为以后投资管理决策提供支撑的闭环系统。中国电信投资后评估与反馈是指对已完成的电信建设项目的目的、执行过程、效益、作用和影响进行系统、客观的评价,并将评价结果反馈给相关决策或管理部门。目前,在发达国家,无论是政府(如美国)、国际组织(如世界银行),还是企业(如德国电信等),对投资项目进行投资后评估与反馈,已成为出资人加强投资管理、提高资金运用效率、提升股东价值的重要手段。中国电信投资后评估与反馈不仅能够检验某次投资的有效性,对于投资管理系统的检验也有着重要的意义。投资后评估反馈机制的建立,一方面可以确定投资预期是否达到、投资效益是否实现,并依据实际的投资效果对相关业务单元进行相应的绩效考核;另一方面投资决策和管理部门可通过评估反馈机制总结经验教训,对新一轮的投资进行指导,增强企业的投资管理水平和提高投资效益。同时,将预测与实际进行对比,分析偏差产生的原因,可支撑企业的业务策划、网络规划和信息系统的不断完善。

中国电信的投资后评估与反馈是一项需要跨部门协作的综合性工作。首先,企业需要建立相应的组织机构加以保障。其次,投资后评估与反馈的流程及工作内容需要融入企业当前的投资管理流程,如果不把项目后评估的流程和工作内容融入现行投资计划管理过程,而是作为一个完整的模块与投资计划管理工作的其他模块并列,将会大大增加执行部门和人员的工作内容,使得投资后评估工作的成本过高,在企业内部难以有效实施。最后,与投资前评估一样,投资后评估与反馈也应该选取合理的评估方法体系、指标体系和绩效考核体系,实时考察投资产生的经济效果。

(二)构建基于精细化管理的全生命周期固定资产再生体系

在垄断经营时期,中国电信只要有投资就会有收益,即使投资无法满足市场的需求,市场也不会被外来企业抢走。近年来国资委加大了对电信企业国有资产的监管力度,确保其保值增值,避免国有资产的流失。总之,资本性支出的紧缩对固定资产精细化管理的要求越来越高,如果企业只重视投资建设,而忽略建设完成后的管理与效益,在业务需求成熟后,将难以快速响应用户的需求,损害企业的长期效益和可持续发展。减少成本开支和提高企业资产的效率是企业发展的长远之计,固定资产是中国电信总资产的最重要组成部分,因而,对已经完成投资的固定资产的管理可以最大限度地挖掘其潜力,弥补资本性支出不足,改善网络质量的下降或缓解建设的滞后等问题。中国电信基于精细化管理理念对固定资产进行管理时,可以引入固定资产全生命周期管理理念,构建固定资产的再生体系,促进企业资产的优化配置,实现固定资产生命周期内的价值最大化。

1.固定资产全生命周期管理理念的内涵

固定资产全生命周期管理是一个全新的管理理念,它以资产总体效益为出发点,将固定资产全生命周期的各个阶段,从前期规划、设备选型、设计、采购、安装、调试管理开始,到交付运行后的设备运行状态监控、维护保养、调动、退役直至报废整个生命周期,统一纳入管理,把固定资产从立项开始直至报废处置为止所消耗的全部资源量化,从而对固定资产的构建和设计方案进行评估。固定资产的全生命周期管理可以分为购建阶段、运营与使用阶段和报废阶段。固定资产是中国电信赖以生存的物资基础,通过树立全生命周期管理的管理理念,并对固定资产的各个过程实现精细化的管理,可以充分挖掘固定资产的潜力,提升企业的投资效益,实现企业的可持续发展,并有效地防止国有资产因管理或使用不当而造成的资产流失。

2.全生命周期固定资产再生体系的构建

近年来,随着技术更新速度的加快,中国电信的固定资产投资逐年增多,尤其面临4G牌照的发放,企业在未来会耗费大量的资金进行固定资产投资,但中国电信的固定资产投资存在着投资精细化程度低、资产利用率低、资产效能偏低等问题,工程、营销剩余物资等低效资产的清理也有待加强。通过构建全生命周期固定资产再生体系,统筹固定资产全生命周期的各个阶段,可以对固定资产管理各环节资源进行系统整合,实现企业资产效率的最大化和维护成本的最小化,并能有效盘活各类闲置资产,提高企业的资源使用效益。具体构建路径如下。

①企业需要构建"客户需求—全生命周期—直线职能型"三位一体,以客户的网络需求为实际导向,最大化发挥网络资源快速配置作用,提升网络设备的使用寿命,并能迅速响应市场需求变化的管理框架,如图7.3所示。

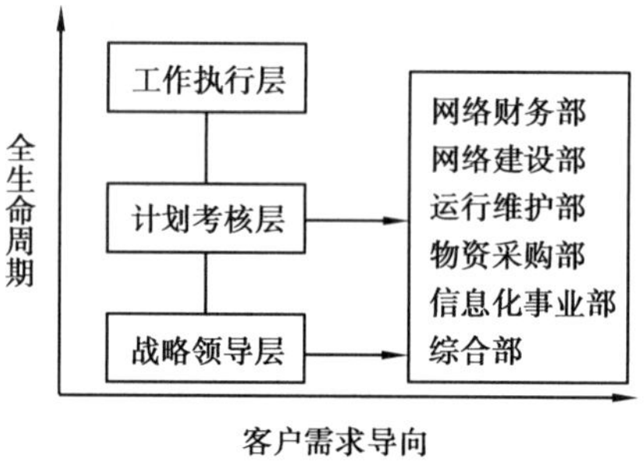

图7.3 三位一体管理框架

中国电信固定资产进行再生配置的最终目标是为了提高电信服务质量,让用户感受到更好的网络服务支撑,因而企业需要注重从客户需求的视角切入,关注市场需求变化,打破传统的管理边界,加强资产全生命周期横向的合作与协调,不断发掘现有闲置设备,有效提升企业内部资源的使用效率。从固定资产全生命周期来看,固定资产全生命周期管理是指把固定资产全生命周期的各个阶段纳入统一管理。要实现固定资产全生命周期管理,需要财务、规划设计、采购、建设等职能部门之间密切配合,相互协作,共同完成资产再生工作。管理层级方面,企业的管理层级需要包括战略领导组、计划考核小组和工作执行小组三个层级,其中战略领导组主要是制订固定资产再生目标、未来发展方向及总体管理架构;计划考核小组负责制订考核指标,定期考核各业务单元的固定资产再生工作进度;工作执行小组负责全生命周期下各阶段固定资产转移、拆分、合并等实物再生工作。通过建立固定资产全生命周期下以客户需求为导向的管理模式,中国电信可以实现经营成本、质量、服务和效率的巨大改善,更好地适应电信行业的激烈竞争。

②中国电信需要基于固定资产全生命周期精细化管理企业资源的分配利用,透视全生命周期固定资产再生的业务流程,如图7.4所示。

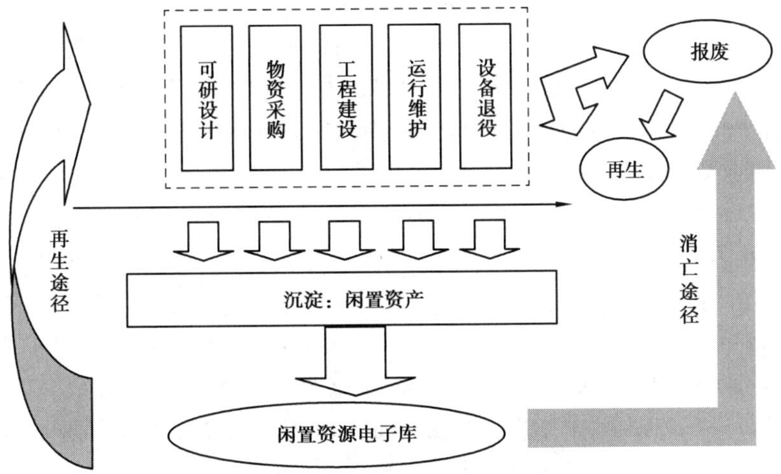

图 7.4　全生命周期固定资产再生业务流程

中国电信固定资产的全生命周期包括物资采购阶段、建设阶段、运行维护阶段和退役报废阶段。物资采购阶段，通过优化原有的采购流程，在采购需求发出前，采购人员利用信息化系统对企业专项、共用、闲置资源库进行相关需求的搜索，满足需求的可直接利用，从而达到减少新采购订单、节约投资的效果。建设阶段，建设部门对固定资产全生命周期的再生会产生重要的影响：一方面，实际的建设量影响工程的物资余料；另一方面，建设项目的完工进度会影响网络维修维护量。因而，在全生命周期固定资产再生体系下，各职能部门需要相互监督，发挥督导作用。运行维护阶段，对现有固定资产进行有效的运行维护成本预算管控能有效节约网络维护成本开支。退役报废阶段，通过适当技术手段或方式可以利用的资产即为企业的可再生资产。通过精细化管理全生命流程的企业资源的分配利用情况，可以将企业的内部资源划分为可再生资源和不可再生资源，为企业打造电子化的闲置可再生资源库提供了实现条件（郑之平等，2013）。

③搭建信息支撑系统。中国电信的全生命周期管理离不开信息系统的支撑，信息系统的构建可以提高企业信息的共享程度和信息传递的及时性。中国电信的实物管理和价值管理存在着相脱离的状况，通过搭建资产财务管理的信息平台，可以实现企业价值管理与实物管理的实时对接，形成资产从物资采购到设备报废退役全部阶段的闭环管理。

④中国电信需要建立相应的固定资产效益评价机制，并创新激励措施。在建立考核机制方面，企业可以运用固定资产全生命周期的“过程管理”理念导向，不断创新考核方法，建立形成和优化有效的考核评价机制及激励措施，引导各层级单位聚焦固定资产再生，深入挖掘资产潜能，保障资源效能提升的实现。固定资产的各项管理工作归根结底需要企业的相关工作人员来落实，只有提高建立相应的效益评价机制，遵循“鼓励先行者”的原则，将工作绩效和薪酬激励相挂钩，才能强化资源责任，提升资源配置效率。

3.中国电信固定资产再生的实施措施

①树立固定资产全生命周期管理理念，并优化组织结构。固定资产全生命周期管理

需要企业各部门密切配合、相互协作,通过固定资产全生命周期管理的推行,可以实现企业内部资源管理上由“谁负责谁管理”到“大家协同管理”的思想的转变,树立全局意识,进而在固定资产生命周期的各个环节,各个部门相互监督、相互协作,形成良好的固定资产管理局面。此外,在进行固定资产全生命周期管理时,中国电信需要健全固定资产的管理制度,加强资产管理组织的建设。

②采用新技术延长固定资产寿命。电信行业设备的运行寿命和稳定性是企业网络质量的决定性因素,为了打造精品网络,中国电信需要在通信设备寿命延长、网络稳定方面进行设备技术改造,实现全网资产寿命的延长,并保证企业经济效益长期稳定的流入。

③盘活闲置、待报废固定资产,变废为宝。在处置闲置、待报废固定资产时,应坚持先调配、后处置的原则,具体可利用以下手段对闲置固定资产进行再利用。资源调配,将可利用的资产建立台账,并定期进行更新发布,对有需求的设备进行调配,实现资产的优化配置。资产租赁,对生产经营过程中的闲置资产,可以将其对外出租,一方面能盘活闲置资产,另一方面也能增加企业收入。对外投资,将闲置的固定资产进行对外投资,提高企业的固定资产使用率。还可进行公益、救济性的捐赠,捐赠是企业履行社会责任的一种方式,可以提高企业的声誉,为企业以后的经营带来积极影响。

④建立固定资产全生命周期管理的量化指标分析体系。固定资产全生命周期管理的核心思想就是通过对全生命周期所消耗的全部资源进行量化,实现全生命周期的成本费用的节省,从而为项目投资和资产购置提供决策支撑。中国电信在构建指标分析体系时,需要分析包括购建阶段的投入、运营和使用情况、资产使用效率和报废阶段在内的全部内容。

(三)构建基于 CAPEX 与 OPEX 一体化的投资配置体系

电信企业的核心竞争力是成本最小化和资产效率最大化。当前,中国电信面临着转型升级的机遇和调整,传统业务增长乏力,新兴业务成为企业主要收入增长点,因而企业亟须创新投资配置方式来实现低成本高效运营的目标。目前,中国电信对 CAPEX 和 OPEX 实行分离管理的模式。CAPEX 一般是指固定资产的投入,与企业的技术更新速度密切相关,垄断经营时期,企业的资金投入主要是投向固定资产的建设,尤其是网络资源的建设,为了科学、快速地形成网络生产能力,保证网络资源的建设,企业将 CAPEX 管理从财务部门独立出去,交由计划部门对其进行专业管理。而 OPEX 是企业投资行为产生后给资产的后期运营所带来的成本。近年来,为了满足用户的异质化需求,中国电信增加了运营性支出,甚至在一定程度上快于 CAPEX 的增加。且随着新技术周期的缩短,企业在进行资源配置时,对于 CAPEX 与 OPEX 很难清晰地进行界定,而企业的成本或资源耗费归根结底也由业务而来,“业务—投资—资产—成本(资源)”的运营主线清晰地阐述了成本的来源,并梳理出了 CAPEX 与 OPEX 之间的内在联系。因而中国电信现存的资源配置体系忽略了 CAPEX 与 OPEX 之间的必然联系,难以有效解决资产全生命周期成本的最优化问题,不能实现企业的高效资源配置,基于 CAPEX 与 OPEX 一体化的投资配置体系通过对 CAPEX 与 OPEX 协同管控,具有范围全面性、对象多维性和管理协同性三个特点,能显著提升资源配置效果,是中国电信资源配置创新的必然选择。

1.基于 CAPEX 与 OPEX 一体化的投资配置体系的构建思路

中国电信基于 CAPEX 与 OPEX 一体化的投资配置体系的构建是指以企业发展策略为目标,以集中化战略为导向,协同管理 CAPEX 与 OPEX,对资产的全生命周期成本进行管理,分析企业各业务、经营单元的成本耗用,将全成本分摊至各业务、经营单元,并通过设立成本标杆体系,实现从业务前端推动低成本高效运营和提高企业资源配置效率。具体来说,首先,需要研究企业的发展战略,把战略目标作为决定成本投向的关键因素,并通过结合企业的年度工作目标,确定成本资源的投入重点。如果企业的中长期发展战略是提高网络质量,则在进行成本资源配置时,需要加大对于网络设备更新的支出;如果企业的年度工作目标是提高客户服务质量,则相应地加大客户服务成本的投入。其次,中国电信需要对资产的全生命周期成本进行管理,综合考虑当前成本与长期总成本的均衡,实现长期总成本最小,只有这样才能实现企业成本水平的下降,如在购建固定资产时,需要综合考虑资产的购建成本和后期的运营成本、维护成本、修理成本等,并基于成本精细化管理的需求将全生命周期成本分摊至各业务、经营单元。最后,中国电信需要通过对历史成本费用的分析,建立一套科学的内部成本标杆体系,对各业务、经营单元的成本进行管理,对高于成本标杆水平的业务、经营单元,通过寻找与成本标杆之间的差异,确定改进方向并改进,促进成本效率提升,实现各业务、经营单元的低成本高效运行,进而提高企业整体资源配置效率。此外,中国电信还需要建立与资源一体化管理相适应的组织运作流程,以保障战略目标的实现。如实施"横向到边、纵向到底、省市联动"管理,构建合理授权机制和业绩考评机制,促进精细化管理的不断增强。

2.构建基于 CAPEX 与 OPEX 一体化的投资配置体系对中国电信的影响

中国电信作为资源密集型企业,对 CAPEX 的管理关乎企业增量资本的质量,对 OPEX 的管理则影响了企业存量资本的使用效率,因而对 CAPEX 与 OPEX 的一体化管理直接关系到企业效益,尤其是在当前的市场环境下,对于企业应对互联网企业挑战并抓住机遇获得发展具有至关重要的意义。首先,在实施 CAPEX 与 OPEX 一体化管理时,需要对固定资产的全生命周期成本进行管理,不仅考虑项目的初期投资,同时还应关注投资形成资产的后期运营成本;不仅考虑企业的主营业务成本、销售费用等显性成本,还需要考虑企业为应对风险或竞争而发生的隐性成本,如销售折扣。通过实施全面的、前瞻性的成本管理方法,实现企业成本的节约和投资效益的提升。其次,将全生命周期成本进行归口化管理,分摊至各业务、经营单元,并根据成本标杆对业务单元层面的成本进行改进,响应以价值为核心的精细化投资管理体系的要求,促进企业整体资源配置效率的提高和业务的发展,并影响中国电信的核心竞争力。最后,企业经营的本质是实现价值增值,企业价值是企业资源配置和资源利用效率的体现,其主流的计算方法是折现现金流法,即将未来各期的自由现金流以其加权平均资本成本为贴现率折现的现值之和。其中,自由现金流是通过企业的经营活动净现金流减去企业的 CAPEX 支出计算得出,而 OPEX 属于企业的付现成本,影响到企业的经营活动现金流支出,即也会对企业的自由现金流产生影响。因而,通过对 CAPEX 与 OPEX 一体化管理,实现企业长期总成本的最小,能显著地增加企业未来的自由现金流的预期,即实现企业价值最大化的目标。

3.CAPEX 与 OPEX 一体化的投资配置体系的实现路径

①加强投资活动与发展战略的契合度。中国电信的投资方向、主要对策等方面需要与企业的发展战略相协调,以保证企业发展战略的实现,否则会导致企业资源的浪费,影响企业的发展。当前,互联网企业对电信企业的传统业务产生了巨大的冲击和挑战,中国电信更应该在确定投资重点之前准确地分析企业的内外环境,科学地制订企业的发展战略。

②加强企业的多维度成本管控,实现资源使用方式的精细规范,为企业的投资配置决策提供支撑。为合理进行投资配置,不仅要明确相应业务单元所需要的成本,还需明确各部门实现相应职能的成本,因此它包含两个层面:一是业务单元层面的成本归集,二是组织层面的业务成本归集。要进行业务单元层面的成本归集,需要先将资产、人工、项目外包费用等资源消耗与业务单元挂钩,设计业务单元资源归集方法和工作量统计法,核算业务单元资源消耗。同时,需要研究资产与成本之间的关系,通过对比各部门不同业务单元成本与资产柱状图进行成本与资产关系的初步判定。然后对成本与资产关系进行回归分析,分别选取各部门各类业务单元的横截面数据进行回归,选取各部门各个业务单元的时间序列数据进行回归;通过调研进一步确定重要成本项目与资产的相关关系。另外,还需将业务单元与资产、成本间的关系连接起来,以识别各业务单元相应成本。为实现成本精细化管理、支撑资源配置决策,也需从组织层面进行成本归集,明确各部门实现相应职能的成本。识别各重点公用成本项目(内部服务业务单元)的成本动因和受益部门,按照“谁受益谁承担”的原则,将公用成本按业务量准确归集至各受益部门,实现组织层面全成本管理,逐步实现归口管理资源有偿使用,提高资源使用效益(郑侨青等,2013)。

③建立基于全过程的内部成本标杆体系。随着市场竞争日益激烈,中国电信更加关注对于成本的管控,成本管理更是企业核心竞争力的重要因素之一,因而通过建立基于全过程的内部成本标杆体系对企业的成本管理具有重要意义,同时,也满足了成本精细化管理的要求。全过程的内部成本标杆体系是指结合业务目标,前置成本管理阵线,跨越资产全生命周期的评估体系,具体来说,它包括了企业全部的成本,尤其是金额较大的成本费用;立足于全过程的视角来管理成本,并依据各类成本对象、成本流转环节等对各类成本在不同时点进行不同程度的评价;面向成本流转环节和作业控制过程中的所有职能主体,包括各职能部门和部门中各责任岗位在内的全员参与、高效协同的标杆体系。通过建立全面性的、颗粒程度更细的成本标杆体系,中国电信可以对资产全生命周期的各业务单元不同时点的成本进行考察,并进行改进和优化,实现成本的降低和资源配置的提高。

④优化组织结构和实施流程。互联网企业最大的特点就是节奏转换得很快,中国电信如果将新业务作为新的收入点,必须适应互联网的快节奏,因而需要通过流程优化和组织结构的优化实现内部管理流畅性的提高并提升对市场变化的反应速度。而为了充分保障基于 CAPEX 与 OPEX 一体化的投资配置管理的实现,也需要从组织职能和流程制度角度予以保障。

当前,随着互联网产业的发展,电信行业进入了一个充满机遇和挑战的时代,但是电信企业在产业链中仍然具有重要的资源优势,只有主动融入新的发展环境中,进行企业转型,并基于战略型的财务转型积极创新企业的投资管理模式,提升自身的竞争力,才能在互联网企业的冲击下站稳脚跟,并抓住机遇,获得自身的发展。

五、案例分析要求

通过上述对中国电信的战略型投资管理和日常性投资管理的新模式进行分类讨论,总结我国电信企业提升企业投资管理效益的路径。

第四部分　参考答案

一、单项选择题

1.B　2.D　3.A　4.C　5.C　6.A　7.D　8.B　9.A　10.C　11.D　12.C　13.B　14.C　15.B　16.B　17.A　18.C　19.A　20.C

二、多项选择题

1.ABCD　2.BCD　3.ABC　4.BC　5.AD　6.ACD　7.AC　8.ABCD　9.AC　10.ABCD

三、判断题

1.√　2.√　3.√　4.×　5.×　6.×　7.√　8.√　9.√　10.×

四、计算分析题

甲方案各个时点现金净流量:

NCF_0=-60 000 元;NCF_{1-5}=(30 000-10 000-60 000÷5)×(1-25%)+60 000÷5=18 000(元)

乙方案各个时点现金净流量:

NCF_0=-78 000 元

NCF_1=(34 000-12 000-60 000÷5)×(1-25%)+60 000÷5=19 500(元)

NCF_2=(34 000-12 600-60 000÷5)×(1-25%)+60 000÷5=19 050(元)

NCF_3=(34 000-13 200-60 000÷5)×(1-25%)+60 000÷5=18 600(元)

NCF_4=(34 000-13 800-60 000÷5)×(1-25%)+60 000÷5=18 150(元)

NCF_5=(34 000-14 400-60 000÷5)×(1-25%)+60 000÷5+12 000+6 000=35 700(元)

五、综合题

1.(1)项目计算期为 12 年。

固定资产每年折旧=(500-40)÷10=46(万元)

无形资产投资额=50 万元

经营期每年成本=129+46+5=180(万元)

每年的净利润=(380-180)×(1-30%)= 140(万元)

(2)第 1 年初现金净流量为-550 万元、第 2 年初现金净流量为 0、第 3 年初现金净流量为-100 万元。

每年的营业现金净流量 = 140+46+5 = 191(万元)

终结点的现金净流量 = 191+40+100 = 331(万元)

(3)净现值 = 191×(P/A,10%,12)-191×(P/A,10%,2)+140×(P/F,10%,12)-550
-100×(P/F,10%,2)
= 381.958(万元)

净现值大于零,因此方案可行。

(4)B 方案的净现值 = 200×(P/A,10%,10)-700 = 529(万元)

2.(1)甲方案项目计算期为 6 年;第 2 至 6 年的净现金流量(NCF_{2-6})属于递延年金形式。

(2)NCF_0 = -800-200 = -1 000(万元)

NCF_{1-9} = 营业收入-付现成本-所得税 = 500-200-50 = 250(万元)

NCF_{10} = 250+80+200 = 250+280 = 530(万元)

(3)A = 净利润+折旧 = 182+72 = 254(万元)

B = 净利润+折旧+摊销额+回收额-原始投资 = 1 790+720+18+280-1 000 = 1 808(万元)

C = -500-500+(172+72+6)×3 = -250(万元)

丙方案现金流量资料如表 7.8 所示,该方案的资金投入方式为分次等额投入。

表 7.8　丙方案现金流量资料表

年限	0	1	2	3	4	5	6—10	11	合计
原始投资	500	500	0	0	0	0	0	0	1 000
年净利润	0	0	172	172	172	182	182	182	1 790
年折旧额	0	0	72	72	72	72	72	72	720
年摊销额	0	0	6	6	6	0	0	0	18
回收额	0	0	0	0	0	0	0	280	B = 1 808
税后净现金流量	-500	-500	172+72+6 = 250	250	250	A = 182+72 = 254			
累计税后净现金流量	-500	-1 000	-750	-500	C = -250				

(4)甲方案的静态投资回收期 = 1+4 = 5(年),乙方案的静态投资回收期 = $\frac{1\ 000}{250}$ = 4(年)

(5)计算(P/F,8%,10)和(A/P,8%,10)的值(保留四位小数)。

(P/F,8%,10) = 1÷(F/P,8%,10) = 1÷2.158 9 = 0.463 2

(A/P,8%,10) = 1÷(P/A,8%,10) = 1÷6.710 1 = 0.149 0

(6)计算甲、乙两方案的净现值指标,并据此评价甲、乙两方案的财务可行性。

$NPV_{甲}=-1\ 000+[250(P/A,8\%,6)-250(P/A,8\%,1)]$

$=-1\ 000+250\times4.622\ 9-250\times0.925\ 9=-75.75$（万元）

$NPV_{乙}=-800-200+250\times(P/A,8\%,10)+280\times(P/F,8\%,10)$

$=-1\ 000+250\times6.710\ 1+280\times0.463\ 2=807.22$（万元）

由于甲方案的净现值为-75.75 万元，小于零，因此该方案不具备财务可行性；因为乙方案的净现值大于零，所以方案具备财务可行性。

六、案例分析题

（一）强化价值引领投资的投资理念

企业经营的最终目标是实现企业的价值最大化，因而电信企业在进行投资时应以创造价值、实现价值增值为目标，而不是盲目地追求企业规模的扩大。电信企业的投资管理包括战略型投资管理和日常性投资管理两个方面，当前我国的电信企业缺乏价值投资意识，投资时往往只考虑如何经营或一味地追求扩大企业规模，忽视了在企业经营中应该适应企业战略发展的需要，适时进行战略性投资退出，并依据外部环境和内部经营的需要，适时调整投资方向，实现价值创造和价值增值，或加大对存量资产的管理以充分挖掘其潜力，避免企业价值的流失。故我国电信企业在进行投资决策时一定要转换投资理念，强化价值引领投资的投资理念，把创造价值作为投资目标，以实现企业的价值最大化。

（二）实施收放自如的战略性投资策略

电信企业在实施战略性投资过程中对于投资方式的选择需要与企业的发展阶段以及发展战略相契合。扩张型和收缩型战略性投资方式作为电信企业对外战略性投资的两种重要模式，具有辨证统一的关系，扩张引起收缩，收缩是扩张的基础，当前的收缩是为了以后更好地扩张。企业在进行战略性投资时，既要精于扩张型战略性投资方式，也要善于以退为进，剥离与企业发展战略不相容的某些业务或部门，轻装上阵。只有综合运用扩张和收缩的策略，收放自如，才能更好地推动企业的发展并实现价值增值。近期，互联网的发展对电信产业带来了颠覆性的影响，电信企业更应该根据外部市场和资本市场的变化灵活地选择战略性投资方式。对于未来有发展潜力的、竞争性的新业务，电信运营企业可以采用股权投资、战略联盟等扩张型战略性投资方式，在资源共享、产品研发和服务等方面谋求互利双赢，减少不必要的资源耗费，深挖国内市场的潜力，实现企业的发展，快速分享互联网产业这个果实。而对于与发展战略不相容的业务，则应该审时度势，当机立断地采取战略性退出的方式避免企业价值的流失。

（三）推进全价值链经营的战略性投资战略

目前在技术升级、市场需求异质化和政府管制力度加强的共同驱动下，电信价值链发生了裂变，价值链的重点逐渐向设备提供商等上层业务和终端转移，而电信运营商在价值链上的传统主导地位和重要性逐渐降低甚至边缘化。而电信企业进行转型的最终目标是成为综合的、高附加值的信息服务提供商。因而，电信企业在进行战略性投资时，其战略定位需要聚焦电信业整条价值链，通过采取参股、控股、战略联盟、股权投资、纵向并购等方式加强与产业链上下游企业以及国内外大企业的合作，实现向横跨多个领域、经营多个主业迈进,进而重新占据价值链的主导地位。

(四)奉行全生命周期的成本管理

在当前的移动互联网时代,电信企业市场竞争加剧,一方面,电信企业的传统业务收入增长的势头渐缓,有的业务甚至出现了负增长,固定资产投资回收的风险增大;另一方面,为应对 OTT 的冲击,电信企业投资重点逐渐向开发新业务以及网络资源优化以保证服务质量方向转变。总之,资本性支出在企业总支出中的份额正在逐渐减少,对于固定资产的精细化管理要求越来越高。同时,运营性支出也是电信企业固定资产投资的重要影响因素,尤其是当前 OPEX 正不断挤占 CAPEX 在总支出中的份额。而全生命周期的成本管理是指将固定资产全生命周期的各个阶段的成本费用统一纳入管理,综合考虑 CAPEX 和 OPEX,从而对固定资产的购建和设计方案进行评估,以全生命周期的总费用节省为日常性投资提供决策依据。此外,在进行全生命周期的成本管理时,电信企业需要将成本管理与企业发展策略相结合,进行策略性成本管理,将成本管理的对象从单纯地关注企业内部活动延伸到关注企业外部活动,从而不仅实现成本节约或者成本最小,建立企业的成本优势,也为实现企业战略目标服务。

(五)注重投资配置体系颗粒度的细化

电信企业传统的投资核算与管理体系对于资源的耗用归集颗粒度不够细化,从而导致资料占用权责的不匹配,归口管理职责不能落实。当前电信企业正处于大变革和大转型的关键时期,精细化投资管理,是电信企业优化资源配置、提高投资效益、推进企业健康发展的必然要求。通过划小核算单元,电信企业可以实现分组织划小全量核算和归口分级管理,形成权责利相统一的投资配置体系,建立企业内部的市场化机制。通过对不同投资业务单元的收入、成本分析,电信企业可以准确把握投资方向,合理控制资金使用,确保投资资金的安全,并实现投资效益的最大化和企业价值的最大化。此外,依托于业务单元的划分,电信企业可以通过内部绩效考评机制调动相关工作人员的积极性、主动性和创造性,将资源使用和价值创造相匹配,从而促进企业的管理效益和可持续发展。

第八章 营运资本管理

第一部分 理论辅导

一、重要概念

①营运资本是指维持企业日常经营所需要的资金，是企业再生产过程中占用的流动资金。通常的营运资本是指流动资产减去流动负债后的余额，又称净营运资本。

②营运资本管理政策是指企业营运资本管理所采取的各种策略，具体包括营运资本持有政策和营运资本筹资政策。营运资本持有政策是指确定流动资产规模及管理目标；营运资本筹资政策是指如何确定企业筹资方式和筹资结构。

③现金管理目标是指企业在资产流动性和盈利能力之间做出抉择，要力求做到在保证企业生产经营所需现金的同时合理利用资金，以获得最大的长期利润，并通过确定企业的最佳现金持有量，使现金成本维持在较低的水平，降低企业风险与增加企业收益。

④信用政策是指企业允许客户利用信用筹资的管理制度，主要包括信用标准、信用条件和收账政策。

⑤商业信用是指企业在商业交易过程中由于延期付款而形成的借贷关系，是购买方在商业活动中能够享受延期付款的权利，即购买方临时性的资金来源。商业信用主要有应付账款、应付票据和预收账款三种方式。

二、主要内容

1.营运资本筹资政策

营运资本筹资政策是指确定流动资产筹措资金的策略选择，解决流动资产与流动负债匹配问题，即如何安排临时性流动资产和永久性流动资产的资金来源。根据企业对待风险的态度以及企业承受风险的能力，营运资本筹资政策可以分为配合筹资策略、保守筹资策略和激进筹资策略，如表 8.1 所示。

表 8.1 营运资本筹资政策类型

类型	流动资产状况	成本高低	流动资产与流动负债的匹配关系
配合筹资策略	最佳的流动资产与收入的比率	持有成本与短缺成本之和最小	临时性流动资产=临时性流动负债
保守筹资策略	较高的流动资产与收入的比率	较高的持有成本,但短缺成本较低	临时性流动资产>临时性流动负债
激进筹资策略	较低的流动资产与收入的比率	较低的持有成本,但短缺成本较高	临时性流动资产<临时性流动负债

2.确定最佳现金持有量

确定最佳现金持有量是指为维持企业正常生产经营活动而使企业现金持有量的机会成本、管理成本、转换成本和短缺成本之和最低的决策方法。确定最佳现金持有量可以采用成本分析模式、现金周转模式、存货模式、因素分析模式和随机模式 5 种决策方法,如表 8.2 所示。

表 8.2 确定企业最佳现金持有量的决策方法

决策方法	方法界定	计算公式
成本分析模式	分析持有现金的资金成本、管理成本和短缺成本,现金持有量成本最低时为最佳现金持有量	持有成本=资金成本+管理成本+短缺成本
现金周转模式	根据现金周转期来确定最佳现金持有量	现金周转期=应收账款周转期+存货周转期-应付账款周转期 现金周转率=计算期天数÷现金周转期 最佳现金持有量=年现金需求总量÷现金周转率
存货模式	现金持有成本与转换成本之和为最低时的现金持有量为最佳现金持有量	$TC=\frac{C}{2}K+\frac{T}{C}F \quad C^*=\sqrt{\frac{2TF}{K}}$
因素分析模式	根据上年现金平均占用额和相关因素的变动情况来确定最佳现金持有量	最佳现金持有量=(上年现金平均占用额-不合理占用额)×(1±预计销售收入变动的百分比)
随机模式	根据历史经验和现实需求,制订现金持有量的上限和下限,并将现金持有量控制在上下限之内	$R=L+\sqrt[3]{\frac{3b\sigma^2}{4r}}$ $H=3R-2L$

3.应收账款管理

应收账款是企业对外销售商品,提供劳务等所形成的尚未收回的销售款项。应收账款管理目标就是扩大销售,增加利润,减少应收账款成本。应收账款成本包括机会成本、管理成本和坏账成本。科学制订应收账款信用政策能够控制应收账款成本,实现应收账款管理目标,因此,应收账款信用政策是应收账款管理的关键,如表 8.3 所示。

表 8.3　应收账款信用政策

具体政策	界定	具体措施
信用标准	企业提供商业信用时所要求的客户必须具备的基本条件	如果企业净收益增加,则改变信用标准,否则,维持原信用标准
信用条件	企业要求客户支付赊销款项的条件,包括信用期限、折扣期限和现金折扣	根据企业应收账款历史统计资料,测算出合理的信用期限和折扣期限,确定有效现金折扣率
收账政策	企业所制订的信用条件被违反时,企业所采取的收账策略与具体措施	确定合理的收账程序,寻求有效的讨债方法

4.存货管理

存货是指企业为了销售或者耗用而储存的商品和货物,包括材料、燃料、低值易耗品、在产品、半成品、产成品、协作件、商品等。存货管理目标就是保证生产和销售顺利进行,同时节约企业购货成本。通过存货经济批量管理能够有效降低存货成本,存货经济批量管理方法如表 8.4 所示。

表 8.4　存货经济批量管理

方法	界定	计算公式
经济批量基本模型	企业存货总成本由取得成本和储存成本构成,变动订货成本和变动储存成本之和最小时的采购量为经济采购批量	$TC=TC_a+TC_c=F_1+\frac{D}{Q}K+DU+F_2+K_c\frac{Q}{2}$ $Q^*=\sqrt{\frac{2KD}{K_c}}$
数量折扣经济批量模型	当客户一次采购批量达到一定数量时就可以给予价格上的优惠	$TC(Q)=DU+\frac{D}{Q}K+\frac{Q}{2}K_c$
有订货提前期的经济批量模型	为保证生产经营活动不受影响,企业必须提前发出订单,确定提前订货期和安全储备量,关键确定再订货点 R	$R=nt+S=\frac{1}{2}(mr+nt)$ m 为每天最大耗用量 n 为每天正常耗用量 r 为提前订货时间 t 为交货时间
陆续供应和使用的经济批量模型	存货陆续入库,不断增加,生产不断使用存货,日到货量必须大于日使用量	$Q^*=\sqrt{\frac{2KD}{K_c}\times\frac{p}{p-d}}$ $TC(Q^*)=\sqrt{2KDK_c\times\left(1-\frac{d}{p}\right)}$

5.短期借款信用条件

银行及非银行金融机构发放短期借款,一般情况下有约束条件和限制条款,主要包括信贷限额、周转信贷协议、补偿性余额、借款抵押和偿还条件等,如表 8.5 所示。

表 8.5　企业短期借款信用条件

信用条件	规定	说明
信贷限额	银行对借款人规定的无担保贷款的最高额	无法律效应，银行并不承担必须提供全部信贷限额的义务
周转信贷协议	银行具有法律义务承诺提供不超过某一最高限额的贷款协议	有法律效应，银行必须满足企业不超过最高限额的借款；贷款限额未使用的部分，企业通常需要支付承诺费
补偿性余额	银行要求借款企业在银行中保持按贷款限额或实际借款额的一定百分比（10%～20%）的最低存款余额	会提高企业借款的有效年利率
借款抵押	银行发放贷款要求企业有抵押品担保，以降低银行贷款风险	抵押贷款对银行来说是一种风险投资，贷款利率较非抵押贷款高
偿还条件	到期一次偿还和在贷款期内定期等额偿还两种方式	贷款期内定期等额偿还会提高借款的有效年利率
其他承诺	要求企业及时提供财务报告、保持适当的财务比率等	如果企业违背所作出的承诺，银行可要求企业立即偿还全部贷款

6.短期借款有效年利率

短期借款有效年利率是指实际支付的年利息除以实际可用贷款额，是企业选择短期借款方式的重要依据，不同短期借款条件的有效年利率计算也不相同，如表 8.6 所示。

表 8.6　短期借款有效年利率计算

付息方式	特征	有效年利率	与报价利率的关系
补偿性余额	要求借款企业在银行中保持按贷款限额或实际借款额的一定百分比的最低存款余额	$有效年利率=\dfrac{贷款额\times报价利率}{贷款额\times(1-补偿性余额比率)}=\dfrac{报价利率}{1-补偿性余额比率}$	有效年利率>报价利率
收款法付息	借款到期时向银行支付利息的方法	$有效年利率=\dfrac{贷款额\times报价利率}{贷款额}=报价利率$	有效年利率=报价利率
贴现法付息	银行向企业发放贷款时，先从本金中扣除利息部分	$有效年利率=\dfrac{贷款额\times报价利率}{贷款额\times(1-报价利率)}=\dfrac{报价利率}{1-报价利率}$	有效年利率>报价利率
加息法付息	银行发放分期等额偿还贷款时采用的利息收取方法	$有效年利率\approx\dfrac{贷款额\times报价利率}{贷款额\div2}\approx2\times报价利率$	有效年利率>报价利率

三、重点难点

1.本章重点

掌握企业现金日常管理方法和现金最佳持有量的确定方法及模型，熟悉应收账款成本及日常管理内容，理解存货经济批量模型及其应用。

2.本章难点

(1)随机模式确定最佳现金流量

根据企业历史经验和现实需要，测算出现金持有量的上限和下限，将现金持有量控制在上下限之内。当现金持有量达到控制上限时，用现金购入有价证券，使现金持有量下降；当现金持有量降到控制下限时，则抛售有价证券或贷款拆借获取现金，使现金持有量回升，如图 8.1 所示。

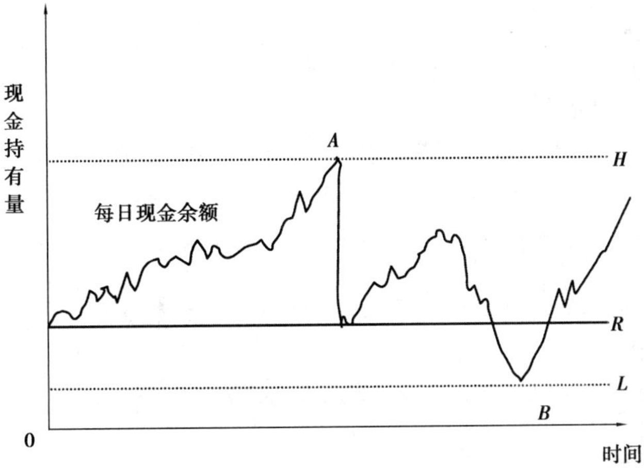

图 8.1 随机模式下现金持有量变动图

虚线 H 为现金存量的上限，虚线 L 为现金存量的下限，实线 R 为最优现金返回线。从图中可以看到，企业现金每日余额是随机波动的，当其达到 A 点时，即达到了现金控制的上限，企业应用现金购买有价证券，使现金存量回落到现金返回线 R；当现金存量降至 B 点时，即达到了现金控制下限，企业则应转让有价证券换回现金，使其存量回升至现金返回线的水平。现金存量在上下限之间的波动属控制范围内的变化，是合理的，不予理会。以上关系中的上限 H、现金返回线 R 可按下列公式计算：

$$R = \sqrt[3]{\frac{3b\delta^2}{4i}} + L$$

$$H = 3R - 2L$$

其中 b——每次有价证券的固定转换成本；

i——有价证券的日利息率；

δ——预期每日现金余额变化的标准差(可根据历史资料测算)。

而下限 L 的确定，则要受到企业每日的最低现金需要、管理人员的风险承受倾向等因素的影响。

【例 8-1】 假定某公司有价证券的年利率为 9%，每次固定转换成本为 72 元，公司认为任何时候其银行活期存款及现金余额均不能低于 1 500 元，又根据以往经验测算出现金余额波动的标准差为 1 000 元。最优现金返回线 R、现金控制上限 H 的计算为：

有价证券日利率：9%÷360=0.025%

$$R=\sqrt[3]{\frac{3b\delta^2}{4i}}+L=\sqrt[3]{\frac{3\times72\times1\ 000^2}{4\times0.025\%}}\text{元}+1\ 500\text{元}=7\ 500\text{元}$$

$$H=3R-2L=3\times7\ 500\text{元}-2\times1\ 500\text{元}=19\ 500\text{元}$$

当公司的现金余额达到 19 500 元时，即应以 12 000 元现金去投资有价证券，使现金持有量回落为 7 500 元；当公司的现金余额降至 1 500 元时，则应转让 6 000（7 500−1 500）元的有价证券，使现金持有量回升为 7 500 元。

（2）存货陆续供应和使用

企业各批存货陆续入库，可能使存量陆续增加。尤其是在产品转移和产成品入库，几乎总是陆续供应和陆续耗用。

【例 8-2】 某企业对丙零件的年需要量 D 为 7 200 件，每日送货量 P 为 60 件，每日耗用量 d 为 20 件，单价 U 为 10 元，一次订货成本（生产准备成本）K 为 50 元，单位储存变动成本 K_c 为 2 元。设每批订货数为 Q，由于每日送货量为 P，则该批货全部送达所需日数为$\frac{Q}{P}$，称之为送货期。因零件每日耗用量为 d，则送货期内的全部耗用量为：$\frac{Q}{P}\cdot d$。由于零件随用随送，所以每批货送完时，最高库存量为：$Q-\frac{Q}{P}\cdot d$。

零件的平均存量为：$\frac{1}{2}(Q-\frac{Q}{P}\cdot d)$

因此，与批量有关的总成本为：

$$TC(Q)=\frac{D}{Q^*}K+\frac{1}{2}(Q-\frac{Q}{P}\cdot d)K_c=\frac{D}{Q^*}K+\frac{Q}{2}(1-\frac{d}{p})K_c$$

当订货变动成本与储存变动成本相等时，$TC(Q^*)$有最小值，故存货陆续供应和使用的经济订货量公式为：

$$\frac{D}{Q^*}K=\frac{Q}{2}(1-\frac{d}{P})K_c$$

$$Q^*=\sqrt{\frac{2KD}{K_c}\cdot\frac{P}{P-d}}$$

将这一公式代入上述 $TC(Q)$ 计算公式中，可得出存货陆续供应和使用的经济订货总成本公式：

$$TC(Q^*)=\sqrt{2KDK_c(1-\frac{d}{P})}$$

将上述例题的数据代入，则：

$$Q^{*}=\sqrt{\frac{2\times 50\text{ 元}\times 7\ 200\text{ 件}}{2\text{ 元/件}}\times\frac{60\text{ 件}}{60\text{ 件}-20\text{ 件}}}=738(\text{件})$$

$$TC(Q^{*})=\sqrt{2\times 50\text{ 元}\times 7\ 200\text{ 件}\times 2\text{ 元/件}\times(1-\frac{20\text{ 件}}{60\text{ 件}})}=984\text{ 元}$$

(3)有数量折扣的经济批量模型

当客户的一次采购批量达到一定数量时,可以给予价格上的优惠。在此种情况下,确定经济订货批量,不仅要考虑订货成本和储存成本,还要考虑存货的采购成本。

【例8-3】　某企业每年耗用甲材料4 000 kg,该材料单位成本为10元,单位存储成本为3元,一次订货成本为60元。假设供货方规定,一次订购超过500 kg,可以享受5%的数量折扣,试计算该企业应以多大的批量订货才是最为经济的。

第一种方案:按经济批量采购,不取得数量折扣。

全年甲材料存货总成本=年订货成本+年储存成本+年采购成本

$$=\frac{4\ 000\text{ kg}}{400\text{ kg}}\times 60\text{ 元}+\frac{400\text{ kg}}{2}\times 3\text{ 元/kg}+4\ 000\text{ kg}\times 10\text{ 元/kg}=41\ 200\text{ 元}$$

第二种方案:不按经济批量采购,而选择取得数量折扣。若企业想取得数量折扣,则必须按照一次500 kg来采购甲材料。

全年甲材料存货总成本=年订货成本+年储存成本+年采购成本

$$=\frac{4\ 000\text{ kg}}{500\text{ kg}}\times 60\text{ 元}+\frac{500\text{ kg}}{2}\times 3\text{ 元/kg}+4\ 000\text{ kg}\times 10\text{ 元/kg}\times(1-5\%)$$

$$=39\ 230\text{ 元}$$

显然,在有数量折扣的情况下,企业按每次500 kg的批量采购甲材料,可使全年的存货总成本最低。

第二部分　强化训练

一、单项选择题

1.在下列各项中,不属于流动资产特点的是(　　)。

A.资金占用形态经常变动　　B.数量的变动性

C.变现能力较强　　D.投资的集中性和收回的分散性

2.在下列项目中,属于持有现金机会成本的是(　　)。

A.现金管理人员的工资　　B.现金管理措施费用

C.现金被盗的损失　　D.现金的再投资收益

3.在现金需要量既定的前提下,同现金持有量成反比的成本是(　　)。

A.收账成本　　B.转换成本　　C.管理成本　　D.机会成本

4.已知B公司的应收账款周转期为70天,应付账款周转期为30天,存货周转期为80天,则现金周转期为(　　)天。

A.100　　B.120　　C.150　　D.180

5.在应收账款成本中与应收账款数量成正比的是(　　)。

A.机会成本　　B.收账成本　　C.管理成本　　D.转换成本

6.信用标准通常用预期的(　　)来衡量。

A.现金折扣率　　B.机会成本率　　C.投资报酬率　　D.坏账损失率

7.给定的信用条件为“1/10,n/40”,则其含义为(　　)。

A.付款期限为 10 天,现金折扣率为 1%,信用期限为 40 天

B.信用期限为 10 天,现金折扣率为 1/10

C.如果在 10 天内付款,可享受 1%的现金折扣,否则应在 40 天内按全额付款

D.如果在 10 天内付款,可享受 10%的现金折扣,否则应在 40 天内按全额付款

8.下列对现金折扣的表述,正确的是(　　)。

A.现金折扣又叫商业折扣

B.现金折扣率越低,企业付出的代价越高

C.现金折扣是为了加快应收账款的回收而给予顾客的一定优惠

D.为了增加利润,应当取消现金折扣

9.企业在进行应收账款管理时,除需合理确定信用标准和信用条件外,还要合理确定(　　)。

A.收账政策　　B.现金折扣期限　　C.现金折扣比率　　D.信用期限

10.存货经济批量的基本模型所依据的假设不包括(　　)。

A.存货集中到货　　B.一定时期的存货需求量能够确定

C.存货进价稳定　　D.允许缺货

11.在下列各项中,与再订货点有关的因素是(　　)。

A.经济订货批量　　B.数量折扣　　C.交货时间　　D.保险储备量

12.某企业全年需用甲材料 240 吨,每次的进货成本为 40 元,每吨材料的年储存成本为 12 元,则每年最佳进货次数为(　　)次。

A.3　　B.4　　C.6　　D.9

13.在存货管理中,与建立保险储备量无关的因素是(　　)。

A.缺货成本　　B.储存成本　　C.购置成本　　D.订货成本

14.在对存货实行 ABC 分类控制管理的情况下,ABC 三类存货的品种数量比重大致为(　　)。

A.0.7;0.2;0.1　　B.0.1;0.2;0.7　　C.0.6;0.3;0.1　　D.0.1;0.3;0.6

15.在存货的 ABC 分类控制管理的情况下,(　　)存货种类最少但价值量比重最大。

A.A 类　　B.B 类　　C.C 类　　D.D 类

二、多项选择题

1.持有现金的动机包括(　　)。

A.投资性动机　　B.交易性动机　　C.预防性动机　　D.投机性动机

2.企业预防性现金持有量的多少主要取决于(　　)。

A.企业临时举债能力的强弱　　B.企业愿意承担风险的程度

C.企业对现金流量预测的可靠程度　　D.企业的经验规模

3.在确定最佳现金余额时,需要考虑的成本可能有(　　)。

A.机会成本　　B.转换成本　　C.管理成本　　D.短缺成本

4.有关现金持有量的叙述,正确的有(　　)。

A.管理成本是企业保留一定的现金余额而发生的管理费用

B.现金持有量越高,转换成本越低

C.现金持有量越少,转换成本越高

D.机会成本与转换成本相等时的现金持有量为最佳现金余额

5.确定最佳现金余额的常见模式有(　　)。

A.成本分析模式　　B.存货模式　　C.现金周转期模式　　D.随机模式

6.企业用来加速收款、提高现金周转速度的方法有(　　)。

A.控制现金支出的时间　　B.运用“浮游量”

C.集中银行法　　D.锁箱系统

7.提供比较优惠的信用条件,可增加销售量,但也会付出一定的代价,主要有(　　)。

A.收账费用　　B.坏账损失

C.应收账款机会成本　　D.现金折扣成本

8.企业于6月25日按“1/30,n/60”的条件购入货物100万元,如果企业目前短期借款的年利息率为5%,并可于40天内归还,则企业(　　)。

A.应在6月25日支付货款　　B.应在7月25日支付货款

C.应在8月25日支付货款　　D.应在7月25日从银行贷款99万元

9.影响应收账款机会成本的因素有(　　)。

A.应收账款管理费用　　B.应收账款占用资金

C.销售成本率　　D.资本成本率

10.企业的信用政策包括(　　)。

A.信用条件　　B.收账政策　　C.坏账准备　　D.信用标准

11.现金折扣政策的目的在于(　　)。

A.吸引顾客为享受优惠而提前付款　　B.减轻企业税负

C.缩短企业平均收款期　　D.扩大销售量

12.评估顾客资信状况的“5C”是指(　　)。

A.品质　　B.抵押品　　C.资本　　D.能力和条件

13.在确定存货经济订货批量时,下列表述正确的有(　　)。

A.经济订货批量是指使存货的相关总成本最低的进货批量

B.变动订货成本和变动储存成本呈反方向变化

C.变动储存成本的高低与每次进货批量成正比

D.变动订货成本的高低与每次进货批量成反比

14.建立存货合理保险储备的目的是(　　)。

A.过量使用存货时保证供应

B.在进货延迟时保证供应

C.使存货的缺货成本和储存成本之和最小

D.降低存货的储存成本

15.确定再订货点,需要考虑的因素有(　　)。

A.交货时间　　B.存货的平均需用量

C.保险储备量　　D.存货的平均供应量

三、判断题

1.由于现金的盈利性很弱,企业不宜保留过多现金。(　　)

2.现金管理的基本目标是加速现金回收,减缓现金支出。(　　)

3.企业为满足交易性动机所持有的现金余额主要取决于企业的生产经营规模。(　　)

4.在正常业务活动现金需要量的基础上,追加一定数量的现金余额以应付未来现金流入和流出的随机波动,这是出于预防性动机。(　　)

5.赊销是扩大销售的有力手段之一,在其他因素一定的前提下,企业应尽可能放宽信用条件,增加赊销量。(　　)

6.在有关现金折扣业务中,"1/10"的标记是指:若在一天内付款,可以享受10%的价格优惠。(　　)

7.收账费用与坏账损失之间呈反向变动的关系,发生的收账费用越多,坏账损失就越小。因此,企业应不断增加收账费用,以便将坏账损失降低至最小。(　　)

8.存货的经济订货批量大小与订货提前期的长短没有关系。(　　)

9.能够使企业存货的相关总成本之和最低的进货批量,便是经济订货批量。(　　)

10.在存货的ABC控制法下,应当重点管理的是虽然品种数量较少但金额较大的存货。(　　)

四、计算分析题

1.目的:练习确定现金最佳持有量的随机模式。

资料:假定C公司有价证券的年收益率为7.20%,每次的固定转换成本为230.4元,公司认为任何时候其现金金额均不能低于10 000元,又根据以往经验测算出现金每日余额波动的标准差为500。该公司当前持有现金27 500元。

要求:

(1)计算该公司的现金最优目标控制线。

(2)计算该公司的现金控制上限。

(3)计算该公司当前应当投资有价证券的金额。

2.目的:练习应收账款管理的信用条件决策。

资料:D企业目前年销售收入30万元,信用条件为"$n/30$",变动成本率为70%,有价证券的年收益率为12%,坏账损失率为3%,预计收账费用为1万元。该企业为扩大销售拟订了甲、乙两个信用条件方案：

甲方案信用条件为“n/60”，预计销售收入将增加至38万元，坏账损失率为4%，预计收账费用为1.6万元。

乙方案信用条件为“1/30，n/60”，预计销售收入将增加至44万元，坏账损失率2.5%，估计约有80%的客户（按销售额计算）会利用折扣，预计收账费用为1.4万元。

要求：计算分析该企业应选择哪一种信用条件方案（设该企业有剩余生产能力）。

3.目的：练习在陆续供应和使用情况下的存货决策。

资料：L企业全年需采购甲材料3 600吨，甲材料每吨进价为1 500元，每日的送货量为30吨，每次订货成本1 800元，每吨甲材料年平均储存保管费用为100元，该企业每日耗用甲材料为22.5吨。

要求：计算L企业甲材料在陆续供应和使用条件下的经济订货批量和在经济订货批量下的相关总成本。

第三部分　案例分析

SC公司营运资金管理

一、案例材料

（一）SC公司基本情况

SC公司是一家在气象电子、通信导航、广播电视、公共安全多方面领域均有建树，在生产方面承担从开发到生产、从生产到销售的集成化电子软件与高科技含量产品为主导的上市公司。公司成立于2000年8月，现坐落于H市国家级的高新科技产业区，已于上海证券交易所上市。目前，公司拥有数百人的团队，技术人员占比过半，拥有国家级的专业人员8人，高中级职称的专业人才两百多人。值得一提的是，公司员工平均年龄在三十岁左右，这使得公司充满了青春朝气与蓬勃的活力。近年来，随着国内市场的持续低迷，公司的业绩增速也低于预期的增速。然而，从财务报告上看，公司具备相当强劲的盈利能力，长期角度上来说，公司的价值持续增长。尤其是现如今，在我国提倡高科技国防的大环境下，公司业绩还有很大的增长空间。而公司主营的雷达业务，也在一系列并购与企业规模扩大的过程中，进一步占据更多市场。

（二）SC公司营运资本管理现状

1.SC公司营运资本结构组成

SC公司近年来一直在调整收缩自身的营运资本规模，除2013年有较大涨幅外，整体呈现下降趋势，具体数据如表8.7所示。由表8.7可知，SC公司的流动资产规模，近年来不断扩大。其营运资本逐年降低的原因，在于流动负债逐年增高速度，且超过了自身流动资产的增加。这说明，SC公司在调整自身流动资产规模时，严格控制其占总资产的比重，降低流动资产带来的成本风险，缓解自身现金流压力。同时，SC 公司采用了更多的流动负债，偏好于使用大量短期性质的融资手段来为公司提供额外的现金流。

表 8.7　2012—2016 年 SC 公司营运资本结构组成　　单位：百万元

年份	2012	2013	2014	2015	2016
流动资产	996.3	1 550.8	1 933.2	2 271.3	2 558.4
流动负债	763.5	1 151.2	1 626.1	2 053.5	2 406.1
营运资本	232.8	399.6	307.1	217.8	152.3

（1）SC 公司流动资产结构组成

SC 公司 2012—2016 年主要的流动资产结构如表8.8 所示。从 SC 公司近 5 年的流动资产构成变动中可以看出，应收账款整体呈现收缩的态势，仅在 2015 年有所反弹。货币资金的持有量在 2013 年有较大涨幅，在 2016 年有微弱涨幅，其余年份整体处于下降趋势中。前三年，SC 公司的存货量逐步降低，自 2015 年后就开始扩大，2016 年更是有相对较大的涨幅。

表 8.8　2012—2016 年 SC 公司流动资产结构

年份	2012	2013	2014	2015	2016
货币资金	26.5%	43.4%	38.8%	33.2%	36.3%
存货	22.2%	18.2%	17.0%	19.4%	25.4%
应收票据	3.6%	2.3%	7.6%	7.2%	4.4%
应收账款	43.1%	28.6%	28.3%	34.7%	25.2%
预付账款	1.5%	1.1%	0.8%	1.2%	0.6%
其他应收款	3.1%	1.8%	1.9%	2.9%	2.2%

（2）SC 公司流动负债结构组成

SC 公司 2012—2016 年主要的流动负债结构如表8.9所示。从 SC 公司近 5 年的流动负债构成状况可以看出，应付账款始终是 SC 公司流动负债的主要构成部分，其次是短期借款。应付账款方面，近 5 年来整体呈现下降趋势，其让出的流动负债占比逐渐由其他应付款和预收款项代替。短期借款方面，除 2013 年有大幅增长外，始终保持在一定的水平上。

表 8.9　2012—2016 年 SC 公司流动负债结构

年份	2012	2013	2014	2015	2016
短期借款	22.3%	34.7%	30.7%	29.2%	29.1%
其他应付款	1.6%	0.6%	0.6%	1.4%	1.2%
应付票据	13.2%	10.9%	13.4%	17.2%	12.8%
应付账款	55.6%	48.1%	47.0%	43.2%	42.6%
预收款项	2.9%	1.9%	3.2%	5.8%	11.0%

2.SC 公司营运资本管理策略

SC 公司现行采取的是整体偏好风险型的营运资本管理策略。根据风险偏好型的策略指导,SC 公司采取了一系列的措施提高自身收入,以企业利益最大化为原则,调整自身营运资本的结构组成。

(1)风险偏好型的营运资本投资策略

SC 公司采取了风险偏好型的营运资本投资策略。从资产组成结构上看,流动资产占总资产比重逐年降低。从企业经营活动来看,公司以获取最大利润为出发点,力所能及地降低一些低收益项目上的资金投入,转而在一些高收益的项目上加大投资力度。从库存角度来看,企业逐步加速自身库存的周转速度,避免产能过剩带来的生产力浪费。第一,应收账款。SC 公司近年来有意识地提高自身应收账款的回收能力,降低自身应收账款占流动资产的比重,借此提高公司的偿债能力,缓解现金流压力,降低公司的偿债风险。而原有部分下降的占有比重,逐渐由存货与其他应收款代替。第二,存货。SC 公司的存货占流动资产的比重,总体呈一定的增长趋势。从具体的存货结构组成上看,SC 公司现行的存货管理模式,从两方面来实现“去库存”的目标:一方面减少闲置库存,另一方面防止产能过剩。具体的做法是,严格按照销售要求确定自己的生产计划,按照生产需求购置相应数量的原材料,并及时通过生产环节转化为在产品或可及时出售的产成品(发出商品),避免出现闲置的原材料和多余的库存商品。但是,由于在产品和发出商品的特性,存货总量未发生变化,反而有所增长。第三,其他应收款。SC 公司正逐年扩大其他应收款占比,以此降低自身应收账款占流动资产的比重。其中,尤其是长期性质的其他应收款占比更大,计提坏账比例较高,甚至存在超过 5 年期的,适用于 100%的坏账计提比例的其他应收款。

(2)风险偏好型的营运资本融资策略

SC 公司采取了风险偏好型的营运资本融资策略。从负债组成结构上看,流动负债占总负债比重逐年增高。从流动负债比重来看,应付账款和短期借款占了较大比重。此外,SC 公司的预收款项占比逐年上升。第一,应付账款。SC 公司的应付账款一直占据着自身流动负债的主要部分。但是,近年来,SC 公司有意识降低了这一比重。这一比重的降低,是 SC 公司自身应付票据和预收款项增加的结果。第二,应付票据。SC 公司近年来不断重视企业的商业信用培养。在这一思想下,SC 公司逐步通过应付票据占比的增加来代替现有应付账款的占比。相比于应付账款,应付票据具有更为确定的偿还期限,SC 公司通过应付票据占比的增加,强化自身的商业信用,展现企业的偿债能力。第三,短期借款。SC 公司完全采用信用借款的短期借款方式,并且随着自身规模的扩大逐年扩大短期借款的数量,来始终保持一定规模的短期借款占据流动负债的比重。其目的在于,依赖短期借款形成管理自身现金流的重要手段,并且力所能及地将这一手段维持在一个相对稳定的水平,确保自身现金流的稳定,避免现金流产生波动。第四,预收款项。SC 公司的预收款项占流动负债比重逐年提高。SC 公司通过合约手段,采取激励交易的对方预先支付交易款项这一方式,来增加自身预收款项占流动负债的比重。这一做法的目的在于,提前变现部分在产品和产成品,达到“去库存”的目的,并且为公司释放过剩的产能提供帮助;同时,这种确实的资金涌入,也帮助 SC 公司弥补自身的现金流需求,减轻偿债压力,缓解了偿债风险。

(三)SC 公司营运资本管理情况分析

1.流动资产情况分析

(1)SC 公司流动资产结构分析

SC 公司的流动资产占总资产比重如表 8.10 所示。由表 8.10 可知,整体而言,SC 公司流动资产占总资产比重较高,但流动资产率逐年下降,直至 2016 年,其流动资产率略低于 70%。这说明,随着公司总资产的提高,公司规模的扩大,SC 公司正依循风险偏好型的营运资本投资策略逐步调整自身的流动资产比重。具体的调整手段可从表 8.8 可知,主要呈现在 SC 公司的存货、应收账款和其他应收款上。

表 8.10　2012—2016 年 SC 公司流动资产率　　单位:百万元

年份	2012	2013	2014	2015	2016
流动资产	996.3	1 550.8	1 933.2	2 271.3	2 558.4
总资产	1 295	2 086.1	2 636.5	3 196.5	3 662.4
流动资产率	76.9%	74.3%	73.3%	71.1%	69.9%

(2)SC 公司存货情况分析

①SC 公司存货结构

由表 8.8 可知,2012—2014 年,SC 公司的存货占流动资产比重逐年降低,而 2014—2016 年,这一比重又不断升高。这说明,SC 公司在前三年间的“去库存”有明显进展,但在后两年中,可能由于外部经济环境或企业自身销售策略问题,使得库存占流动资产的比重有所增长,SC 公司具体的存货结构如表 8.11 所示。

表 8.11　2012—2016 年 SC 公司存货主要结构

年份	2012	2013	2014	2015	2016
原材料	28.7%	19.0%	14.7%	10.9%	9.3%
在产品	56.8%	55.5%	66.2%	61.2%	61.8%
库存商品	7.1%	3.1%	4.3%	7.6%	2.7%

由表 8.11 可知,SC 公司的存货结构中,在产品比重较大。此外,原材料、存货比重明显逐年降低,而降低的这一部分比重逐步由在产品与库存商品替代。这说明,SC 公司在展开“去库存”的营运活动中,针对原材料部分进行了大量的调整,主要的手段可能包括结合销售订单采购原材料、将原材料投入生产中等。在这样的措施下,尽管存货占流动资产比重有所下降,但是在产品和库存商品总体上仍维持在一定的水平上。

②SC 公司存货周转期

SC 公司的存货周转期如表 8.12 所示。

表 8.12　2012—2016 年 SC 公司存货周转期　　单位:天

年份	2012	2013	2014	2015	2016
存货周转期	94.2	100.6	79.6	64.7	73.5

由表 8.12 可知,SC 公司 2012—2016 年的存货周转期整体呈现下降趋势。这说明,SC 公司在存货管理上做出了积极的调整,显著提高了公司存货的变现能力,大幅度加快了公司的存货周转速度。这种现状符合“去库存”的企业存货管理宗旨,符合“零库存”的企业财务管理目标,避免了更多的由存货带来的费用以及资产的流动性风险。

(3)SC 公司应收账款情况分析

①SC 公司应收账款账龄分析

SC 公司应收账款账龄分析如表 8.13 所示。从表 8.13 可知,从整体上来看,SC 公司的短期应收账款占据主导地位,并且总体上占据应收账款比重逐年增高,仅在 2016 年有所下降。而长期的应收账款方面,占据应收账款的比重逐年下降,仅在 2016 年有所上升。从这样的情况可以看出,SC 公司有意识加速了自身应收账款的回收期,提高销售部门的经营评价,加快了贷款的回收,减少由坏账带来的损失。但是,2016 年,送样的良好发展状况被打断,SC 公司的短期应收账款占比减少较多,而长期应收账款占比则有了较多的涨幅,这说明至少在 2016 年间,SC 公司发生了一些新的长期应收账款,应收账款的回收能力有所下滑,不利于企业的长足发展。

表 8.13　2012—2016 年 SC 公司应收账款账龄分析　　单位:百万元

年份	2012	2013	2014	2015	2016
<1 年期	72.3%	70.3%	70.8%	74.8%	66.3%
>1 年期	27.7%	29.7%	29.2%	25.2%	33.7%
合计	466.1	487.4	597.8	857.1	717.8
坏账准备	7.9%	8.9%	8.6%	8.2%	10.1%

②SC 公司应收账款周转期

SC 公司的应收账款周转期如表 8.14 所示。由表 8.14 可知,SC 公司的应收账款周转期逐年降低。这说明,SC 公司近年来逐步提高自身应收账款的回收能力。随着 SC 公司回收应收账款的能力增加,SC 公司正常的营运资金周转速度也得以增加。在这样的情况下,SC 公司的偿债能力得以提升,有利于公司降低自身的偿债风险,满足公司暂时性的资金需求,缓解现有的现金流压力。但是,由表 8.8 可知,SC 公司的应收账款占比减少,是由 SC 公司应收票据、存货以及其他应收款占比增加所造成的。这使得,SC 公司的应收项目并没有得到太大改善,仅仅降低应收账款占比是治标不治本的做法。

表 8.14　2012—2016 年 SC 公司应收款周转期　　单位:天

年份	2012	2013	2014	2015	2016
应收账款周转期	171.8	140.8	105.8	96.1	84.7

(4)SC 公司其他应收款账龄分析

表 8.15　2012—2016 年 SC 公司其他应收款账龄分析　　单位:百万元

年份	2012	2013	2014	2015	2016
<1 年期	75.8%	51.1%	68.0%	71.2%	57.5%
>1 年期	24.2%	48.9%	32.0%	28.8%	42.5%
合计	33	32.5	42.2	73.3	63.1
坏账准备	8.8%	12.3%	11.6%	9.8%	12.5%

2012—2016 年 SC 公司具体的其他应收款账龄分析如表 8.15 所示。从表 8.15 可以看出,尽管总体上来说,SC 公司逐步降低自身长期的其他应收款占其他应收款比重,但是,在 2016 年,这一情况又发生了变化。类比于应收账款,短期的其他应收款占比增加,意味着 SC 公司收回其他应收款的能力得到提高,有助于 SC 公司正常的营运资金加速周转,帮助 SC 公司提高自身的偿债能力。送样的现状,有利于 SC 公司减轻现金流压力,满足偿债所需,避免现金流管理的风险出现。但是,2016 年,长期的其他应收款占比激增,这说明可能是 2012—2015 年的其他应收款得以逐步回收,而新增的其他应收款较少,直到 2016 年,SC 公司增加了大量的长期其他应收款。这样做的结果,不利于 SC 公司提高自身偿债能力,不利于降低偿债过程中面临的风险,也不利于缓解 SC 公司的现金流压力。

2.流动负债情况分析

(1)SC 公司流动负债结构分析

SC 公司的流动负债占总负债比重如表 8.16 所示。由表 8.16 可知,SC 公司的流动负债占总负债比重非常高,且从流动负债率来看,这一比重还在逐年上升。这说明,随着公司总负债规模的扩大,SC 公司在风险偏好型的营运资本融资策略下,逐渐引入了更多的流动负债。

表 8.16　2012—2016 年 SC 公司流动负债率　　单位:百万元

年份	2012	2013	2014	2015	2016
流动负债	763.5	1 151.2	1 626.1	2 053.5	2 406.1
总负债	815.6	1 235.2	1 709.1	2 158.2	2 505.1
流动负债率	93.6%	93.2%	95.1%	95.1%	96.0%

(2)SC 公司应付账款

从 SC 公司近 5 年的流动负债构成状况可以看出,应付账款始终是 SC 公司流动负债的主要构成部分,其次是短期借款。近 5 年来,SC 公司应付账款占流动负债比重整体呈现下降趋势,其让出的流动负债占比逐渐由其他应付款和预收款项代替。SC 公司 2012—2016 年应付账款周转情况如表 8.17 所示。由表 8.17 可知,SC 公司近年来的应付账款偿还周期逐渐变短,这说明在签订合约时,SC 公司拥有更为有利的付款条款,SC 公司在偿还应付账款时,也拥有更积极的态度。一方面,这是 SC 公司偿债能力提升的表现;另一方面,从流动负债的总体结构上看,主要由预收款项填补了应付账款下降的占流动负债比重,其他应付款与应付票据占比也做出相应调整,这使得流动负债整体水平上并未有太大变化。

表 8.17　2012—2016 年 SC 公司应付账款周转期　　单位:天

年份	2012	2013	2014	2015	2016
应付账款周转期	184.5	195.4	171.7	139.1	128.9

(3)SC 公司预收款项

SC 公司的预收款项占流动负债比重逐年提高,具体的预收款项占比如表 8.18 所示。由表 8.18 可知,SC 公司正逐步用预收款项代替应付账款的一定比重。SC 公司通过这一方式,提前变现部分在产品和产成品,达到“去库存”的目的,释放过剩的产能;同时,这种确实的资金涌入,也帮助 SC 公司缓解自身的现金流压力。

表 8.18　2012—2016 年 SC 公司预收款项

年份	2012	2013	2014	2015	2016
预收款项	2.9%	1.9%	3.2%	5.8%	11.0%

(4)SC 公司短期借款

短期借款方面,除 2013 年有大幅增长外,SC 公司始终将其规模保持在一定的水平上,具体的短期借款数量如表 8.19 所示。由表 8.19 可知,随着企业规模的增长,SC 公司每年以固定的数额扩大短期借款规模。短期借款通常用于满足企业的暂时性资金需求,若一家企业的短期借款占流动负债比重常年稳定增长,说明这家企业对短期借款产生了依赖性。SC 公司正是这样的情况,无论 SC 公司如何调整自身的应付项目,都始终将短期借款占比控制在一定范围内。这说明,SC 公司需要稳定的短期借款来满足自身的暂时性资金需求,又缺乏其他的融资手段,自身的现金流也不足以支撑这种需求。

表 8.19　2012—2016 年 SC 公司短期借款　　单位:百万元

年份	2012	2013	2014	2015	2016
短期借款	170	400	500	600	700

3.营运资本综合分析

(1)现金周转期

现金周转期是一个综合性质的指标,它综合了存货周转期、应收账款周转期、应付账款周转期这几个指标,对企业的现金流进行综合性的评判。这一综合指标的主要作用,在于综合性地考察企业营运资本管理水平。SC公司2012—2016年现金周转期数据如表8.20所示。由表8.20可知,2012—2016年,SC公司的现金周转期呈现U字形发展趋势,从总体角度而言,这说明前三年SC公司的现金流管理有了明显改善,占用供应商资金的能力增强,现金流运用效率较高。但是,后三年间现金周转期有所降低,这说明SC公司的现金流管理水平较之前三年有所降低。

表8.20 2012—2016年SC公司现金周转期　　单位:天

年份	2012	2013	2014	2015	2016
现金周转期	81.5	45.9	13.7	21.7	29.3
应收账款周转期	171.8	140.8	105.8	96.1	84.7
应付账款周转期	184.5	195.4	171.7	139.1	128.9
存货周转期	94.2	100.6	79.6	64.7	73.5

从SC公司现金周转期具体增长速度,我们可以看出SC公司现金流管理的具体状况。具体的数据如表8.21所示。由表8.21可知,相较于2013年,2014年SC公司的应收账款、应付账款、存货这三者的周转期增长速度均为负值,且变化百分比的绝对值数字较高,变动幅度较大。但从2015年开始,尽管应付账款的周转期增长速度持续降低,但已然减慢,存货周转期增长速度的绝对值甚至低于去年,应收账款周转期增长速度更是大大增加。而到了2016年,除了应收账款周转期增长速度有所好转外,应付账款周转期增长速度增加明显,存货周转期更是从原先保持降低的趋势转为大幅增加。由此可见,SC公司的现金流管理较为混乱,没有强有效的现金流控制能力。

表8.21 2013—2016年SC公司现金周转期增长速度

年份	2013	2014	2015	2016
现金周转期	-43.6%	-70.2%	58.1%	35.2%
应收账款周转期	-18.1%	-24.8%	-9.2%	-11.9%
应付账款周转期	5.9%	-12.2%	-18.9%	-7.4%
存货周转期	6.8%	-20.9%	-18.7%	13.5%

(2)销售净利率

销售净利率并不是营运资本管理的内容,但是,这一指标可以结合流动资产率与流动负债率,来帮助分析一家企业营运活动影响下的企业经营状况,以及该企业的偿债风险水平。SC公司销售净利率与流动资产率、流动负债率具体数值如表8.22所示。

表 8.22　2013—2016 年 SC 公司销售净利率、流动资产率与流动负债率

年份	2013	2014	2015	2016
销售净利率	4.6%	4.7%	4.9%	4.7%
流动资产率	76.9%	74.3%	73.3%	71.1%
流动负债率	93.6%	93.2%	95.1%	95.1%

①流动资产率情况分析

由表 8.22 可知,SC 公司在持续调低自身流动资产率的同时,近年来的销售净利率并未有明显变化。结合 SC 公司 2013—2016 年的流动资产率与销售净利率逐年变化走势来看,SC 公司的盈利能力处于较低水平,与此同时,公司未能相应调整自身现金周转与存货的变现能力,或者所做出的调整不足以满足自身低水平的盈利能力要求。若长期处于这种情况,而未能相应调整公司经营策略,尝试企业转型,最终将面临经营不善的境地。

②流动负债率情况分析

由表 8.22 可知,SC 公司在持续调增自身流动负债率的同时,近年来的销售净利率并未有明显变化。这说明,SC 公司的偿债压力逐年提高,并伴随着相对应的偿债风险,但 SC 公司的利润状况并不能够缓解这种逐年增长的偿债压力,现有的现金流水平并不足以应付潜在的偿债风险。若 SC 公司不能调整现有的流动负债结构,或是将自身的盈利能力提高到足以应付现有偿债压力的水平,在可预见的未来,将面临现金流危机。

二、案例分析要求

1.SC 公司的营运资本管理中存在哪些问题?

2.面对 SC 公司营运资本管理中存在的问题,我们应该怎样进行改革?

3.你认为案例材料中对 SC 公司营运资本管理的分析还存在哪些不足?

第四部分　参考答案

一、单项选择题

1.D　2.D　3.B　4.B　5.A　6.D　7.C　8.C　9.A　10.D　11.C　12.C　13.C　14.B　15.A

二、多项选择题

1.BCD　2.ABC　3.ABCD　4.ABCD　5.ABCD　6.CD　7.ABCD　8.BD　9.BD　10.ABD　11.ACD　12.ABCD　13.ABCD　14.ABC　15.ABC

三、判断题

1.√　2.×　3.√　4.√　5.×　6.×　7.×　8.√　9.√　10.√

四、计算分析题

1.解：

(1)该公司的现金最优目标控制线为：

$$R=\sqrt[3]{\frac{3b\sigma^2}{4i}}+L=\sqrt[3]{\frac{3\times230.4\times500^2}{4\times\frac{7.2\%}{360}}}\text{元}+10\ 000\text{ 元}=16\ 000\text{ 元}$$

(2)该公司的现金控制上限为：$H=3R-2L=3\times16\ 000$ 元$-2\times10\ 000$ 元$=28\ 000$ 元

(3)由于该公司当前持有现金 27 500 元，还低于现金控制上限 28 000 元，所以，当前应当投资于有价证券的金额为 0。

2.解：

D 企业信用条件分析评价见表 8.23。

表 8.23　D 企业信用条件分析评价表　　单位：万元

备选方案 项目	现行信用条件 ($n/30$)	甲信用条件 ($n/60$)	乙信用条件 ($1/30$, $n/60$)
年销售额	30	38	44
减：现金折扣 减：变动成本	— 30×70%=21	— 38×70%=26.6	44×1%×80%=0.352 44×70%=30.8
边际贡献	30−21=9	38−26.6=11.4	44−0.352−30.8=12.848
边际贡献增加	—	11.4−9=2.4	12.848−9=3.848
应收账款成本： 机会成本 坏账成本 管理成本 应收账款成本小计 应收账款成本增加	 30÷12×70%×12%=0.21 30×3%=0.9 1 0.21+0.9=2.11 —	 38÷6×70%×12%=0.532 38×4%=1.52 1.6 0.532+1.52+1.6=3.652 3.652−2.11=1.542	 44÷10×70%×12%=0.369 6 44×2.5%=1.1 1.4 0.369 6+1.1+1.4=2.869 6 2.869 6−2.11=0.759 6

由上述计算可知：在这两种信用条件中，甲信用条件($n/60$)的边际贡献增加 2.4 万元，小于乙信用条件($1/30$, $n/60$)的边际贡献增加 3.848 万元；甲信用条件($n/60$)的应收账款成本增加 1.542 万元，反而大于乙信用条件($1/30$, $n/60$)的应收账款成本增加 0.759 6万元，具体分析详见表 8.23。因此，在其他条件不变的情况下，乙信用条件更佳。

3.解：

经济订货批量：

$$\sqrt{\frac{2\times3\ 600\times1\ 800}{100}\times\frac{30}{30-2.5}}\text{吨}=720\text{ 吨}$$

在经济订货批量下的相关总成本：

$$\sqrt{2\times3\ 600\times1\ 800\times100\times\left(1-\frac{22.5}{30}\right)}\text{元}=18\ 000\text{ 元}$$

五、案例分析要点

1.SC 公司营运资本管理存在的问题

根据材料中的数据分析对于 SC 公司营运资本管理现状的分析可以得出,目前,SC 公司的营运资本管理问题主要源自于以下 6 个方面:①现行营运资本管理策略与公司实际经营水平不匹配;②流动资产占总资产比重与公司盈利能力不匹配;③流动负债占总负债比重与公司偿债能力不匹配;④现金周转期并不能反应公司真实的现金流情况;⑤库存水平不能与公司的应收账款回收能力相匹配;⑥盲目使用应付账款缓解偿债压力的做法不能真实解决 SC 公司的现金流问题。

(1)营运资本策略问题

从 SC 公司现行的营运资本管理模式行为表现上看,SC 公司的营运资本策略整体呈现激进型。从营运资本策略整体上看,SC 公司正以“利润最大化”这一目标,采取相对应的营运资本管理方法。但是这种管理方法,没有和公司的实际情况相结合,没有考虑公司现有的现金流状况,属于“盲目”的营运资本管理。

①营运资本投资策略。SC 公司采取了风险偏好型的营运资本投资策略,近年来不断减少自身流动资产占据总资产的比重。SC 公司降低流动资产占比的手段,主要体现在公司压缩了自身的库存水平的“去库存”化工作进程中。并且,公司在完成既定的营运目标后,避免额外的生产经营活动来防止生产能力的过剩。上述营运资本投资策略的选择,需要建立在两个方面的基础上:一是市场环境稳定,国家政策支持;二是公司现金流管理水平较高,未来发展稳定并且可被预期。显然,SC 公司现在所处的状况均不符合以上两种情况。首先,近年来频繁的经济危机一直威胁着市场的整体发展;其次,SC 公司并不具备强有力的现金流管理手段,公司的未来发展水平也并不具备稳定可期的性质。所以,盲目采取激进型的营运资本投资策略,只能够为 SC 公司提供“虚假”的收入,并不能真实增加利润,也不能真实地为公司提供可用资金。

②营运资本融资策略。SC 公司采用了风险偏好型的营运资本融资策略,近年来其流动负债占据总负债比重不断提高。为了弥补自身的资金需求,缓解现金流压力,SC 公司过多使用具有短期性质的融资手段,甚至产生依赖性。送样的营运资本融资策略,并不能真正缓解 SC 公司的现金流压力,反而会加重公司在一定时期的偿债压力,加剧公司所面临的偿债风险。如果继续下去,最终将导致企业面临现金流危机。

(2)流动资产管理问题

SC 公司在风险偏好型的营运资本投资策略下,扩大了自身流动资产占据总资产的比重,来为企业规避营运环节的风险。但是,与此同时,大量流动资产的运用,反而使得用于获利的资产部分受到挤压,拖累了 SC 公司盈利能力的提升。在现有的较低水平的盈利能力状况下,SC 公司没有与之相匹配的现金流状况。在这样的情况下,盲目扩大流动资产规模,反而阻碍了企业的经营活动。而且,对于 SC 公司而言,这种情况已经持续了相当一段时期。如果这样的情况继续下去,SC 公司不就自身现有经营策略与流动资产结构做出改变,未来将难以实现企业转型,会进一步恶化现有营运状况。

(3)流动负债管理问题

SC公司在风险偏好型的营运资本融资策略下,扩大了自身流动负债占据总负债的比重,来为赢得大量的资金空余。然而这种"透支型"的融资方式所带来的资金空余,并不是真实的。近年来,SC公司的偿债压力,以及所面临的偿债风险逐年提高。然而,SC公司的利润状况并不能够缓解这种逐年增长的偿债压力,现有的现金流水平并不足以应付潜在的偿债风险。无论是对于短期的融资手段过于依赖,还是依靠扩大应付账款来暂时性地缓解现金流压力,都会在长期环境下,加重SC公司的偿债风险,对日益严重的现金流问题造成恶劣影响。

(4)现金流管理问题

由此可见,SC公司的现金流管理较为混乱,没有强有效的现金流控制能力。总体上看,尽管前三年SC公司的现金流管理有了明显改善,对供应商资金的占用有所提高,其自身对现金流的运用具备了更高的效率。但是,在这之后的三年期间,这一状况很快又回到过去,SC公司的现金流管理水平并没有稳定在一定的水平上。

①应收账款与存货管理问题。公司的存货变现环节中,存货的周转并没有转化为真实的资金。从应收账款角度来说,尽管应收账款总体上来看加速了周转,提高了回收能力,但是从流动资产总体结构上来看,这只是其他的应收项目占比提高的结果。从"去库存"的角度来说,SC公司主要通过原材料的清理行为来进行剩余库存的清理,并没有真正实现自身过剩产能的消耗。然而,为达到清理库存的目的,SC公司通过增加销售的方式来扩大生产计划,这一存货的变现行为进一步增加了企业的应收类项目的数量,导致应收项目的不断积压,企业的现金流压力越来越大,最终形成恶性循环。

②应付账款管理问题。SC公司在面对已有的现金流压力时,逐步降低自身应付账款占流动资产的比重,转而采取应付票据和预收账款等手段。这种做法存在较大风险,因为应付票据对企业的偿债能力做出了固定的要求,相对而言缺乏应付账款的灵活性。从长远角度来看,不利于企业缓解自身的现金流压力。

2.SC公司营运资本管理的改革措施

(1)流动资产角度的改良意见

①采取风险偏好型的投资策略——投资策略应当更加激进。SC公司流动资产占总资产比重较大,公司采取了规避风险的做法,来制定自己的投资策略。这一问题的关键点在于,具有流动性质的资产,自身无法为企业提供获利能力。SC公司目前的做法,通过所谓去库存这样的类似理念,来提高存货的变现能力,但又不考虑应收账款的回收,最终将导致企业丧失应对偿债能力所引发的危机的应对能力,不能从根本上解决公司的获利问题。鉴于这样的问题,公司应当采取风险偏好型的投资策略,降低自身所持有的具有流动性质的资产。第一要务,就是加强大量的应收项目的催收,用增强企业应付债务带来的危机的能力。在减少自身流动资产的同时,也变相地提高公司的盈利能力。

②强化现金的流入与运用。案例材料中提到回收应收项目,某种角度上来说,就是为了提高企业的现金的持有储备。虽然对于企业而言,当前持有的现金越多,证明企业对资金的运用越不够效率,资金越没有得到合理的应用。但是,针对SC公司而言,大量

的应收项目致使公司对现金极度匮乏,此时,应当首先保证应收项目的现金回收,扩大现金的持有储备。与此同时,要注意回收现金的运用,避免走上资金运用缺乏效率的另一个极端,并在扩大企业规模和偿还应付项目上找到一个完美的平衡点。

③控制企业规模。企业的发展理所当然地存在着规模效应。尤其是在中国的市场经济下,企业的盈利能力随着企业的规模扩张,会有明显的提高。但这并不意味着,企业应该无节制扩大规模。扩大企业规模,首要保证足额资金供应。对于 SC 公司而言,企业持有资金正是稀缺资源,并不足以供应企业的进一步扩大。而通过扩大企业规模来提高收益从而解决现金流缺失问题的做法更不可行,因为 SC 公司的现有营运资本管理问题并不在于企业没有足够的获利能力,而在于这种获利并不能真正地转化为可用资金。当企业规模得以扩大时,是有助于降低成本、分散危机的可能性以及扩大市场的。然而,企业的规模在扩大的同时,也要量力而行,不能为了扩大规模而扩大规模,要结合自身情况。SC 公司正是如此,应当优先控制企业的规模,率先解决内忧外患。

(2)流动负债角度的改良意见

①采取风险规避型或是折中派的融资策略——融资策略应当适当收敛。材料中提到,SC 公司依赖于通过大量应付项目来支撑自己,以此引发了一个“三角式”的恶性循环的开始。这一点上,企业应当适当尝试采取相对保守一些的融资策略,注重资金的流入与运用,找到适合企业的短期负债与应付项目的合理比例,找到企业信用资源的平衡点,找到财务风险与企业信誉的平衡点,以免给企业造成不必要的损失。

②强化企业短期贷款管理。SC 公司依赖短期贷款缓解现金流缺失的做法并不可靠,只是解决“燃眉之急”,相反会加剧企业的现金流负担。在这样的情况下,企业短期贷款的强化管理迫在眉睫。SC 公司需要尽快摆脱对短期贷款的进一步依赖,有效率地持有短期贷款,真正做到合理利用短期贷款为企业的资金问题提供帮助。

(3)平衡性角度的改良意见

营运资本管理的核心本质是平衡,对 SC 公司来说,平衡风险、成本和资本管理效率是至关重要的。

①风险角度的平衡。对于 SC 公司而言,目前要做的,就是将流动资产与流动负债保持在一个足够承担的合理范围内。送样做的目的,就是最大化地避免由短期负债或债权导致的企业财务风险,强化企业偿债能力,解决企业现金流缺失问题。

②成本角度的平衡。营运资本也是一种成本,只有找到营运资本这一成本与企业盈利的平衡点,才能通过营运资本管理的方式为企业带来更多利润。

③效率角度的平衡。以小搏大、最少投入最大产出是效率论的要点。SC 公司目前要解决的,就是在存货、应收、应付项目的周转间取得平衡,尽可能地通过存货管理、应收应付项目管理手段提高资金转化效率。

3.案例分析中的不足之处

案例中通过对 SC 公司营运资本管理数据分析大致为相似企业提供了一种分析企业营运资本管理的方法。但是,数据分析中存在着诸多不足之处,这些不足之处是可以得到改正的。①案例中的分析过分依赖级向对比,样本的选取偏向目标公司多年年报中的数据指标。在今后的案例分析中,可以适当加入横向对比,分析行业内变化及趋势,从行业角度完善营运资本管理分析。②对财务管理类的数据的研究方法过于依赖,以至于不能形成一种有力的全面理论体系。可以在未来加入财务管理类数据以外的指标,并凭借将各类指标的杂糅完善体系框架,从而将得出更加全面的理论结果,并能从现有的财务管理分析方法中脱胎换骨,发现新的领域。

第九章　利润分配

第一部分　理论辅导

一、重要概念

①股利无关理论是由美国财务学家米勒和莫迪利亚尼于 1961 年提出，他们认为公司股利政策不会对公司价值产生任何影响。

②股利相关理论是指公司股利分配对公司市场价值有影响，其代表性观点有“在手之鸟”理论、信号传递理论、税收差别理论和代理理论。

③股利政策是指企业对股利分配所采取的策略，包括是否发放股利、以何种形式支付股利、股利支付率是多少以及何时支付股利等。公司经常采用的股利政策有剩余股利政策、固定股利政策、固定股利支付率政策和低正常股利加额外股利政策。

④股票分割又称拆股或股票拆细，是公司管理当局将一张较大面值的股票拆成几张较小面值的股票的行为。股票分割可以促进股票的流通和交易，提高投资者对公司的信心，促进新股的发行，增加对被并购方的吸引力。

⑤股票回购是指上市公司在二级市场将本公司已发行在外的股票通过现金方式购回的行为。在股市低迷的情况下，上市公司通过回购自己的股票来缩小股票的供应量是有利于维护公司股价稳定的。

二、主要内容

1.股利理论

股利理论是指股利与股票市价间关系的理论，主要包括股利无关理论、股利相关理论，如表 9.1 所示。

表 9.1 股利理论相关知识

理论流派	理论分支	对企业价值影响	最优股利政策选择
股利无关理论	MM 股利理论	不影响企业价值	完全资本市场上,股利政策改变仅意味着收益在现金股利与资本利得之间分配的变化,投资者并不关心股利的分配
	股利剩余理论	不影响企业价值	公司股利应由投资收益率来决定,如果公司有较多的投资机会,则不应发放现金股利,而以保留盈余;反之,应将盈余分配给股东
股利相关理论	“在手之鸟”理论	会影响企业价值	较多派发现金股利满足投资者要求,有利提升估价
	股利税差理论	会影响企业价值	股利收入所得税率高于资本利得的所得税率,派发较少现金股利有利避税
	客户效应理论	会影响企业价值	公司应根据投资者的不同需要分别制定股利政策
	信号传递理论	会影响企业价值	较多派发现金股利会传递公司较好的前景,公司股价就会上涨;反之,公司股价就会下跌
	代理理论	会影响企业价值	公司分配现金股利可以有效地降低代理成本,提高公司价值

2.利润分配原则

利润分配关系企业、投资者、债权人等有关利益相关者的利益,对企业的生存和发展产生重要影响。因此,企业利润分配必须遵循 4 条利润分配原则,如表 9.2 所示。

表 9.2 利润分配原则

原则	说明
依法分配原则	国家有关法律、法规对企业利润分配的基本原则、分配顺序和分配比例都作了较为明确的规定
资本保全原则	企业在利润分配时不能侵蚀资本,即企业如果存在尚未弥补的亏损,应首先弥补亏损;否则,不准进行利润分配
充分保护债权人利益原则	按照风险承担顺序及其合同契约规定,企业必须在利润分配之前偿清所有债权人到期债务,否则不能进行利润分配
兼顾各方面利益原则	企业在分配利润的时候要坚持全局观念,兼顾国家、所有者和企业职工等各方面的利益

3.股利支付方式

按照股份有限公司对其股东支付股利的方式不同,分为现金股利、股票股利、财产股利和负债股利 4 种方式,如表 9.3 所示。

表 9.3　股利支付方式

方式	特点
现金股利	公司直接用现金支付股利,这是股利支付的主要方式;支付现金股利必须满足有累计盈余和足够的现金
股票股利	公司以增发股票的方式来支付股利,通常被称为红股。企业发放股票股利,股东权益和股东持股比例都不发生变化,只是所有者权益各项目的结构发生了变化
财产股利	公司以现金以外的其他资产支付股利,主要是以公司所拥有的其他公司的有价证券作为股利发放给股东
负债股利	公司以负债方式支付股利,通常以公司的应付票据支付给股东,也可以以发行公司债券抵付股利

4.股利政策

在股利分配实务中,公司经常采用股利政策包括剩余股利政策、固定股利政策、固定股利支付率政策、低正常股利加额外股利政策。各股利政策优缺点的比较如表 9.4 所示。

表 9.4　股利政策比较

股利政策类型	优点	缺点
剩余股利政策	有利于保持理想的资本结构	每期股利的波动性较大,不利于股价的稳定
固定股利政策	向市场传递公司正常发展的信息,有利于增强投资者信心,稳定股票价格	当盈余较低时也要支付固定股利,可能导致资金短缺,财务状况恶化
固定股利支付率政策	能够保持股利与公司盈利水平的一致性	每期股利的波定性较大,不利于股价的稳定
低正常股利加额外股利政策	可以保持股利稳定性,又能使股利与盈余相配合	如果经常连续支付额外股利,会失去激励作用

5.股利政策的影响因素

公司股利政策受公司各种制约因素的影响,采取何种股利政策虽然是由管理层决定的,但是实际上在其决策过程中会受到许多主观因素和客观因素的影响,如表 9.5 所示。

表 9.5 股利政策的影响因素

制约因素	限制条款	说明
法律限制	资本保全限制	我国法律规定公司不能用资本发放股利,股利支付不能减少法定资本,如果某公司资本已经减少或者因支付股利而导致资本减少,公司就不能支付股利
	资本累积限制	按照法律规定,公司税后利润必须先提取法定公积金。只有当提取的法定公积金达到注册资本的 50%时,才可以不再提取。提取法定公积金后的留存收益才可以用于支付股利
	偿债能力限制	偿债能力是指企业按时足额偿付各种到期债务的能力。如果当期没有足够的现金而派发了股利,则不能保证公司在短期债务到期的时候有足够的偿还能力,所以公司应先满足偿债的要求再派发股利
	超额累积利润限制	超额累积利润限制是为了防止股东避税
公司因素	盈余的稳定性	盈余相对稳定的公司比盈余不稳定的公司具有更高的股利支付能力。同时,盈余稳定的公司面临经营风险和财务风险较少,筹资能力较强,能保证股利支付能力
	现金流量	公司在分配现金股利时,必须考虑现金流量是否充足,公司现金股利支付能力是由公司资产变现能力决定的
	筹资能力	通常情况下,规模大、盈利能力强的公司筹资能力强,公司因为能够及时筹集到所需的现金,所以公司有能力发放高股利
	资本成本	公司采取低股利政策,既可以适当满足公司业务扩张资金需求,又可以适当降低公司资本成本
	投资机会	具有旺盛投资需求的公司往往将实现的盈余留在公司,尽量减少现金股利,以满足公司新的投资需求
股东因素	股利收入稳定与避税	部分股东的主要收入来源于股利,他们要求公司股利稳定以保持收入稳定,便于安排开支。另外,股利收入较多的股东会考虑个人所得税税负过高,通常会反对高股利政策
	控制权稀释	如果公司支付较高的股利就会导致留存盈余减少,公司将需要发行新股来满足扩大再生产的资金需求。公司大量发行新股可能会导致公司控制权稀释,因此大股东会要求少分配股利甚至不分配股利
其他因素	债务合同约束	企业的债权人为了保护自身的利益往往在债务合同中约定支付股利的限制
	通货膨胀	在通货膨胀时期,企业一般采取偏紧的利润分配政策

6.股票回购解读

股票回购是指上市公司在二级市场将本公司已发行在外的股票通过现金方式购回的行为。在股市低迷的情况下,上市公司通过回购自己的股票来缩小股票的供应量是有利于维护公司股价稳定的,如表9.6所示。

表9.6　股票回购解读

要点	内容	解释
股票回购的法律规定	不得回购本公司股份	股票回购可适用于以下情形: ①减少公司注册资本; ②与持有本公司股份的其他公司合并; ③将股份奖励给本公司职工; ④股东因对股东大会作出的公司合并分立决议持异议要求公司收购其股份的
股票回购的动机	现金股利的替代	当公司有富余资金但又不希望通过派现方式进行分配时,股票回购可以作为现金股利的替代
	提高每股收益	由于每股收益指标是以流通在外的股份数作为计算基础,公司采取股票回购的方式,来减少实际支付股利的股份数,从而提高每股收益
	改善公司的资本结构	股票回购可以改善公司资本结构,提高财务杠杆水平
	稳定或提高公司股价	如果管理层认为公司的股价被低估时,可以进行股票回购,以稳定或提高公司股价
	巩固控制权	大股东为保证其控制权,采取直接或间接的方式回购股票,从而巩固既有的控制权
	防止敌意收购	股票回购可以使公司流通在外的股份数变少,促进股价上升,加大收购方收购难度
股票回购的影响	对公司影响	股票回购的成本容易造成资金紧张,资产流动性降低。在一定程度上削弱了对债权人利益的保障且容易导致公司操纵股价,加剧公司行为的非规范化,使投资者蒙受损失
	对股东影响	对于投资者来说,股票回购不仅可以节约个人税收,而且具有更大的灵活性
股票回购的方式	市场回购	公司在股票市场以等同于任何潜在投资者的地位,按照公司股票当前市场价格回购
	要约回购	上市公司发布要约收购报告书,确定要约收购方案、要约回购的对象、要约回购的方式和要约收购期限、实施要约收购价格
	协议回购	股票发行公司与某些投资者直接见面,通过协商达成回购股票的方式

三、重点难点

1.本章重点

熟悉股利分配的相关理论,掌握股利政策的4种类型及应用,理解股利支付的影响因素,甄别股票股利、股票回购及股票分割优缺点及其运用。

2.本章难点

第一,股利相关理论与股利无关理论的应用前提条件。

第二,4种股利政策比较及结合企业实际情况进行灵活运用。

第二部分　强化训练

一、单项选择题

1.关于股票股利,说法正确的有(　　)。

A.股票股利会导致股东财富的增加

B.股票股利会引起所有者权益各项目的结构发生变化

C.股票股利会导致公司资产的流出

D.股票股利会引起公司负债的增加

2.领取股利的权利与股票相分离的日期叫作(　　)。

A.股利宣告日　　B.股利登记日　　C.除息日　　D.股利支付日

3.主要依靠股利维持生活的股东养老基金管理人最不赞成的公司股利政策是(　　)。

A.剩余股利政策　　B.固定或持续增长的股利政策

C.固定股利支付率政策　　D.低正常股利加额外股利政策

4.为了达到反兼并、反收购目的,公司采用的主要策略是(　　)。

A.不支付任何股利　B.支付较高股利　C.支付较低股利　D.出售库藏股份

5.容易造成股利支付额与本期净利相脱节的股利分配政策是(　　)。

A.剩余股利政策　　B.固定股利政策

C.固定股利支付率政策　　D.低正常股利加额外股利政策

6.就上市公司而言,以股票形式发放股利可能带来的结果是(　　)。

A.会增加企业资产　　B.会减少企业负债

C.会增加原投资者持股的份额　　D.不会引起股东权益总额的增减变化

7.在股利政策中,灵活性较大,对企业和投资者都较有利的方式是(　　)。

A.固定分红比率策略　　B.固定分红策略

C.剩余策略　　D.正常分红加额外分红策略

8.一般而言,适用于采用固定分红策略的公司是(　　)。

A.负债率高的公司　　B.盈利稳定或处于成长期的公司

C.盈利波动较大的公司　　D.盈利较高但投资机会较多的公司

9.若采用盈余公积金派发股利，派发股利后的盈余公积金不得低于注册资本的25%。若企业注册资本 3 000 万元，盈余公积金 1 000 万元，那么，用盈余公积金派发股利最高金额应为(　　)。

A.750 万元　　B.300 万元　　C.250 万元　　D.150 万元

10.上市公司按照剩余政策发放股利的好处是(　　)。

A.有利于公司合理安排资金结构　　B.有利于投资者安排收入与支出

C.有利于公司稳定股票的价格　　D.有利于公司树立良好的形象

11.公司采用固定股利政策发放股利的好处主要表现为(　　)。

A.降低资金成本　　B.维持股价稳定　　C.提高支付能力　　D.实现资本保全

12.发放股票股利的结果是(　　)。

A.企业资产增加　　B.企业所有者权益增加

C.企业所有者权益内部结构调整　　D.企业筹资规模增加

13.下列公司中，通常适合采用固定股利政策的是(　　)。

A.收益显著增长的公司　　B.收益相对稳定的公司

C.财务风险较高的公司　　D.投资机会较多的公司

14.法律对利润分配进行超额累积利润限制的主要原因是(　　)。

A.避免损害少数股东权益　　B.避免资本结构失调

C.避免股东避税　　D.避免经营者从中牟利

15.公司处于高速发展阶段适用的股利政策是(　　)。

A.剩余股利政策　　B.固定股利政策

C.固定股利支付比率政策　　D.低正常股利加额外股利政策

二、多项选择题

1.恰当的股利分配政策有利于(　　)。

A.处理好公司与投资者的关系　　B.增强公司筹资能力

C.树立投资者对公司的信心　　D.提高公司价值

2.下列各种股利分配政策中，企业普遍使用并为广大投资者所认可的基本策略有(　　)。

A.剩余股利策略　　B.固定分红额策略

C.正常分红加额外分红策略　　D.固定分红比率策略

3.影响股利政策的法律约束因素包括(　　)。

A.资本保全约束　　B.资本确定约束

C.资本充实约束　　D.超额累积利润限制

4.股东在决定公司收益分配政策时，通常考虑的主要因素有(　　)。

A.规避风险　　B.稳定股利收入

C.防止公司控制权旁落　　D.避税

5.上市公司发放现金股利主要出于以下哪些原因(　　)。

A.投资者偏好　　B.减少代理成本

C.传递公司的未来信息　　D.降低资金成本

6.利润分配政策在一定程度上决定企业的(　　)。

A.对外筹资的能力　　B.市场价值的大小

C.资本数额的多少　　D.资金结构的优劣

7.下列项目中不能用于支付股利的有(　　)。

A.原始投资　　B.实收资本

C.股本　　D.上年未分配利润

8.影响收益分配政策的公司因素包括(　　)。

A.公司举债能力　　B.未来投资机会　　C.资产流动状况　　D.筹资成本

9.现行法律、法规对公司股利分配方面的限制有(　　)。

A.要求资本保全　　B.按比例提取法定盈余公积金

C.不允许股权稀释　　D.净利润必须大于0,才能发放股利

10.支付现金股利(　　)。

A.会使企业的现金减少　　B.会使企业的未分配利润减少

C.不会使企业的所有者权益减少　　D.会使企业的所有者权益减少

三、判断题

1.高速成长的企业一般只发行较少的股利,而处于经营收缩期的企业,一般发放较多的股利。(　　)

2.与发放现金股利相比,股票回购可以提高每股收益,使股价上升或将股价维持在一个合理的水平上。(　　)

3.一个新的股东要想取得股利,必须在股利发放日之前购入股票,否则即使持有股票也无权领取股利。(　　)

4.发放股票股利与实施股票分割,不仅会引起每股收益的下降,同时也会引起股东权益类项目内部结构的变化。(　　)

5.公司发放股票股利后会使得资产负债率下降。(　　)

四、计算分析题

1.某公司2016年度净利润为5 000万元,2017年度投资计划所需资金4 000万元,公司目标资本结构为自有资金占60%,借入资金占40%,则按照目标资本结构的要求:

(1)计算公司2017年投资方案所需的自有资金数额;

(2)计算该公司2016年度可向投资者分红的数额。

2.A股份有限公司2016年有关资料如下:

(1)2016年度税后利润总额为2 000万元;

(2)5年以前尚未弥补的亏损为500万元;

(3)经董事会决定,法定公积金的提取比例为10%,任意盈余公积提取比例为5%;

(4)支付900万股普通股股利,每股0.2元。

要求:计算该公司 2016 年税后利润的分配情况。

3.某公司 2010 年的税后净利润为 1 000 万元,该年分配的现金股利为 500 万元。2012 年拟投资 1 000 万元引进一条生产线以扩大生产能力。该公司目标资本结构为自有资金占 80%,借入资金占 20%。该公司 2011 年的税后利润为 1 200 万元。要求:

(1)如果采用剩余股利政策,2011 年度不需要计提盈余公积金,计算该公司 2011 年应分配多少现金股利?

(2)如果采用固定股利政策,并保持资本结构不变,计算该公司 2012 年为引进生产线需要从外部筹集多少自有资金?

(3)如果采用固定股利支付率的股利政策,并保持资本结构不变,计算该公司 2012 年为引进生产线需要从外部筹集多少自有资金?

第三部分　案例分析

AT&T 股份回购

一、案例材料

(一)公司简介

美国电话电报公司(American Telephone & Telegraph Company, AT&T)的前身是由电话发明人贝尔于 1877 年创建的美国贝尔电话公司。1895 年,贝尔公司将其正在开发的美国全国范围的长途业务项目分割,建立了一家独立的公司称为美国电话电报公司(AT&T)。1899 年,AT&T 整合了美国贝尔的业务和资产,成为贝尔系统的母公司。该公司一直是美国长途电话技术的先行者。1984 年,美国司法部依据《反托拉斯法》拆分 AT&T,分拆出一个继承了母公司名称的新 AT&T 公司(专营长途电话业务)和 7 个本地电话公司(即"贝尔七兄弟"),美国电信业从此进入了竞争时代。1995 年,又从公司中分离出了从事设备开发制造的朗讯科技和 NCR,只保留了通信服务业务。2000 年后,AT&T 又先后出售了无线通信、有线电视和宽带通信部门。2005 年,原"小贝尔"之一的西南贝尔对 AT&T 兼并,合并后的企业继承了 AT&T 的名称。

现在的 AT&T 公司作为电信行业的领航者,其主要业务是:①为国内国际提供电话服务。利用海底电缆、海底光缆、通信卫星,可联系 250 个国家和地区,147 个国家和地区可直接拨号。②提供商业机器、数据类产品和消费类产品。③提供电信网络系统。④各种服务及租赁业务。它还为政府提供产品和服务。该公司非常重视科研和开发新产品。除此之外,AT&T 还提供了最先进的 IP 通信服务,AT&T 基于技术平台的不同,将自身提供的产品和服务划分为 4 个战略业务单元,即无线、有线、广告解决方案及其他业务部门。截至 2012 年 12 月 31 日,AT&T 流通在外的普通股共有 55.81 亿股,2012 年全年实现销售收入 1 274.34 亿美元,净利润 75.39 亿美元,每股收益为 1.25 美元,股东投资报酬率高达 5.92%,2012 年 12 月 31 的收盘价为 33.71 美元(每股),市盈率为 26.97 倍。在美国《财富》杂志公布的 2013 年度全球企业 500 强排行榜中 AT&T 排在第 34 位,据电信行业第二名。

(二)股份回购的动因及经济后果

所谓股份回购,是指上市公司回购本公司一定数额的发行在外的股票,作为库藏股或进行注销的行为,是资本运营及利润分配的重要方式之一。股票是上市公司的所有权证书,代表了投资者在公司中的投资及其衍生权益。因此,股份回购可以被理解为公司减少资本的行为,但鲜有上市公司真正直接为了"减资"而进行股份回购。通常来讲,公司回购股份的目的在于改善资本结构,增加财务灵活性、发挥财务杠杆作用、改善资金运用效率、回馈股东或反收购等。股份回购的方式主要包括公开市场回购、要约回购和私下转让等。其中,以公开市场回购最为常见。

1.股份回购的动因

纵观国内外股份回购研究成果,各国学者都对回购动因给予了高度关注,并提出了不同的观点看法。现将股份回购的主要动因概括为 7 个方面,具体如下:

(1)财务灵活假说

公司股份回购宣告可能并不限定具体回购数量、价格和时间,甚至不明确是否执行回购,决策层可以根据公司现金流量状况,灵活选择回购时机,自主决定是否实际执行回购计划。股份回购可以使管理者充分利用财务弹性,避免向股东持续支付现金股利,保证财务上的灵活性。

(2)财务杠杆假说

公司通过回购股份可以减少权益资本,提高财务杠杆比率,增加每股收益,进而优化资本结构和增加公司价值。

(3)自由现金流假说

当企业缺乏好的投资机会而又有多余现金时,可采用回购股份方式来处理闲置资金。通过回购把多余现金返还给股东,可以促使管理者在支付方面更加规范,从而降低由自由现金过度投资引发的相关代理成本。因而,股份回购被认为是一种旨在降低代购成本的自由现金支付方式。

(4)价值低估信号假说

公司管理层与投资者之间存在严重的信息不对称,当管理层认为股票价值被低估或者公司未来盈余优于市场预期时,公司就可能通过回购股份来向市场或投资者发送信号。股份回购宣告后市场的积极反应能够修正股票被低估的价值。许多学者的研究成果或实践调查表明,价值被低估是公司宣告股份回购最重要的理由。

(5)并购防御假说

当公司股价过低时,公司容易成为市场并购的目标。管理层为了维持自身的控制权,抵御敌意接管,通常采用公开回购股份以减少发行在外的权益资本的方式来提升股价,从而提高收购成本,以达到防止被收购的目的。

(6)财富转移假说

股份回购主要表现为债权人向股东、出售股票的股东向持有股票的股东以及同行业非回购公司向回购公司的财富转移,并不能产生新的价值。

(7)管理层激励假说

管理层激励假说是伴随20世纪90年代股票期权的兴起而产生的,主要观点为股份回购可以抵消股票期权对每股盈余的稀释作用。当公司的管理层持有公司股票时,通常选择股份回购的方式来保护自身的利益。

综上所述,各国学者对股份回购的动因做了充分且深入的研究,而随着理论研究和实践环境的日益变化,近代学者也不断对前人的研究成果进行检验和扩充,但尚不存在统一的观点和结论,学者对股份回购动机的解释仍然各执己见、莫衷一是。仅股份回购研究的著名学者 Dittmar(2000)一人就从利润分配、投资、资本结构、公司控制权和公司报酬政策等多个角度出发,分别提出了资本过剩假说、价值低估假说、优化财务杠杆假说、防御接管假说和管理层激励假说5种假说。

综观现有文献,股份回购的7种假说的出现是随着研究理论和企业经营管理实践的发展而来的。并购防御假说是随着企业并购浪潮的兴起而出现的,而管理层激励假说则是随着20世纪90年代股票期权的出现而兴起的。财务灵活假说受到了早期学者的认同,特别是资本利得税和现金股利税存在差异的情况,但随着规制政策的变化,这种假说的适用性也受到质疑;价值低估信号假说虽为不少学者所认同和论证,却也因是否存在比股份回购成本更低的信号传递方式而受到质疑;而并购防御假说也因市场条件的变化失去了事实根据;近二三十年产生的自由现金流假说、财富转移假说和管理层激励假说目前受到较多的关注,但也尚待学者进一步研究得出定论。总之,企业进行股份回购的动因并非唯一而是多角度综合考量的结果,是企业对外部环境和内部运作的一种平衡,而对于股份回购动因的研究是一个不断发展和日益深入的过程,资本市场的完善、企业管理实践的发展以及相关理论的进步对此产生影响,因此,股份回购的动因在理论上和实践上都尚待进一步完善和发展。

2.股份回购的经济后果

股份回购往往会导致公司股票价格和财务指标产生不同程度的波动和变化,并且与发放现金股利和会计信息披露一样会向外界投资者传递一定的信号,因此上市公司股份回购的经济后果通常表现在市场效应和财务效应两个方面。

(1)股份回购的市场效应

股份回购的市场效应通常是指股份回购对于企业股价或收益率的影响,这种影响来源于投资者对于股份回购效应的理性判断。众多学者认为在市场不完全有效的情况下,企业可以通过股份回购来向投资者传递未来经营业绩的信息,从而使得股价或收益率发生相应的变动,这种变动包括短期市场反应和长期市场表现。

综上所述,对于股份回购的市场反应,不同国家和地区的专家学者都尝试运用不同方法和样本时段进行研究和验证。大多数研究成果认定:以股价作为判定标准,在股份回购公告之前,企业的股价会下降,但在公告之后,股价通常会有明显的上升;而以累积超常收益率作为判定标准,股份回购通常存在正向的短期市场反应和长期市场表现。从股份回购短期市场反应来看,累积超常收益率变化大致保持在 0.5%~6%,其中北美洲 0.5%~4%,欧洲 1%~3%,亚洲 0.2%~6%。从股份回购长期市场表现来看,累积超常收益率变化大致保持在 1%~35%,其中北美洲 5%~25%,欧洲 7%~35%,亚洲 1%~21%。但是,也有学者对以累积超常收益率作为判定标准判定股份回购通常存在正向的长期市场表现这一观点提出质疑,Bruce M.Bradford(2008)以美国地区的 723 次股份回购作为研究样本,同时使用购买并持有超常收益率(BHARs)和累积超常收益率(CARs)两种计量标准,发现以购买并持有超常收益率计算时,在公告之后的两年内存在显著的正向的超常收益率,但在运用三因素法计算累积超常收益率时,发现在公告之后并不存在长期的超常收益率。Lee Y.G、S.C.Jung 和 J.H.Thormton Jr.(2005)通过对韩国样本进行研究发现,并不存在所谓的长期超常市场表现,他们认为这在一定程度上和韩国当地规定股份回购必须在 3 个月内完成有很大关系。

(2)股份回购的财务效应

有些学者也研究了股份回购公告当时以及公告后企业财务指标的变化。Rosenberg 和 Young(1978)研究发现,回购公司在回购股份以后的销售净额、净利润、回购当年及回购期间的研发支出等会显著低于未回购公司,而且可供普通股股东分配的利润也较少。Grulon 和 Michaely(2004)也发现股份回购的企业在公告之后的资本支出、研发支出、系统风险以及资本成本都会有明显的下降。同样地,现金持有量也会减少。但企业成长性的高低对股份回购的动因没有特别的影响。Tery D.Nixon、Greg Roth 和 Andy Saporoschenko(2011)以 1985—1994 年 351 家企业发布的公开市场股份回购作为样本,对比了样本企业和可比企业的公告前的资产现金收益、权益的市场价值以及托宾 Q 的大小。研究发现托宾 Q 较低的企业在股份回购公告时,企业的销售收入、自由现金流以及现金的持有量会增加,但财务杠杆会变小,资产规模和资本开支没有显著的变化。托宾 Q 较高的企业的上述财务指标不会发生变化,但是市场账面价值比(M/B)会显著增加。总之,对于股份回购财务效应的研究,亟待建立对股份回购财务影响的事后评价体系并加以验证。

(三)AT&T 股份回购的动因分析及经济后果

1.AT&T 近十年的股份回购事件回顾

综观 AT&T 近年发展历程,在 2003—2012 年,AT&T 公司以向股东返还现金为主要缘由,共进行了五次股份回购宣告。2003 年 12 月 12 日,西南贝尔(SBC)董事会宣布增发股利 10.6%,季度股利由每股 28.25 美分提高至 31.25 美分,年度股利由每股 1.13 美元提高至 1.25 美元。与此同时,董事会批准普通股回购计划,拟回购 3.5 亿股普通股,约占发行在外股份的 10%,预计于 2008 年底前完成回购。SBC 董事长兼 CEO 埃德·惠特克(Edard E.WhitacreJr)表示,“此举兼顾了公司未来发展和向股东返还现金两个方面,反映出 SBC 强劲的现金流、谨慎的财务管理,以及董事会对长期经营业绩的信心”。

2006 年 3 月 4 日,AT&T 董事会宣告增发股利,同时决定通过股份回购向股东返还红利。本次回购计划拟回购 4 亿普通股,金额达 100 亿美元,预期于 2008 年前完成。股份回购的时机及资金构成取决于市场状况及公司发展策略。2007 年 12 月 11 日,AT&T 董事会宣告增发股利12.7%，季度股利由每股0.355美元提高至0.40美元，年度股利由每股1.42美元提高至1.60美元，增长比例为史上之最。与此同时，董事会批准新的股份回购计划，拟回购4亿股股份，该计划将取代2006年制订的回购计划。出于市场状况和公司远景考虑，AT&T希望此次回购计划能于2009年底前完成实施。根据该公告，股利将于2008年2月1日发放给2008年1月10日登记在册的普通股股东，而股份回购的时机及方式待定，取决于市场状况和《证券法》的相关规定。AT&T的董事长兼CEO兰德尔·斯蒂芬森（Randall Stephenson）表示，"此次股利增长和股份回购，反映了AT&T良好的运营状况，以及董事会对企业前景和持续强劲发展能力的信心。AT&T在这个迅速发展的行业里稳步前进，拥有优质资产，能够在把握企业未来发展良机的同时为股东创造并输送利益"。

2010年12月17日，AT&T董事会宣告增发股利2.4%，季度股利由每股0.42美元提高至0.43美元，年度股利由每股1.68美元提高至1.72美元。与此同时，董事会批准了新的股份回购计划，拟回购3亿股股份，约占流通在外普通股的5%，无回购期限。根据该公告，股利将于2011年2月1日发放给2011年1月10日登记在册的普通股股东，而股份回购的时机及方式待定，届时将取决于市场状况和《证券法》的相关规定。Randall Stephenson表示，"此次股利增加和股份回购反映了董事会对我们获现能力的信心。在如今减少负债的状况下，公司稳健的财务管理依然使我们能向股东返还现金"。

2012年7月27日，AT&T董事会在2012年12月股份回购计划的基础上，宣告额外增加回购3亿股普通股，约占AT&T流通在外股份的5%。本次回购将采用公开市场回购的方式，无回购期限。Randall Stephenson表示，"在保证稳健的财务状况和留足未来发展所需投资资金的情况下，我们向股东发放股利并进行股份回购，意在持续向股东返还现金"。

上述股份回购计划宣告后，AT&T在后续年度陆续开始回购发行在外的股票。具体回购过程如表9.7所示。

表9.7　2006—2012年AT&T股份回购历程

股份回购计划	回购期间	回购股份总数	平均每股回购价格（美元）	在该计划下仍可但尚未进行回购的最大股份数
2006年3月4日，拟回购4亿股普通股	2006.10.02—2006.10.31	12 600 000	33.05	342 430 000
	2006.11.01—2006.11.30	13 832 816	33.28	328 597 184
	2006.12.01—2006.12.20	12 765 068	34.64	315 832 116
	2007.10.01—2007.10.30	11 500 000	41.94	74 708 783
	2007.11.01—2007.11.30	23 500 000	39.13	51 208 783
	2007.12.03—2007.12.05	2 000 000	37.81	49 207 873

续表

股份回购计划	回购期间	回购股份总数	平均每股回购价格(美元)	在该计划下仍可但尚未进行回购的最大股份数
2007年12月11日,拟回购4亿股普通股	2008.01.30—2008.01.31	10 000 000	35.70	390 000 000
	2008.02.01—2008.02.29	77 133 333	36.78	312 866 667
	2008.03.03—2008.03.31	24 500 000	35.77	288 366 667
	2008.05.06—2008.05.30	23 700 000	39.38	264 666 667
	2008.06.02—2008.06.30	28 900 000	37.08	235 766 667
	2009.02.01—2009.02.28	133 334	25.16	0
2010年12月17日,拟回购3亿股普通股	2012.01.01—2012.06.30	约143 500 000	约34.37	约156 500 000
2012年7月27日,拟回购3亿股普通股	2012.07.27—2012.12.31	约227 500 000	约34.37	约72 500 000

注:①平均每股回购价格包含交易成本。

②2005年1月1日以前的数据暂缺。2010年及2011年未进行股份回购,2012年回购的股份涉及2010年及2012年宣告的两个计划期,全年共购回3.71亿股普通股,耗资127.52亿美元。

2.AT&T股份回购的动因分析

综观国内外现有研究,关于股份回购动机的研究多是选择某一假说,以大样本的数据进行实证检验,正如笔者在文献综述部分所言,笔者认为企业进行股份回购的动因并不是单一的,对股份回购动因的分析不能完全局限于所谓的七种假说,故本书对AT&T的动因进行分析时,从财务数据、行业环境等多个角度出发,全方位、多角度地透视其进行股份回购的动因。

(1)自由现金流假说和财务灵活假说

在AT&T数次发布的股份回购公告中,通常宣告进行股份回购的理由为:“在预留足够的发展投资资金,保证财务稳健的情况下,我们(AT&T)决定以股份回购的形式向股东返还更多的现金。”据AT&T年报数据显示(见表9.8),其营业收入及净利润多年处于持续增长的状态,尤其是经营活动净现金流在十年内增长了两倍,扣除必要的资本支出外,企业可自由支配的资金仍十分充裕。通常来讲,股份回购能够提升股东所持有股份的价值,相对于现金股利而言,股份回购引起的资本利得会为股东带来税收上的优惠,公司也能减轻派息压力。这样看来,公司在拥有稳定充裕的现金流时,选择股份回购相对来说更为合适。而我们发现,AT&T在宣告股份回购的同时,通常还伴随着增发股利的信息,至2012年底,AT&T已连续29次提高股利。这种现象以及年报数据充分显示AT&T内部现金流充足,由此印证了自由现金流假说,即无论是因为AT&T暂无更优的投资计划还是已留足投资资金,AT&T内部现金储备充足,不仅可以直接增加股利,更能够通过股份回购的途径来回馈股东,向股东返还更多的资金,这也成为AT&T制订股份回购计划最重要的动因。

电信企业在现金流充裕的情况下，普遍倾向回馈股东的行为由来已久。21 世纪初期，全球电信市场陷入低迷，电信运营商耗用股东资金在逆境中挣扎。随着外部环境的演变及电信企业的努力，电信行业重新步入正轨，各大运营商具有了能够向股东返还资金的资本实力，也开始在资本市场掀起股份回购的浪潮。在这样的背景下，公司一旦有了充足的现金流就用于博取股东的热情成为自然之举。就在 2003 年，AT&T 宣告计划回购 3.5 亿股股份，占流通股总数的 10%。这同时也证明自由现金流假说是绝大多数电信企业进行回购的重要动因。

此外，AT&T 在衡量自身发展策略和财务状况的基础上，综合运用现金股利和股份回购两种方式回馈股东，并宣告采取公开市场回购（OMR）方式进行回购，无具体的回购数量、时机及方式的限定，充分发挥了股份回购所具有的高财务弹性，缓解公司派息压力的同时也保证了股东的利益，由此验证了财务灵活假说。

表 9.8　AT&T 公告股份回购各年的现金流指标一览表　　单位：百万美元

年份	2003	2006	2007	2010	2012
营业收入	40 498	63 055	118 928	1 242 820	127 434
净利润	8 505	7 356	11 951	19 864	7 539
经营活动净现金流	13 406	15 615	34 072	34 993	39 176
每股经营活动净现金流（美元/股）	4.04	4.02	5.52	5.92	6.75
自由现金流	8 187	7 295	16 355	15 463	19 711
自由现金流占收比（%）	20.22	11.57	13.75	12.44	15.47
销售现金比率（%）	33.10	24.76	28.65	28.16	30.74
资产现金回收率（%）	13.14	5.77	12.36	13.03	14.39

（2）价值低估信号假说

AT&T 宣告股份回购，意在向公众表明公司对未来发展充满信心。与此同时，AT&T 在年报中表示，希望在紧握发展机会的同时，还能够通过股份回购的方式向股东传递价值。AT&T 的股份回购行为充分体现了其增强投资者信心，提升公司内在价值和改善价值实现，以及为公司持续健康发展奠定基础的良好意愿。从数次回购的短期市场反应来看，AT&T 股份回购宣告日前后，股价波动并不十分明显，而前后十个交易日内的累积超额回报率虽不够显著，但基本为正；从长期市场反应来看，股份回购带来短暂的正向效应，但并不具有持久性。由此，短期和长期的市场反应证明了价值低估信号假说的合理性，即股份回购公告的确让 AT&T 产生了正的超额收益率，成功地向投资者传递了价值被低估的信号，引起了投资者积极正向的反应，但信号传递作用的短期效果较长期更为明显。因此，我们认为 AT&T 确实想要向投资者传递积极信号，增强股东信心，但由于其股价并未被明显低估，因此效果并不十分理想。综上所述，我们认为价值低估信号假说是 AT&T 进行股份回购的主要动因之一。

(3)财务杠杆假说

AT&T 年报中提到,企业回购股份的资金来源包括经营活动产生的现金、外部借款或者处置非战略性投资产生的现金。从理论上讲,AT&T 拟回购的股份数额占流通股的比例相对较大(5%~10%),对负债水平的影响可能会较大,但笔者对 AT&T 公司近十年(2003—2012 年)的资产负债率进行深入分析发现,其波动性并不明显,如图 9.1 所示。在 2005—2009 年以及 2012 年,AT&T 均有回购行为,但其与负债水平的波动之间缺乏显著的相关关系;而 2008 年和 2009 年负债水平的提高可能是受金融危机影响,因此现有数据不足以证明负债水平的改变是由股份回购引起的。尽管股份回购确实会引发负债水平和股本规模的变动,这在理论层面上是毋庸置疑的,但将其作为 AT&T 进行回购的主要动因仍缺乏足够证据支持。因此,我们认为财务杠杆假说是 AT&T 进行股份回购的影响因素之一,但并不构成主要动因。

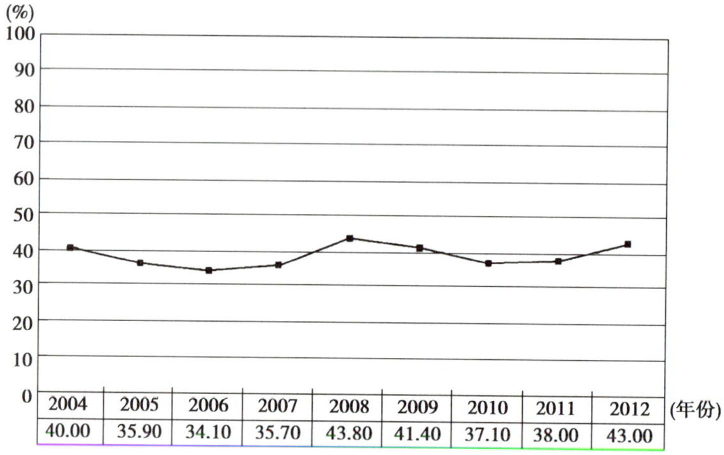

图 9.1　AT&T 的资产负债率变化趋势

(4)其他假说

AT&T 官方资料中显示,公司实施股份回购的股份将用于员工持股计划或用于某些收购方案。但由于公司并未披露具体的管理层持股比例,因此管理层激励假说无从验证。同时,财富转移假说虽能被普遍理解,参与回购和未参与回购的股东之间应该会出现财富转移,但对于财富转移假说的验证需要比较回购价格和股票真实价值来确定,如果回购价格高于股票的真实价值,则在股份回购完成后,继续持股的股东财富就会转移到参与回购的股东手中,这种转移的效应通常反映为负的累积超额收益;反之亦然。但考虑到 AT&T 股价并未被明显低估,累积超额收益率也不显著,因此财富假说难以得到验证。此外,AT&T 宣布股份回购时,并无明显证据表明有恶意收购者想要通过收购公司发行在外的股权进行企业合并。以 AT&T 的发展状况及企业规模来看,鲜有企业能够具备进行恶意并购的资本和实力,所以,并购防御假说难以成为 AT&T 股份回购的动因。

综上所述,AT&T 进行股份回购的动因主要包括公司自由现金流充足、意在增加财务灵活性,并向投资者传递积极信号三个方面,同时也考虑了对资本结构的改善,但其他理论假说在 AT&T 的回购行为中并未得到验证。综观整个电信行业,我们发现 AT&T 股份回购的行为并不特殊,各大运营企业都在以相似的理由、方式、年份实施各自的回购计划。在某些特殊年份,大量的电信运营商以与 AT&T 相仿的理由宣告股份回购以回馈股东,增强股东信心。以 2003 年为例,电信企业的股份回购行为主要包括:沃达丰(Vodafone)于 11 月 18 日宣布回购 25 亿英镑股票,并且表示随后将进行更多的回购计划;英国电信(BT)于 11 月 13 日宣布回购股票并提高派息额;NTT DoCoMo 于 11 月 18 日宣布将在下半财年回购 4 000 亿日元(约合 37 亿美元)股票;澳大利亚电信(Telstra)于 11 月 24 日宣布回购 10 亿澳元(约合 7.25 亿美元)股票;葡萄牙电信自 9 月起开始回购公司 10%的股票。在随后的发展过程中,仍有较多大型的电信企业与 AT&T 同期实施了较多的股份回购行为,如 Verizon 集团于 2004 年 1 月 22 日宣布回购 8 000 万美元股份,并于 2004 年和 2005 年分别购回 790 万美元股份和 950 万美元股份。基于对公司发展前景的充分信心,Verizon 于 2006 年 1 月 19 日宣布终止原方案,重新制订 1 亿美元的回购计划,并于本年购回 5 000 万美元股份。2007 年 3 月 1 日,Verizon 公司继续更新回购计划,预期回购 1 亿美元股份,并于当年购回 6 800 万美元股份。2008 年 2 月 7 日,在卓越的财务状况支持之下,Verizon 重新批准 1 亿美元的回购计划,并于当年购回 3 700 万美元股份。2011 年 3 月,董事会重新批准 1 亿美元的股份回购,但并未进行回购。2013 年 2 月 3 日,Verizon 新批准 1 亿美元的股份回购计划,并于 2 月 15 日购回 350 万美元股份。Verizon 公司与股份回购相关的公开资料显示,公司充足的现金流、将购回的股份用于员工持股计划等原因同样成为其进行股份回购的主要动因。因此,尽管不同电信运营企业各自的发展状况并不完全相同,但自由现金流假说、财务灵活性假说、价值低估信号假说成为包括 AT&T、Verizon 等在内的绝大多数电信运营企业进行股份回购的主要动因。

3.AT&T 股份回购的经济后果分析

作为公司收缩型资本运营的重要方式之一,股份回购通常会造成公司股票价格和财务指标产生不同程度的波动和变化,因此股份回购经济后果一般会借助两种方法进行实证研究:一是通过公司股份回购宣告前后股票价格异常波动的方向来衡量企业绩效变化(即事件研究法),通常选择股份回购公告发布前后的时间窗口期,计算超额收益率考察回购的经济后果;二是财务指标法,主要通过对比股份回购前后财务数据的变化来分析股份回购的影响。

(1)市场效应

AT&T 作为电信行业的领军企业,无论是产品经营还是资本市场的表现都堪称卓越。在 2013 年 7 月 8 日公布的《财富》世界 500 强企业榜单中,AT&T 列第 34 位,仅次于日本 NTT。在资本市场上,AT&T 始终受到投资者的追捧,业绩表现突出。如图 9.2 所示,与标普 500 指数和标普 500 电信行业指数相比,AT&T 的股票绩效与电信业平均绩效走势基本保持一致,表明其股价受行业和市场环境影响较大。2006 年以前,电信业和 AT&T 的股价业绩均大幅落后于资本市场的整体平均水平。这也印证了前文的观点——2000 年前后,电信业处于低迷期,而后行业进入复苏期和高速发展期,电信企业纷纷通过股份回购以增强股东信心。直到 2007 年,AT&T 开始追赶甚至超越市场平均发展水平,走势看涨。再看 AT&T 在 2003 年 12 月至 2012 年 12 月的市场表现,如图 9.3 所示,我们发现在股份回购宣告日前后，AT&T 股价基本保持稳定，无明显变化。宣告后股价变化最大的时点出现在 2007 年 12 月 12 日，当日开盘后，AT&T 的股价最高涨幅也仅为 6.44%，最终报价收于 41.71 美元，较前一交易日仅增长 5.70%。

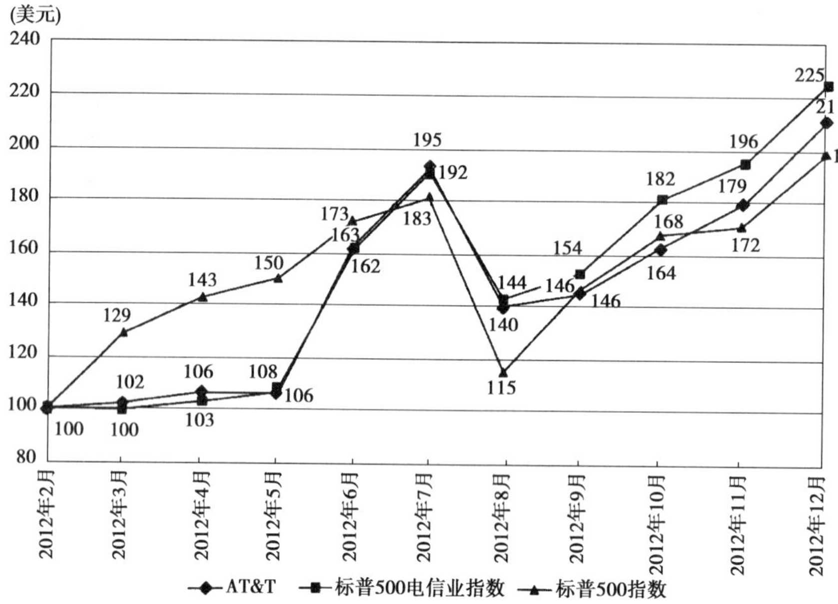

图 9.2 AT&T 股票绩效变动示意图

注：该图以 2002 年 12 月 31 日为基期，即假设在 2002 年 12 月 31 日投入 100 美元，以计算以后年度的总收益，总收益等于股价上涨加股利再投资。

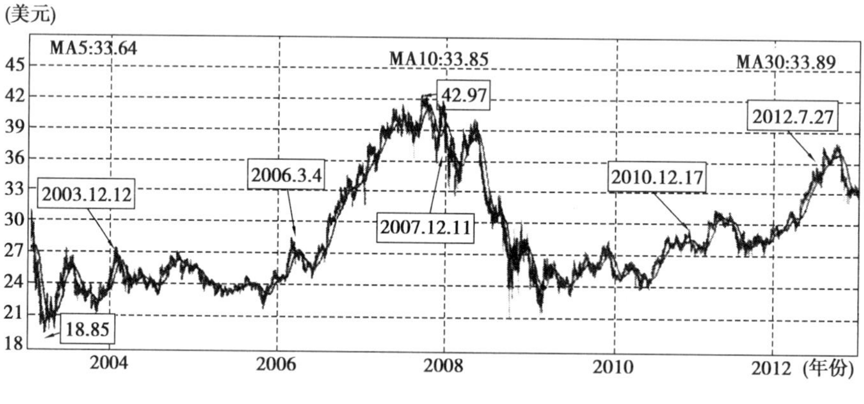

图 9.3 AT&T 近 10 年股价变动示意图(2003—2012 年)

绝大多数学者通常认为市场可以反映信息，而股票价格可以反映所有公开的信息，股价变化涵盖了公司大部分信息。因此，基于信息效率的市场理论，我们可以通过分析回购宣告期间的超额收益率(Abnormal Returns，AR)，即通过事件研究法来评价 AT&T 股份回购宣告的市场效应。通过检验事件的发生是否产生显著异于零的超常收益率，可以判断出投资者对此事件的看法。按照事件研究法的基本步骤，本文选择股份回购信息发布日作为事件发生日，记作 $t=0$，若信息发布日恰在股市休市期间，则以休市后的第一个交易日作为事件发生日。考虑到事件窗口过小会错过回购宣告事件早期的市场反应，窗口过大可能会包含不必要的噪声。因此，基于国内外相关研究及 AT&T 回购股份行为自身的特点，本文选取事件发生日前后的 10 个交易日作为研究窗口期。同时，本文将选用目前应用最广泛也最严谨的市场模式估计模型来预测正常收益率，取事件窗前 100 个交易日作为估计期建立回归模型，最终事件窗内的平均超额收益率（Average Abnormal Return，AAR）及累积超常收益率（Cumulative Abnormal Return，CAR）计算结果如表 9.9 所示。

表 9.9　AT&T 股份回购事件的日超额收益率及累积超常收益率汇总表　　单位：%

宣告期 事件窗	2003 年	2006 年	2007 年	2010 年	2012 年	*AAR*	*T* 值
$t=-10$	-0.301 0	-0.638 0	-0.459 0	-0.345 6	0.436 3	-0.261 5	-1.421 8
$t=-9$	-1.177 0	-0.404 0	-0.810 0	-0.503 4	0.146 3	-0.549 6	-2.496 9
$t=-8$	0.348 1	-0.233 0	1.396 3	0.872 6	0.618 3	0.600 5	2.217 8
$t=-7$	0.174 2	-1.011 0	-0.294 0	0.095 8	0.556 4	-0.095 7	-0.360 3
$t=-6$	3.498 3	-1.540 0	0.820 9	0.433 3	-2.251 0	0.192 3	0.190 6
$t=-5$	2.359 7	0.368 8	-0.392 0	-0.152 9	-0.221 0	0.392 5	0.772 8
$t=-4$	-1.394 0	-0.167 0	-0.052 0	-0.320 5	0.514 8	-0.283 7	-0.911 3
$t=-3$	0.065 5	1.179 6	-0.474 0	1.940 0	-1.854 0	0.171 4	0.260 3
$t=-2$	2.912 0	0.634 0	-0.687 0	-0.259 4	1.875 0	0.895 0	1.339 2
$t=-1$	-0.081 0	-1.077 0	-2.222 0	-0.066 5	1.803 3	-0.328 6	-0.494 9
$t=0$	-1.057 0	-3.189 0	6.748 0	-0.068 5	1.251 8	0.737 1	0.441 7
$t=1$	1.906 6	-1.842 0	5.111 5	-0.405 1	0.642 7	1.082 7	0.917 2
$t=2$	-0.792 0	0.719 3	0.121 8	-0.603 9	1.352 0	0.159 4	0.397 1
$t=3$	1.209 8	0.749 1	-0.133 0	0.011 5	-0.762 0	0.215 1	0.621 9
$t=4$	0.077 2	0.468 2	0.021 7	0.430 3	-0.072 0	0.185 1	1.673 2
$t=5$	-0.086 0	-0.670 0	-0.367 0	0.188 3	-0.954 0	-0.377 7	-1.862 0
$t=6$	0.638 1	-0.023 0	-1.454 0	-0.063 5	-0.191 0	-0.218 7	-0.641 6
$t=7$	-0.608 0	-0.431 0	0.329 1	0.260 4	-0.854 0	-0.260 7	-1.101 2
$t=8$	-0.483 0	-0.978 0	1.347 3	0.247 8	-0.217 0	-0.016 6	-0.042 0
$t=9$	0.359 8	-0.633 0	-0.751 0	0.249 1	-0.715 0	-0.298 0	-1.205 0
$t=10$	1.764 6	-0.707 0	1.876 5	0.184 3	0.434 0	0.710 5	1.445 3

不同窗口期的 *CAR* 检验					
窗口期	*CAR*/%	*T* 值	窗口期	*CAR*/%	*T* 值
(-1,+1)	1.491 2	0.576 9	(0,2)	1.979 2	0.712 7
(-3,+3)	2.932 1	1.536 1	(0,5)	2.001 7	0.784 0
(-10,+10)	2.650 6	0.763 0	(0,10)	1.918 2	0.609 2

我们发现,AT&T 在事件日附近存在正向平均超额收益,但不显著,不同窗口期内的累积超额收益率也均为正,但同样不显著。这表明 AT&T 股份回购宣告具有短期的正向市场效应,但效果不够显著。大多数学者的研究表明,公司在股份回购前的股价走势通常明显弱于市场指数,在回购计划公告日附近,会发现较高的、正的超常收益率。我们认为 AT&T 股份回购的实证结果与国内外研究结论大体相同,但在细节方面有所不同。因此,本文将对 AT&T 研究结果中的异常现象做出进一步研究和探讨。

综观国内外现有研究成果,以及综合考虑 AT&T 股份回购具有宣告频繁、回购时间跨度大等特点,笔者认为 AT&T 股份回购宣告的超额收益率不显著的原因主要包括以下 4 个方面:首先,实证样本数量过小。综观国内外研究文献,我们发现学者对股份回购宣告市场效应的实证通常建立在大样本基础之上,样本公司数量由几十家到几百家不等,以此抵消由特殊情况引起的数据异常,保证数据的公正客观和实证结果的普遍性。而本文仅研究 AT&T 一家具有代表性的公司,样本数量受限。其次,股份回购在美国资本市场中较为常见,且 AT&T 股份回购宣告频繁,无法引起投资者足够的关注。股份回购在美国资本市场中成熟度较高,尤其是近年来企业将其作为收缩型资本运营的重要方式,投资者对其的关注程度有所下降,相应地,由此引起的市场效应自然显著程度不高。再次,AT&T 的历史信誉度影响了投资者的信心以及市场效应。Dev Mishra 等(2011)研究发现,市场会利用历史信息来评估企业当前或未来股份回购的可信度,当前股份回购的超常收益率和之前公告的完成度信誉之间存在显著的正相关关系,那些信誉度较好的企业的市场反应程度要远好于那些信誉度较差的企业。AT&T 在公告股份回购之后并未在后续年份按照要求数额完全购回所有股份,股份回购的完成度较低,正是这种信誉度在一定程度上影响了投资者的反应,对投资者的信心鼓舞作用有限。此外,J. Skjeltorp(2004)研究发现,对于那些公告后会实际回购股份的企业而言,投资者通常更加看重实际的回购时点而非公告时点,从而实现股价的增加,使后续的长期市场表现逐渐回归到正常水平,这在一定程度上解释了 AT&T 的频繁宣告和回购造成其宣告后股价走势平稳的现象。最后,AT&T 所有的股份回购都是通过公开市场回购的方式实现的,而根据 KenC. Yook 和 Partha Gangopadhyay(2011)的观点,股份回购的方式对市场效应有比较显著的影响。两位学者研究发现,采用公开市场股份回购的企业在(0,+2)公告期间的超常收益率低于采用其他方式的超常收益率,故股份回购方式在一定程度上也造成了 AT&T 并不显著的市场效应。

(2)财务效应

股份回购涉及股份和净资产的变动,会对公司的多项财务指标产生影响。本书通过对比分析每股净资产、每股收益、净资产收益率、资产负债率、流动比率和速动比率 6 个指标来分析股份回购的财务效应,具体结果如表 9.10 所示。鉴于 AT&T 的股份回购行为比较连续,仅在 2010 年和 2011 年两年未进行股份回购,因此本文将这两年的数据与其他年份进行对比,分析股份回购行为对公司财务业绩的影响。分析结果如下:

首先,资产负债率、流动比率以及速动比率反映公司的负债水平和长短期偿债能力,由于股份回购行为会造成公司现金流出,股本降低,还可能造成负债的增加,因而会引起资产负债率上升,但流动比率和速动比率下降。通过分析表 9.10 的数据,我们发现 AT&T 的资产负债率 2004 年、2008 年、2009 年及 2012 年与未回购年份(2010 年和 2011 年)相比确实较高,回购年份的流动和速动比率波动性并不明显。即股份回购造成了公司负债水平的升高,提高了财务杠杆水平,同时也使得公司的偿债能力下降,可能会损害债权人的利益。其次,每股净资产反映每股价值含量。通常来讲,当回购价格高于每股净资产时,股份回购会造成每股净资产的减少,反之则带来每股净资产的增加。通过对比 2004—2009 年数据,我们发现,除 2006 年由于增发股份的影响外,其他年份的每股净资产均小于 2010 年和 2011 年该指标的数据,这与 AT&T 的各年回购股份的价格均高于每股净资产有关,说明股份回购行为损害了股东的利益。最后,每股收益和净资产收益率反映了公司的盈利水平,股份回购理论上由于股数的减少和财务杠杆比率的提高会同时促进公司盈利水平的提高。但如表 9.10 所示,此两项指标的波动与是否发生回购缺乏显著的相关性,表明公司盈利水平受多种因素的影响,与股份回购之间不存在显著的相关关系。综上所述,股份回购对公司某些业绩指标如财务杠杆水平起到优化作用,但效果并不显著,而对企业的每股净资产以及盈利能力尚无显著影响,仍需要进一步验证。

表 9.10　AT&T 的主要财务指标汇总表(2004—2012 年)

财务指标	2004 年	2005 年	2006 年	2007 年	2008 年	2009 年	2010 年	2011 年	2012 年
每股净资产(美元)	12.24	16.24	29.76	18.83	16.32	17.34	18.93	17.85	15.98
每股收益(美元)	1.78	1.42	1.89	1.95	2.17	2.12	3.36	0.66	1.25
净资产收益率(%)	14.53	8.75	6.37	10.36	13.57	12.55	18.03	3.95	8.13
资产负债率(%)	40.00	35.90	34.10	35.70	43.80	41.40	37.10	38.00	43.00
流动比率	0.49	0.58	0.63	0.63	0.53	0.66	0.60	0.75	0.71
速动比率	0.38	0.42	0.46	0.46	0.42	0.51	0.43	0.55	0.55

二、案例分析要求

谈谈你对于 AT&T 股权回购对同性质企业的借鉴与启示。

第四部分　参考答案

一、单项选择题

1.B　2.C　3.A　4.B　5.B　6.D　7.D　8.B　9.C　10.A　11.B　12.C　13.B　14.C　15.D

二、多项选择题

1.ABCD　2.BC　3.ACD　4.ABCD　5.AC　6.BCD　7.ABC　8.ABCD　9.AB　10.ABD

三、判断题

1.√　2.√　3.√　4.√　5.×

四、计算分析题

1.公司 2017 年投资方案所需的自有资金数额为:4 000 万元×60% = 2 400 万元

公司 2016 年可向投资者分红的数额为:5 000 万元−2 400 万元 = 2 600 万元

2.利润总额首先用来弥补以前年度的亏损(因为这 500 万元的亏损已经超过税前利润弥补亏损的法定期限,列示为年初未分配利润,然后按其余额提取法定盈余公积)为:(2 000 万元−500 万元)×10% = 150 万元

提取任意公积金为:(2 000 万元−500 万元)×5% = 75 万元

支付普通股股利:900 万股×0.2 元/股 = 180 万元

3.(1)2012 年自有资金需求量 = 1 000 万元×80% = 800 万元

2011 年发放的现金股利 = 1 200 万元−800 万元 = 400 万元

(2)2011 年度公司留存利润 = 1 200 万元−500 万元 = 700 万元

2012 年自有资金需求量 = 1 000 万元×80% = 800 万元

2012 年外部自有资金筹集数额 = 800 万元−700 万元 = 100 万元

(3)2010 年股利支付率 = $\frac{500\text{ 万元}}{1\ 000\text{ 万元}}$×100% = 50%

2011 年公司留存利润 = 1 200 万元×(1−50%) = 600 万元

2012 年自有资金需求量 = 1 000 万元×80% = 800 万元

2012 年外部自有资金筹集数额 = 800 万元−600 万元 = 200 万元

五、案例分析要点

在西方发达资本市场上,股份回购作为重要的退出机制和价值分配方式受到诸多企业和管理层的青睐,其对企业资本结构的调整、资金运用效率的改善以及内在价值的提升具有正向积极的影响。本案例整理并深入分析了 AT&T 10 年内(2003—2012 年)的股份回购事件,对其进行股份回购的动机以及产生的经济后果进行翔实的理论探讨并采用事件研究法和财务指标分析法进行了实证研究。研究结果表明,AT&T 的股份回购行为产生了正向、积极的市场效应和财务效应,但显著程度并不十分高。通过分析 AT&T 股份回购的经验和不足,本书从理论研究和实证检验两个角度透视出些许借鉴和启示,为其他电信企业乃至其他上市公司提出些许建议。

首先,合理定位股份回购,扩张收缩有机结合。股份回购作为收缩性资本运营的重要方式之一,通常被冠以消极的含义。扩张型和收缩型资本运营作为企业进行资本配置的两种主要方式,皆是为企业资本增值、优化资源配置而服务的,并无成败之差——收缩性资本运营并不意味着失败。因此,在世界经济日益一体化的今天,如何恰当运用收缩型资本运营实现风险规避和企业边界的合理选择成为企业亟待解决的重要议题,与如何运用扩张型资本运营具有同等重要的意义。尽管股份回购是一种减少公司资本的行为,但鲜有上市公司真正直接为了减资而进行股份回购。通常来说,企业进行股份回购是出于调整资本结构、稳定股价、利润分配、反收购或回馈股东等目的,是企业对外部宏观环

境的动态适应,是企业通过资本运营方式实现经营“归核化”的战略抉择。因此,客观认识股份回购是对其进行合理运用的先决条件,“收放自如,张弛有度”才是现代企业的最高资本运营理念。

其次,理性看待股份回购,按需制订策略计划。虽然股份回购存在短期的正向市场效应,对于暂时稳定股价具有一定意义,但其缺乏长期的正向市场效应,企业不能寄希望于股份回购可以从根本上改变股价的走势。股份回购虽然提高了公司财务杠杆比率,但无法提高盈利水平,反而可能因为回购价格过高损害股东利益。公司的盈利水平是由管理者、产品、技术、市场等核心竞争力所决定的,股份回购作为一种资本运作方式并不能改变公司的核心竞争力。此外,过于频繁地实施股份回购可能会稀释股份回购的积极效应,实施结果无法达到预期目的,甚至可能造成增加财务风险、支付风险等负向的影响。故适时、合理地根据公司实际需求,慎重选择,适时运用股份回购至关重要。

再次,充分运用股份回购,灵活组合回购要素。除企业自身特点和规模结构外,股份回购市场效应的大小和激烈程度受到多种因素的影响,如回购目的、方式、数量以及历史信誉等回购项目因素。Tung Liang Liao(2005)、Takashi Hatakeda 等(2004)以及 Ken C. Yook(2010)等的研究表明,股份回购数量与市场效应存在正相关关系,而不同的股份回购目的也会导致收益率的不同。Ken C. Yook(2011)研究发现,股份回购的方式对市场效应有较显著的影响。以“增加股东财富”为目的的回购项目获得的公告期间和公告之后的超常收益率最大,而公开市场回购方式所获的超常收益最低。因此,如何选择合适的回购动因、方式及数量对公司管理层提出了更高的要求。

最后,谨慎选择股份回购,有效传递积极信号。由于市场中长期存在信息不对称问题,因而企业需建立有效的信号传递机制。一般说来,信息披露、股利分配政策、盈余管理、公司治理等都是企业向相关利益者传递信息的重要方式。近年来,随着股份回购行为的逐渐增加,会计信息披露、现金股利和股份回购已被相关利益者视作传递信息的 3 种重要方式。对于企业而言,信号传递方式对信息传递效果有着重要影响。Guay 和 Harford(2000)、Jagannathan(2000)等研究认为,信息不对称的存在使得现金股利和股份回购向外部投资者传递的不仅是公司整体的宏观业绩表现,同时也传达了企业对未来现金流的信心和良好预期。股份回购以其财务灵活性高、税收优惠等特点在传递信息方面具有显著的优势,企业应在综合考量外部环境、财务状况、股东利益等多种因素的基础上,审时度势,慎重选择股份回购,向投资者传递积极、有效的信号。

第十章　财务控制

第一部分　理论辅导

一、重要概念

①财务控制是指对企业的资金投入及收益过程和结果进行衡量与校正，以确保企业目标以及为达到此目标所制订的财务计划得以实现。

②业绩评价是指根据企业所处社会经济环境的变化，依据业绩评价的原则，按照企业目标设计相应的评价指标体系，根据特定的评价标准，采用特定的评价方法，对企业一定经营期间的价值实现程度作出客观、公正和准确的综合判断，并出具评价报告的企业管理活动。

③责任中心是指企业内部的成本、利润、投资发生单位，这些内部单位要完成特定的职责，其负责人被赋予一定的权力对该责任区域进行有效的控制。责任中心可能是一个人、一个班组、一个车间、一个部门，也可能是分公司、事业部，甚至是指整个企业。

④财务控制措施是指在财务管理过程中，利用有关信息和特定手段对企业财务活动进行调节活动。企业财务控制措施包括建立有效的机构组织，健全内部控制制度，创建良好的内部控制环境，完善信息反馈系统，严格执行奖罚制度。

二、主要内容

1.责任中心

责任中心指具有一定的管理权限，并承担相应的经济责任的企业内部责任单位。根据不同责任中心控制范围和责任对象分为成本中心、利润中心和投资中心，如表 10.1 所示。

表 10.1　责任中心比较表

责任中心	界定	评价指标	说明
成本中心	不考核其收入，而着重考核其所发生的成本和费用	责任成本	责任成本是指责任中心的可控成本，以在既定产品质量和数量下的标准成本为参考
利润中心	根据其利润的多少来评价该中心的业绩	可控边际贡献	反映部门经理在其权限和控制范围内有效使用资源的能力
投资中心	不但考核成本、收入、利润，而且考核投资效果	部门投资报酬率	部门营业利润除以该部门所拥有的资产额
		部门剩余收益	部门营业利润减去部门平均总资产应计报酬

2.财务控制分类

财务控制总目标是在确保法律法规和规章制度贯彻执行，优化企业资源配置，实现企业价值最大化的目标。财务控制可以按不同的分类标准进行分类，如表 10.2 所示。

表 10.2　财务控制分类

分类标准	控制类型	解释
按照财务控制内容分类	一般控制	一般控制是指对企业财务活动进行的内部环境所实施的总体控制，又称环境控制
	业务控制	业务控制是指直接作用于企业财务活动的具体控制，又称应用控制
按照财务控制时序分类	事前控制	事前控制是指企业为防止财务管理发生偏差，而在实施之前所进行的控制
	事中控制	事中控制是指财务收支活动发生过程中所进行的控制
	事后控制	事后控制是指对财务收支活动的结果所进行考核及其相应奖惩
按照财务控制主体分类	出资者财务控制	出资者财务控制是为了实现资本保值增值而对企业财务收支活动进行控制
	经营者财务控制	经营者财务控制是为了实现财务预算目标而对企业及各责任中心的财务收支活动所进行控制
	财务部门财务控制	财务部门财务控制是财务部门为了有效地组织现金流动，通过编制现金预算，执行现金预算，对企业日常财务活动所进行控制

续表

分类标准	控制类型	解释
按照财务控制依据分类	预算控制	预算控制是指以财务预算为依据,对预算执行主体的财务收支活动进行监督、调整的一种控制形式
	制度控制	制度控制是指通过制订企业内部规章制度,并以此为依据约束企业和各责任中心财务收支活动的一种控制形式
按照财务控制对象分类	收支控制	收支控制是对企业和各责任中心的财务收入活动和财务支出活动所进行的控制
	现金控制	现金控制是对企业和各责任中心的现金流入和现金流出所进行的控制
按照财务控制手段分类	定额控制	定额控制是指对企业和各责任中心采用绝对额指标进行控制
	定率控制	定率控制是指对企业和各责任中心采用相对比率指标进行控制

三、重点难点

1.本章重点

熟悉财务控制的概念和特征,掌握企业成本中心、利润中心和投资中心业绩评价,理解企业财务控制措施。

2.本章难点

第一,企业财务控制与企业内部控制的联系与区别。

第二,企业责任中心的划分及各责任中心业绩评价的合理性。

第三,为企业设计科学的财务控制方案。

第二部分　强化训练

一、单项选择题

1.下列各项中,属于非财务业绩评价指标的是(　　)。

A.销售净利率　　B.资产净利率　　C.经济增加值　　D.顾客满意度

2.公司经讨论决定要立即调整企业组织机构适当增加企业的管理层次,按产品和业务范围分成 8 个分公司组织机构调整后,该企业组织机构的形态是 (　　)。

A.科层组织结构　　B.事业部结构

C.直线职能型结构　　D.网络组织结构

3.标准成本是一种(　　)。

A.机会成本　　B.历史成本

C.预计成本　　D.重置成本

4.企业某部门本月销售收入10 000元,已销商品的变动成本6 000元,部门可控固定费用500元,部门不可控固定费用800元,最能反映该部门经理业绩的金额是(　　)元。

A.2 200　　B.2 700　　C.3 500　　D.4 000

5.甲部门是一个利润中心,下列财务指标中,最适合用来评价该部门经理业绩的是(　　)。

A.边际贡献　　B.可控边际贡献

C.部门税前经营利润　　D.部门投资报酬率

6.下列关于制订企业内部转移价格的表述中,错误的是(　　)。

A.如果中间产品存在完全竞争市场,理想的转移价格是市场价格

B.如果中间产品存在非完全竞争的外部市场,应基于市场价格制订协商转移价格

C.按变动成本加固定费用制订转移价格,适用于最终产品市场需求稳定的情况

D.按全部成本加成制订转移价格,只适用于无法采用其他形式转移价格时

7.下列选项中,适合建立标准成本中心的单位或部门是(　　)。

A.行政管理部门　　B.医院放射科

C.企业研发部门　　D.企业广宣部门

8.投资中心的平均净资产为1 000 000元,规定的必要税前投资报酬率为20%,剩余收益为100 000元,该中心的部门投资报酬率为(　　)。

A.10%　　B.20%　　C.30%　　D.60%

9.企业某部门本月销售收入为10 000元,已销售商品的变动成本为6 000元,部门可控固定间接费用为500元,部门不可控固定间接费用为800元,分给该部门的管理费用为500元,最能反映该部门真实贡献的金额是(　　)元。

A.2 200　　B.2 700　　C.3 500　　D.4 000

10.与增量预算编制方法相比,零基预算编制方法的缺点有(　　)。

A.编制工作量小

B.可以重新审视现有业务的合理性

C.可以避免前期不合理费用项目的干扰

D.可以调动各部门降低费用的积极性

二、多项选择题

1.下列成本中,属于生产车间可控成本的有(　　)。

A.由于疏于管理导致的废品损失

B.车间发生的间接材料成本

C.按照资产比例分配给生产车间的管理费用

D.按直线法提取的生产设备折旧费用

2.剩余收益是评价投资中心业绩的指标之一。下列关于剩余收益指标的说法中,正确的有(　　)。

A.剩余收益可以根据现有财务报表资料直接计算

B.剩余收益可以引导部门经理采取与企业总体利益一致的决策

C.计算剩余收益时,对不同部门可以使用不同的资本成本

D.剩余收益指标可以直接用于不同部门之间的业绩比较

3.在计算披露的经济增加值时,下列各项中,需要进行调整的项目有(　　)。

A.研究费用　　B.争取客户的营销费用

C.资本化利息支出　　D.企业并购重组费用

4.平衡计分卡的目标和指标来源于企业的愿景和战略,这些目标和指标从以下哪些方面来考察企业的业绩。(　　)

A.财务　　B.顾客

C.人力资源　　D.外部业务流程

5.在使用平衡计分卡进行企业业绩评价时,需要处理几个平衡。下列各项中,正确的有(　　)。

A.外部评价指标与内部评价指标的平衡

B.定期评价指标与非定期评价指标的平衡

C.财务评价指标与非财务评价指标的平衡

D.成果评价指标与驱动因素评价指标的平衡

三、判断题

1.利润或投资中心之间相互提供产品或劳务,最好以市场价格作为内部转移价格。(　　)

2.在成本中心,利润中心和投资中心中,成本中心是最基本的责任中心,它仅对成本负责。(　　)

3.成本中心没有对外销售权,其工作成果不会形成可以用货币计量的收入。(　　)

4.以市价为基础制订的内部转移价格比较公平合理,对交易双方较为公正。(　　)

5.在一定的时空条件下,可控成本与不可控成本可以实现相互转化。(　　)

6.因利润中心实际发生的利润数大于预算数而形成的差异是不利差异。(　　)

7.针对企业的投资中心不必考核。(　　)

8.由于要对企业内部各责任中心的业绩进行考核和评价,所以企业内部各部门之间相互提供产品或服务时所采用的内部转移价格必须完全一致。(　　)

9.责任成本的归集原则是谁负责、谁承担,而产品成本归集原则是谁受益、谁承担。(　　)

10.在评价成本中心业绩时,用实际责任成本减去预算责任成本得到成本变动额。(　　)

四、计算题

1.某公司有 A 和 B 两个部门,有关数据如表 10.3 所示。

表 10.3　公司 A 部门和 B 部门主要财务指标　　单位:元

项目	A 部门	B 部门
部门税前经营利润	108 000	90 000
所得税(税率 25%)	27 000	22 500
部门税后经营净利润	81 000	67 500
平均总资产	900 000	600 000
平均经营负债	50 000	40 000
平均净经营资产	850 000	560 000

公司要求的投资报酬率是 11%。要求:

(1)计算 A、B 两个部门的经济增加值。

(2)B 部门经理面临一个投资税前报酬率为 13%的投资机会,投资额为 100 000 元,每年部门税前经营利润 13 000 元。若利用投资报酬率评价部门业绩,B 部门是否接受投资?

(3)假设该 B 部门现有一项资产价值 50 000 元,每年税前获利 6 500 元,投资税前报酬率为 13%,若利用投资报酬率评价部门业绩,B 部门是否会放弃该投资?

2.某公司有 A 和 B 两个部门,有关数据如表 10.3 所示。公司要求的投资报酬率是 11%。要求:

(1)计算 A、B 两个部门的剩余收益。

(2)如果采用剩余收益作为部门业绩评价标准,B 部门经理如果采纳前面提到的投资机会(税前报酬率为 13%,投资额为 100 000 元,每年税前获利 13 000 元),其剩余收益为多少?

(3)B 部门经理如果采纳前面提到的减少一项现有资产的方案(价值 50 000 元,每年税前获利 6 500 元,投资税前报酬率为 13%),其部门剩余收益为多少?

第三部分　案例分析

G 公司财务控制

一、案例材料

(一)G 公司基本情况

G 公司属于电力生产行业,注册地在江西省南昌市,于 1997 年 11 月在深圳证券交易所发行上市,注册资本约 9.7 亿元人民币。公司上市后一直致力持续发展,经历了内部整合、巩固加强、稳定发展三大阶段,逐步形成如今以电力为主的发展格局。公司主要经营业务有火力及水力发电,还包括节能项目的开发、水库的综合利用。另外,企业也有一些兼营业务,是电力技术服务与咨询、电力设备安装及维修、电力物资的批发和零售等。G 公司发展的道路越走越远,到 2008 年 6 月,G 公司的净资产达到 141 025.87 万元,并且还拥有1家全资火电厂和2家全资水电厂,包括其他7家参股公司。公司2006年开始着力于引进优质电力资源,通过与大股东省级电力公司的资源整合,强大自身实力。2005年5月,G公司的二期发电工程核准开工,两台火力发电机组于2007年投产发电,已成为省内单机容量最大的火电厂。在整合优质电力资源的同时,G公司也开始摒弃一些即将关门的小火电,2007年和2008年陆续转让了两个下属分公司。G公司在致力于传统电力生产活动的同时,也积极参与其他投资活动,关注节能事业,发展能源节约业务。

2015年末,G公司净资产达到262 363.23万元,营业收入是255 263.29万元。G公司还是以一家火电厂和两家水电厂为主,总机装容量达到150万千瓦,其中火电厂140万千瓦,两个水电厂分别是6万千瓦和4万千瓦。目前公司正着眼长远,在建设三期电厂,扩建2台100万千瓦的超临界二次再热燃煤发电机组,预计2018年投产运营。2015年煤价的下跌,减少了G公司的生产成本,但是同年4月国家将上网电价下调,G公司将火力发电厂的上网电价降价,对水力发电厂的未做调整,导致火力发电的营业收入也相应减少。G公司一直以"团结、诚信、务实、创新"为企业精神,作为精神文明建设的重点,贯彻始终。公司坚持以电为主,并且适当多元化。新技术与新能源一直是企业发展的方向,不断优化企业资产结构,参与高速公路项目的投资建设,运营情况良好,稳定盈利。在"互联网+"时代下,G公司与网络科技公司还合资组建了新科技公司,已经上线运营。G公司由于多元化投资,从单纯的火力、水力发电发展成为包含水火力发电、高速公路建设、城市公用事业、高科技产业的综合型公司。2016年,G公司下属公司发生事故,对建设电厂工期有一定的影响,但是由于尚未投入使用,其他电厂正常运营对当期经营业绩影响不大,事故已完全处理。G公司在发展壮大的过程中,利用上市优势,积极优化吸纳火力资源,并以水力发电为亮点,不断开发兼并。其他投资项目也是公司寻找的新经济增长点,共同发展形成具有G公司特点的盈利模式。G公司通过体制创新和资本运作,将企业推向控股型、经营型,并不断谋求规范化发展。

(二)G公司财务控制概况

1.G公司内部财务控制现状

G公司要在新电力改革的浪潮下谋求持续发展首要任务就是把好管理这关,只有以良好的企业管理为基础,才能迎接新的挑战。2012年,G公司正式开始全面建设内部控制系统,由各个部门的成员共同制定内部控制制度,所属单位的内部控制制度由单位相应各职能部门制订,内部审计部门作为测试组对内部控制制度进行测试,并在制订后聘请外部注册会计师对内部控制有效性进行评价。从2012年至今,G公司的内部财务控制得到逐步完善。本案例采取问卷调查的方式,针对G公司的财务部、审计监察部、计划经营部、投资发展部等与内部财务控制相关的部门和G公司所属单位都下发了调查问卷。问卷题目较为简单,主要是为了从员工的评价中基本了解G公司的内部财务控制现状。本次问卷使用匿名形式,问卷共有80份,其中35份由G公司总部员工进行填写,另外45份以电子稿形式发至G公司的所属单位,由所属单位领导帮助发至员工手上并要求员工发送至调查员邮箱,邮箱地址附于问卷的电子稿内。最后,共回收了69份问卷,回收率达86.25%,未回收的11份问卷均出自下属单位,总部员工手中的调查问卷均由调查员当面下发并回收。问卷调查的汇总情况如表10.4所示。

表 10.4　G 公司内部财务控制问卷调查结果汇总表

调查内容	员工评价	问卷份数	所占百分比
员工对 G 公司全面建设内部财务控制的必要性认识	必须全面建设	52	75.36%
	针对财务部建设	17	24.64%
	没必要建设	0	0%
合计		69	100%
G 公司内部财务控制建设的员工参与程度	参与制定	25	36.23%
	仅提过意见	7	10.15%
	完全没参与	37	53.62%
合计		69	100%
G 公司内部财务控制实际执行情况	严格执行	29	42.03%
	基本执行	40	57.97%
	完全不执行	0	0%
合计		69	100%
员工对 G 公司内部财务控制的执行效果评价	效果很好	28	40.58%
	效果一般	38	55.07%
	没有效果	3	4.35%
合计		69	100%
G 公司内部财务控制存在缺陷情况	较多缺陷	1	1.45%
	有一定缺陷	57	82.61%
	没有缺陷	11	15.94%
合计		69	100%
G 公司员工所在部门内部财务控制更新频率	3 次或以上	6	8.70%
	1~2 次	39	56.52%
	未更新	24	34.78%
合计		69	100%

G 公司内部财务控制问卷调查结果反映了 G 公司的内部财务控制现状并不理想，存在以下几种现象：①员工对内部财务控制的认识不足。员工虽然都认为公司有必要建设内部财务控制，但是部分员工认为内部财务控制仅是财务部的事。②员工对内部财务控制的参与度不够。仅是建设小组的人参与内部财务控制制度的制订，少部分人有提供一定的意见，而大部分人都没参与到公司内部财务控制建设中。③公司内部财务控制执行力度有所欠缺。虽然不存在完全无视内部财务控制的情况，但是基本执行也代表在内部财务控制执行过程中会有所顾忌，如果不能严格执行那么必定会产生内部财务控制缺陷。④内部财务控制执行效果一般。公司执行内部财务控制并没有得到很好的反响，至少在员工眼中内部财务控制执行前后可能对工作效率提升的影响不大，执行效果并不显

著。⑤内部财务控制存在缺陷。在员工评价下公司的内部财务控制并不完善,应该还存在问题有待改进。⑥内部财务控制制度更新缓慢。几年内公司内部财务控制制度更新次数不多,甚至有的部门并未更新制度。

2.公司内部财务控制流程

G 公司是电力生产型企业,其主要内部财务控制依次为筹资管理、投资管理、生产拨付及基建管理、采购与付款管理、销售与收款管理、全面预算管理、成本管理、货币资金管理和固定资产管理,主要的财务控制流程如图 10.1 所示。依照控制流程来看,货币资金管理和全面预算管理贯穿了整个内部财务控制过程。G 公司既是电力生产公司,也是一家上市公司,所以货币资金管理应当严格规范,其主要分为现金管理、银行账款管理两个方面,而公司的全面预算主要包括业务预算、筹资预算、资本预算和财务预算。募集资金的过程中,公司主要针对募资计划和募集资金到位后的使用情况来制订相应的管理办法进行管控。企业募集的资金主要用于投资、生产和日常经营活动 3 个方面,这也就涉及投资管理和生产拨付及基建管理。在投资过程中存在投入固定资产扩张规模的问题,这里要注重固定资产管理中的成本核算,要做到平衡投资与收益。在生产过程中,G 公司涉及生产资料的采购和付款环节。在采购前要进行成本的预算,帮助企业合理购置燃料及其他生产资料。生产过后存在电力销售和收款环节,G 公司将电力销售给电网,再由电网销售给客户,拖缴电费现象屡见不鲜,所以对销售与收款的管理应当保有必要的重视。在整个财务控制流程中设置相应的管理办法,共同构建 G 公司内部财务控制体系。

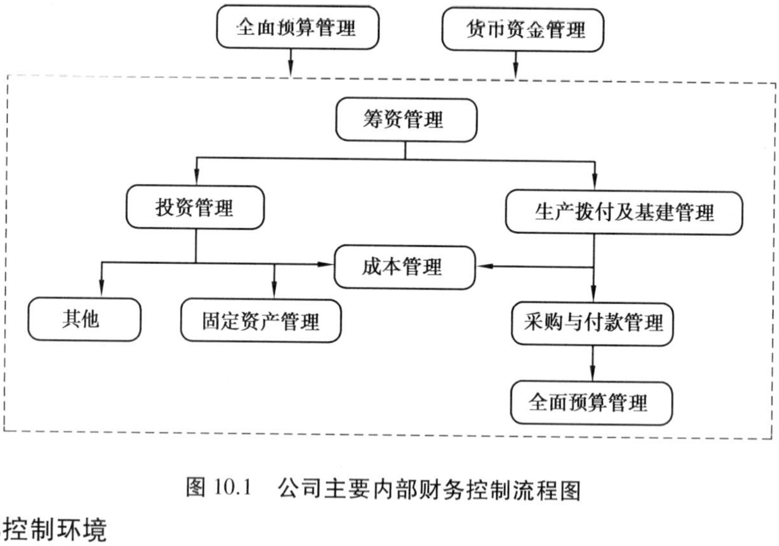

图 10.1　公司主要内部财务控制流程图

3.内部控制环境

(1)组织架构

G 公司的组织结构如图 10.2 所示。作为电力生产公司,G 公司是总公司,下设分公司为电厂。同时 G 公司也是母公司,控股许多子公司经营其他业务。G 公司作为总部,其依法设立了股东大会、董事会和监事会。股东大会是最高权力机构,由 G 公司的所有股东组成,对董事会及监事会的报告、公司章程、财务预算和决算方案等重大事情拥有表决权。董事会则是G公司的决策机构,负责公司内外事务,其成员是由股东大会选举。董事会拥有决定企业的经营计划和投资方案的权力,同时也管理着G公司的内部机构设置与管理层的任免,也是公司内部控制建设过程中的领导核心。监事会是G公司的监督机构,对董事会和管理人员发挥其监督作用,帮助监督完善内部控制体系。G公司总共设置13个部门,分别是总经理办公室、党委办公室、财务部、证券管理部、投资发展部、安全生产部、燃料事业部、审计监察部、计划经营部、法律事务部、人力资源部、机关事务部以及工会办公室,其中各个管理层则承担G公司内部控制制度的制定和执行。G公司的内部财务控制作为内部控制的重要组成部分,其建立与执行也和组织架构密不可分。

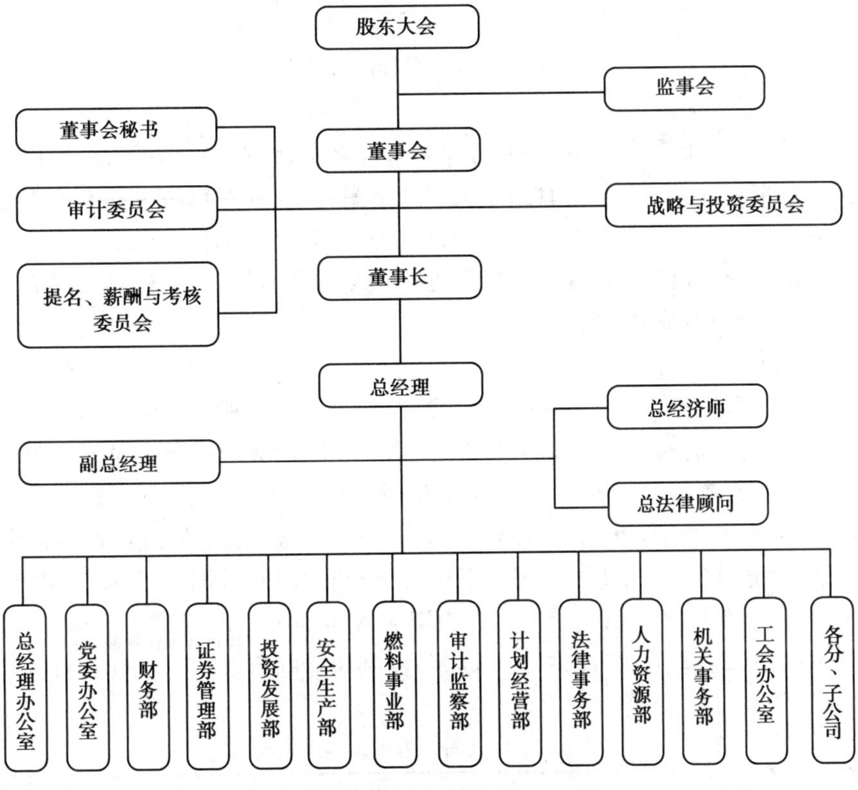

图10.2　G公司组织结构图

在各个部门中,财务部门与公司内部财务控制关系最为密切,G公司财务部门也拥有自己的组织架构,如图10.3所示。财务部由财务部经理领导财务副经理、出纳岗、统计管理岗、税务管理岗、会计管理岗、财务决算岗、成本核算岗和各分公司财务岗的工作人员,全面开展财务工作,包括日常核算、资金管理、成本管理、税务管理、财务分析、考核管理等。财务副经理主要负责预算和建设公司及下属电厂的经营业务考评体系;出纳岗负责现金、银行存款和各类票据的管理;统计管理岗的工作是经常性报表和考核性指标的汇总上报及跟踪、年度报告撰写和上市公司定期报告编制;税务管理岗是负责编制财务合并报表和办理公司纳税事务;会计管理岗主要负责录入凭证、记账和报销单审核的工作;财务决算岗的责任是财务决算工作和财务报告的预审;成本核算岗则承担公司成本核算与分析工作。各个财务岗位协同合作,共同完成财务工作,共同坚守内部财务控制制度。

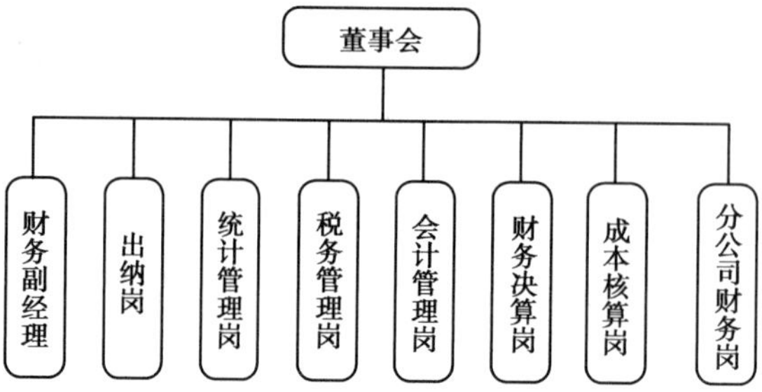

图 10.3　G 公司财务部门组织架构图

(2)内部审计

G 公司设有审计监督部门,部门共有 4 名审计人员,对董事会负责,总经理受董事会委托来实施内部审计。内部审计针对本公司及下属电厂进行审计工作,主要包括财务审计、工程审计、内部控制审计和其他专项审计。为了提升公司的管理效率,帮助改善内部控制提出建议。内部财务控制建立与执行也有赖于内部审计的监督,发现缺陷并加以改正,形成更为完善的内部财务控制制度。

(3)人力资源

G 公司共有 509 名员工,具体的人力资源构成如表 10.5 所示。G 公司员工按专业划分主要有生产人员、技术人员、行政人员与财务人员 4 种,其中财务人员只有 19 人,仅占 3.37%,员工中拥有本科学历者居多,而硕士学历人才则偏少。G 公司在聘用员工时采用劳动合同制,人力资源政策包含人员聘用、岗位管理、绩效考核、薪酬管理与福利保障等。G 公司在聘用和选拔员工时主要依据 3 个标准,分别是职业道德、学习能力和工作业绩。督促员工学习,不断提高其职业素养。人力资源政策与公司内部财务控制密切相关,内部财务控制也是为了避免人为舞弊,内部财务控制执行的有效性受到员工的道德水平和职业能力的影响。

表 10.5　G 公司人力资源构成情况

	专业构成情况			
	生产人员	技术人员	行政人员	财务人员
人数	183	109	198	19
百分比	35.95%	21.42%	38.9%	3.73%
	学历构成情况			
	中专及以下学历	大专学历	本科学历	硕士学历
人数	39	178	266	26
百分比	7.66%	34.97%	52.26%	5.11%

4.财务风险评估

财务风险评估是指根据财务目标的确立来识别风险点，对风险点进行合理评价，提出应对措施。G公司根据企业财务目标，结合电力生产行业现状收集相关信息，将公司财务风险进行识别。如今，G公司重点关注的财务控制相关风险有以下几点：

(1)筹资风险

G公司在筹资过程中，同样受到资本市场融资政策和国内外银行贷款政策以及利率的影响。筹资成本的增加，负债压力增大，再加上筹资管理的失败，可能不仅仅是影响投资项目的可行性，一旦企业资金链条断裂，企业可能会面临破产。因此G公司内部财务控制过程中对筹资管理风险进行了相应的管控，对筹资成本的管理是其中重要的一步。筹集资金使用风险也是筹资风险的一部分，在收到筹集的资金后，为了保障资金按照筹资计划合理使用需要进行相应风险管理。

(2)投资风险

G公司对投资风险的防范也是其内部财务控制的重心，投资最主要的是权衡成本和收益，为了让投资项目盈利而进行投资风险管理，避免投资项目的亏损。G公司主要涉及电力生产方面的是成本过高风险和固定资产规模风险，是为了防止生产亏本和固定资产闲置的问题而进行的风险控制。因此在授权审批投资项目的时候应当保持慎重态度，对投资过程中授权审批存在的风险进行针对性管理。

(3)经营风险

G公司作为上市公司而言存在着退市的风险。G公司在2010与2011年连续两年亏损，在2012年通过控制发电成本、改变燃料采购方式、平衡电量结构和优化企业管理等方式，逐渐将经营局面扭亏为盈，成功避免退市风险，所以G公司对经营风险中可能发生的退市情况必须加强管理。为了避免退市情况发生，企业采取的措施中控制发电成本的方式功不可没，这也是G公司内部财务控制中不容忽视的关键点。G公司在经营过程中，与成本密切相关的就是它的燃料管理。G公司中火力发电占总装机93%，燃料的价格影响着企业的生产成本，它的质量也影响着企业的生产安全，所以对燃料采购与管理中的风险加以防范是G公司内部财务控制工作中必不可少的部分。

5.财务控制活动

G公司在财务风险评估的基础上，提出并执行了一系列控制措施。这些措施也就是G公司的财务控制活动，将它们归纳总结，形成相关的管理办法。

(1)筹资管理

G公司按照相关法律及规定制定了《募集资金的管理办法》，在筹资管理中关注的是筹集资金的管理和使用两个方面。G公司《募集资金的管理办法》内容主要涉及公开发行的证券和非公开发行的股票，首先进行筹资预算，衡量企业负债能力和筹资成本进行筹资，制订筹资计划，管控筹资预算、成本和筹资过程。募集资金到位后，按照G公司承诺的资金使用计划，对获得的资金开展使用工作，并要求对资金使用情况进行检查和报告。另外，电力生产企业大都将银行借款作为主要的融资手段，所以银行借款融资也是G公司筹资活动的主要渠道，公司设有《银行借款管理办法》，将银行借款程序、银行借款的使用与偿还、银行借款的对账、贷款卡的管理都列入了管理办法中,规范公司银行借款行为,保障银行借款的合理使用。

(2)投资管理

G公司将项目投资管理规范化,明确规定了股东大会和董事会对重大投资所持有的审批权限。G公司制定了《投资项目管理办法》,将投资的原则、投资额、审批权限、审批程序等投资相关的控制措施都编入其中,为公司兴建电厂和投资新领域做出合理指导,以避免投资风险的发生。在投资过程中,由投资发展部来负责相关工作,科学合理地衡量风险与收益,优选项目进行投资,并遵照控制办法行事。

(3)货币资金管理

G公司的《货币资金管理办法》主要是为了保障资金安全,确保电力生产有效进行而建立的。G公司的货币资金主要指的是现金、银行存款、有价证券和其他货币资金。货币资金的管理首要就是岗位分工及授权批准的管理,明确规定管理过程中各个岗位的职权,以达到不相容职位分离和制约的目的。其次,就是针对现金和银行存款方面的管理,现金的收支、记录和银行存款的开户、转账、结算等都是管理办法中规定的内容。再次,就是票据及有关印章的保管,包括对银行结算票据的领用、作废、登记和对银行预留印鉴分开管理的制度。最后,对货币资金的监察,采用随机的方式检查货币资金是否安全。

(4)生产及基建资金拨付管理

与其他类型公司不同,G公司的内部财务控制会涉及生产及基建资金拨付的环节,而《生产及基建资金拨付管理办法》就是为加强公司生产及基建资金管理,统筹运用资金,强化资金预算管理,更好地满足公司基建及经营管理的需要而建立的。办法规定了生产及基建资金的范围是各个电厂的工程项目资金、成本费用、各项税费、归还银行贷款、其他应付项目等。管理办法主要分为生产及基建资金计划的上报、审批和生产及基建资金的下拨与使用两个方面的内容,将公司主营业务电力生产过程中的财务风险加以控制,把生产及基建资金的风险降到最低。

(5)采购与付款管理

采购与付款环节不是电力生产公司独有的,却是电力生产公司内部财务控制的关键环节之一,因为它与生产的前提准备工作密切相关。G公司的采购与付款管理是通过《采购业务管理办法》和《资金管理办法》共同控制的,采购业务与付款业务紧密相连。采购是生产的准备阶段,采购业务办法规定制订采购计划,采购的品种、质量和数量都要满足需求,同时要尽量减少企业的资金支付,努力做到节约成本。另外购得商品都需要支付资金,所以公司应当将采购结算与资金支付的控制制度相结合。两个管理办法的共同使用确保采购支付的真实性和采购资产、应付账款记录的可靠完整,办法要求在采购申请、审批、验收、付款的程序中设置职责分离,减少舞弊的发生。

(6)销售与收款管理

销售与收款业务控制涉及G公司制订的《电力市场营销管理办法》和《资金管理办法》。电力生产公司的销售业务和其他业务不同,产、供、销三个环节同时完成,密不可分,生产企业将电能卖给电网企业,电网企业卖给居民,G公司销售电能也就涉及销售结算和收款的问题，两者相结合一并进行管理控制。每月底，由抄表员统计电量，报送到电网公司确认并开具发票，相应地记录应收账款，形成与电网公司的结算关系，因此也涉及应收账款的控制。

(7)全面预算管理

电力生产公司要把好预算关，G公司各部门、下属电厂的预算编制、报告、执行与监督工作，都依照《全面预算管理办法》执行。G公司设有预算委员会，而预算管理办公室则是挂靠在计划经营部，由预算管理办公室进行预算编制工作。而《全面预算管理办法》里确定了预算管理的范围和预算编制的内容，规范了预算的编制和审批的流程，落实了预算的执行、控制和调整的具体内容，提出了预算分析，强调了预算的考核和监督。预算全程控制系统是指事前、事中、事后的预算控制体系，一般预算一经批准不能修改，在遇到特殊情况下才能对预算予以调整，针对预算目标进行全程跟踪、分析、调整，实行动态管控过程。

(8)成本管理

G公司设立了专门的《成本管理办法》，是为了降低成本的消耗，提升公司经济效益而制订的。G公司的成本项目包括燃料费、动力费、材料费、修理费、职工薪酬、折旧费和其他成本费用，用科学合理的方式计量成本，制订出最佳成本方案。《成本管理办法》中确立了员工在成本管理中的责任，规范了成本管理基础工作，划定了成本开支范围，强调了成本分析和考核的重要性。

(9)固定资产管理

固定资产是电力生产公司资产组成的主力军，而G公司《固定资产管理办法》的制订是为了加强固定资产管理，防止国有资产流失。G公司在固定资产控制过程中，将固定资产管理职责进行了划分，核查固定资产确认条件并对其进行分类，针对固定资产购置了保险，注重固定资产日常管理，登记固定资产卡片，对固定资产折旧和后续支出进行跟踪监督，对固定资产的处置情况进行严密的监控。

6.信息与沟通

信息与沟通密切相关，只有保障及时顺畅的信息传递，才能让企业内部之间和企业与外部之间进行有效的沟通。G公司编制了《信息管理系统管理制度》《内部信息报告制度》等制度，来规范信息的流通过程，以便更好地获取信息。G公司作为上市公司在对外信息披露方面，也相应制订了《信息披露管理制度》《内幕信息知情人登记备案管理制度》等，用以保障公司外部沟通渠道的顺畅。G公司为了预防舞弊的产生，还制订了《反舞弊及投诉举报工作制度》，为公司内部财务控制增添助力。信息与沟通也是内部财务控制的基础保障，这不仅仅是财务信息，其他相关信息的传递也会影响内部财务控制的实施，只有更好地沟通才能更好地控制。

7.监督

(1)外部监督

G公司遵循国家要求,每年聘请外部会计师事务所和具有执业资格的注册会计师,对内部控制的有效性进行评价,形成内部控制审计报告,并对外披露;同时还聘请律师事务所和律师作为公司的法律顾问参与公司的规范治理,具体设计公司信息披露、见证股东大会、关联交易和收购重大资产重组等事宜,并出具法律意见,这对内部财务控制起到了外部监督的作用。

(2)内部监督

G公司设有相应的审计委员会、监事会和审计部来对内部控制进行监督。公司董事会下设立了审计委员会,来监督内部控制执行的有效性,负责对内部控制自我评价情况进行审查,并汇报给董事会。监事会则主要是对内部控制和内部控制评价制度的建立和实施过程进行监督。内部审计对公司内部控制进行定期或不定期的审计,而审计委员会可以对内部审计工作予以指导。对于公司下属电厂,内部审计也会每年进行例行审计和巡检,以确保在电厂内预算管理、成本管理、固定资产管理能够严格执行,来稳固内部监督的作用。有效的内部监督可以帮助G公司内部财务控制有效运作,可以帮助整改内部财务控制的重大缺陷和一般缺陷。

(三)G公司内部财务控制存在的问题及成因分析

G公司依据内部控制的相关法律法规,结合电力生产行业特性建立起了自己的内部财务控制系统。前面对G公司内部财务控制的现状进行了阐述,但是随着对G公司内部财务控制的深入了解,发现G公司的内部财务控制运行仍存在着一些不足,主要表现在以下5个方面。

1.控制环境薄弱

G公司的控制环境薄弱对内部财务控制有直接的影响,在控制环境方面主要存在以下两个问题:

(1)组织架构不完善

虽然公司按照法律规定设置了"三会"的治理结构,也在公司章程中规定了董事会和监事会对内部财务控制负有的责任。但是在实际工作中,G公司的董事会和监事会没有真正发挥其领导与监督内部财务控制的作用,对内部财务控制的重视也有所不足,仅从公司每年的内部控制自我评价报告中了解公司的内部财务控制情况,这样的情况汇报频率并不高,而且评价报告并不会显示内部控制的一般缺陷,即使同一控制环节反复出现问题,甚至同一问题反复发生也都不会引起董事会和监事会的注意,仅是对缺陷部分做出调整,没有办法从制度建设上杜绝问题的发生。从内部机构的设置来看,G公司虽然设置了审计监察部门对公司内部控制进行审查,但是审计工作的实施效果并不理想,对电厂部分的监管力度也有所欠缺。公司缺少风险管理部门,没有很好地将内部财务控制与风险管理联系起来。预算管理办公室也是挂靠在计划经营部,缺少独立的预算管理部门,不利于预算的编制与执行。作为电力生产公司,G 公司注意到了安全生产工作,但是对于节能环保没有设置相应部门,这样在节能环保方面的财务管控也就难以细化。G 公司在构建财务部门的组织架构时,没有按照电力生产型企业财务工作的重点来划分工作岗位和职能,致使财务工作混乱,重要的财务工作缺乏相应的人力来执行,这样也不利于内部财务控制的实施。

(2)人力资源管理不足

G 公司的 509 名员工中仅有 26 人拥有硕士学位,占总员工比例只有 5.11%,由此可见企业缺乏高端管理人才。公司虽然鼓励员工继续学习,但是在工作实践上做得还不够,没有起到积极督促员工学习的作用,对员工的职业培训也没有形成常态化,员工对内部财务控制的理解也有限,这导致 G 公司的内部财务控制工作难以开展。特别是对于电厂员工而言,与公司总部职工职业能力的差距可能会导致 G 公司信息沟通不畅。在财务人员方面,甚至存在岗位和个人能力不匹配的情况,有非财务类专业员工来从事公司的财务工作,这可能会影响财务工作的效率和可靠性。另外,在 G 公司 2013—2015 年频繁出现员工的指纹考勤记录未储存的现象,指纹考勤和手工记录也存在差异,这就不利于工时计算监管。同时还存在员工应扣款未扣的情况,这些现象严重影响绩效考核制度,助长员工消极怠工的心理。无论是员工职业能力的不足,还是员工考勤制度的不合理,都可能对内部财务控制有效性产生不良影响。

2.财务风险评估机制不完善

风险是 G 公司在企业管理中首要关注的,G 公司在新电力改革的形势下,面临着许多来自外部和内部的各种风险。风险的发生将阻碍公司经营目标的实现,也会破坏公司的财务体系。在 G 公司的日常管理过程中,风险评估主要依靠的是管理者的主观判断,公司没有建立与风险评估相关的规章制度,财务风险缺乏相关的预警与应急机制。从 G 公司的组织架构来看也未设置风险管理部门,更不要谈财务风险方面的专职人员,这不利于财务风险评估的进行。特别地,在外部风险评估方面,G 公司并不重视分析新电力改革下电力生产业存在的风险对本公司业务的影响,没有及时识别公司因外部环境变化而产生的新的财务风险。从各个方面来看,G 公司的财务风险评估机制有待加强。

3.财务控制活动执行不力

财务控制活动的执行是防范财务风险发生的重要方法和手段,G 公司在执行内部财务控制的时候存在着许多的问题,这些问题可能会导致内部财务控制失去效力,也会给舞弊者提供机会。将 G 公司 2012—2015 年内部控制缺陷汇总统计,可以发现 G 公司的内部控制缺陷主要集中在内部财务控制活动上合计占比 90.32%。而财务控制活动缺陷则是在筹资管理、投资管理、货币资金管理、采购与付款管理、销售与收款管理、全面预算管理、固定资产管理这 7 个方面,这也是电力生产公司内部财务控制的几个重要方面,各个控制活动缺陷占比如图 10.4 所示。从汇总情况可以看出 G 公司的财务控制活动执行并不理想,特别是固定资产、采购与付款、货币资金3个方面的管理更需要加强。以下就G公司7个财务控制活动所存在的问题进行探讨。

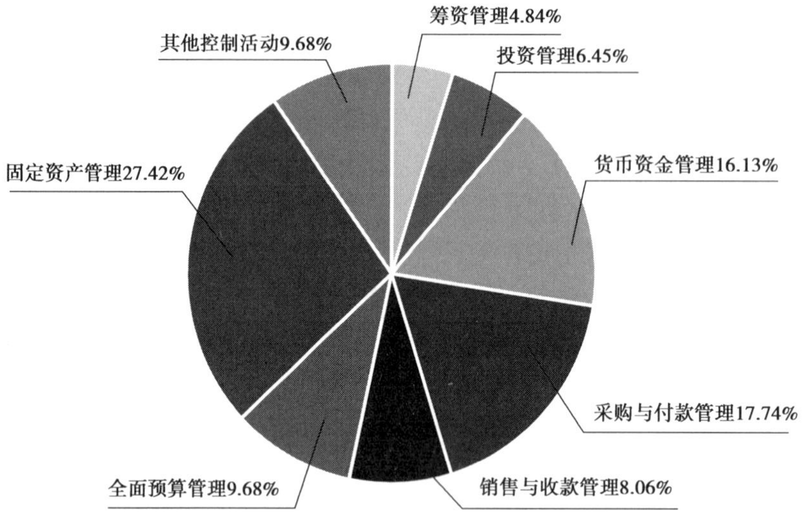

图10.4　G公司各控制活动缺陷占比

(1)筹资活动管理不严谨

从2012—2015年G公司的筹资情况中(见表10.6),可以看出近4年的筹资方式比较单一,都通过银行借款的方式来进行,这也符合我们现在大部分电力生产公司的筹资习惯,但是G公司作为上市公司没有很好地借助发行股票的方式筹资。由此看出,G公司在筹资活动的主要管控集中在银行借款管理上,然而公司对银行借款的管理也不够严格,在银行存款的每季核对上存在问题,未将每季度核对无误的银行借款对账单复印留底,这就可能存在账实不符的情况,影响差异的调整,容易造成财务漏洞。对于G公司而言,筹资渠道不足也可能阻碍企业规模的扩展和安全生产的保障。

表10.6　2012—2015年G公司筹资情况　　单位:万元

	2015年	2014年	2013年	2012年
吸收投资收到的现金	0	0	0	0
取得借款收到的现金	155 400	211 347.9	295 400	255 800
发行债券收到的现金	0	0	0	0

(2)投资活动控制不合理

在G公司2012—2015年的投资项目中,对JX网新科技公司的投资处于持续亏损状态(见表10.7),这是G公司在新科技领域业务的拓展,但是这项投资并没有给G公司带来收益,证明在这个项目上G公司对成本和收益的评估并不合理,所幸G公司的主营业务收入较为稳定,并不影响公司资金链的运作。另外,G 公司新投入的水电厂坍塌事故在评估调查中存在因为投资管理不善导致安全事故的可能性,无论如何 G 公司都应当加强对投资活动的管理。从调研情况来看,G 公司在投资处理方面存在只有董事会特别决议而没有经营层处置相关审批流程的情况,这可能不利于投资决策的实施,也是投资活动控制的缺陷。

表 10.7　2012—2015 年 G 公司对 JX 网新科技公司投资盈亏情况　　单位:元

	2015 年	2014 年	2013 年	2012 年
投资盈亏	-1 182 013.22	-521 131.85	-1 470 784.49	-850 789.67

(3)货币资金控制力度不够

G 公司货币资金的管理主要是日常现金与银行存款的管理,对货币资金的管理维持着公司的日常运营,为了避免出现纰漏,内部财务控制必须做到完善。但是 G 公司在控制执行过程中仍有不少问题,主要体现在以下 3 个方面:①不相容职务未分离。G 公司的票据(主要是银行承兑汇票)登记(记账)和保管同为出纳,按照法律法规这是不相容职务应当分开,不然很容易发生冒取款项的情况,也有碍资金安全。②备用金制度疏忽。公司对于备用金的管理较为松懈,备用金多次出现未在规定期限内冲销的情况,另外对于备用金的归还期限和要求 G 公司还未做出明确的规定,这是内部财务控制上的漏洞。③现金与银行存款的保管未遵循规定。在 G 公司现金管理中要求将收入现金在 10 日内存入银行,但是在实际执行过程中有部分现金并没有及时存入,还有库存现金盘点表和银行存款余额调节表中都出现过缺乏出纳和复核主管签字的情况。财务人员对现金和银行存款的保管未尽到应尽的职责,容易滋生财务舞弊。

(4)采购与付款控制存在漏洞

相比销售与收款而言,采购与付款环节对 G 电力生产公司来说更为重要,这一环节关乎着利润的高低与安全生产的进行,但是在实际执行的过程中却出现了很多的纰漏。①供应商管理不规范。供应商作为电力生产的上游是节省成本的关键,也是保障企业顺利生产的要素,但 G 公司对供应商的管理却存在问题。对新进的物资供应商未按规定调查,存在不经领导审批就认定合格的现象,还有 G 公司也没有针对合格供应商建立相应档案。整个合格供应商名单有 154 家,但是实际与 G 公司有往来的供应商多达 300 多家。这些供应商管理的缺失,可能会影响燃料的正常供应,一旦生产受到影响,公司就会面临损失。而且燃料质量的高低也是安全生产的关键,不能因为供应商管理疏忽而降低燃料质量的可信度,为安全生产留下隐患。②材料的账项登记有所疏忽。对燃料的管控也是对成本的管控,只有清晰地记录材料的账目才能保障成本核算的准确。G 公司存在已入库但发票未到的材料未按规定办理暂估入账的情况,也有货到但票未到的原材料预估入账后未纳入盘点表的情况,账目记录并不符合规范,难以保障财务记录的真实可靠。③合同管理不足。G 公司的合同台账不完整,也未将各个部门燃料采购合同进行统一编号管理,不利于合同的管理与执行,存在合同的质保金额与结清金额不一致的现象,影响公司的财务核算。④缺少应付账款的管理。G公司利用赊销形式来融资的情况较少，也就忽略了应付账款的管理，仅仅对其进行简单的记录，没有制订相关的控制制度。以上就是G公司采购与付款管理的缺陷，该环节的管理疏忽对公司内部财务控制的负面影响极大，必须要针对其缺陷加大整改力度。

(5)销售与收款控制有所欠缺

与G公司面向的供应商相比，公司面向的顾客较为单一，主要是将电能销售给电网。在销售与收款环节G公司存在的问题主要在结算和账务记录方面。①结算复核不到位。在确认电力收入时，没有确认结算单据，也没有相关领导对结算进行审核，这使得结算金额的可靠性受到质疑，这是内部财务控制的缺陷之一。②账务管理不严。在与客户对账的过程中，经常存在差异，而G公司没能及时地调查和处理，差异原因的分析也未汇报领导。③应收账款管理不足。G公司应收账款管理未受到相应的重视，缺乏专人对其进行管理。应收账款是电力生产企业销售收入来源，对结算和账务的管理不当会影响应收账款回收，一旦应收账款回收出现问题就可能导致企业资金短缺，影响企业财务目标的实现，所以应当对销售与收款管理保持谨慎的态度，才能为内部财务控制有效执行提供保障。

(6)全面预算控制不到位

全面预算应当贯穿G公司的各个层级各个活动，G公司的预算主要集中在成本、投资和固定资产3个方面，在其他方面的预算基本是基于以前年度的数据来计算，凭借工作经验来编制，全面预算流于表面，存在超支现象，甚至存在未预算的部分。G公司全面预算的问题可以分为以下4种：①预算参与度不高。G公司的预算工作是由预算管理办公室牵头组织各部门参与的。但是在实际预算过程中，行政部、人事部等部门都很少参与预算编制，有的部门甚至不参与其中，这就可能导致全面预算的不全面。②预算编制过程不规范。G公司对预算内容选取不全面，在年初经营业绩预算中不包含固定资产预算，也缺乏相应的审批程序，使得预算编制缺失了重要部分。③预算调整控制执行不严。本应当在特定情况下才允许对预算进行调整，但是G公司的下属电厂却存在着超过预算金额未申报审批的现象，可以看出预算形式化，并不受到重视。④缺乏预算监督。在预算执行的时候，G公司比较关注收支预算，对于电力项目过程中的预算并没有足够的重视，未按照规定进行监控和管理，对超支不审批的情况也缺乏惩罚措施。对全面预算缺乏监督，预算的执行过程也就失去了原有的意义，公司预算制度也会形同虚设。

(7)缺乏固定资产管理

对电力生产类企业而言固定资产占总资产比重较大，这也就使得对固定资产的管控显得尤为重要。在G公司固定资产管理过程中，固定资产的预算编制、合同签署、质检、成本核算和记录等各个方面都存在一定的问题。①固定资产购置管理不严。在采购前会涉及固定资产的预算，G公司在固定资产预算方面并不十分重视，计算过程简单，预算执行不力。同时G公司还存在未按项目实施前规定时间报备采购计划的情况，部分资产购置并没有合同审批单，甚至有的大额物资没有签订采购合同，这对固定资产管理影响极大。另外，固定资产的质量检测也有待加强。在固定资产购置安装后，理应有试运行报告与验收评定报告,但G公司部分固定资产缺少对检查结果的反馈,这可能导致安全事故和企业损失的发生。②固定资产成本核算不准确。G公司在技术改造项目中安装拆除零件变卖并未冲减在建工程投资成本,这不利于成本核算的准确性。在同一个公司施工的两个项目合同中,未列明各个项目金额,不利于项目检修的成本考核。③固定资产账务记录不合理。G公司在固定资产账务记录的问题主要是在原材料和在建工程两个方面。首先是原材料科目,原材料是固定资产购入时记录的科目,月底无论领用与否都要结转到固定资产的子科目,但是在实际会计处理的时候存在未结转的情况。另外,在固定资产领用的次月应当予以计提,延期领用时却存在少计提的现象,这都不符合固定资产记账规范。然后是在建工程项目,在建工程项目应当是反映固定资产在建设时的记录科目。在G公司已转固定资产的项目,仍出现物资领用的现象。更有甚者,有的固定资产未建立项目账,使得固定资产无法与项目账进行核对。这些固定资产会计记录的不合理,会影响固定资产的核算,内部财务控制有效性也就难以得到保障。

4.信息沟通不畅

信息沟通系统是财务管理的桥梁,良好的信息沟通是内部财务控制执行的有力保障。G公司虽然建立了制度对信息沟通进行管理,但是在公司运营过程中仍存在沟通不畅的现象。①在外部信息方面,G公司缺乏良好的沟通渠道。G公司并不重视与外部的信息沟通。公司没能很好地根据接收的信息,迎合新电力改革的步伐,及时调整内部财务控制制度。在与供应商和顾客之间的沟通上也有所欠缺,只有在发生业务时的往来,没有定期对业务内容和客户需求进行沟通交流。G公司与投资者的交流,也仅仅停留在有限的信息披露与股东会议上。②在内部信息方面,G公司内部缺少及时有效的信息沟通系统。项目组和财务部门信息沟通存在问题,有的已批复完成的电力项目未及时在财务账目上反应,相关部门就无法及时对项目进行清理。在总分公司间,信息沟通也不太顺畅,下属单位的总经理对外签订合同,而未向总公司申请授权审批的现象时有发生。种种迹象都表明了G公司在信息与沟通方面存在不足,特别是公司总部和电厂以及公司与电力项目之间的相关信息记录与汇报都难以跟上公司的运营节奏。

5.内部监管机制失效

G公司对内部财务控制的监督是通过审计委员会、监事会和内部审计3个部门来实施的,对内部财务控制的监督并不到位。审计委员会和监事会在公司内部控制执行过程中并没有起到很好的监管作用,审计委员会的独立董事没有真正参与到审计工作中来,而监事会则流于形式,并没有履行其监督内部财务控制的职责。公司主要还是依靠内部审计来对公司上下内部财务控制进行监督,确保其管理的有效性。然而,G公司的内部审计部门设置并不完善,管理层没有对内部审计予以重视,导致设置的内部审计人员偏少,对下属电厂的审计不够及时和到位,审计过程也缺乏与管理层的沟通与反馈,内部审计真正的作用难以得到发挥。

(四)G公司内部财务控制问题的成因分析

对G公司内部财务控制问题进行梳理,认识到了其内部财务控制的缺陷,而造成内部财务控制不完善的因素很多,主要在以下5个方面。

1.对内部控制环境不重视

电力生产公司大都有国有资本注入，G公司在管理方面过于按部就班，缺乏对内部控制环境的塑造，这也就使得内部财务控制的效果大打折扣。G公司的领导者对内部财务控制的关注只停留在制度建设和部门设置上，并没有注意到控制环境对内部财务控制建设和执行的影响。领导者对内部环境的重视程度影响着公司对控制环境的优化程度，只有更好地将环境与控制相结合，才能使得内部财务控制更加完善。G公司在建设内部财务控制的时候，仅仅基于原有的公司环境，缺乏足够的重视，并没有因为内部环境变化和电力改革的进行而有针对性地优化组织结构、人力资源等方面，仅仅只是规范了各个机构对内部财务控制应尽的责任。治理层和管理层的重视不足，对控制环境完善的参与度也就不高，员工更加不会注意到控制环境存在的问题，也就使得G公司控制环境薄弱，内部财务控制也就出现问题。

2.缺乏财务风险防范意识

国家政策的扶持和电力行业的垄断局势导致G公司在管理工作中缺乏危机意识，虽然新电力改革在不断推进，但是垄断局面没有办法瞬间打破，江西省的电力改革试点尚未列入国家层面;G公司的风险防范意识尚未成型，使得公司无法将风险偏好和财务目标结合，导致风险预警机制的不健全，完全没有针对风险管理方面而专设机构。G公司没有对日常管理中的重大风险形成监控报告，也没有建立相应的风险预警信息库，公司整个风险管理体系都没有成型。对G公司而言，电力项目中存在许多重大财务风险，然而G公司也没有针对各个项目的实际情况进行相应的风险防范，财务风险防范意识还有待进一步加强。风险防范意识的缺失使得G公司财务风险评估机制存在缺陷，内部财务控制也需要加以改进。

3.财务控制活动管控不严

内部财务控制制度的建立是基础，但是执行有效才是内部财务控制的期望目标。制度是客观存在的，执行过程中主要是依靠员工来加以维持，要通过一定的规章来帮助和约束员工对内部财务控制的执行，从而达到管控财务控制活动的目的。G公司在财务控制活动上的诸多问题，正是财务控制活动管控不严的结果，没有将执行财务控制活动的员工与内部财务控制的状况很好地关联起来，缺乏相应的考核和激励机制来鼓励员工自觉达成财务控制的目标。总公司和各个电厂之间由于地域距离也给内部财务控制增加了难度，并且公司在日常工作中也缺少对内部财务控制风险知识的讲座与培训，使得员工在工作中常常忽略内部财务控制制度，财务控制活动就会出现执行不力的情况，造成内部财务控制的缺陷。

4.缺少有效的信息沟通机制

信息是财务控制的基础，G公司在内部财务控制时出现了信息沟通不畅的情况，内外部信息都存在接收滞后的现象，也影响了沟通的顺利进行。之所以会造成信息沟通不畅的结果，主要是因为G公司缺乏有效的财务信息沟通机制。G公司没有建立良好的信息沟通和管理系统，公司内部虽然有相关的制度来规范信息沟通，但是在实际过程中总公司和下属电厂并未严格按照规定执行，对公司与电力项目的沟通也未纳入信息制度内,也就导致了公司在信息沟通环节上出现障碍。当然,先进的计算机科技是信息沟通的一大助力,G公司也就仅仅对会计方面有相应的系统,公司的其他管理方面缺乏高效的系统,总公司和下级电厂沟通受限,层层上报耽误了信息的时效性。当然,员工也是信息沟通的关键,G公司员工对信息的认知和处理上的不足也阻碍了信息的有效沟通。正是缺乏有效的信息沟通机制,导致了信息沟通的不畅,内部财务控制也无法达到应有的效果。

5.内部审计不全面

内部审计是G公司监督体系的重点,G公司的内部监管机制失效与内部审计机构关联最大。根据G公司现有的内部审计机构来看,公司内部审计部门仅有4名员工,对公司及下属电厂和各个部门的监管精力有限,并且个别内部审计人员专业能力也有所不足,使得G公司的内部审计不能全面地覆盖到内部财务控制的各个方面。G公司是总公司,整个公司也只有总部设有内部审计部门,基本上内部审计主要针对总公司财务进行审计,对下属电厂的审计也是一年一次,内部财务控制的有效性也就无法完全保障。正是由于内部审计的不全面,使得内部监管机制失效,才将内部财务控制的漏洞暴露无遗。

二、案例分析要求

根据材料中对G公司内部财务控制的问题以及成因分析,谈谈你对G公司的内部财务控制有什么优化建议?

第四部分 参考答案

一、单项选择题

1.D 2.B 3.C 4.C 5.B 6.A 7.B 8.C 9.B 10.A

二、多项选择题

1.AB 2.BC 3.ABD 4.AB 5.ACD

三、判断题

1.√ 2.√ 3.√ 4.√ 5.√ 6.× 7.× 8.× 9.√ 10.√

四、计算分析题

1.(1)A部门经济增加值=调整后税后经营利润-调整后投资资本×加权平均税后资本成本=81 000元-850 000元×11%×(1-25%) = 10 875元

B部门经济增加值=67 500元-560 000元×11%×(1-25%)= 21 300元

(2)B部门采纳投资方案后经济增加值=(90 000元+13 000元)×(1-25%)-(560 000元+100 000元) ×11% ×(1-25%)= 22 800元

由于经济增加值提高,因此B部门经理会接受该项目。

(3)采纳减资方案后经济增加值=(90 000元-6 500元)×(1-25%)-(560 000元-50 000元)×11%× (1-25%)= 20 550元

因此,B 部门经理会采纳投资方案而放弃减资方案,与公司总目标一致。

2.(1)部门投资报酬率:A 投资中心的部门投资报酬率=10 400÷74 500=13.96%。B 投资中心的部门投资报酬率=15 800÷105 000=15.05%。C 投资中心的部门投资报酬率=8 450÷65 500=12.90%。评价:B 投资中心业绩最优,C 投资中心业绩最差。

(2)剩余收益:A 投资中心的剩余收益=10 400-74 500×10%=2 950(万元)

B 投资中心的剩余收益=15 800-10 5000×9%=6 350(万元)

C 投资中心的剩余收益=8 450-65 500×11%=1 245(万元)

评价:B 投资中心业绩最优,C 投资中心业绩最差。

(3)经济增加值:

A 投资中心的经济增加值=10 400×(1-25%)-74 500×10%×(1-25%)=2 212.5(万元)

B 投资中心的经济增加值=(15 800+200)×(1-25%)-(105 000+200/2)×10%×(1-25%)= 4117.5(万元)

C 投资中心的经济增加值=8 450×(1-25%)-65 500×10%×(1-25%)=1 425(万元)

评价:B 投资中心业绩最优,C 投资中心业绩最差。

五、案例分析要点

(一)完善内部控制环境

(1)改善组织结构。公司组织结构是控制环境的基础,只有合理的构架才能帮助内部财务控制有效地实施。为了更好地完善内部财务控制的环境,G 公司的董事会和监事会应尽到各自的职责,董事会应当做好领导内部财务控制建设和执行的作用,监事会应当对其负起充分的监督作用。董事会和监事会要做到对内部财务控制建设的持续关注,除了对每年的内部控制自我评价报告进行审议,还要定期听取经理层关于内部控制缺陷的汇报,不要忽视一般缺陷的存在,对于反复出现且有潜在影响力的一般缺陷,要求经理层提出相应的制度改进方案,由董事会和监事会共同探讨分析,形成决策决议,一同为完善内部财务控制各尽其责。在改善组织架构时,不可忽视的是 G 公司在机构设置上有一定的要求:①设置内控与风险管理部门。这样公司可以更好地评价财务风险,使得财务风险与内部财务控制更完美地融合。②建立独立的预算管理部。不让预算部门挂靠在任何部门下,更有利于预算的专门化管理,也便于预算控制的实施。③设立科学环保部。这样既可以帮助 G 公司履行节能减排责任,也为节能减排环节的内部财务控制实施添一份力。④构建良好的财务组织架构。由财务经理领导整个财务工作,下设的岗位要按照 G 公司财务工作的重点来进行划分,合理设置会计管理岗、出纳岗、统计管理岗、预算管理岗、税务管理岗、财务决算岗、成本核算岗、固定资产核算岗、应收账款管理岗和各分公司财务岗,各个财务岗位按照其职责进行财务工作。如果新电力改革实施,G 公司获取售电机会的可能性很大,就要增设电力营销部和电力交易中心来满足新业务的需求。G 公司要形成一个完备的组织架构,才能为内部财务控制提供坚实的基础。

(2)加强人力资源管理。人力资源是公司管理资源的核心之一,确保人力资源管理到位,是完善控制环境的关键。G 公司可以从员工培养和员工绩效考核两个方面入手,通过建立有效的员工培训和绩效考核机制以及付诸常态地实施来加强人力资源的管理,为内部财务控制的有效性提供有力保障。在员工培养方面，G 公司除了应当鼓励员工加强专业素质来提升自我外，还应当定期对员工进行内部财务控制内容的专业培训，让员工能够更好地认识内部财务控制，有利于员工更好地执行内部财务控制。另外，在财务人员的选拔上要选择拥有财务专业背景的人，录用后实施为期一个月的入职培训，从了解公司基本情况到熟悉财务知识与业务处理，由财务主管或经验丰富的财务人员对新员工进行指导，力求新的财务人员能够更好地适应本职工作。另外，G 公司也应当健全绩效考核机制，严格执行考勤制度，对考勤记录每周进行核查，对差异部分及时更正，合理地运用奖惩措施来避免员工的懒怠现象，充分调动员工的工作积极性，使得公司财务控制活动顺利地进行。还有新电力改革会为 G 公司带来新的人力需求，公司要做好相应准备，销售人员需要经过培训上岗，以满足电力销售业务的要求。

（二）健全财务风险评估机制

（1）提高全员风险防范意识。财务问题是公司的关键问题，对财务风险的防范，G 公司需要予以充分重视。公司由于电力行业的稳定性往往会忽略经营中的潜在风险，然而财务风险却渗透在公司经营的每个细节上，这就要求各个员工提高风险防范意识来保障内部财务控制的建立与实施。①必须做好风险防范的知识普及。请风险管理的专业人士来进行讲座，在各个部门门口设置知识宣传书架，摆放风险管理的书籍供大家传阅，特别注意要将 G 公司各个部门的内部财务控制风险要点的电子版下发至每个部门员工手上，当然不能遗漏下发给下属电厂的员工。②建立风险防范相关激励制度。通过设立奖励机制来帮助员工保持对电力生产公司财务相关风险的警惕性，对提出风险和防范措施的员工根据风险的影响程度来予以不同程度奖励，通过集思广益更好地进行风险防范。③重点关注财务人员的风险防范工作。针对公司的各级财务人员，提高风险防范意识势在必行。高层财务人员应当对决策中的财务风险予以甄别，中层财务人员应当对生产经营的财务风险保持谨慎态度，基层财务人员应当对财务管理和会计核算方面的财务风险加以关注。G 公司员工具备相应的风险防范意识，为其内部财务控制工作的开展起到了铺垫作用。

（2）设立风险管理部门。除了增强风险防范意识，G 公司还应当针对风险设立风险管理部门，对财务风险负起责任。公司应当聘请风险评估的专业人士来参与风险管理，风险管理部门的独立设置是风险控制的基础。同时，公司还应当选择拥有财务知识的人员加入风险管理部门，使得财务风险评价更具专业性。由风险管理部门对内外部的财务相关风险进行定期或经常性的评估，提出化解风险的必要措施，形成具体的评估报告，供公司高层进行风险决策。G 公司只有设置专门的风险管理部门，才能更好地应对交易市场和公司内部的财务风险，确保公司内部财务控制更加成熟。

（3）建立有效的财务风险机制。为了实现 G 公司的财务安全，建立有效的财务风险机制是关键。关于财务风险最为重要的就是财务风险预警机制和财务风险应急机制两种，做好这两种机制的建设，才能让财务风险机制起到应尽的作用。①财务风险预警机制是对风险发生前的防范机制。搜集财务风险的相关信息，选取财务预警指标，建立财务风险评价模型，对公司的获利能力、偿债能力与资产运营能力进行分析，做出合理的财务风险评估,报告给公司的决策层,再由决策层进行财务风险预警的通报,相应的部门做好风险应对措施。②财务风险应急机制则是针对风险发生的情况下提前做好的准备工作,也是财务风险的应急预案。在公司突发财务风险的时候,根据财务风险的预案采取积极的应对措施,尽量避免或减小公司的财务风险损失。G公司需要建立有效的风险预警和应急机制,两者相结合才能为公司内部财务控制提供助力。对G公司而言,需要重点关注的财务相关风险除了电力行业政策和证券市场所带来的外部风险,就是公司内部各环节的财务风险,主要集中在筹资、投资、生产拨付及基建、采购与付款、销售与收款、全面预算、成本、货币资金和固定资产等方面。同时,G公司要积极适应电力改革,做好面向用户直销电能的预先准备,在风险评价时向电网公司学习,对销售与收款环节的新增财务风险进行科学评价,加强应收账款管理,以应对新业务所带来的风险。

(三)加强财务控制活动管控

规范投融资管理。筹资与投资活动是G公司内部财务控制的两项重要活动,这两个环节一旦出现管理不善的情况,就可能会影响公司的存亡。因此为了维持G公司的持续经营,首要就是规范这两个方面的内部财务控制。

(1)严格筹资活动管理。G公司应当做好筹资活动管理,优化资本结构,以降低筹资风险。为了更好地完成筹资管理活动,G公司可以按照如下步骤来进行。①拓展融资渠道。G公司应当通过更多的融资方式获取更多的资金,用以满足新电力改革下拓展电力销售业务的需求。G公司主要利用银行借款来筹资,公司必须每月对银行借款账进行核对,以避免出现账实不符。公司可以利用资本市场进行股权融资,必要时还可以充分利用发行公司债券来获得较为固定的融资,扩大融资渠道。②合理选择融资渠道。在选择融资方式时,要分析各种融资渠道的优劣态势。考虑到G公司的固定资产较多,资产流动性不强,如果通过银行借款或者债券方式借款,无疑会增加公司的筹资风险。而如果选择股权融资,没有固定利息负担,筹资风险会变小,但是筹资成本会变大。所以在选择融资渠道时,G公司要考虑资产负债率与净资产收益率,当公司资产负债率低于50%且净资产收益率高于行业平均水平时,应当选择增加负债的筹资方式;而当资产负债率高于50%且净资产收益率较低时,应当选择股权融资的方式。③制订周全的融资计划。制订筹资计划的过程中,G公司要考虑筹资与投资的期限和总量的匹配,还有财务预算的内容,以确定筹资规模,对筹资计划要进行严格审批,确保筹资活动的合理性。④做好资金到位后的管理工作。筹资后资金的存放必须做到专户储蓄,对筹集的资金登记台账,其存放账户、金额、日期及使用情况等内容都要记录到位,并且筹资后的资金使用情况要求严格遵守募集资金使用书进行,要求定期进行核查,将结果向董事会报告。

(2)合理管控投资活动。G公司的投资活动是其筹集资金的一大去向,主要是用于扩大生产规模和投资新产业两个方面,当然面临新电力改革的挑战,投资新的电力销售业务也是一种新的机遇。为了规范G公司的投资管理,要好好把控投资前、中、后3个环节。①做好投资决策。由投资管理部负责对投资信息进行收集、调研、预选,实行分类管理,建立项目储备库。结合G公司实际情况,优选并拟定可投资项目,报送给总经理办公室,而投资额较大的决策要报送董事会和股东大会审批。公司可以聘请外部机构对项目可行性做出研究报告,根据报告结论来进行审批,经营管理层也要按照审批权限完善相关投资的审批流程,共同做好投资活动的管理。②做好投资规划。对已获审批的项目,由投资管理部、财务部协同拟订投资计划,确定具体的投资方案和项目预定进度,根据领导权限提交审批,经审批确定才能拨付资金。③做好投资后的项目管理。要关注项目的投资管理和盈利情况,投资管理部应及时做好项目的信息搜集、整理、反馈工作,定期评估项目持续经营的必要性,向上级汇报等待指示,以便对长期亏损的项目及时进行处置,回笼资金进行合理规划。

(3)加大货币资金控制力度。货币资金这里指的是一般意义上为了使公司日常经营活动正常进行所需要的资金,G公司只有严格遵守货币资金控制制度,才能让公司健康并持久地运转下去。为了更好地加大货币资金控制力度,G公司要从以下3个方面入手:①做到不相容职务分离。业务授权批准与执行、业务执行与审核、业务执行与记录、资产保管与记录、资产保管与清查、总账与明细账的登记等都需要进行分离,特别是财务部门的职务和货币资金关联度最高,出纳人员直接与现金和银行存款接触,不能做财务稽核工作,也不能保管会计档案,更不能参与收支、费用、债权、债务账目登记的工作,特别注意银行票据的保管与登记的工作也必须分开,不能由出纳兼管。财务主管对部门内的职责分配应当保持警惕性,不能出现会计与出纳职权混乱的状况,要严格按照资金控制制度执行。②加强对会计核算和管理系统管控。会计应当严格遵循会计准则做好账务处理,将账簿与账单核对进行落实,由财务主管负责进行核查,检查相关的凭证、账表、资金与财产。③落实现金和银行存款的保管制度,针对现金要进行定期和不定期的现金盘点,编制库存现金盘点表由出纳和财务主管签字;而银行存款则要由出纳以外的专人按月去银行领取银行对账单,并编制银行存款余额调节表要求出纳与复核主管签字;在现金和银行存款的复核过程中出现差异的地方要寻找原因,及时做出调整,若出现差异较大且原因不明要进行上报等待处理。货币资金管理是贯穿了整个公司财务控制过程的控制活动,与其他企业不同的是G公司多出了生产及基建划拨和节能减排的环节,必须要加大力度做到最好,确保公司货币资金的保管安全和运作有效。

第十一章　财务分析

第一部分　理论辅导

一、重要概念

①财务分析是指按照一定的程序，运用一定的技术方法，对企业各种财务信息资料进行加工，计算出一系列的指标，据以评价企业财务状况和经营成果的经济管理活动，为企业各利益相关者进行财务决策服务。

②比较分析法是将相关经济指标与选定的比较标准进行对比分析，以确定分析指标与标准之间的差异，明确差异方向、差异性质与差异大小，并进行差异分析与趋势分析的方法。

③比率分析法根据相关联的不同项目、指标之间的关系，计算一定的比率，以说明项目之间的关系，并解释和评价由此所反映的财务指标情况。财务比率分为相关比率、构成比率和动态比率三种。

④因素分析法是指通过分析影响财务指标的各项因素，并计算其对指标的影响程度，用以说明本期实际与计划或基期相比，财务指标发生变动或差异的主要原因的一种分析方法。因素分析法适用于多种因素构成的综合性指标的分析，如成本、利润、净资产收益率等指标。进行因素分析最常用的方法有两种：连环替代法和差额计算法。

⑤综合分析法就是将有关财务指标按其内在联系结合起来，系统、全面、综合地对企业财务状况和经营成果进行剖析、解释和评价的一种方法。综合分析法包括杜邦分析法、沃尔评分法等。

二、主要内容

1.企业财务综合能力分析

企业财务分类能力分析是指对企业偿债能力、企业营运能力、企业盈利能力和企业增长能力进行分析，企业财务报表是财务综合能力分析的基础，如表 11.1 所示。

表 11.1 企业财务综合能力分析

分类	财务指标		计算公式
偿债能力分析	短期偿债能力	流动比率	$流动比率=\frac{流动资产}{流动负债}$
		速动比率	$速动比率=\frac{速动资产}{流动负债}$
		现金比率	$现金比率=\frac{货币资金+现金等价物}{流动负债}$
		现金流量比率	$现金流量比率=\frac{经营活动产生的现金流量净额}{流动负债}$
		到期债务本息偿付率	$到期债务本息偿付率=\frac{经营活动产生的现金流量净额}{本期到期债务本金+本期现金利息支出}$
	长期偿债能力	资产负债率	$资产负债率=\frac{负债总额}{资产总额}$
		产权比率	$产权比率=\frac{负债总额}{股东权益总额}$
		利息保障倍数	$利息保障倍数=\frac{息税前利润}{利息费用}$
		现金流量债务比	$现金流量债务比=\frac{经营活动现金流量净额}{负债总额}$
营运能力分析		应收账款周转率	$应收账款周转率=\frac{赊销收入}{平均应收账款余额}$
		存货周转率	$存货周转率=\frac{营业成本}{平均存货余额}$
		流动资产周转率	$流动资产周转率=\frac{营业收入}{流动资产平均余额}$
		固定资产周转率	$固定资产周转率=\frac{营业收入}{固定资产平均净值}$
		总资产周转率	$总资产周转率=\frac{营业收入}{资产平均总额}$

续表

分类	财务指标		计算公式
盈利能力分析	经营盈利能力分析	营业利润率	$营业利润率=\frac{营业利润}{营业收入}$
	资产盈利能力分析	总资产报酬率	$总资产报酬率=\frac{息税前利润}{资产平均总额}$
	资本盈利能力分析	净资产收益率	$净资产收益率=\frac{净利润}{平均所有者权益}$
发展能力分析	营业收入增长能力	营业收入增长率	$营业收入增长率=\frac{本年营业收入增长额}{上年营业收入总额}$
	盈利增长能力	营业利润增长率	$营业利润增长率=\frac{本年营业利润增长额}{上年营业利润总额}$
	资产增长能力	资产增长率	$资产增长率=\frac{本年总资产增长额}{年初资产总额}$
	资本增长能力	资本积累率	$资本积累率=\frac{本年股东权益增值额}{年初股东权益总额}$
		资本保值增值率	$资本保值增值率=\frac{期末所有者权益}{期初所有者权益}$

2.沃尔评分法

沃尔评分法就是选定流动比率、净资产对负债比率、固定资产比率、存货周转率、应收账款周转率、固定资产周转率、权益资本周转率 7 个财务比率,分别给定各个比率的权重,然后确定各个比率的标准值,并用比率的实际值与标准值相除得到的相对值乘以权重,计算出各项比率的得分,最后将 7 个比率的得分加总得到总分,从而对企业财务状况做出综合评价,如表 11.2 所示。

表 11.2　沃尔评分表

财务比率	权重 (1)	标准比率 (2)	实际比率 (3)	相对比率 (4)=(3)÷(2)	评分 (5)=(1)×(4)
流动比率	25	2			
净资产对负债比率	25	1.5			
固定资产比率	15	2.5			
存货周转率	10	8			
应收账款周转率	10	6			

续表

财务比率	权重 (1)	标准比率 (2)	实际比率 (3)	相对比率 (4)=(3)÷(2)	评分 (5)=(1)×(4)
固定资产周转率	10	4			
权益资本周转率	5	3			
合计	100				

3.杜邦分析法

杜邦分析法又称杜邦财务分析体系，它是由美国杜邦公司最先设计和使用，是利用各种主要财务指标间的内在联系，对企业财务状况及经营成果进行综合、系统的分析和评价。利用杜邦分析法进行综合分析，可以把各项财务指标间关系绘制成杜邦财务分析图，如图11.1所示。

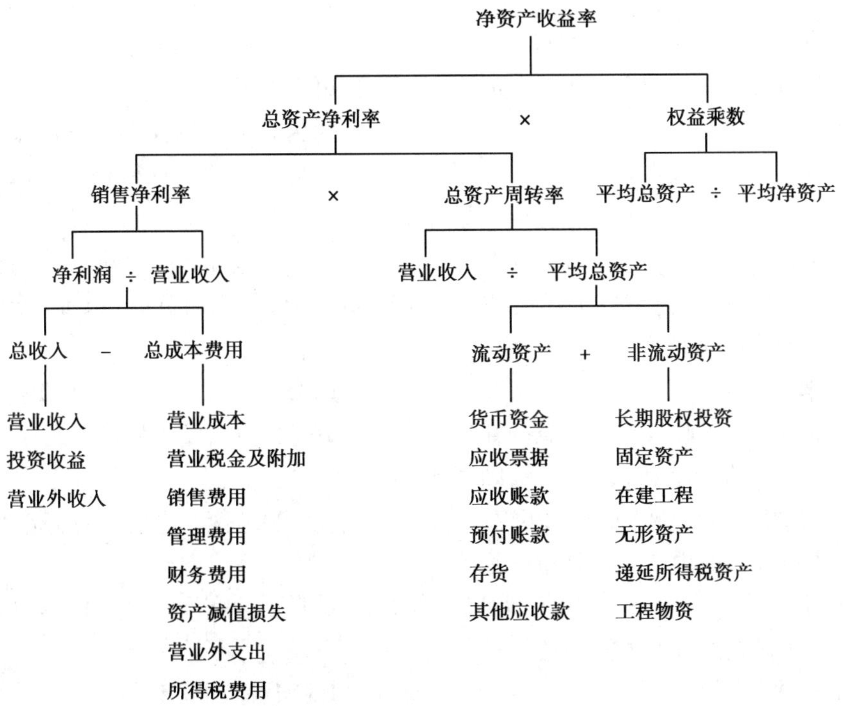

图11.1　杜邦分析图

三、重点难点

1.本章重点

熟悉企业财务分析的作用、目的、基础、方法；掌握财务比率分析法，并能对企业的偿债能力、营运能力、盈利能力和发展能力进行分析；理解企业财务状况的趋势分析和综合分析方法。

2.本章难点

第一,正确解读企业财务报表,并进行去伪存真。

第二,运用企业财务分类能力分析指标对企业偿债能力、营运能力、盈利能力和发展能力做出合理评价。

第三,运用综合财务分析方法进行综合评价,为各利益相关者提供决策建议。

第二部分　强化训练

一、单项选择题

1.能够反映企业发展能力的指标是(　　)。

A.总资产周转率　B.资本积累率　C.利息保障倍数　D.资产负债率

2.减少企业流动资产变现能力的因素是(　　)。

A.取得商业承兑汇票　B.未决诉讼、仲裁形成的或有负债

C.有可动用的银行贷款指标　D.长期投资到期收回

3.企业(　　)时,可以增加流动资产的实际变现能力。

A.取得应收票据贴现款　B.为其他单位提供债务担保

C.拥有较多的长期资产　D.有可动用的银行贷款指标

4.反映企业短期偿债能力最重要的指标是(　　)。

A.流动比率　B.现金比率　C.保守速动比率　D.速动比率

5.某企业的流动资产为23万元,长期资产为330万元,流动负债为65万元,长期负债83万元,则资产负债率为(　　)。

A.20%　B.24%　C.35%　D.42%

6.如果某企业以收入基础计算的存货周转率为16次,而以成本为基础的存货周转率为12次,又已知本年毛利32 000元,则平均存货为(　　)元。

A.2 000　B.2 667　C.8 000　D.128 000

7.总资产收益率中的收益是指(　　)。

A.税前利润　B.税后利润　C.息税前利润　D.营业利润

8.以下不影响净资产收益率的指标(　　)。

A.权益乘数　B.销售净利润率

C.资产周转率　D.收益留存比例

9.如果总资产息税前利润率高于负债综合利息率,则负债越多,主权资本利润率(　　)。

A.越高　B.越低　C.不变　D.不一定

10.权益乘数越高,则(　　)。

A.资产负债率越高　B.流动比率越高

C.资产负债率越低　D.资产周转率越高

11.不能用于弥补亏损的是(　　)。

A.盈余公积　B.资本公积　C.税前利润　D.税后利润

12.要保持目标资本结构,应采用的股利政策是(　　)。

A.固定股利支付率政策　B.固定股利政策

C.正常股利加额外股利政策　D.剩余股利政策

13.如果资产负债率为50%,则产权比率为(　　)。

A.50%　B.100%　C.200%　D.25%

14.对应收账款的表述,正确的是(　　)。

A.应收账款周转天数越长,周转速度越快

B.计算应收账款周转率时,应收账款余额不应包括应收票据

C.计算应收账款周转率时,应收账款余额应为扣除坏账损失准备后的净额

D.应收账款周转率越小,表明周转速度越快

15.杜邦分析法的核心指标是(　　)。

A.总资产净利率　B.净资产收益率

C.销售净利润率　D.总资产周转率

二、多项选择题

1.反映企业短期偿债能力的指标有(　　)。

A.毛利率　B.速动比率　C.流动比率　D.现金比率

2.造成流动比率不能正常反应偿债能力的原因有(　　)。

A.季节经营的企业销售不均衡　B.存货计价方式发生变化

C.大量销售为现销　D.大量使用分期付款结算方式

3.对股份制企业,反映其获利能力的比率有(　　)。

A.资产报酬率　B.市盈率

C.每股股利　D.销售净利润率

4.根据杜邦分析方法可知,提高资产报酬率的途径可以有(　　)。

A.加强负债管理,提高负债比率　B.加强资产管理,提高资产利用率

C.加强销售管理,提高销售利润率　D.增强资产流动性,提高流动比率

5.如果某公司资产负债率为60%,则可以推算出(　　)。

A.全部负债占资产的比重为60%

B.产权比率为1.5

C.所有者权益占资金来源的比例少于一半

D.在资金来源构成中负债占6/10,所有者权益占4/10

6.导致应收账款周转率下降的原因主要是(　　)。

A.赊销的比率　B.客户故意拖延

C.企业的收账政策　D.客户财务困难

7.运用价格比为基础的价值评估方法通常可以选择的价格比有(　　)。

A.每股价格与每股收益比　B.每股价格与每股资产比

C.每股价格与每股成本比　　　　D.每股价格与每股营业收入比

8.财务报表的基本分析方法有(　　)。

A.比较分析法　　B.比率分析法　　C.主观分析法　　D.因素分析法

9.股票股利(　　)。

A.常被资金短缺的企业采用

B.可节约企业的现金支出

C.会减少企业的资产和所有者权益

D.不会减少企业的资产和所有者权益

10.为吸引机构投资者,企业应采用的股利政策是(　　)。

A.剩余股利政策　　　　B.低正常股利加额外股利政策

C.固定股利支付率政策　　　　D.固定股利政策

三、判断题

1.比较分析可以按照三个标准进行:历史标准、行业标准、预算标准。(　　)

2.一般而言,表示企业流动负债有足够的流动资金作保证,其营运资金应为负数。(　　)

3.或有负债发生时会在会计报表中反映。(　　)

4.现金比率可以反映企业的即时付现能力,因此在评价企业变现能力时都要计算现金比率。(　　)

5.承诺是影响长期偿债能力的其他因素之一。(　　)

6.一般而言,当企业流动负债有足够的流动资产作保证时,流动比率小于1。(　　)

7.营运资金是一个绝对量指标,可以用来进行不同企业之间的比较。(　　)

8.偿债能力是指企业清偿债务的现金保障程度。(　　)

9.计算每股收益使用净收益,既包括正常活动损益,也包括特别项目收益,其中特别项目不反映经营业绩。(　　)

10.当负债利息率大于资产收益率时,财务杠杆将产生正效应。(　　)

四、计算分析题

1.资料:某公司年末资产负债表简略,如表11.3。

表11.3　资产负债表　　　　单位:元

资产	期末数	权益	期末数
货币资金	25 000	应付账款	
应收账款净额		应交税费	25 000
存货		长期负债	
固定资产净额	294 000	实收资本	200 000
		未分配利润	
总计	432 000	总计	

已知:①期末流动比率=1.5;　　②期末资产负债率=50%;

③本期存货周转次数=4.5 次;　　④本期销售成本=315 000 元;

⑤期末存货=期初存货。

要求:根据以上资料,计算并填列资产负债表的空项,并写出计算过程。

2.某公司存货年初、年末分别为 190 万元和 200 万元,流动负债年初、年末分别为 210 万元和 230 万元,流动比率期初、期末分别为 1.8 和 2.1。

要求:

(1)计算该公司流动资产年初、年末数;

(2)计算该公司速动比率的期初、期末数。

第三部分　案例分析

WK 房地产财务报表分析

一、案例材料

(一)我国房地产行业发展状况

1.我国房地产行业发展现状

伴随着我国房地产价格持续增长,房地产行业受关注程度不断提高,房地产行业也得到了迅速发展。幅度之大,范围之广,在我国房地产行业发展历史上是罕见的。商品房住宅是百姓生活的必需品,发展前景十分巨大。

(1)泡沫处于紧缩状态

房地产市场价格不仅无法有规律地低位运作,而且还面临下调价格的阻力,部分城市房地产价格陆续下调。2007 年至今,我国实行了房地产行业紧缩政策,房地产行业泡沫在逐渐减少,虽然一线城市的房价一直居高不下,但是成交量却有所减少。从 2007 年 10 月份开始,全国 60 余个大中城市房价陆续往下调整。其中以深圳尤为突出,仅在 2007 年 12 月,深圳商品房价格就下跌了 12.6%,在此之后一直保持着下跌的趋势,2008 年 6 月新建商品房的平均价格为每平方米 11 015 元,与 2007 年初持平,但是与 2007 年 11 月高峰期的每平方米 17 430 元相比,还是下跌了 35%。据业内相关人士分析,深圳商品房价格还会保持着下跌的趋势。根据我国相关部门分析研究表明,房地产价格在连续多个月份出现异常的波动,WK、BL、HD 等房地产商为加快企业资金周转也着手改变销售策略,通过降低价格、打折促销等手段提升销量。由于房价难以上升,商品房交易量下跌,许多个人投资者为尽快回收资金,也通过大幅降低房价进行低抛。

(2)成交量低迷,空置率居高不下

商品房价格下调的另外一个原因是,购房者观望情绪持续加重,导致了成交量萎缩,存量房不断增加。据相关地产研究院的统计分析,去年上半年,上海市仅有 82 万平方米/月的平均成交面积,与旺季 173 万平方米/月相比,下降了 49%左右,但是与去年同期比较还是下降了 56%。2013 年 1 月至 6 月,深圳商品房交易总额依旧处在下降态势。根据某地产研究院公布的资料显示,截止到 2014 年 7 月,深圳新建房交易面积仅为 27.4 万平方米,同比下降了 44.8%。根据广州市国土房管局发布的信息来看,去年 1 月至 6 月整个市区新房的交易总量 229.69 万平方米,跟去年相同时期相比下降幅度很大,大约为 43%。而与 2013 年同期数据相比降幅则高达 53%。3 月份仅有 22.13 万平方米,为交易量最低的一个月。

(3)紧缩调控政策导致房地产开发商风险加大

如今,由于房地产市场紧缩,如何处理资金回笼的问题影响着房地产开发商未来决策。与此同时,我国银行业主要贷款为住房贷款,各大商业银行为了扩大业务,在贷款审批环节降低了门槛,导致房屋贷款规模迅速扩大。房贷业务繁荣背后,危机和风险却无处不在。据有关统计显示,我国大约 75%的房地产开发资金以银行贷款作为主要资金来源,而个人以银行贷款方式购买房源的比例占总数的 91%以上,表明了银行承担了房地产业的大部分风险。导致我国银行业面临巨大的信用风险,从侧面影响了我国经济的发展。

(4)经济实力弱的房地产企业逐渐退出市场

一方面,我国加强了对土地使用的监督和管理,经济实力相对弱小的企业很难取得土地使用权。另一方面,信贷政策调控,导致房地产企业资金来源受到阻碍,许多中小型房地产企业又没有能力上市筹集资金。房地产价格降低和交易量下降导致房地产企业资金周转困难。由于贷款利率市场化,银行利率上升,小型房地产企业没有能力偿还高额的银行贷款利息。相比大型房地产企业的经济实力和价格权利,中小型房地产公司存在生存问题。

(5)房地产中介存活困难

由于地产市场大环境萧条,交易量呈直线下降趋势。同时。房地产中介内部竞争加剧,房地产交易相关制度不断出台,部分房地产中介公司面临着生存困难,最终难逃倒闭的命运。

2.我国房地产行业的发展前景

从宏观经济的角度上看,我国人均 GDP 早已突破 2 000 美元大关,房地产业在未来相当长的一段时间内处于快速发展时期。居民消费结构和消费能力都发生着改变,居民对汽车和住宅这类代表着个人资产和财富的需求正在发生改变。目前我国宏观经济形势良好,而房地产行业投资起到了至关重要的作用,回顾以往国外经济发展历程,房地产行业对国民经济所做的贡献是有目共睹也是必不可少的。与此同时,中国正处于人口城市化快速发展阶段,城市人口的购买力在不断提升,住房刚性需求一段时间内还会保持增长。住房需求结构随着家庭规模小型化、消费观念改变、个性化追求而改变。

房地产行业生存的外部环境因国家的宏观调控政策而发生变化,紧缩的货币政策使企业在融资过程中存在非常大的系统风险，在资金问题及金融风险的双重压力下，不同的筹资方式可能会应运而生，部分企业的筹资方式会向多元化的方向发展。因此，筹资实力的水平将在整个行业内展开激烈的竞争，不同的社会资源将会流向经营管理更好的企业。国家出台的有关保障性住房的政策严重影响了房地产行业发展。我国房地产行业发展趋势逐渐倾斜至保障性住房，而其政策也会成为我国多元化住房供给链中不可或缺的一部分。住房政策的规模性整改程序的主要途径是通过贷款和税收政策的调整逐步达到的，由于在较短的时间内市场供给不足，就目前来看对整个行业影响还很小，但是从长远来看，结构性调整无法避免，房地产行业终将会告别暴利时代。目前，我国的房地产行业正处于高速发展的时期，短期内新政策的出台，会使市场不可避免进行相应的调整。

（二）WK 房地产公司的发展历程

1.WK 房地产公司概况

WK 地产股份有限公司成立于 1984 年 5 月，至今已有 31 年。公司于 1988 年进入房地产行业，1991 年在深圳证券交易所上市，是深交所第二家上市公司，股票代码 A00002。WK 地产是目前我国最大的专业性住宅开发企业之一。截至 2014 年企业所完成新建面积已达到 670.1 万平方米，已建成面积 632.4 万平方米，销售总额达到 734.2 亿元，实现营业收入 488.8 亿元，净利润 53.37 亿元。连续多年处于中国房地产龙头位置。WK 的理念本着坚持自己的价值原则、抵制来自各方面利益的诱惑，通过自身专业的房地产从业经验从市场获取利益，这些理念都是 WK 能获得如此成就的基础。企业一直以透明规范的企业文化和专注稳健的成长方式，成为受到社会各方尊重的房地产企业。凭借自身完善的公司治理结构和规范细致的道德准则，WK 公司已经连续七年获得“中国最受尊敬企业”称号。

2.WK 房地产公司发展

WK 集团股份有限公司以房地产为主要核心业务，是我国深圳证券交易所首批上市的企业之一。截止到 2014 年 12 月 31 日，企业总资产达到 5 084.09 亿元。WK 公司于 1988 年 12 月公开向社会发行 2 800 万股股票，募集资金 2 800 万元人民币，公司资产规模和经营模式迅速扩展。次年 1 月 29 日 WK 公司在深交所正式开始挂牌交易。1991 年 6 月，企业以配售和定向发行的方式发行新股 2 836 万股，募集资金 1.27 亿元人民币，从此公司开始着手跨地域发展房地产项目。

1993 年 3 月，WK 公司在 B 股市场上公开发行了 4 500 万股，于同年的 5 月 28 日在香港证券交易所正式挂牌上市，募集资金 45 126 万港币，大部分用于公司项目开展，以房地产为核心业务的公司结构更加突出。WK 企业于 1988 年开始进入房地产领域，1993 年将商品房开发作为主要的经济业务，截止到 2014 年底已先后进入 60 余个大中城市，目前 WK 公司业务已经覆盖了全国大中城市，凭借着公司一直坚持的开拓进取的原则以及合理经营的模式，企业树立了良好的品牌形象，同时也收到了良好的回报。

(三)WK 房地产公司财务报表分析

1.WK 房地产公司资产负债分析

资产负债表是反映企业在某一特定日期全部资产、负债和所有者权益情况的会计报表。WK 公司 2012、2013、2014 连续三年资产负债表主要变动项目如表 11.4 所示。

表 11.4　WK 房地产公司资产负债表数值　　单位:万元

项目	2014 年	2013 年	2012 年
货币资金	6 271 525.34	4 436 540.98	5 229 154.21
其他应收款	4 892 446.37	3 481 531.72	2 005 792.18
存货	317 726.37	33 113 322.32	25 516 411.30
资产总额	50 840 875.54	47 920 532.34	37 880 161.05
应付票据	212.91	1 478 389.99	497 713.14
预收款项	18 174 933.70	15 551 807.14	13 102 397.75
其他应付款	4 544 172.97	5 470 428.52	3 604 531.57
归属于母公司所有者权益	8 816 456.99	7 689 598.33	6 382 555.39

根据表 11.4 的数据进行计算,WK 公司 2013 年度和 2014 年度资产负债表的主要财务指标变动情况如表 11.5 所示。

表 11.5　WK 房地产公司资产负债表的主要财务指标变动情况表　　单位:万元

项目	2013 年变动情况及影响		2014 年变动情况及影响	
	增减额	变动/%	增减额	变动/%
货币资金	-792 613.23	-15.16	1 834 984.36	41.36
其他应收款	1 475 739.54	73.57	1 410 914.64	16.87
存货	7 596 911.02	29.77	-32 795 595.94	-4.05
资产总额	10 040 370.84	26.51	2 920 343.20	6.09
应付票据	980 676.85	197.04	-1 478 177.07	44.02
预收款项	2 449 409.39	18.69	2 623 126.56	16.87
其他应付款	1 865 896.95	51.77	-926 255.55	-51.77
归属于母公司所有者权益	1 307 042.94	20.48	1 126 858.66	14.65

根据表 11.4 和表 11.5 分析,该公司总资产在两个会计年度内分别增加了 10 040 370.84 万元和 2 920 343.20 万元,增长幅度为 26.51%和 6.09%。通过进一步分析研究,能够看出公司总资产增长幅度的减少很大程度上是由于流动资产的减少。该公司

的存货在 2013 年有了大幅度增长,然而在 2014 年度有了小幅度的回落。虽然存货金额有所减少,但是从总体上来看存货还是很庞大的。分析其原因是公司在扩大规模,建设的新项目增多。在其他应收款方面,该项指标在逐年增加,增加比率分别为 73.57%和 16.87%,根据有关资料可知,由于公司的合作方往来增加,导致其他应收款增加。

货币资金在 2013 年,减少了 792 613.22 万元,减少幅度为 15.16%。总的来说,货币资金总额出现了增长,这使得流动资产总额在表面上是增长的。而在 2014 年又有一定幅度的增长。货币资金 2014 年增加了 1 834 984.36 万元,增加幅度为 41.36%,原因是公司当年的销售回款加快,资金的回收期缩短。股东权益在 2013 年和 2014 年分别增长了 20.48%和 14.65%,股东权益在两年内均得到了一定程度的增长。在 2013 年盈利是股东权益增加的主要方面,因此使盈余公积增加了 311 835.83 万元,未分配利润增加了 1 001 879.02 万元,两者合计对权益总额的影响为 3.46%。2014 年权益的增长主要来源于净利润的增长,公司实现投资收益 41.59 亿元,较 2013 年大幅增长了313.78%。公司投资收益主要来源于联营以及合营公司两者方式实现的 WK 权益利润、以股权转让方式实现项目合作而实现的收益。

公司应付票据 2013 年增加了 197.04%,2014 年的增长稍有回落为 40.53%。应付票据在近两年内都有一定幅度的增长,归其原因是 WK 公司在逐步优化自身支付方式,尤其是在 2013 年 WK 公司刚刚完善自身的付款方式,支付效率得到了很大的提升。WK 公司预收账款在 2013 和 2014 年分别增长了 18.69%和 16.87%,保持了平稳增长的态势。预收账款的增长来源于公司销售金额的增加,WK 近两年的销售收入逐年增加,存货数量逐渐减少,资金回收力度加大。公司的其他应付款在 2013 年增长了 51.77%,增长幅度还是很大的。分析其原因在于 2013 年的在建工程量激增,一年内到期的非流动负债大幅度提升。2014 年的其他应付款下降了 16.93%,一方面是由于 2013 年的基数较大,并且 2013 年的工程尚未完成所导致的。

2.WK 房地产利润分析

利润表是反映企业一段时间内经营成果的报表,由于企业经营有可能盈利,也有可能出现亏损,所以也称其为损益表。WK 公司连续三年利润表变动项目如表 11.6 和表 11.7 所示。

表 11.6　WK 房地产利润表　　单位:万元

项目	2014 年	2013 年	2012 年
营业收入	14 638 800.45	13 541 879.10	10 311 624.51
营业税金及附加	1 316 674.59	1 154 499.81	1 091 629.75
营业成本	10 255 706.37	11 115 745.26	8 210 320.43
利润总额	2 525 236.32	2 429 101.12	2 107 018.51
净利润	1 574 545.41	1 829 754.98	1 566 258.84

表 11.7 WK 房地产利润表主要变动指标 单位:万元

项目	2013 年变动情况及影响		2014 年变动情况及影响	
	增减额	变动/%	增减额	变动/%
营业收入	3 230 254.59	31.33%	1 096 921.34	7.50%
营业税金及附加	62 870.06	5.76%	162 174.78	12.32%
营业成本	2 905 424.83	26.14%	-860 038.89	-8.39%
利润总额	322 082.61	15.29%	96 135.20	3.81%
净利润	263 496.14	16.82%	-255 209.57	-16.21%

如表 11.6 和表 11.7 所示,从 WK 企业 2013 年和 2014 年度各项财务成果的构成情况来看,营业收入 2013 年度涨幅较大,较上年增长了 31.33%。主要是因为在报告期内公司的结算规模增长,2013 年我国楼市回暖,商品房成交量持续攀升,公司销售收入有所增加。但是到 2014 年我国出台了相关政策调控房地产市场,我国商品房市场进入调整期。尤其是针对一线城市的限购政策,成交量下降了许多,导致 2014 年度营业收入上涨幅度很小。营业税金及附加在这两个会计年度里保持了持续增长,分别增长了 5.76% 和 12.32%。主要原因是公司营业收入增加,相关的税金也会上升,公司结算规模在持续扩大。虽然经历了房市调整期,WK 一直坚持积极的销售策略,变更销售模式以应对当前形势。在营业成本方面,两个年度情况有所不同。2013 年的营业成本较上年相比增长 26.14%。原因在于 2013 年度的销售收入增长幅度比较大,销售收入的增加代表着 WK 在年度内新项目的增加。到 2014 年虽然营业成本的变动率是负值,原因是以 2013 为基期的数据比较大以及我国楼市在 2014 年的不景气,公司新项目开展得少,营业成本自然而然下降。关于 WK 公司的利润总额在 2013 年和 2014 年度分别增长了 15.92%和 3.81%,2013 年的变化幅度比较大,主要归功于 2013 年度营业收入的增加。相比之下 2014 年度营业收入涨幅较少导致利润受到一定程度的影响。WK 公司 2013 年和 2014 年度的净利润分别是 1 829 754.98 万元和 1 574 545.41 万元,与 2013 年相比 2014 年的净利润下降了 255 209.57 万元。公司 2014 年利润总额增加值低于 2013 年,分析其原因在于营业收入的增长在逐渐减少,受全国房地产行业不景气的影响。

3.WK 房地产现金流量分析

现金流量表是反映企业一定时期内现金流入和流出情况,构成内容与资产负债表和利润表大致相同。WK 连续三年的现金流量表主要变动指标如表 11.8 和表 11.9 所示。

表 11.8　WK 房地产现金流量表　　单位:万元

项目	2014 年	2013 年	2012 年
销售商品、提供劳务收到的现金	16 830 906.76	15 343 706.73	11 610 883.95
购买商品、接受劳务支付的现金	9 523 183.23	12 865 695.27	8 732 365.23
经营活动产生的现金流量净额	4 172 481.09	192 386.88	372 595.84
投资活动产生的现金流量净额	348 737.09	795 441.71	245 345.17
筹资活动产生的现金流量净额	1 961 725.15	205 764.55	1 628 550.90

表 11.9　WK 房地产现金流量表主要变动指标　　单位:万元

项目	2013 年变动情况及影响		2014 年变动情况及影响	
	增减额	变动/%	增减额	变动/%
销售商品、提供劳务收到的现金	3 732 822.78	32.15%	1 487 200.02	8.84%
购买商品、接受劳务支付的现金	4 133 330.04	47.33%	-3 342 512.03	-35.19%
经营活动产生的现金流量净额	-180 208.96	-48.37%	3 980 095.02	95.38%
投资活动产生的现金流量净额	550 096.54	224.21%	-446 704.62	-128.02%
筹资活动产生的现金流量净额	-1 422 786.35	-87.37%	1 755 960.60	89.51%

从表 11.8 和表 11.9 可以看出,WK 公司 2013 年和 2014 年在销售商品和提供劳务上收到的现金流量在逐年增加,增长比率分别是 32.15% 和 8.84%,增加的金额是 3 732 822.78 万元和 1 487 200.02 万元。增长率的下降说明公司的销售能力在减弱,导致该方面的现金流减少。公司在购买商品、接受劳务支付上的现金流量 2013 年较上年增加了 4 133 330.04 万元,增长比率为 47.33%。说明公司在该年度开展了许多新项目,投入了大量的人力和资金。而到了 2014 年度用于该方面的现金流量明显减少,较上年相比减少了 35.19%。主要原因在于该年度的投资项目减少,新建的项目数量比上年减少。

公司 2013 年度的经营活动净现金流量比上年减少了 180 208.95 万元,增长率为 -48.37%。2014 年的经营活动净现金流量是 4 172 481.09 万元,比上期增长了 95.38%。投资活动现金净流量 2013 年比上年增加了 550 096.54 万元,保持了与上年规模相当的固定资产投资。投资活动现金流入量的增加主要来自于收回投资所收到的现金增加了 73 444.07 万元。还有取得投资收益所收到的现金 56 734.65 万元,增长率为 339.37%。2014 年投资活动现金净流量比上期减少了 128.02%,主要原因在于新项目数量的减少,公司新开发的土地面积没有上一年多。筹资活动现金净流量 2013 年比上年减少了 1 422 786.35 万元,根本上是由于其现金流出的净额比现金流入的净额要大。而 2014 年筹资活动现金净流量增加 1 755 960.60 万元。与 2013 年的情况相反,由于商品房市场的不景气,2014 年筹资活动的现金流出较少。

4.WK 房地产单项能力分析

(1)偿债能力分析

短期偿债能力是指一个企业的流动资产对于自身流动负债及时足额偿还的一种能力,该项指标主要是用来衡量一家企业流动资产变现能力的。案例采用流动比率、速动比率和现金比率三项指标来衡量 WK 公司的短期偿债能力。从表 11.10 的数据可以看出,WK 公司近三年的流动比率和速动比率整体相对比较平稳,流动比率变动水平基本保持在 2%以内,而速动比率则保持在 0.1 以内的波动,波动幅度相对很小,由此可以看出,WK 企业短期偿债能力从整体上来看趋于稳定。2013 年流动比率和速动比率均低于 2012 年的水平,说明 WK 公司 2013 年的流动负债的财务风险比 2012 年有所增加。而这两个数值到 2014 年速动比率有所上升,速动比率的变化说明 2014 年存货的减少。WK 公司在近几年受到我国房地产市场整体调控的影响,短期偿债能力有所下降。从三年的数据分析来看,WK 公司现金比率持续下降,主要因 WK 公司存货的变现能力减弱,这是制约公司短期偿债能力的主要因素。

表 11.10 WK 房地产短期偿债能力指标

报告期	2012 年	2013 年	2014 年
流动比率/%	1.43	1.33	1.34
速动比率/%	0.39	0.33	0.43
现金比率/%	18.79	13.46	12.73

公司长期偿债能力一般被定义为企业在偿还自身长期负债上所表现的能力。对企业长期偿债能力的合理分析,能够帮助全面了解企业对自身总负债偿还的能力和所需承担的财务风险。衡量一个企业长期偿债能力的指标主要包括资产负债率、股东权益比率以及产权比率。如表 11.11 的数据分析来看,WK 公司的资产负债率总体在这三年基本保持平稳水平,整体上没有较大幅度变动,资产负债率的平稳,说明 WK 公司的整体运营比较稳定,通常情况下认为资产负债率的数值应低于 50%,而 WK 公司的资产负债率在 78%~80%,资产负债率高的原因在于公司在自身的销售和管理模式上出现比较大的问题,这与企业运营管理有关,建议 WK 公司逐步完善自身资本结构,发展方向更加明确。公司净资产是对企业本身自有资产的反映,主要体现在股东权益比率上。WK 企业的股东权益比率从 2012 年 21.4%下降到 2013 年的 20.9%,尽管下降的幅度不大,但是仍然可以看出公司的股东需面临风险危机的概率变大。而该比率到 2014 年度又有了小幅度的上升,说明情况有所好转。由上述数据可知,近三年的举债经营率相对稳定,说明企业的债务负担保持平稳水平,偿还债务的能力水平基本保持不变。

表 11.11　WK 房地产长期偿债能力指标

年份	2012 年	2013 年	2014 年
资产负债率/%	78.6	79.15	78.93
股东权益比率/%	21.4	20.9	22.8
产权比率	367.118 5	380.668 6	338.69
已获利息倍数	28.55	28.24	28.72

(2)营运能力分析

企业资产营运能力主要体现在资产的周转速度、营运状况和经营管理水平上。通常资产周转速度越快,说明资产使用效率越高,其营运能力越强。相反,资产营运能力较差。资产周转速度通常用资产周转率和资产周转期两个指标来表示。其中资产周转率包括存货周转率、总资产周转率、流动资产周转率、固定资产周转率以及应收账款周转率五项具体指标。资产周转期则包括存货周转天数、总资产周转天数、流动资产周转期、固定资产周转期和应收账款周转期。

表 11.12　WK 房地产存货周转速度

年份	2012 年	2013 年	2014 年
存货周转期/天	1 275.24	1 137.24	1 136.89
存货周转率/%	0.18	0.32	0.32

表 11.13　WK 房地产总资产周转速度

年份	2012 年	2013 年	2014 年
总资产周转期/天	1 161.29	1 140.47	1 141.59
总资产周转率/次	0.31	0.32	0.32

表 11.14　WK 房地产流动资产周转速度

年份	2012 年	2013 年	2014 年
流动资产周转期/天	1 126.65	343.19	1 102.47
流动资产周转率/次	0.32	1.05	0.31

表 11.15　WK 房地产固定资产周转速度

年份	2012 年	2013 年	2014 年
固定资产周转期/天	5.60	5.00	4.93
固定资产周转率/次	64.29	72.38	81.82

表 11.16　WK 房地产应收账款周转速度

年份	2012 年	2013 年	2014 年
应收账款周转期/天	6.00	6.60	6.80
应收账款周转率/次	60.63	54.54	52.73

根据表 11.12 所示,一般情况下公司存货周转率越高越好、存货周转天数是越短越好。WK 地产的存货周转天数在三年里比较均衡,说明销售顺畅并且存货在减少,所占用的资金也逐渐变少,资金的流动性自然就变强,这样就不会影响公司的盈利能力,对公司进一步的发展是有益的。由表 11.13~表 11.16 的数据可知,近三年总资产的周转率保持平稳,流动资产周转率在 2013 年大幅下降,这说明 WK 地产的资产营运水平在 2013 年变化很大。存货周转率和固定资产周转率相对稳定且均有小幅度的增长,这表明 WK 公司库存管理的压力有所降低,固定资产利用率比较高。而应收账款周转率三年里连续下降,表明应收账款回收速度有所下降,这应该引起公司管理人员重视。根据表 11.16 知,WK 公司 2012 到 2014 年的应收账款周转天数分别为 6.00、6.60 和 6.80 天。三期数据相比,可以看出 WK 地产的应收账款周转天数在逐渐减慢,应收账款周转率减慢、周转天数加长,回收速度变慢,表明债务人拖欠时间长,增加了收账费用和发生坏账损失的风险,也使得自身资产流动从中受损,所以有应收账款风险。企业应强化应收账款回收管理,来提高其投资变现能力和获利能力。

(3)盈利能力分析

盈利能力是指企业的所有者通过投入资本经营而取得利润的能力,反映资本经营盈利能力即企业本期净利润与净资产的比率,其基本指标为总资产报酬率。由表 11.17 所示。WK 2013 年净资产收益率比 2012 年净资产收益率降低 0.59%,总资产报酬率影响程度为 1.73%。其次,企业负债筹资成本上升对净资产收益率带来的是正面影响,但由于比率变化较小,所以作用不是很明显,使净资产收益率上升了 0.06%。负债与净资产比率上升导致净资产收益率下降 0.27%。综上所述,WK 2013 年资本经营盈利能力较 2012 年相比是有所降低的。该项指标在 2014 年有所回升,说明公司的总资产报酬率增加,WK 公司 2014 年资本经营盈利能力较 2013 年相比有所上升。综上所述,WK 2014 年全部资产报酬率比上年降低了 0.50%,变动不大,其中总资产周转率的提高,使资产报酬率提高 0.22%。销售息税前利润率的降低使资产报酬率降低了 0.72%。

表 11.17　WK 地产盈利能力因素分析表　　金额单位:万元

项目	2014 年	2013 年	2012 年
平均总资产	50 840 875.54	47 920 532.34	37 880 161.50
平均净资产	128 483 925.74	10 543 942.33	8 213 819.49
负债	39 251 513.84	37 376 590.00	29 666 342.00
负债/净资产	3.68	3.54	3.61
利息支出	73 254.72	89 171.50	76 475.71
负债利息率/%	0.21	0.24	0.26
利润总额	2 525 236.32	2 429 101.12	2 107 018.51
息税前利润	1 228 608.55	2 518 272.63	2 183 494.23
净利润	1 574 545.41	1 829 754.98	1 566 258.84
所得税税率/%	25.00	25.00	25.00
总资产报酬率/%	3.22	5.26	5.76
净资产报酬率/%	17.86	17.27	19.21

能够体现商品经营能力的指标有收入利润率和成本利润率。从表 11.18 可以看出,WK 2013 年和 2012 年相比,营业收入利润率,营业收入毛利率,总收入利润率,销售利润率,销售息税前利润率五项指标均有小幅下降,降幅均在 2%左右。表明 2013 年 WK 盈利能力有所下降。到 2014 年与 2013 年相比下降幅度变化不大,说明企业的盈利能力在持续的下降。企业的盈利能力的下降会严重影响企业自身的发展,也会影响企业的利润。

表 11.18　WK 地产收入利润率分析表　　金额单位:万元

项目	2014 年	2013 年	2012 年
营业收入	14 638 800.44	13 541 879.10	10 311 624.51
营业成本	10 255 706.37	9 279 765.07	6 542 161.43
营业利润	2 497 935.88	2 426 133.83	2 101 304.07
利润总额	2 525 236.32	2 429 101.12	2 107 018.51
净利润	1 574 545.41	1 829 754.98	1 566 258.84
利息支出	73 254.72	89 171.50	76 475.71
息税前利润	1 228 608.55	2 518 272.63	2 183 494.23
总收入	14 638 800.44	13 654 294.84	10 418 957.82

续表

项目	2014 年	2013 年	2012 年
营业收入利润率/%	18.29	17.92	20.38
营业收入毛利率/%	30.23	31.47	36.56
总收益利润率/%	15.21	17.79	20.22
销售收入利润率/%	1.32	13.51	15.19
销售息税前利润率/%	15.94	18.60	21.18

(4)发展能力分析

发展能力是指企业在保证生存的基础上,不断将自身的规模扩大。分析发展能力主要考察以下四项指标:主营业务收入增长率、净利润增长率、净资产增长率和总资产增长率。

表 11.19 WK 房地产发展能力指标

年份	2012 年	2013 年	2014 年
主营业务收入增长率	43.65%	31.32%	28.75%
净利润增长率	35.03%	16.82%	15.96%
净资产增长率	18.84%	28.37%	25.73%
总资产增长率	22.02%	26.51%	23.74%

WK 主要营业为房地产销售,由表 11.19 可知,2013 年和 2014 年 WK 的主营业务收入增长率、净利润增长率较 2012 年有大幅下降,这是因为在这两个年度,国家对房地产行业的宏观调控力度加大,受到市场调控影响,WK 主营业务收入大幅度下降。但从表中数据看出:净资产增长率和总资产增长率都有所提高,说明 WK 的资产规模增加,资产增长能力得到加强。WK 房地产的净利润增长率 2012—2013 年出现大幅度下跌,从 35.03%下跌至 16.82%,下跌了近一半的净利润增长率。相比于同行均值的大幅度下降,WK 的净利润增长率普遍高于同行的平均水平,这说明 WK 的经营效益不会很差,但受市场影响净利润增长率大幅下降。

(5)综合分析

为了适应我国社会主义市场经济体制健康发展和政府职能转变的需要,加强国有资本金基础管理,完善国有资本金监管制度,科学和真实地反映企业资产运营效果和财务效益状况,我国财政部、人事部、国家发展计划委员会以及国家经济贸易委员会(以下简称四部委),于 1999 年 6 月 1 日联合颁布了《国有资本金效绩评价规则》和《国有资本金效绩评价操作细则》。企业效绩评价指标体系由基本指标、修正指标、评议指标三部分构成。基本指标反映效绩评价内容的基本情况,可以形成企业效绩评价的初步结论,修正指标是依据企业有关实际情况对基本指标评价结果进行逐一修正,以此形成企业效绩评价的基本定量分析结论。该细则采取以定量分析为主,定性分析为辅,实行定量分析与定性分析相互校正的结构，最终得出企业效绩评价的综合结论。企业效绩评价结果的基本计算方法是功效系数法，再加上综合分析判断法的辅助，按照国家统一制定的多层次指标体系，以企业在经营期间的各项指标实际水平为准，对照全国的统一测算标准和每年颁布的效绩评价标准值，分步骤计算得出效绩评价的初步结论、基本结论和综合结论。本文通过运用四部委颁布的《国有资本金效绩评价规则》对 WK 公司的财务状况进行效绩评价，具体评价指标如表 11.20 所示。

表 11.20　资本金效绩评价规则

评价内容	基本指标	修正指标	评议指标
财务效益状况	净资产收益率 总资产报酬率	资产保值增值率 主营业务利润率 盈余现金保障倍数 成本费用利润率	1.经营者基本素质 2.产品市场占有能力 3.基础管理水平 4.发展创新能力 5.经营发展战略 6.在岗人员素质 7.技术装备更新水平 8.综合社会贡献
资产运营状况	总资产周转率 流动资产周转率	存货周转率 应收账款周转率 不良资产比率	
偿债能力状况	资产负债率 已获利息倍数	现金流动负债比率 流动比率	
发展能力状况	销售增长率 资本积累率	三年资本平均增长率 三年销售平均增长率 技术投入比率	

净资产收益率和总资产报酬率两项指标是考察企业财务效益状况的主要评价指标，根据评价准则的要求，选取资产保值增值率、主营业务利润率、盈余现金保障倍数和成本费用利润率作为修正指标。根据 2014 年对外披露的审计结果，计算出 WK 公司的财务效益状况指标的实际值如表 11.21 所示。

表 11.21　财务效益状况基本指标和修正指标计算公式

指标种类	指标名称	计算公式及数值
基本指标	净资产收益率 总资产报酬率	净利润/平均净资产×100% = 17.86% 息税前利润总额/平均资产总额×100% = 3.22%
修正指标	资产保值增值率 主营业务利润率 盈余现金保障倍数 成本费用利润率	扣除客观因素后的年末所有者权益/年初所有者权益×100% = 123.71% 主营业务利润/主营业务收入净额×100% = 22.61% 经营现金净流量/净利润×100% = 2.73% 利润总额/成本费用总额×100% = 22.64%

考察企业资产运营状况的基本指标包括总资产周转率和流动资产周转率两项，根据

2014 年年报审计的结果,计算出 WK 公司的资产运营状况指标的实际值如表 11.22 所示。

表 11.22　资产运营状况基本指标和修正指标计算公式

指标种类	指标名称	计算公式及数值
基本指标	总资产周转率 流动资产周转率	主营业务收入净额/平均资产总额=0.3 主营业务收入净额/平均流动资产总额=0.3
修正指标	存货周转率 应收账款周转率 不良资产比率	主营业务成本/平均存货余额=0.316 主营业务收入净额/应收账款平均余额=0.558 年末不良资产总额/年末资产总额=0.057

考察企业偿债能力状况的基本指标包括资产负债率和已获利息倍数两项,根据 2014 年年报审计的结果,计算出 WK 公司的偿债能力状况指标的实际值如表 11.23 所示。

表 11.23　偿债能力状况基本指标和修正指标计算公式

指标种类	指标名称	计算公式及数值
基本指标	资产负债率 已获利息倍数	负债总额/资产总额×100%=77.20% 息税前利润总额/利息支出=5.3
修正指标	现金流动负债比率 速动比率	年经营现金净流入/流动负债×100%=10.6% 速动资产/流动负债×100%=43%

营业增长率和资本积累率是考察企业发展能力的基本指标,根据 2014 年年报审计的结果,计算出 WK 公司的偿债能力状况指标的实际值如表 11.24 所示。

表 11.24　偿债能力状况基本指标和修正指标计算公式

指标种类	指标名称	计算公式及数值
基本指标	营业增长率 资本积累率	本年主营业务收入增长额/上年主营业务收入总额=8.9 本年所有者权益增长额/年初所有者权益=9.9
修正指标	三年资本平均增长率 三年销售平均增长率 技术投入比率	$\left(\frac{3\text{年末所有者权益总额}}{\text{三年前末所有者权益总额}}-1\right)\times100\%=19.53\%$ $\left(\frac{3\text{年末利润总额}}{\text{三年前年末利润总额}}-1\right)\times100\%=26.84\%$ 当年技术转让费支出与研发投入/当年主营业务收入净额=0.9

《资本金效绩评价规则》和《企业效绩评级操作细则(修订)》中明确了我国企业效绩

评价指标体系的具体权数如表 11.25 所示。

表 11.25　指标权数对照表

<table>
<tr><th>评价内容
及权数/%</th><th>基本指标及权数/%</th><th>修正指标及权数/%</th><th>评议指标及权数/%</th></tr>
<tr><td>财务效益状况
(38)</td><td>净资产收益率(25)
总资产报酬率(13)</td><td>资产保值增值率(12)
主营业务利润率(8)
盈余现金保障倍数(8)
成本费用利润率(10)</td><td rowspan="4">1.经营者基本素质(18)
2.产品市场占有能力(16)
3.基础管理水平(12)
4.发展创新能力(14)
5.经营发展战略(12)
6.在岗人员素质(10)
7.技术装备更新水平(10)
8.综合社会贡献(8)</td></tr>
<tr><td>资产运营状况
(18)</td><td>总资产周转率(9)
流动资产周转率(9)</td><td>存货周转率(5)
应收账款周转率(5)
不良资产比率(8)</td></tr>
<tr><td>偿债能力状况
(20)</td><td>资产负债率(12)
已获利息倍数(8)</td><td>现金流动负债比率(10)
流动比率(10)</td></tr>
<tr><td>发展能力状况
(24)</td><td>销售增长率(12)
资本积累率(12)</td><td>三年资本平均增长率(9)
三年销售平均增长率(8)
技术投入比率(7)</td></tr>
</table>

根据四部委下发的《2014 年度资本金效绩评价标准值》共分为三个层面一百四十类,行业分为行业合计以及大、中、小四种范围。各范围的标准值分为优秀值、良好值、平均值、较低值和较差值五类。基于评价标准值的分类,关于房地产行业(大型企业)的业绩考核标准值以及 WK 公司的实际值如表 11.26 所示。

表 11.26　房地产业企业效绩评价标准值(大型企业)

指标种类	指标名称	优秀值	良好值	平均值	较低值	较差值	实际值
基本指标	净资产收益率	18.1	17.8	10.4	5.7	-3.6	17.9
	总资产报酬率	9.6	8	5.1	2.7	-3.6	3.2
	总资产周转率	0.7	0.5	0.4	0.2	0.1	0.3
	流动资产周转率	1	0.7	0.5	0.4	0.2	0.3
	资产负债率	41.1	48	65.9	80.5	95.9	77.2
	已获利息倍数	8.7	6.8	4.7	2.3	-1.1	5.31
	销售增长率	23.5	15.5	8.3	1.0	-9.6	8.9
	资本积累率	25.2	14.5	7.5	2.4	-11.1	9.9

续表

指标种类	指标名称	优秀值	良好值	平均值	较低值	较差值	实际值
修正指标	资本保值增长率	116.8	112.3	106.9	100.0	94	123.7
	主营业务利润率	9.6	8	5.1	3.4	-3.6	22.6
	盈余现金保障倍数	2.6	0.8	-2.11	-4.5	-5.7	2.7
	成本费用利润率	22.5	18.2	13.7	6.6	-5.7	22.6
	存货周转率	10.4	5.9	5.1	4.3	3.6	31.6
	应收账款周转率	34	22.5	9.5	6.3	1.7	55.8
	不良资产周转率	0.1	1.8	6.8	10.6	18.1	5.7
	现金流动负债比率	17.9	10.5	1.9	-11.5	-16.6	10.6
	速动比率	132.6	108.1	59.4	30.7	3.9	43
	三年资本平均增长率	24.8	19.8	8.2	0.5	-7.7	19.5
	三年销售平均增长率	38.7	32.2	18.4	-3.8	-11.5	26.8
	技术投入比率	0.8	0.6	0.4	0.2	0.1	0.9
标准系数		1.0	0.8	0.6	0.4	0.2	

由表11.26可以看出WK地产的净资产收益率为17.9，根据上表可以看出该项指标的标准系数为0.8，上一档标准系数为1.0。

本档基础分=本档标准系数×本档权数=0.8×25=20

上档基础分=上档标准系数×本档权数=1.0×25=25

$$功效系数=\frac{实际指标值-本档标准值}{上档标准值-本档标准值}=\frac{17.9-17.8}{18.1-17.8}=0.33$$

调整分=功效系数×(上档基础分-本档基础分)=0.33×(25-20)=1.65

净资产收益率指标得分=本档基础分+调整分=20+1.65=21.65

通过上述方法同理可推出总资产报酬率单项指标的分数为5.75，由此我们可以得出财务效益状况的整体得分情况。

$$财务效益状况分析系数=\frac{该部分基本指标得分}{该部分权数}=\frac{21.65+5.75}{25+13}=0.72$$

一般情况下，单项指标修正系数的计算公式是：

单项指标修正系数 = 1.0 +（本档标准系数 + 功效系数 × 0.2 - 该类基本指标分析系数）

由于资本保值增长率达到优秀值以上，单项修正系数=1.2+本档标准系数-该部分基本分析系数。资本保值增长率单项修正系数=1.2+1-0.72=1.48，其加权修正系数=$\frac{12}{38}\times 1.48=0.47$。

按照上述相同的方法可以计算出主营业务利润率、盈余现金保障倍数和成本费用利润率的修正指标系数分别是 0.31、0.31 和 0.39。

财务效益综合修正系数为各部分修正系数之和＝0.47+0.31+0.31+0.39＝1.48

财务效益状况修正后的得分＝该部分基本指标分数×该部分综合修正系数＝(21.65+5.75)×1.48＝40.55

资产运营状况、偿债能力状况和发展能力状况的计算方法与财务效益状况计算方法相同，在此省略计算环节，经过计算得出资产运营状况、偿债能力状况和发展能力状况的修正后得分分别是 12.96、11.88 和 15.28。WK 公司的评价指标得分如表 11.27 所示。

表 11.27　WK 公司财务状况评价综合得分

项目	财务效益	资产运营	偿债能力	发展能力	加权综合能力
得分	40.55	12.96	11.88	15.28	80.67

根据操作细则规定，评价水平以评价得分为准，得分标准分为四等五个类别，具体划分如表 11.28 所示。

表 11.28　WK 公司财务状况水平

水平	优	良	中	低	差
得分	大于 85	70～85	50～70	40～50	小于 40

根据上述财务指标的具体分析，WK 公司的最终加权综合得分为 80.67 分，财务状况定量部分水平为良。关于评议方面的指标并不是定量进行分析，而是从定性的角度上去分析。定性评价是指运用评议指标去综合考察影响企业经营绩效的相关非定量因素，对企业的经营状况进行定性分析。具体的方法是根据评议指标所考核的内容，再依据评价参考标准判定实际指标所能达到的等级，计算评议指标得分。关于评议数据指标共分为 8 项，分别规定一定的权重，本案例采取了调查问卷的形式，通过公司员工帮助评价。

本文中的调查问卷共 100 份，其中 20 份选取公司的中高层管理者进行调查，其余 80 份选取 WK 的普通员工作为调查对象，具体计算方法与定量指标相同，计算结果如表 11.29 所示。通过上述的计算和分析，关于 WK 八项评议指标的最终得分为 88.2 分。根据细则规定，综合评价得分是依据评议指标的得分来修正基本评价指标的数值，最终计算出效绩评价的综合得分。

表 11.29　WK 公司评议指标得分表

指标名称	优秀值	良好值	平均值	较低值	较差值	得　分
经营者基本素质	40	35	20	10	5	17.5
产品市场占有率	50	40	25	15	10	15.7

续表

指标名称	优秀值	良好值	平均值	较低值	较差值	得　分
基础管理水平	60	40	30	10	5	7.4
发展创新能力	60	55	30	15	10	10.8
经营发展战略	55	35	20	10	5	8.9
在岗人员素质	70	50	35	20	15	14.6
技术装备更新水平	60	50	35	20	10	4.4
综合社会贡献	65	45	30	20	5	8.9
标准系数	1.0	0.8	0.6	0.4	0.2	

综合评价得分=修正评价得分×80%+评议指标得分×20%=80.67×80%+88.2×20%=82.18

综合评价得分的结果是依据评价指标体系计算得出的,最终的评价得分和评价类型可以列出等级表示,并依据其分数所在等级编制评级报告。通常境况下评价类型与国际通行的 PR(Performance Raitng)评价等级相对应,共分为五个等级,即优(A)、良(B)、中(C)、低(D)、差(E)。评价级别具体是指对每种类型再次划分级次,通常采用字母和在字母后标注+号和-号两种方式表示再次分类,共五大类分为十个级别,如表 11.30 所示。

表 11.30　效绩评级表

评价类型	评级级别	综合得分
A	A++	95~100
	A+	90~94
	A	85~89
B	B+	80~84
	B	75~79
	B-	70~74
C	C	60~69
	C-	50~59
D	D	40~49
E	E	39 分及以下

通过上述对 WK 定量指标和定性指标得分的计算,以及经过加权计算综合得分情况,WK 的综合得分为 82.18 分,按照效绩评价表的分类,其财务评级状况为 B+。

二、案例分析要求

结合案例，对 WK 房地产财务报表中存在的问题进行分析，并给出相关改进建议。

第四部分　参考答案

一、单项选择题

1.B　2.B　3.D　4.A　5.D　6.C　7.C　8.D　9.A　10.A　11.B　12.D　13.B　14.C　15.B

二、多项选择题

1.BCD　2.AB　3.ABCD　4.BC　5.ABCD　6.ABCD　7.AD　8.ABD　9.ABD　10.BD

三、判断题

1.√　2.×　3.×　4.×　5.√　6.×　7.×　8.×　9.√　10.×

四、计算分析题

1.流动资产＝432 000－294 000＝138 000

流动负债＝138 000÷1.5＝92 000

应付账款＝92 000－25 000＝67 000

负债总额＝432 000×50%＝216 000

长期负债＝216 000－92 000＝124 000

实收资本＝432 000－216 000－200 000＝16 000

存货＝315 000÷4.5＝70 000

应收账款＝432 000－294 000－70 000－25 000＝43 000

2.年初流动资产＝1.8×210＝378

年末流动资产＝2.1×230＝483

$$期初速动比率=\frac{378-190}{210}=89.52\%$$

$$期末速动比率=\frac{483-200}{230}=1.23$$

五、案例分析要点

（一）WK 地产财务报表分析存在的问题

截至 2014 年，WK 地产公司已成立三十年整，经过三十年的不断发展和壮大，就眼前的形势来说，公司的未来发展前景总体上依旧是很好的，但是在分析的过程中也发现了一些问题。

第一，存货占公司资产总额的比重很大，存货过多将会严重影响公司资金流动的速度，通过分析得知 WK 公司近三年净资产收益率的增长仅仅是依靠增大收益中负债的比重来获得的，虽然在以往的基础上稍有提高，但是在资金周转率和产品盈利性上没有明显提高。

第二，WK 地产公司近几年的资产负债率在一直保持在 70%以上，处于行业的较高水平。一般情况下，资产负债率应保持在 50%以下。房地产企业活动属于资金密集型经济活动，负债总额保持着较高水平，财务杠杆较高，企业面临的财务风险较大。

第三，WK 地产公司的总资产周转率连续三年持续走低，这表明企业的营销实力在不断地削弱，其发展的能力也被削弱。

第四，WK 地产公司的盈利能力在下降，外界公众对公司股票的期望值较低，企业未来的获利潜力较小，前景不容乐观。

第五，该公司流动比率和现金比率均在逐年下降，说明公司短期偿债能力下降。股东权益比率有所下降，资产负债率有所上升，已获利息倍数下降，说明企业支付利息的能力下降。公司的偿债能力在逐年减弱，尤其是短期偿债能力。流动比率在连续的三年里一直保持着下降的水平，使得 WK 公司在资金方面不得不面临较高的财务风险。

第六，公司与当地政府关系维护得一般，对于以房地产为主营业务的 WK 来说，土地的使用权受到限制，对 WK 地产的影响是很大的，从根本上限制了经营效益。

第七，产品质量和顾客满意度有地区性差异。从长远角度上来看会影响公司的品牌效应。

第八，行业内部竞争加剧，国外的地产公司逐渐进驻中国，对国内的地产企业造成了严重的威胁。导致公司的销售能力下降，市场份额缩减。

此外，该单位报表分析不能仅仅限于对财务数据的分析，还要对非财务数据进行分析，如 WK 地产公司社会责任履行情况的分析也应得到应有的重视，因为这方面的信息对企业长远的可持续发展具有重要的影响和深远的意义。

（二）针对 WK 地产财务报表分析存在的问题的改进建议

第一，对于 WK 地产公司存货所占比重较大的问题，建议公司适当调节存货的数量，并采取一些促销手段，减少存货的数量。对于 WK 而言，存货是公司盈利的根本，但是也给企业带来很大的风险。

第二，关于 WK 地产公司连续几年负债总额增加，偿债能力减弱的问题，建议公司减少负债额度，调整企业的资产结构，将资产负债率调整到合理水平。公司在进行新的投资方案决策时，要充分考虑资金的回收期，从而增强企业的偿债能力。

第三，关于企业总资产周转率连年下降影响企业获利能力的问题，建议企业加强销售能力，在制定销售方案时适当选择销售期相对较短的产品。实施严格的资产管理措施，提高资产使用效率。同时，制定针对不同客户需求的产品，使公司的产品多元化、大众化。站在市场的角度来看，WK 地产公司采用快速周转的经营战略，加快资金的回笼速度，通过企业本身将资金快速回笼，在目前的行业中是至关重要的。而从土地储备的角度来看，近年 WK 地产公司的土地储备一直都处于较高强度的增长当中，是年度销售面积的 3 至 5 倍。

第四，关于企业盈利能力较低，未来获利前景不乐观的问题，建议企业加强获利能力，只有企业的收益有所提高，盈利能力才能提高。公司应加强成本费用的核算，并尽可能扩大市场份额,提高销售收入。从投资者的角度来看具有高收益和良好成长性的公司才是值得关注的。

第五,关于公司流动比率和现金比率均在逐年下降的问题,建议公司应增加销售额,加快存货的变现能力,存货数量的减少会增加企业的可使用资金,加快企业资金的周转。

第六,WK 地产公司品牌的认可度和满意度存在地区性差异的问题,建议 WK 地产公司进行调研,针对不同城市和地区顾客的需求,细化相关产品,改善经营政策。

第七,推动住宅产业化和绿色建筑。改革开放以来,国外的房地产公司相继进入中国市场,在内地快速发展和扩展自己的规模,从很大程度上阻碍了 WK 的扩张优势,威胁了公司的潜在发展,与此同时,近几年房地产市场不景气,大城市的交易额始终不好,但是小城市的增长速度较快。WK 应向三四线城市延伸,避免与其他大公司进行激烈竞争。

第十二章　资本经营

第一部分　理论辅导

一、重要概念

①资本经营是指对企业可以支配的资源和生产要素等进行运筹和优化配置，以实现最大限度资本增值目标。企业实行资本经营，其目的在于资本能获取超额收益。资本经营分为实业资本经营、产权资本经营、金融资本经营和无形资产资本经营。

②公司并购是指为了对目标公司进行控制或者施加重大影响而进行收购部分股权或资产的活动，既包括吸收合并和新设合并，也包括收购或接管，简称为公司并购(M & A)。

③公司上市是指所公开发行的股票经过证券管理部门批准在证券交易所上市交易的股份有限公司。

④战略联盟是指两个或以上的经营单位以实现互惠互利的战略目标为目的，通过一定方式组成的优势互补、风险共担、要素双向或多向流动的松散型网络组织。

⑤资产剥离是指上市公司将非经营性闲置资产、无利可图资产以及已经达到预定目的资产从公司资产中分离出来。资产剥离适用于不良资产的存在恶化了公司财务状况，某些资产明显干扰了其他业务组合的运行，行业竞争激烈，公司亟须收缩产业战线等。

⑥企业分立是指依照法律规定，将一个企业分化成为两个或两个以上新企业的法律行为。其实质是公司将其拥有的某一子公司的全部股份，按比例分配给母公司的股东，从而在法律和组织上将子公司的经营从母公司的经营中分离出去。

二、主要内容

1.资本经营内容

企业资本经营以实现企业最大限度资本增值目标，包括实业资本经营、产权资本经营、金融资本经营和无形资产资本经营，如表 12.1 所示。

表 12.1　资本经营内容

分类	界定	特征或条件
实业资本经营	资本直接投放到生产经营活动中所需要的固定资产和流动资产之中,形成从事产品生产或提供服务的经济活动能力的运作过程	随着实际生产经营管理活动,资本投入回收较缓慢,资本流动性差,资本利润率较高
产权资本经营	法定主体对财产所拥有的占用权、使用权、收益权和处置权的总和	产权的界定清晰,完善法律法规
金融资本经营	以企业金融资本为对象而进行的一系列的资本经营活动	所需资本额相对较少,资金流动性强,企业变现能力较大,不确定性较大
无形资产资本经营	企业对拥有的各类无形资产进行运筹和谋划,以实现价值增值最大化的活动	促进企业实现规模经营,推动企业重视技术和产品开发、客户管理,推动产业结构,能提高经营水平

2.资本经营方式

资本经营方式是指企业在资本经营过程中所采取的方法和手段,主要包括公司并购、公司上市、战略联盟、资产剥离、企业分立等,如表 12.2 所示。

表 12.2　资本经营方式

方式	动因	运作方式	适用范围
公司并购	获得规模经济优势,降低交易费用,多元化经营	吸收合并、新设合并、收购、接管	能够产生协同协议的企业
公司上市	可持续融资,扩大企业影响力,股权自由交易	发行上市、买壳上市、借壳上市、分拆上市	经证监会批准的优质企业
战略联盟	增强企业实力,扩大市场份额,获取新技术,降低风险	合资、特许经营、相互持股、合作开发	具有合作基础的企业
资产剥离	优化资产结构,筹集新的发展资金	单纯资产剥离、战略性资产剥离	存在不良资产的企业
企业分立	发挥企业优势,便于企业改制	新设分立、派生分立	特殊经营管理的企业

三、重点难点

1.本章重点

理解资本经营的概念、特征及实施条件,熟悉企业资本经营的目标、内容,掌握企业资本经营方式。

2.本章难点

第一,把握企业资本经营的机会,灵活运用资本经营理论。

第二,综合运用工商管理理论,合理筹划企业资本经营。

第二部分　强化训练

一、单项选择题

1.效率理论中可以表述为“管理协同理论”的是(　　)。

A.经营协同效应　　B.无效的管理者理论

C.价值低估理论　　D.差别效率理论

2.表示一家企业通过取得其他企业的部分或全部产权,从而实现对该企业的控制的一种投资称为(　　)。

A.兼并　　B.合并　　C.并购　　D.收购

3.上市公司股票回购是实施反收购策略的有力武器是因为(　　)。

A.股票回购可以促使股价上升,降低收购成本

B.股票回购可以促使股价下降,提高收购成本

C.股票回购动用公司现金,可减少被收购危险

D.股票回购改变持股比例,降低大股东的控制权

4.上市公司股票回购对资本结构的调整是指(　　)。

A.提高资产负债率,利用财务杠杆,增强公司未来盈利能力

B.降低资产负债率,利用财务杠杆,增强公司未来盈利能力

C.降低所有者权益,提高负债总额,增加公司利润

D.提高所有者权益,提高负债总额,增加公司利润

5.一家企业吸收一家或多家企业,前者保留自己的法人资格,后者则失去自己的法人实体地位的做法称为(　　)。

A.兼并　　B.合并

C.并购　　D.收购

6.两个或两个以上的企业通过一定方式组合成一个新企业的行为称为(　　)。

A.兼并　　B.合并

C.并购　　D.收购

7.管理者收购完成后的首要任务就是(　　)。

A.选择战略投资者　　B.经营调整

C.组建管理团队　　D.上市或再上市

8.下列选项中,(　　)项不是资产剥离的动因。

A.适应经营环境的变化　　B.实现企业的真实价值

C.抵制反托拉斯的强制　　D.满足公司现金需求

9.在下列论断中,不正确的论断是(　　)项。

A.市场占有率的提高并不代表规模经济的实现

B.增强市场势力,获取垄断利润是并购的重要原因

C.市场占有率的提高建立在不规模经济上,并购产生负效应

D.并购后成功组合,提高市场份额后,该理论才能成立

10.在下列各种战略联盟形式中高度参与的形式是(　　)。

A.股权参与　　B.合资企业

C.研发伙伴关系　　D.许可证转让

11.资本经营是企业获得巨大的领先一步的竞争优势,保持长足发展的(　　)。

A.前提　　B.手段　　C.基础　　D.基本条件

12.反映我国企业资本收缩经营的基本方式有(　　)

A.并购、资产重组　　B.股份回购、资产剥离、企业分立

C.并购、资产置换　　D.并购、战略联盟

13.资本经营的目的是通过产权的流动和重组(　　)。

A.实现利润的最大化　　B.实现快速扩张

C.剔除不良资产,提高竞争力　　D.提高资本运营效率和效益

14.建立企业战略联盟的基础和关键环节是(　　)。

A.联盟伙伴的选择　　B.联盟方式及内容的设计

C.联盟的实施　　D.联盟的控制

15.2003 年 7 月 26 日,燕京啤酒斥资 3.624 亿元,受让惠泉啤酒 38.15%的国有股股权,成为惠泉啤酒的第一大股东,此次并购属(　　)方式。

A.横向并购　　B.纵向并购

C.混合并购　　D.友好并购

二、多项选择题

1.企业分立的特点有(　　)。

A.不发生现金交易

B.分立后的新公司有独立的法人地位

C.不发生利益主体间的现金或证券支付

D.可以看作是一种特殊形式的剥离

2.企业通过并购这种资本经营方式进行外部扩张的作用有(　　)。

A.实现生产和资本的集中　　B.获取协同效应

C.降低进入新行业的障碍　　D.分散经营风险

3.企业治理联盟的特定治理目标是(　　)。

A.实现资源共享　　B.风险和成本共担

C.实现全球化竞争　　D.优势互补

4.资产剥离的动因有(　　)。

A.甩掉经营亏损业务的包袱　　B.实现企业的真实价值

C.适应经营环境的变化　　D.减少公司的现金需求

5.发达国家的跨国资本经营方式主要采用(　　)。

A.合资经营　　B.合作经营　　C.并购　　D.战略联盟

6.股份回购的作用有(　　)。

A.可以调整股权结构　　B.降低股票价格

C.改善公司资本结构　　D.提高股票价格

7.按并购是否取得目标公司的同意与合作分类,并购可以分为(　　)。

A.友好并购　　B.敌意并购　　C.横向并购　　D.纵向并购

8.资本作为能够带来未来收益的价值,是客观存在于市场经济之中的,以下反映资本主要功能的有(　　)。

A.保全功能　　B.增值功能　　C.流动功能　　D.乘数功能

9.优势企业的资本经营战略宜采用(　　)等形式。

A.上市战略　　B.并购战略　　C.租赁、托管战略　　D.联盟战略

10.以下反映管理者收购与企业并购相区别的表述有(　　)。

A.管理者收购对买卖双方而言,都是外部的企业交易

B.管理者收购对买卖双方而言,都是自家人的商业交易

C.管理者以个人的名义收购外部企业

D.管理者收购是挖掘企业或业务所具有的潜在价值的行为

三、判断题

1.资本是资产的载体,是以实物形式而存在的。(　　)

2.商品经营是资本经营的基础,而资本经营的成功运作,又会有力地推动商品经营的发展。(　　)

3.资本经营不是盲目的扩大资产规模,更重要的是重视资本运作效率,因此,实现资本流动是资本经营的本质特征。(　　)

4.资本经营的不确定性说明,资本经营的收益始终与风险成正比,因此,经营风险越大,收益越高。(　　)

5.资本经营的目的是通过产权的流动和重组,实现利润的最大化。(　　)

6.战略联盟中,联盟成员之间只有设定共同的价值观、经营作风和文化观念才能顺利推进合作进程。(　　)

7.战略联盟的联盟各方都是为了追求联合的协同效应,获得预期的经济效益。(　　)

8.慎重地选择战略联盟合作对象是联盟顺利发展的前提条件。(　　)

9.资产剥离是将不适合企业长远发展战略的资产或闲置的不良资产出售,从而优化

资产结构，提高企业整体资产质量，为企业筹措新的发展资金。因此，资产剥离不是劣势企业的专利，优势企业也可以采用。（　　）

10.公司分立就是设立分公司。（　　）

四、论述题

论述企业如何实施资本经营。

第三部分　案例分析

和记电讯资本运营

一、案例材料

（一）公司简介

和记电讯成立于1984年，由中国香港和记黄埔有限公司（简称“和黄”）下属的一系列经营电信业务的公司组成，是和黄集团五大旗舰之一，同时也包括恒生综合指数、恒生综合行业指数、恒生综合中型股指数、恒生可持续发展企业基准指数、恒生高息股指数及恒生环球综合指数等在内的多个恒生指数的成分股。2009年5月8日，和记电讯国际有限公司（简称“和记电讯国际”）将旗下中国香港及澳门业务进行分拆，以“和记电讯”作为企业名称在香港联合交易所主板上市，发行股票6.781亿股，最高价1.15元。和记电讯的业务主要包括移动通信和固网通信：以“3”品牌在中国香港及澳门地区提供尖端的移动通信服务，3G、GSM的变频移动通信和4G LTE的网络服务；此外，以“和记环球电讯”品牌为本地、国际客户提供先进的固网服务。在组织结构安排上，所有2G、3G和固网业务分部归属于上市子公司和记电讯国际和非上市公司“3”集团运营。其中，和记电讯国际主要负责2G移动通信业务，业务涉及印度、斯里兰卡、加纳、巴拉圭等十几个国家以及泰国的CDMA2000 1X业务，并且持有集团在中国香港和以色列的2G和3G业务，还有和记环球电讯的运营权益；而“3”集团则致力于成为国际3G移动通信的领导者，为中国香港、澳门提供先进的移动通信及Wi-Fi无线上网服务、家居固网宽带、家居电话及IDD服务。“3”集团是中国香港3G移动通信市场的领导者之一，是中国香港最大的3G服务运营商之一。

2012年，和记电讯的营业收入达到155.36亿港元，综合EBITDA达到30.20亿港元，每股盈利为25.46港元，自由现金流占收比高达9.11%。其中，移动通信营业额达128.83亿港元，EBITDA为21亿港元，EBIT为14.85亿港元。固网业务营业收入为36.40亿港元，EBITDA与EBIT分别为10.50亿港元、3.83亿港元。在客户发展方面，截至2012年底，“3”集团在中国香港及澳门的总移动通信客户人数已达377万名，其中包括330万名3G及4G客户，3G网络覆盖率高达中国香港总人口的99%。

(二)基于价值导向的和记电讯资本运营管理

诺贝尔经济奖获得者、美国经济学家史蒂格勒曾说过:综观世界上著名的大企业、大公司,没有一家不是在某个时候以某种方式通过资本运营发展起来的,也没有哪一家是单纯依靠企业自身利润的积累发展起来的。有效的资本运营有助于企业实现规模快速扩张、风险有效分散、资金迅速募集,进而有助于企业价值创造、实现与经营。在以价值为导向的企业管理模式中,资本运营更是通过资源的有效配置和整合使得企业价值最大化的目标得以实现。基于国内外价值管理模式,从价值创造、价值实现、价值经营、价值文化四个角度对和记电讯资本运营的成功经营进行全面剖析,试图为我国企业特别是电信企业进行资本运营提供借鉴和启示。

1.基于扩张型和收缩型资本运营的价值创造

扩张型和收缩型资本运营是企业实现资本增值和价值创造的两种重要手段,如何有效地运用扩张型和收缩型资本运营,实现二者的协同并用,收放自如,是企业在寻求价值最大化过程中亟待解决的问题。企业应该建立基于价值导向的企业经营战略与财务战略的协同机制,首先实现产品市场与资本市场联动、财务价值与经营价值统一,然后才能实现价值创造与可持续发展。作为企业资本配置和优化的重要方式,资本运营以并购、重组等扩张型的方式为企业在经营规模、资本实力等方面创造了全新的发展机会,而以剥离、分立等收缩型的方式实现了资源的集中和整合,从而最终实现盘活企业存量资产。与此同时,扩张型和收缩型资本运营能改善资本配置,实现资本结构优化,经营范围改进,从资本经营和产品经营双重角度提升企业价值。作为香港电信业的翘楚,和记电讯熟练而高超的资本运营方式一直受到企业管理者和学者的关注。和记电讯通过并购、出售、分拆上市等资本运营方式的有机结合,一方面,以内部资本市场、内部财务杠杆调节等方式实现了资金流不断累积和降低资产负债率,使其拥有独特的“张弛有度”的资本实力和财务风险规避能力。另一方面,与多元化的资本运营方式相对应的是企业经营业务种类、地区、经营周期等众多因素的多元化,由此造成不同业务之间的互补协同效应,使得和记电讯的经营风险不断下降,企业价值不断提升。总之,扩张型和收缩型资本运营方式的有机结合使得和记电讯同时产生了显著的财务协同和经营协同效应,实现了其在产品市场和资本市场上的“如鱼得水”,从而最终实现了企业价值的创造和提升。

(1)财务协同效应

“逢低吸入、逢高抛出”是和记电讯也是李嘉诚整个企业集团资本运营的核心宗旨。“张弛有度”的多元化资本运营使得和记电讯可以充分利用互补性资源,通过财务上的协同实现资本结构改善及资金实力提升,从而最终实现资源一体化的整合价值效应。首先,和记电讯始终将“高现金、低负债”作为资本运营和企业经营的底线原则。诚如李嘉诚先生所言:“现金流、公司负债的百分比是和记电讯最注重的环节,也应是任何企业都重视的健康指标。”尽管西方电信运营企业普遍认为,合理的资产负债率应介于45%~50%,但连续多年入选世界500强的20家电信运营企业平均资产负债率高达60%以上,如图 12.1 所示。

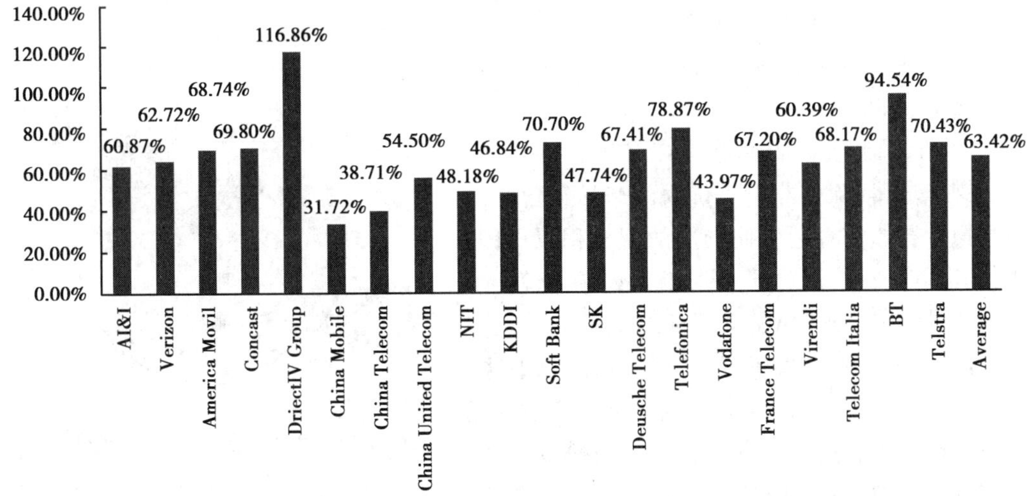

图 12.1　2011 年入选世界 500 强的 20 家电信企业的资产负债率示意图

不同于其他企业对负债的高度依赖,和记电讯多年来资本结构始终处于稳定状态,资产负债率维持在 47%上下,如图 12.2 所示。而李嘉诚持有的“长和系”企业集团,平均资产负债率仅在 12%左右,切实实现了其主张的“高现金、低负债”的财务政策。稳健的资本结构和财务实力使得李嘉诚及其旗下企业具备了在合适时机进行资本运营的实力。1979 年,李嘉诚从汇丰手中以每股 7.1 港元购入 22%和记黄埔股权,共付出 6 亿多港元。此项战略投资成为其商业生涯中最为重要的投资之一,被业内冠以“蛇吞象”的商业奇迹。这次收购行为的成功在于其企业集团积极稳健的财务政策。“高现金、低负债”的底线原则使其能够在关键时刻通过日常累积的大量现金以及外部借款为并购行为提供可靠的资本来源。1989 年,在并购完成的第十年,和记黄埔获得净利润 30.5 亿港元,李嘉诚也从此项收购中获利 60.8 亿港元,相当于当年收购价格的 10 倍之多,正是集团的稳健财务政策助其实现了资金的内部累积和外部调度,助力其并购、兼并等资本运营行为的成功实现。

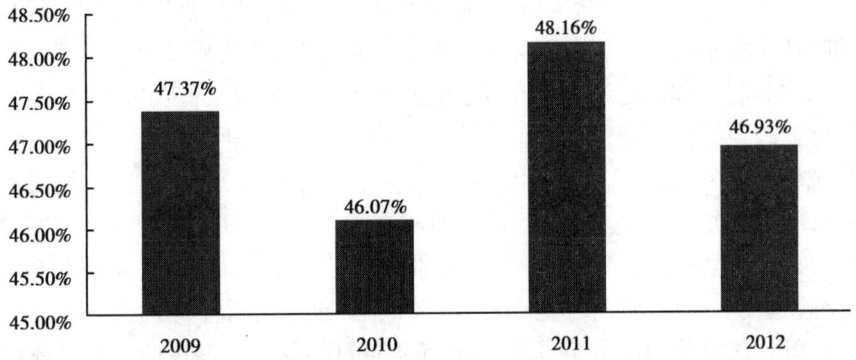

图 12.2　和记电讯的资产负债率的变化趋势图(2009—2012 年)

其次，和记电讯依托资本运营不断提升资金实力。截至2012年末，和黄集团的速动资产总额高达13 144 700万港元，较2011年上升51%，其中现金及现金等价物占比高达82%，11%以国债形式持有，其余7%为上市公司股权类证券，如图12.3所示。和黄集团能够连续多年保持如此充裕的现金流量，除依靠自身优秀的产品经营外，更多是通过有效资本运营而形成的现金积累。1996年，和记电讯在英国的子公司Orange在伦敦证券交易所和美国NASDAQ全国证券市场上市，公开出售约30%股权，募集资金25亿英镑。有了这笔资金，Orange在1996年新增设了650多个发射站，在英国的网络覆盖率达到92%，用户数量翻了一倍，市场占有率迅速提高。1999年，全球电信类上市公司股价普遍飞涨，和记电讯再次把握时机，成功将旗下澳大利亚子公司和以色列子公司推向资本市场，分别成功登陆澳大利亚证券交易所和美国NASDAQ证券交易所，分别募集资金2.35亿澳元和5亿美元。实践证明，这是电信企业平均股价达到最高点时的公开售股。和记电讯再一次凭借其成功分拆上市扩大知名度，并且成功地实现了集团资金募集和累积。2000年，很多发达国家的电信巨头正大力发展3G业务，需要长时间、持续不断、大量的资金投入。然而，2000年4月，李嘉诚将其持有的Orange公司44.81%的股权卖给德国电信巨头曼内斯曼，作价1 130亿港元，创下“千亿卖橙”的神话。这项出售使得和记电讯获得了巨额资金，流动资金更加充裕。和记电讯紧跟时代和技术的发展，将由此获得的大量资金投入3G业务建设上，为今日的杰出成绩打下了坚实的基础。总之，和记电讯依托多种资本运营方式，“现金为王”是李嘉诚企业集团资本运营操作的核心原则。

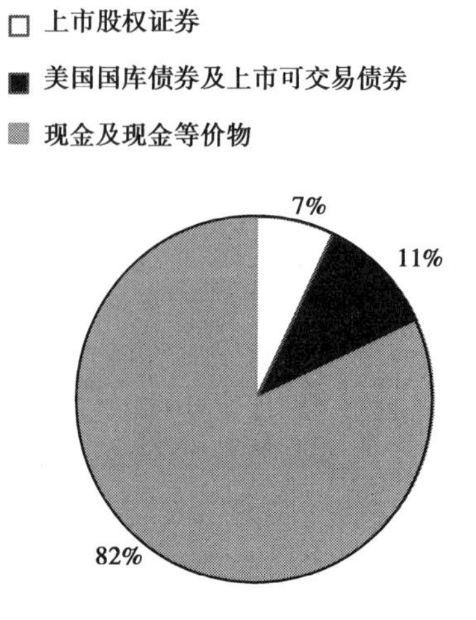

图12.3　和黄集团2012年速动资产结构示意图

(2)经营协同效应

资本运营是顺应市场经济客观要求的产物，既是财务管理的新发展，又是对企业经营管理的新补充，与生产经营紧密联系、相辅相成，共同提高企业价值。对企业而言，资本运营的收益主要来源于生产要素优化带来的经营利润，其实质是企业的产品经营所创造财富的二次分配。和记电讯依托资本运营实现了对自由现金流和资本结构良好控制，旗下多元化业务在经营周期、资金流、风险分散等方面产生了巨大的经营协同效应。

李嘉诚旗下业务的EBIT增长曲线置于同一个坐标系研究发现，每一根线的波峰都有另一根线的波谷相对应，也就是说，旗下所有的行业和业务形成了严密的“互动、互补、互助”关系。和记电讯旗下产业的“互动、互补、互助”并非盲目选择，而是具有以下三个特点：一是收购或从事低回报相关业务以分散风险，旗下所有业务的产业领域和分布地域都十分广阔。二是收购或从事具有不同回报期的业务以降低风险。三是收购或从事具有稳定回报的业务来平衡盈利。李嘉诚旗下长实集团及其附属公司现已发展为香港最具领导地位的地产、国际集装箱货柜码头业务和投资发展集团公司，业务经营范围包括地产发展、金融、贸易、货柜码头、运输业、能源、电力、通信、零售业、酒店业等，在亚洲、欧洲、非洲、美洲、大洋洲等多个地区均从事相关业务。其中，零售业、贸易业、运输业等短期业务相比于房地产、能源、酒店业等业务而言，回收期较短，能够很好地弥补资金周转问题。此外，集团可以利用不同业务之间的内在关联所产生的经营协同效应，获得更大的盈利空间，从而实现企业价值增加和可持续发展。1981 年，李嘉诚巧借汇丰之力“蛇吞”英资洋行“和黄”，以 39.6% 的股权牢牢掌握和黄控制权，至今，和黄已经成为李嘉诚旗下盈利最多、最为稳定的大型集团，为整个企业集团的稳定发展做出巨大贡献。1985 年，李嘉诚低价收购“港灯”，除看重其电力资源可以为长和系带来稳定的收益外，更加关注“港灯”发电厂旧址的地皮资产，此项资产可以用于发展大型住宅物业，与和记黄埔原有地产业务在战略制定、营销渠道、风险规避等方面形成资源共享的局面，并将经营协同效应发挥到最大化。而和记黄埔于 2008 年对美国第二大社交网络 Facebook 逾 1 亿元的投资更是其注重经营协同的典范。Facebook 在世界社交网络中的佼佼者地位使其在客户资源、市场信息等方面具有显著优势，而和记黄埔投资可以为其 3G 业务发展提供资源和信息支持，此种经营协同效应使得 3G 业务发展更具潜力，从而最终提升公司盈利能力和价值创造能力。综上所述，和记电讯通过高效、频繁的扩张型或收缩型资本运营的运用，对收购、出售、上市等方式进行有机组合，为其自身乃至整个和黄集团的发展奠定了良好的资金和经营基础。正向、积极的财务协同效应和经营协同效应使得和记电讯实现了产品运营和资本运营的有效联动，提高了企业的盈利能力、降低了经营和财务风险，为企业创造了巨大的价值。

2.基于扩张型和收缩型资本运营的价值实现

价值管理时代，以价值为导向的企业价值管理理论风靡全球。越来越多的企业将创造价值、实现价值增长作为最终的管理目标。对于上市公司而言，企业内在价值的高低通常体现在资本市场的股票价格上，尤其是对投资者而言，在信息不对称的客观条件下，如何使得企业内在价值充分完美地体现在其市场价值上成为企业在价值管理和企业管理中面临的重要议题。作为一家上市公司，和记电讯深谙此理，通过日益完善的公司治理结构和有效的利益相关者管理不断向外界投资者传递积极、足够的信息，缓解二者之间存在的信息不对称问题，实现内在价值与市场价值的完美匹配。

（1）日益完善的公司治理结构

公司治理的核心问题在于股东与经理层之间的代理问题，特别是大型跨国企业尤其突出。随着和记电讯多元化的资本运营操作，其组织结构以及董事会和经理层的职能权限不断发生变化，如何形成高效、稳定的分工合作体系是和记电讯特别需要关注的问题。和记电讯多元化的扩张型和收缩型资本运营战略决定了企业组织架构的复杂性和耦合性，为了保护广大投资者和利益相关者的利益，良好的公司治理结构成为必需品。一直以来，和记电讯坚信有效的企业常规治理是保障股东及其他利益相关人士权益与提升股东价值的基本要素，致力达到与维持最适合本公司及其附属公司需要及利益的企业管治高水平。为此，和记电讯已采纳并应用了一套周全的企业治理原则，建立了高效稳定的组织架构。与此同时,和记电讯重点强调优秀的董事会、有效的内部监控、严格的披露常规,以及具透明度和问责性的重要性。同时,和记电讯不断优化公司治理相关常规,在整个企业范围内培养高度操守的企业文化。在具体人员设置方面,和记电讯针对移动通信和固网通信的不同,分别设立董事总经理、业务总监、市场总监以及技术总监,而对于集团的财务、人力资源、法律等支撑业务则统一设立总监负责制。这种组织架构既具有分工合作的灵活性,又具备集权管理的统一性和标准化特点,使得所有人各司其职、相互合作,不断提高企业的管理效率,形成独特的核心竞争力。

和记电讯的董事会由九位董事组成,包括主席、副主席、一位执行董事兼行政总监及集团董事总经理、三位非执行董事和三位独立非执行董事。董事会的职责主要是负责发展及维持集团内的良好治理环境,竭力确保设立一个有效的质量架构,并根据不断变化的经营环境及监管规定持续探讨、改善集团内的企业治理常规。和记电讯董事会下设审核委员会和薪酬委员会。审核委员会的主要责任包括被赋予董事会的企业职能,监控、促使以及管理集团内的企业治理合规事项。薪酬委员会的责任是协助董事会达成其目标,即吸引、挽留与激励最具才能和经营的人才,为集团制订与执行策略。此外,为确保董事会活动能够有效进行,和记电讯特别设立了公司秘书一职。公司秘书不仅要编制及保存所有董事会会议纪要,还得确保董事会全面获悉一切与集团有关之法律、法规及企业管治发展情况,负责确保集团遵守上市规则与公司收购、合并和股份回购守则所规定的所有责任等。

(2)不断强化的投资者关系管理

投资者关系管理(IRM)诞生于美国20世纪50年代,是一个国家资本市场逐步走向成熟的产物。投资者关系管理通常是指上市公司运用财务、传播和市场营销手段,向既有投资者及潜在投资者详尽展示公司经营状况和发展前景的战略管理过程。面对日益稀缺的投资性资本的激烈竞争和股权文化的勃兴,越来越多的上市公司认识到,吸引和留住投资者并与其保持良好关系对企业价值的实现有着重要意义。投资者关系管理的核心是高质量的信息披露,通过减少企业与投资者之间的信息不对称来降低公司的资本成本,从而实现企业价值的增加。近年来,扩张型和收缩型资本运营使得和记电讯的利益相关者在不断更迭变化。对此,和记电讯不断改善自身的利益相关者关系管理工作,以及时、正确、完整的信息披露,让投资者及其他利益相关者随时掌握企业的发展现状、经营风险、发展前景等,以便做出正确、合理的投资决策。总体来说,和记电讯的投资者关系管理非常出色,就中期、年度财务业绩报告而言,和记电讯全年负责随时向投资者提供信息咨询、问题解答等服务,不断促进公司管理层与投资者的沟通交流。其中,行政总裁、董事经理和财务总监以及投资者关系部人员通过定期简报会、电话会议及简报回应投资界人士有关索取资讯的要求及查询。对于已经采纳的股东通信政策,和记电讯定期将其登载于公司官网并由董事会进行审阅,以确保其有效性及符合现行法规与其他规定。总之,作为企业战略管理活动的重要方面之一,和记电讯的投资者关系管理日益加强,不断调整以适应企业资本运营的一系列运作,改善投资者和公司管理之间的信息不对称问题,实现了企业内在价值在资本市场上的有效体现。

3.基于扩张型和收缩型资本运营的价值经营

在价值创造和价值实现的基础上，上市公司应该通过价值经营活动寻求更大范围的发展空间，根据国家宏观政策、资金环境、资本市场的运行规律和投资者的偏好，通过整合公司资源，强化公司资本运作，充分发挥市场的溢价功能，进一步提升企业内在价值在市场中的实现程度，以实现公司价值的最大化。如何选择适当的时机和方式实现资本规模的扩张或收缩，成为企业寻求价值最大化和可持续发展的关键问题，也是企业在价值创造和价值实现之后进行有效的价值经营的核心内容。和记电讯在完善自身业务经营的同时，依托对扩张型和收缩型资本运营模式的高效、前瞻性的结合运用，以技高一筹的价值经营为其他企业经营特别是价值管理树立了典范。鉴于此，总结了历年来和记电讯在收购、合资、控股、自由化、上市、出售等方式上的成功经验，全方位、多角度地剖析资本运营操作为其带来的巨大价值以及相应的成功经验。

(1)频繁收购

收购是扩张型资本运营的重要方式之一，是企业走向开放的资本市场常用的方式，也是企业实现规模扩张的主要途径。依托和黄集团雄厚的资金实力及自身的资金积累，和记电讯凭借高超的资本运营能力和财务管理能力在短时间内实施了一系列收购活动，如表12.3所示。这些收购行为成为和记电讯实现规模经济、协同运作、跨国经营、多元化发展的重要基础。分散投资是李嘉诚投资策略中至关重要的一点，也是和记电讯的重要经营理念。和记电讯的收购活动涉及美洲、亚洲、欧洲等地区的各个国家，多通过股权收购完成。此种频繁、高效的跨国收购行为成为和记电讯开拓新市场的核心手段。这种以价值为导向的企业收购行为，不仅可以使和记电讯获得优秀的技术、管理经验、人力资源等，还可以令其更快速、以更低成本进入新市场，有利于企业规模的不断扩张，进而实现企业价值最大化的目标。和记电讯频繁的收购行为使其可以在全球市场上进行资源的有效配置，取得规模经济、范围经济等效益，并不断提升、充分发挥企业的发展潜力，使其能在更广阔的市场获得更多的发展机会，协同不同地区的业务经营能力和盈利能力，最终实现对企业的良好经营。

表12.3　和记电讯收购活动一览表(1991—2013年)

年份	收购活动	主要动因
1991	投资84亿港元收购英国GSM1800数字网络运营商Microtel。1994年，将其英国业务重新包装，改名Orange	开拓欧洲移动市场
1997	收购美国Western PCS公司19.9%的股权及其母公司Western Wireless Corp约5%的股权	进入美国市场
1998	收购加纳一家拥有全国移动电话牌照公司的80%股权	开拓非洲市场
1999	为Voice Stream Wireless Corporation兼并Omnipoint Corporation提供资金9.57亿美元，在合并后的新公司所占的股权增至30%以上，合并后公司成为美国当时最大的GSM运营商	拓展美国市场
1999	收购印度电信运营商Sterling Cellular Limited 40%股份	进入印度市场

续表

年份	收购活动	主要动因
2000	收购持有泰国 Tanwan Mobile Telecom Co.65%股权的 I-Mobile Holding，约 49%股权	进入泰国市场
2002	收购印度加尔各答 Usha Martin Telekom Ltd 约 49%股权和印度古吉拉特邦最大的移动通信公司 Fascel Ltd 约 14.7%股权	巩固印度市场
2005	斥资 1.2 亿美元收购正大旗下刚刚取得当地执照的 Cyber Access(CA)公司六成股权，和记电讯取得公司的管理权	进入印尼手机市场
2005	旗下意大利 3G 收购 Channel 7，成为欧洲首家持有意大利手机数码视像广播牌照的流动多媒体机构	多元化发展，业务协同
2006	在印度与 Essar Teleholdings Limited 的合营公司 Hutchison Essar Limited，收购 BPL Mobile Cellular Limited(BPL Cellular)。收购后，Hutchison Essar Limited 在 16 个牌照地区经营	扩大印度市场
2008	收购 NEC Corporation 于香港及澳门 2G 及 3G 业务之 5%权益，股权由 70.9%增至 75.9%	增强中国香港、澳门业务的参与能力
2010	以每股 2.20 港元的价格收购和电国际股票	企业电信业务重组
2012	向 Suny 和 Scailex 分别买入 50%和 25%股权，Scailex 持有以色列主要电信服务商 Partner Communications Company Ltd 44.5%股权	重组欧洲电信业务
2013	Hutchison 3G Austria Gmb H 以 9 亿欧元收购奥地利 Orange	逆市收购，业务重组
2013	和记黄埔子公司旗下 3 爱尔兰以 8.5 亿欧元收购西班牙电信爱尔兰移动部门	整合爱尔兰未具规模效益的市场资源

(2)多地上市

上市是企业募集资金和扩大知名度的最佳途径之一，并且可以有效地分析风险，同时也为股权转让和退出提供便利条件。和记电讯作为和黄集团的旗舰企业，其主营的电信业务发展需要大量投入资金，这要求企业拥有强大的资金筹措能力，以便其进行技术研发、建基立业、开拓市场。上市融资是和记电讯常用的资本运作手段，为取得上市后更好的企业绩效、创造更多价值，和记电讯下企业的上市方式为多地交叉上市，如表 12.4 所示。交叉上市需要企业拥有非常好的经营条件和运营机制，才可以完成多地上市。交叉上市不仅可以扩大公司品牌的知名度和影响力，拓展国际商场，同时也满足了公司融资的需求，提升了公司融资能力。和记电讯的下属公司大多选择在美国、英国或中国香港交叉上市，不仅可以筹集到企业发展的巨额资金，而且可以在一定程度上减少国际资本流动的各种障碍，包括交易成本、信息成本和法律限制等，减少国家间资本市场分割的负面效应，降低投资者要求的风险溢价，从而降低公司融资成本。此外，和记电讯各子公司的交叉上市使其股票可以在多个市场进行交易，尤其在更有效和更具流动性的市场上市后,能以更低的买卖差价交易,导致股票的流动性提高。相应地,股票流动性的增加吸引更多的投资者,公司融资成本出现相应降低,从而增加企业的价值。总之,和记电讯在大规模电信网络建设过程中,充分利用了资本市场的资金筹措优势,将子公司的再上市和优势资产打包上市作为募集资金和扩大知名度的有效途径,效果十分显著。另外,通过资产上市,分散了和记电讯在世界各地的投资风险,而对上市时机的准确把握也体现了和记电讯及李嘉诚本人对企业价值的追求,即企业应以企业价值最大化为根本目标,切记盲目追求企业规模和控制权,适当选择时机,逢低吸入、逢高卖出,逆势而动。

表 12.4　和记电讯上市活动一览表(1996—2009 年)

时间	上市活动	具体内容
1996 年	和记电讯在英国的子公司 Orange 在伦敦证券交易所和美国 NASDAQ 上市	公开发售约 30%的股份,募集资金 25 亿英镑,用于改善英国移动通信网络的覆盖
1996 年	和记电讯子公司亚洲卫星通讯在香港和纽约交易所上市	获得超额认购
1999 年	在澳大利亚的子公司在澳大利亚证券交易市场上市	募集资金 2.35 亿澳元
1999 年	在以色列的子公司在美国 NASDAQ 和伦敦证券交易所上市	募集资金 5 亿美元
2004 年	和记电讯将大部分非 3G 业务打包成和记电讯国际有限公司,在香港交易所及纽约证券交易所上市	获得超额收购
2009 年	和记电讯香港以实物分派的方式分拆股份,并以介绍形式在香港联合交易所主板独立上市	让投资者就和记电讯香港作为独立实体评估其潜力和表现

(3)海外扩张

在经济一体化日益发展的今天,任何企业要想生存与发展都不可避免地要参与国际竞争。实施国际化经营战略,加速向国际性企业转变,是企业做大做强的必由之路。作为大型跨国电信运营企业,和记电讯除采用收购方式外,与行内知名企业或者与当地企业建立合资公司亦是其进入新行业和新市场采用的常用方法,具体如表 12.5 所示。正如表 12.5 所示,与其他企业合作建立合资企业是和记电讯海外扩张进入新市场的重要手段。在移动电话市场上,和记电讯通过与外资电信企业合作,成功开拓了澳大利亚、印度、比利时以及中国内地等市场,节省了大量开拓市场的人力、物力和财力。另外,在当今炙手可热的 3G 时代,建设技术先进、稳定可靠的互联网络成为和记电讯海外拓展的首要任务。而和记电讯全球业务范围太广,通过当地合资企业的共同开发、共同承担,有效分担了企业资金需求、经营风险,同时还获得了合资企业的管理技能优势、技术资源优势、初始客户资源等,克服了企业进入陌生行业和市场的壁垒和困难,可以更快适应当地市场环境。

表 12.5 和记电讯合资活动一览表(1985—2012 年)

年份	合资活动	主要动因
1985	与美国摩托罗拉公司合资成立和记电话有限公司	利用摩托罗拉的资金和技术优势,率先在中国香港推出蜂窝移动电话业务
1989	与澳大利亚当地一家电信运营商合资建立和记电讯澳大利亚公司	进入澳大利亚移动电话市场
1990	和记电讯英国大东电报局及中信集团成立合资公司亚洲卫星通讯,年内成功发射亚洲首枚通信卫星“亚洲卫星一号”	协同发展,巩固市场份额
1994	与印度运营商合资成立 Hutchison Max Telecom 公司	进入印度电信市场
1998	与以色列一家运营商合资建立 Partner 通讯公司	进入以色列市场
1998	与荷兰著名移动运营商 KPN Mobile 成立合资公司	进入比利时市场
2000	与中国联通建立了合资公司——北京通和电信科技有限公司,提供电信咨询与网络规划设计方面的业务	进入中国内地市场
2000	与欧洲最大的互联网供应商 Tiscali 成立合资公司 H 3G S.p.A Access AB	进入瑞典 3G 市场
2001	与 Telecom corporation of New Zealand Limited 建立合资公司 Hutchison 3G Australia 和 Telecom 3G	进入澳大利亚和新西兰 3G 市场
2001	与 NTT Do Co Mo 合资公司 Hutchison 3G Hong Kong	增强自身竞争力,巩固香港市场份额
2003	和记环球电讯与韩国 KT Corporation 联合建立全球第一个自主网络系统互联的国际以太网网络	扩大电信通讯网络
2003	和记环球电讯与台湾固网股份有限公司宣布合作建立连接香港与台湾的国际以太网网络	为两地的客户提供多点对多点的跨境通讯和数据服务
2005	与俄罗斯的 Company Trans Tele Com Ltd.达成协议,携手经营横跨欧亚的陆路电缆	为跨国用户提供高速、可靠的国际数据传输服务
2006	和记环球电讯有限公司与 Broadwing Corporation 综合附属公司 Broadwing Communications,LLC 成功建立全新的跨电讯商国际以太网网络	提供更高效、便捷的网络服务
2006	和记电讯国际有限公司的全资拥有附属公司签订协议,向 Hinduja Group 的联属公司购入 Hutchison Essar 5.1%股权,作价 4.5 亿美元	战略部署,扩大业务范围

续表

年份	合资活动	主要动因
2009	沃达丰澳大利亚公司(Vodafone Australia. Ltd)与和黄 3G 澳大利亚公司(Hutchison 3G Australia Pty.Ltd)组成,新成立的合资公司名为 VHA Pty Ltd,各占新公司股份 50%	与澳大利亚本土企业形成竞争局面,增强竞争力
2010	电讯盈科与和记电讯共同布局第四代高速无线网络	满足智能手机用户的需求
2011	Three Ireland 与英国电讯签订一份 3 800 万欧元合同,退出新光纤网络,提升宽频速度	满足喜爱使用数据服务的爱尔兰消费者需求
2012	香港和记电讯与 Vodafone 展开策略性合作,作为与 Conexus Mobile Alliance 所订立协议的其中一部分	为跨国企业客户提供国际漫游及全球性的企业营销服务

(4)增值为本

公司上市、收购公司以及供股集资,都是“进取”,将公司私有化,取消其挂牌的上市地位,即是“淡出”。上市公司私有化主要具有以下两点好处:首先,在公司股价较低时,为防止他人恶意收购,自己购回公司。同时一些公司会考虑在股市上升时再重新申请上市,可以赚到可观的差价。其次,上市公司因为股权分散,可能会受到小股东牵制。同时,上市公司的业务必须保持透明,随时接受公众监督。但完成私有化后,企业不再受制于股东和公众监管,决策权集中于管理层手中,经营效率相应会有所提高。鉴于上述原因,私有化在金融市场发达的国家和地区十分活跃。总之,上市公司私有化的目的在于企业资本的增值以及企业价值的最大化。

对李嘉诚所控的长实集团而言,其已拥有多间巨型上市公司,资金募集不再是影响其经营发展的重要问题。为了不受众股东和证监会制约和监督,李嘉诚决定把国际城市、青洲英坭、嘉宏国际、和记环球、TOM 在线先后进行私有化。私有化本身不是目的,业务重组、二次包装上市或是其他更高层次的价值增值战略才是最终目标。作为和记电讯发展香港固网、跨国客户数据通信需要的支柱企业,和记环球私有化极具代表性。和记环球前身是中联系统,是和记黄埔的联营公司。2004 年 1 月,中联系统以 71 亿港元收购和记环球全部股份。2004 年,中联系统更名为“和记环球电讯”,诸多投资者憧憬着和记环球电讯会注入更多电讯业务,但并未实现。2005 年 6 月,和记环球电讯的少数股东批准了和记电讯国际 24 亿港元的收购请求,标志着和记环球电讯仅上市 14 个月就又变成了一家私营公司。2009 年,和记电讯国际分拆香港及澳门电信业务重新上市,新公司名为“和记电讯香港控股”,和记环球电讯的拥有权亦由和记电讯国际转移至和记电讯香港控股。私有化是一个有取有予的过程,对于和记电讯国际来说,私有化可以产生协同效应,更好地为企业集团服务;对于和记环球的小股东来说,和记电讯国际提出的收购价具备足够吸引力,才能顺利完成股份回购。资本收缩与扩张并存,和记环球的私有化并非其山穷水尽之举,而是以退为进的战略选择。以价值最大化为根本的收缩战略也是扩张战略,通过此种方式更有助于实现资源的有效配置,为企业进一步的扩张计划奠定基础,收放自如、以退为进是和记电讯以价值为导向的管理模式的充分体现。

(5)现金为王。出售股权是收回投资、退出市场的常见方法。与收购、合资一样,时机把握是关键环节。李嘉诚被称为“超人”的主要原因就在于其把握时机、果断出手的能力,在连续几次大的收购和出售股权事件中,和记电讯对时机的把握恰到好处,无一失手,获取了大量现金,其资本运作能力令许多大型国际投资银行相形见绌,具体出售活动如表 12.6 所示。企业战略剥离在西方发达国家较为普遍。当企业组织结构过于庞大或企业资产与当前发展战略不协调时,资产剥离、出售是盘活存量资产、消除负协同效应、创造价值的有效途径。对于和记电讯而言,“逢低吸入、逢高抛出”是和记电讯投资进入和退出的战略依据。和记电讯的出售活动不仅是不良资产的剥离,更多的是为退出当前产品市场竞争、进入其他产品市场的发展战略。和记电讯通过多次出售活动,不仅精简了企业组织架构、消除了不良资产的负协同效应,更重要的是通过对良好时机的把握回笼和获取了大量资金,有效地发挥了资本市场的溢价功能,为企业以后的发展提供了强大的资本实力,稳定了公司的盈利能力,为企业可持续的价值创造提供了可能。

表 12.6 和记电讯出售活动一览表(1997—2012 年)

时间	出售活动	获利情况	主要动因
1997—1998 年	两次合计出售亚洲卫星通讯 54%的全部股份	获利 23.99 亿港元	集中精力发展移动通信业务
1999 年 2 月	出售 Orange 4%股份	获利 50 亿港元	退出欧洲 2G 移动市场
1999 年 10 月	出售 Orange 剩余 49.1%的全部股权,但保留在中国香港、澳大利亚与以色列 Orange 品牌的永久使用权	获利 1 130 亿港元,包括现金、债券及 10.2% Mannesmann 股票	退出欧洲 2G 移动市场
2000 年 2 月	将持有 10.2%的 Mannesmann 股权转换为 5%的 Vodafone 股权	溢价 500 亿港元	退出欧洲移动市场,同时转换投资对象
2000 年	出售 Vodafone 1.5%股权	溢价利润 16 亿港元	高价抛出
2001 年 5 月	美国 Voice Stream Wireless Corp 被德国电信收购,和记电讯将在其中持有的股份全部出售给德国电信	溢价利润 300 亿港元	高价抛出
2002 年 4 月	出售香港和记电话有限公司 19%股权给日本 NTT Do Co Mo 公司	溢价利润 22 亿港元	进军 3G 市场
2004 年 5 月	与 NTT Do Co Mo, Inc 签订协议,和黄以和记电讯国际的股权,交换 Do Co Mo 所持 Hutchison 3GUK Holdings Limited 权益	作价 1.2 亿英镑	进入英国电信市场

续表

时间	出售活动	获利情况	主要动因
2007 年	出售旗下 Hutchaison Essar Ltd.67%股权给英国沃达丰空中通讯公司	出售收益 358.2 亿港元	弥补第三代移动通信业务
2008 年 3 月	出售印尼附属公司 HCPT 的发射塔给印尼无线通讯基建独立供应商 Protelindo.	出售收益 18.3 亿港元	筹集资金及将部分集团资本套现,以作重新投资
2008 年 6 月	将旗下英国光纤网络商 Geo 出售给私募基金 Alchemy	交易作价 6 200 万英镑	资产重组
2009 年 10 月	向 Scailex 出售所持 Partner51.3%股权	交易作价 107.7 亿港元,取得 10.8 亿美元税前利润	重组欧洲电讯业务
2012 年 9 月	印度电讯公司 Tech Mahindra 收购和黄于印度的 Hutchison Global Services Private100%权益	交易作价 8 170 万美元	卖出低收益业务,投资于其他回报率高业务

4.基于扩张型和收缩型资本运营的价值文化

随着知识经济时代的快速发展,人在企业中的作用愈加重要,企业文化作为员工在长期生产经营活动中形成的行为模式,是企业良好发展的重要动因。企业文化的核心是价值文化,是企业制度文化、行为文化的升华,包括企业价值、企业经营哲学、企业道德、企业价值观念、企业风貌等。世界 500 强电信运营企业胜出其他公司的根本原因,就在于这些公司善于给它们的企业文化注入活力。这些一流公司的企业文化同普通公司的企业文化相比注重四点:一是团队协作精神,二是以客户为中心,三是平等对待员工,四是激励与创新。和记电讯作为我国乃至国际上屈指可数的电信运营企业之一,其成功的背后除依靠卓越的资本运营手段、完善的投资者关系管理和公司治理结构外,更重要的是价值文化在企业经营发展过程中的体现。和记电讯如此成功的资本运作体现了李嘉诚自身及旗下管理人员对于价值的推崇。“现金为王”的底线原则和始终较低的负债水平是和记电讯得以进行资本运营的良好基础,也是其不断追求企业价值最大化的根本体现。和记电讯对扩张型和收缩型资本运营方式的并用以及“收购+上市+出售”组合拳式的资本运营系列运作体现了李嘉诚对市场时机的良好把握,更重要的是其并没有沉迷于企业规模不断扩张,或是知名度提升,或是多元化经营战略巩固,而是将企业价值作为进行任何决策的核心指标。和记电讯的价值文化引导其不断关注资本市场和投资者,关注透明的信息披露和良好的公司治理结构,关注企业价值最大化。总之,和记电讯以价值为导向的文化使其数十年内为投资者和自身创造了巨大的价值,也实现了企业的可持续发展。

二、案例分析要求

运用资本经营有关理论,谈谈和记电讯资本经营的成功之道?

第四部分　参考答案

一、单项选择题

1.D　2.C　3.C　4.A　5.A　6.B　7.B　8.C　9.C　10.A　11.B　12.B　13.D　14.A　15.A

二、多项选择题

1.ABCD　2.ABCD　3.ABD　4.ABC　5.CD　6.ACD　7.AB　8.ABCD　9.ABD　10.BD

三、判断题

1.×　2.√　3.×　4.×　5.×　6.√　7.√　8.√　9.√　10.×

四、论述题

资本经营是指对企业可以支配的资源和生产要素等进行运筹和优化配置,以实现最大限度的资本增值目标。企业资本经营实施需满足以下条件:1.转变观念,树立资本经营意识。2.正确选择企业组织方式。3.坚持以生产经营为依托。4.重视人力资源的管理。5.资本经营必须与商品经营相结合。6.转变政府职能。企业实施资本经营可以采取的方式:1.公司并购。其主要分为吸收合并与新设合并,也包括收购或接管,简称为公司并购。2.公司上市。公司上市可以在国内也可以在国外,但通常所指的是国内上市。国内公司上市按方式分为发行上市,买壳上市,借壳上市和分拆上市等。3.战略联盟。其指两个或两个以上的经营单位以实现互惠互利的战略目标为目的。4.资产剥离。从具体实践来看,资产剥离方式包括资产置换,减资,资产出售等形式。而从方式来看,主要分为单纯资产剥离和战略性资产剥离两种。5.企业分立。其是依照法律规定,将一个企业分化成为两个或两个以上的新企业的法律行为。

五、案例分析要点

在高效、频繁的扩张型和收缩型资本运营之下,和记电讯已经成才为长实集团下盈利稳定、市场发展潜力巨大的大型跨国电信企业。灵活有效的资本运营、进退自如的扩张型和收缩型资本运营的有机结合使得和记电讯不断提高盈利能力,扩大经营规模和业务种类,使得和记电讯不断追求企业价值最大化和可持续发展。在我国,电信行业的资本运营起步较晚,在激烈的市场竞争和海外扩张中仍然存在诸多问题。本案例通过对和记电讯以价值为导向的扩张型和收缩型资本运营战略选择的透视和探讨,总结其成功经验,为我国企业特别是电信运营企业在日后的资本运营中提供些许结论和建议。

(一)强化价值至上的投资理念

企业价值投资时紧紧围绕战略的需要,应把价值最大化作为企业整体的管理思想,以创造价值、实现价值增值为目标,适时地选择资本扩张或收缩,进而实现企业价值最大化的终极目标。就我国电信企业而言,普遍缺乏价值投资意识,投资时过于重视企业规模扩张,而轻视了收缩性资本运营的重要价值,没有在经营中适应战略调整的需要,也忽视了外部环境和内部经营的变化,主动退出与战略方向不符的业务,适时地将资产变现或退出,实现资本增值。故我国企业特别是电信运营企业在进行资本运营时,切记将价值理念深入人心,以企业价值最大化为核心对扩张型或收缩型资本运营做出正确的战略选择。

(二)奉行现金为王的经营原则

价值管理的观点强调,公司价值的概念不是基于已经获得的市场份额和利润数据,而是基于与适度风险相匹配的已经获得和可能获得的自由现金流量(FCF)。自由现金流量的变化代表着公司实际的、可控制支配的财富变化。公司价值本质上是投资者对公司自由现金流量追索权的大小,公司价值也当然取决于公司在当前以至未来创造自由现金流量的能力(何瑛、彭晓峰,2005)。和记电讯一直奉行"现金为王"的财务政策,在进行业务开拓时,始终保持现金储备多于负债、收入与支出相平衡的状态。其充裕的现金流成为其多次资本运营成功实施的重要基础,而适时的出售、上市也为其创造了巨大的现金流。和记电讯的资本运营行为与"现金为王"的经营原则是相辅相成的,缺一不可,始终保持自由现金流为正,是和记电讯决策投融资规模的根本出发点。综上所述,现金流应成为企业时刻高度关注的核心内容,保证现金流的正向和不断增加是企业价值创造的起点,也是企业价值管理的终极目标。我国企业在产品经营和资本运营的联动过程中,应该奉行"现金为王"的基本原则,保证现金流的稳定,提高资金的管理和使用效率,从而最终实现企业的可持续发展。

(三)运用多样化的资本运营方式

企业运营方式的选择受到很多因素的影响,企业自身的资金规模、外部经济环境、资本运营的目标等诸多因素的不同都会促使企业选择不同的资产运营方式。如何充分利用资本市场的融资优势,灵活采取多元化的融资方式成为企业在进行资本运营时必须考虑的重要问题。和记电讯高超而频繁的资本运营以及多种方式有机结合的成功实施使其实现了资本的优化配置和企业内在价值的不断提升。借助于资产并购,和记电讯实现了企业规模的快速扩张以及电信业务的国际化、规模化和多元化。另外借助上市,满足了和记电讯的融资需求,扩大了企业知名度,同时分散了企业全球投资风险。把握时机出售资产是和记电讯收回投资、优化主业和资产的常用手段。和记电讯一系列"并购+上市+出售"组合拳式的资本运营战略也使其获得了巨大的现金流,分散了经营和财务风险,最终实现了企业整体内在价值的提升,切实践行了企业价值最大化的经营目标。因此,我国企业特别是电信运营企业在进行资本运营或海外拓展时,应综合运用多种资本运营方式,获得资金支持、风险分散和盈利能力提升的同时也为企业创造更多的现金流,创造更多的价值,实现企业的资本增值和可持续发展。

(四)选择收放自如的资本运营战略

现代企业之间最高级的竞争手段就是通过资本运营来实现企业利润的最大化,并获得持久的竞争优势。通过资本来拓展业务,进而提高企业的竞争能力,是各行业巨头应对竞争的有效手段。和记电讯在资本运营的过程中,或扩张以实现企业规模的增加,或收缩以规避风险获得现金,或扩张型和收缩型方式并用,收放自如,审时度势,根据外部资本市场、宏观经济等因素的变化情况,或进或退,以强大的资本运作手段为自身的发展创造了巨大的价值。就我国目前而言,A股市场仍为弱势有效市场,面对弱势环境中被低估或严重低估的股价,我国企业要合理把握产业经营和资本经营的关系,充分运用收放自如的资本运营战略,合理选择或扩张或收缩的资本运营战略,从而形成企业的核心竞争力并最终增加公司价值。

(五)积极培育学习型的企业文化

经济全球化和一体化进程的加速使得企业处于日益开放的经济环境之中,行业竞争更加激烈,企业发展的影响因素更加复杂。中国电信运营企业要想继续保持稳定快速的成长,须用长远的眼光对待企业的经营和发展,从根本上建立适应企业快速发展的企业文化,从根本上支撑起企业的高成长、价值创造与实现。和记电讯在发展过程中,非常注重以价值为核心的学习型企业文化的培养,高度关注资本市场和投资者定期为员工提供培训,同时强调企业社会责任的重要性。故我国企业尤其是作为大型上市公司的电信运营企业,应时刻保持企业价值最大化的价值管理理念,注重资本市场的信号传递效用,为利益相关者提供完整的信息披露,逐步从利润导向转变为企业价值导向,最终塑造和培育学习型企业文化。

附录　综合模拟试卷

模拟试卷(A)

课程考试方式:　闭卷　;试卷编号:　A 卷　;考试时间:　120 分钟　

题号	一	二	三	四	五	六	总分
应得分	20	20	10	10	40		100
实得分							
阅卷人							

一、单项选择题(每小题 1 分,共 20 分,每小题只有一个正确答案,将正确的选项填在括号内)

1.所有者通常同时采取哪两种办法来协调自己与经营者的利益(　　)。

A.解聘和接收　B.解聘和激励　C.风险和贴现率　D.监督和激励

2.一般来说,会导致外部融资需求增加的措施是(　　)。

A.提高留存收益率　B.提高销售净利润

C.提高股利支付率　D.降低股利支付率

3.下列各项中,属于商业信用筹资方式的是(　　)。

A.发行短期融资券　B.短期借款　C.应付账款筹资　D.融资租赁

4.企业向银行支付的借款利息、因发行股票而支付的股利都属于(　　)。

A.用资费用　B.筹资费用　C.固定费用　D.变动费用

5.与长期借款筹资相比较,普通股筹资的优点是(　　)。

A.筹资速度快　B.筹资风险小　C.筹资成本低　D.筹资弹性大

6.相对于借款购置设备而言,融资租赁设备的主要缺点是(　　)。

A.获得资产速度较慢　B.设备淘汰风险大

C.到期还本负担重　D.资本成本较高

7.某投资方案,当折现率为16%时,其净现值为338元;当折现率为18%时,其净现值为-62元。该方案的内含报酬率为(　　)。

A.17.69%　　B.16.31%　　C.15.88%　　D.18.14%

8.当经营杠杆系数为1时,下列表述正确的是(　　)。

A.利息与优先股股息为零　　B.息税前利润为零

C.息税前利润增长为零　　D.固定成本为零

9.某一项年金前4年没有流入,后5年每年年初流入4 000元,则该项年金的递延期是(　　)年。

A.4　　B.2　　C.3　　D.5

10.某企业年赊销额为3 600万元,应收账款的平均收账期为50天,投资者要求的必要收益率为10%,则该企业应收账款的机会成本为(　　)万元。

A.30　　B.50　　C.36　　D.60

11.某企业拟进行一项存在一定风险的工业项目投资,有甲、乙两个方案可供选择。已知甲方案净现值的期望值为1 000万元,标准离差为300万元;乙方案净现值的期望值为1 200万元,标准离差为330万元。下列结论中正确的是(　　)。

A.甲方案优于乙方案　　B.甲方案的风险小于乙方案的风险

C.甲方案的风险大于乙方案的风险　　D.无法评价甲乙方案的风险大小

12.年末某公司正在考虑处置闲置设备,该设备于8年前以40 000元购入,税法规定的折旧年限10年,按直线法计提折旧,预计残值为10%,已提折旧28 800元,目前可以按10 000元价格卖出,假设所得税税率为25%,卖出现有设备对本期现金流量的影响是(　　)元。

A.增加10 000　　B.增加10 300

C.增加9 700　　D.增加1 200

13.某公司拟从某银行获得贷款,该银行要求的补偿性余额为10%,贷款的年利率为12%,且银行要求采用贴现法付息,则贷款的实际利率为(　　)。

A.15.38%　　B.14.29%　　C.12%　　D.10.8%

14.在利率为10%的情况下,1~3年期的复利现值系数分别0.909 1,0.826 4,0.751 3,则3年期的年金现值系数为(　　)。

A.2.486 8　　B.1.735 5　　C.0.751 3　　D 2.735 5

15.某公司拟按面值发行优先股100万元,股息率10%,预计筹资费用为2万元,该优先股的资本成本为(　　)。

A.12.2%　　B.10%　　C.12%　　D.10.2%

16.投资者对待风险的态度应该是(　　)。

A.避免风险　　B.敢于冒险

C.不考虑风险大小　　D.权衡收益与风险的关系

17.下列筹资方式中,资本成本最高的筹资方式是(　　)。

A.普通股　　B.优先股　　C.长期借款　　D.留存收益

18.某公司的经营杠杆系数为1.8,财务杠杆为1.5,则该公司销售额每增长1倍,就会造成每股收益增长(　　)。

A.1.2倍　　B.1.5倍　　C.0.3倍　　D.2.7倍

19.杜邦分析体系的核心指标是(　　)。

A.资产报酬率　　B.销售净利率

C.净资产收益率　　D.总资产周转率

20.直接材料预算的编制基础是(　　)。

A.生产预算　　B.财务预算　　C.现金预算　　D.销售预算

二、多项选择题(每小题2分,共20分,在备选答案中选择两个或两个以上恰当的答案填在括号内,多选、少选均不得分)

1.下列各项属于直接筹资方式的是(　　)。

A.吸收直接投资　　B.银行借款

C.发行股票　　D.发行债券

2.下列关于投资项目营业现金流量估计的各种方法中,不正确的有(　　)。

A.营业现金净流量=净利润+折旧与摊销

B.营业现金净流量=营业收入-付现成本-企业所得税

C.营业现金净流量=营业利润+折旧与摊销

D.营业现金净流量=营业收入-营业成本-税金

3.只对某个行业或个别公司产生影响的风险是指(　　)。

A.非系统风险　　B.可分散风险

C.市场风险　　D.公司特有风险

4.下列有关财务管理目标的说法不正确的有(　　)。

A.每股盈余最大化和利润最大化均没有考虑时间因素和风险问题

B.股价上升意味着股东财富增加,股价最大化与股东财富最大化含义相同

C.股东财富最大化即企业价值最大化

D.主张股东财富最大化,意味着不需要考虑其他利益相关者的利益

5.下列各项中,属于普通年金形式的项目有(　　)。

A.零存整取储蓄存款的整取额　　B.定期定额支付的养老金

C.年资本回收额　　D.偿债基金

6.短期负债筹资的特点有(　　)。

A.筹资速度快,容易取得　　B.筹资富有弹性

C.筹资成本较低　　D.筹资风险低

7.普通股的资本成本高于债券资本成本的原因有(　　)。

A.股利不能抵税

B.普通股筹资要考虑筹资费用

C.普通股筹资有固定的股利负担

D.普通股股东的投资风险大于债券持有人的风险

8.下列投资项目评价指标中，没考虑时间价值的指标有(　　)。

A.静态投资回收期　　B.会计收益率　　C.净现值率　　D.内部收益率

9.甲乙两个投资项目的未来使用年限不同，且只有相关现金流出而没有现金流入，此时要对甲乙方案进行比较优选，不宜比较(　　)。

A.两个方案的净现值　　B.两个方案的平均年成本

C.两个方案的内含报酬率　　D.两个方案的总成本

10.下列表述中，正确的是(　　)。

A.复利终值系数和复利现值系数互为倒数

B.普通年金终值系数和普通年金现值系数互为倒数

C.普通年金现值系数和资本回收系数互为倒数

D.普通年金终值系数和偿债基金系数互为倒数

三、判断题(每小题1分，共10分，正确的在题后括号内打√，错误的打×)

1.从资本成本的本质与应用价值看，资本成本属于机会成本。(　　)

2.永续年金可视作期限无限的普通年金，终值与现值的计算可在普通年金的基础上求得。(　　)

3.在投资项目决策中，只要投资方案的净现值率大于1，在财务上该方案就是可行方案。(　　)

4.现金置存的主要原因是满足交易性需要、预防性需要和减少短缺成本。(　　)

5.人们在进行财务决策时，之所以选择低风险的方案，是因为低风险会带来高收益，而高风险的方案则往往收益偏低。(　　)

6.某企业计划购入原材料，供应商给出的条件为“1/10，*n*/50”，若银行短期借款利率为10%，则企业应在折扣期限内支付货款。(　　)

7.股票分割后对股东权益总额、股东权益各项目的金额及相互间的比例没有影响，这与发放股票股利有相同之处。(　　)

8.递延年金终值的大小与递延期无关，因此计算方法与普通年金终值是一样的。(　　)

9.若计息期短于一年，实际利率高于名义利率。(　　)

10.企业进行财务管理就是要正确权衡报酬增加与风险增加的得与失，努力实现二者之间的最佳结合，使企业价值达到最大。

四、简答题(每题5分，共10分)

1.什么是财务控制？财务控制具有哪些特征？

2.企业资本经营实施需要哪些条件？

五、计算题(每小题8分，共40分，要求有计算过程，计算结果精确到小数点后两位。)

1.某公司2016年销售产品100万件，单价50元，单位变动成本30元，固定成本总额1 000万元。公司负债2 000万元，年利息率为10%，无优先股，所得税税率为25%。

要求：

(1)计算该公司2016年边际贡献和息税前利润；

(2)计算该公司2016年的经营杠杆系数、财务杠杆系数、总杠杆系数；

(3)该公司2016年每股收益1元，预计该公司2017年销售量将增长20%，则该公司2017年的每股收益是多少？

2.某公司准备对一种股利固定成长的普通股股票进行长期投资，该股票当年股利为每股2元，估计年股利增长率为6%，现行国库券的收益率为5%，平均风险股票的必要收益率为11%，该股票的β系数为1.5。

要求：

(1)根据资本资产定价模型计算投资者要求的报酬率；

(2)计算股票的价值；

(3)假设当时股票的市价为28元，你作为投资者是否购买？

3.某公司生产甲产品耗用原材料P，制造一件甲产品需要2.4千克P材料。该公司需求量稳定，每年生产12 000件甲产品。若公司采购P材料每次的订货成本为200元，每千克P材料的年储存成本为8元。计算：

(1)P材料的经济订货批量；

(2)经济批量下的存货总成本；

(3)每年最佳订货次数。

4.某公司2016年发放股利共400万元。过去10年间该公司的盈利以10%的固定速度持续增长，2016年税后盈利为800万元。2017年预期盈利1 200万元，而投资总额为900万元。预计2017年以后仍会恢复10%的增长率。公司如果采取下列不同的股利政策，请分别计算2017年的股利：

(1)股利按照盈利的长期增长率稳定增长；

(2)维持2016年的年股利支付率；

(3)若采用剩余股利政策，公司目标资本结构为负债与权益之比为1∶1。

5.某企业拟购建一项固定资产，预计在建设起点一次性投资1 100万元，建设期两年，建设期满后需投入流动资金200万元。该固定资产估计可使用10年，期满有净残值100万元，按直线法计提折旧，流动资金于项目终结时一次收回。预计项目投产后每年可为企业增加税后利润100万元，该企业资本成本为10%。

要求：

(1)分析该项目的现金流量；

(2)计算该项目的净现值；

(3)判断该项目是否可行。

$(P/F,10\%,2)=0.826\ 4$　$(P/F,10\%,12)=0.318\ 6$　$(P/A,10\%,9)=5.759\ 0$　$(P/A,10\%,10)=6.144\ 6$

模拟试卷(A)参考答案

一、单项选择题

1.D 2.C 3.C 4.A 5.B 6.D 7.A 8.D 9.C 10.B 11.C 12.B 13.A 14.A 15.D 16.D 17.A 18.D 19.C 20.A

二、多项选择题

1.ACD 2.CD 3.ABD 4.BCD 5.BCD 6.ABC 7.AD 8.AB 9.ACD 10.ACD

三、判断题

1.√ 2.× 3.× 4.× 5.× 6.× 7.× 8.√ 9.√ 10.√

四、简答题

1.财务控制是指对企业的资金投入及收益过程和结果进行衡量与校正,以确保企业目标以及为达到此目标所制订的财务计划得以实现。财务控制具有以下特征:第一,价值控制。企业财务控制以价值形式为控制手段,以企业现金流量为主要控制内容,对不同的部门、岗位和经济业务实施全面控制,达到企业财务控制的目标。第二,程序控制。财务控制是指按一定的程序与方法,确保企业各部门和全体员工全面落实财务控制目标,确保企业按照既定的计划进行。第三,内部控制。财务控制是企业内部控制的重要组成部分,即内部控制的核心。财务控制是内部控制在资金和价值方面的体现,反映企业内部经营管理能力。

2.企业资本经营实施的条件:①转变观念,树立资本经营意识。②正确选择企业组织方式。③坚持以生产经营为依托。④重视人力资源的管理。⑤资本经营必须与商品经营相结合。⑥转变政府职能。

五、计算题(本大题共5小题,每小题8分,共40分,要求按步骤写出计算过程)

1.

(1)$M=100$ 万件×(50−30)元/件=2 000 万元

$EBIT=$2 000 万元−1 000 万元=1 000 万元

(2)$DOL=\dfrac{2\ 000\text{ 万元}}{1\ 000\text{ 万元}}=2$

$DFL=\dfrac{1\ 000\text{ 万元}}{1\ 000\text{ 万元}-2\ 000\text{ 万元}\times 10\%}=1.25$

$DTL=2\times 1.25=2.5$

(3)$EPS=1$ 元×(1+20%×2.5)= 1.5 元

2.

(1)$K=5\%+1.5\times(11\%-5\%)=14\%$

(2)$P=\dfrac{2\text{ 元}\times(1+6\%)}{14\%-6\%}=26.5$ 元

(3)不购买。因为股票价值为26.5元,低于其价格28元。

3.

(1) $Q^*=\sqrt{\frac{2KD}{K_C}}=\sqrt{\frac{2\times200\times12\ 000\times2.4}{8}}$kg=1 200 kg

(2) $TC(Q^*)=\frac{12\ 000\times2.4}{1\ 200}\times200$ 元$+\frac{1\ 200}{2}\times8$ 元=9 600元

(3) $N=\frac{12\ 000\text{ 件}\times2.4\text{ kg/件}}{1\ 200\text{ kg/次}}=24$ 次

4.

(1)2017年支付股利为:

400万元×(1+10%)=440万元

(2)2016年股利支付率为:

$\frac{400\text{ 万元}}{800\text{ 万元}}\times100\%=50\%$

2017年支付股利为:1 200万元×50%=600万元

(3)为满足投资所需的盈利:

900万元×50%=450万元

2017年支付股利为:

1 200万元-450万元=750万元

5.

(1)年折旧额$=\frac{1\ 100\text{ 万元}-100\text{ 万元}}{10\text{ 万元}}=100$ 万元

$NCF_0=-1\ 100$ 万元

$NCF_1=0$

$NCF_2=-200$ 万元

$NCF_{3-11}=100$ 万元+100万元=200万元

$NCF_{12}=200$ 万元+200万元+100万元=500万元

(2) $NPV=-1\ 100$ 万元-200万元×$(P/F,10\%,2)$+200万元×$(P/A,10\%,9)\times$
$(P/F,10\%,2)$+500万元×(P/F,10%,12)
=-1 100万元-200万元×0.826 4+200万元×5.769 0×0.826 4+
500万元×0.318 6=-154.12万元

(3)净现值小于0,该投资方案不可行。

模拟试卷(B)

课程考试方式：闭卷；试卷编号：B卷；考试时间：120分钟

题号	一	二	三	四	五	六	总分
应得分	20	20	10	10	40		100
实得分							
阅卷人							

一、单项选择题(每小题1分，共20分，每小题只有一个正确答案，将正确的选项填在括号内)

1.企业财务管理的核心是(　　)。

A.财务预测　　B.财务预算

C.财务决策　　D.财务分析

2.某股票为固定成长股，其成长率为3%，预期第一年后的股利为4元。假定目前国库券收益率为13%，平均风险股票的必要收益率为18%，而该股票的β系数为1.2，则该股票价值为(　　)元。

A.40　　B.25　　C.26.67　　D.30

3.某投资项目期限为8年，前三年年初没有产生现金流量，从第四年年初开始每年年初产生500万元的现金流量，假定年利率为10%，则其现值为(　　)万元。(*P/A*,10%,6)= 4.355 3,(*P/A*,10%,5)= 3.790 8,(*P/F*,10%,2)= 0.826 4,(*P/F*,10%,3)= 0.751 3。

A.1 995　　B.1 566　　C.18 136　　D.1 423

4.已知(*F/A*,10%,9)= 13.579,(*F/P*,10%,1)= 1.100 0,(*F/P*,10%,10)= 2.593 7。则10年、10%的预付年金终值系数为(　　)。

A.17.531　　B.15.937

C.14.579　　D.12.579

5.有一优先股，承诺每年支付优先股息40元，假设必要报酬率为10%，其价值为(　　)元。

A.40　　B.400　　C.无法计算　　D.360

6.某公司年营业收入为500万元，变动成本率为40%，经营杠杆系数为1.5，财务杠杆系数为2。如果固定成本增加50万元，那么，总杠杆系数将变为(　　)。

A.2.4　　B.3　　C.8　　D.6

7.某个公司发行在外的普通股10万股，拟发放10%的股票股利，并按分配股利后的股数支付了27.5万元的现金股利，若该股票当时市价为25元，则股票获利率为(　　)。

A.2.27%　　B.6%　　C.10%　　D.8.24%

8.某企业于2017年4月1日以1 000元购得面值为1 000元的新发行债券，票面利率10%，两年后一次还本，每年支付一次利息，该公司若持有该债券至到期日，其2017年4月1日到期收益率为（　　）。

A.12%　　B.16%　　C.8%　　D.10%

9.某种股票为固定增长股票，年增长率4%，预期一年后的股利为0.6元，现行国库券的收益率为3%，平均风险股票的风险收益率等于5%，而该股票的贝塔系数为1.2，那么该股票的价值为（　　）元。

A.9　　B.12　　C.12.68　　D.15

10.某企业按"2/10，n/60"信用条件购进商品50 000元，若放弃现金折扣，则其资金的机会成本为（　　）。

A.2%　　B.14.69%　　C.14.4%　　D.14.66%

11.某人退休时有现金10万元，拟选择一项回报比较稳定的投资，希望每个季度能收入现金2 000元补贴生活，那么，该项投资的实际报酬率应为（　　）。

A.2%　　B.8%　　C.8.24%　　D.10.04%

12.A公司采用配股的方式进行融资，以公司2009年12月31日总股本5 000万股为基数，拟每10股配2股，配股价格为配股说明书公布前20个交易日公司股票收盘价的平均值15元/股的80%，则配股除权价格为（　　）元/股。

A.12　　B.14.5　　C.15　　D.15.5

13.公司增发的普通股的市价为12元/股，筹资费用率为市价的6%，本年发放股利每股0.6元，已知同类股票的预期收益率为11%，则维持此股价需要的股利年增长率为（　　）。

A.5%　　B.5.68%　　C.5.39%　　D.10.34%

14.某投资项目适用30%的所得税税率，年税后营业收入为700万元，税后付现成本为350万元，税后净利润210万元。那么该项目年营业现金流量为（　　）万元。

A.210　　B.350　　C.410　　D.500

15.某公司拟从某银行获得贷款，该银行要求的补偿性余额为10%，贷款的年利率为12%，且银行要求采用贴现法付息，计算贷款的有效年利率为（　　）。

A.15.38%　　B.14.29%　　C.12%　　D.10.8%

16.投资者对待风险的态度应该是（　　）。

A.避免风险　　B.敢于冒险

C.不考虑风险大小　　D.权衡收益与风险的关系

17.下列筹资方式中，资本成本最高的筹资方式是（　　）。

A.普通股　　B.优先股

C.长期借款　　D.留存收益

18.某公司的经营杠杆系数为1.8，财务杠杆为1.5，则该公司销售额每增长1倍，就会造成每股收益增长（　　）。

A.1.2倍　　B.1.5倍　　C.0.3倍　　D.2.7倍

19.杜邦分析体系的核心指标是(　　)。

A.资产报酬率　　B.销售净利率

C.净资产收益率　　D.总资产周转率

20.直接材料预算的编制基础是(　　)。

A.生产预算　　B.财务预算

C.现金预算　　D.销售预算

二、多项选择题(每小题2分,共20分,在备选答案中选择两个或两个以上恰当的答案填在括号内,多选、少选均不得分)

1.股东通过经营者损害债权人利益的常用方式是(　　)。

A.不经债权人的同意,投资于比债权人预期风险高的项目

B.不顾工人的健康和利益

C.不征得债权人同意而发行新债

D.支付高额的现金股利

2.公司财务管理的法律环境所涉及的范围包括(　　)。

A.企业组织法规　　B.税收法规

C.金融工具　　D.财务法规

3.永续年金具有(　　)的特点。

A.没有终值　　B.没有期限

C.每期等额收或付　　D.没有现值

4.下列项目表述正确的是(　　)。

A.资金时间价值不是时间的产物,而是劳动的产物

B.资金时间价值与利率是一回事

C.资金时间价值通常是按复利计算

D.如果通货膨胀率极低,政府债券率可以视同时间价值

5.普通股筹资具有以下特点(　　)。

A.没有固定的利息负担　　B.筹资数量有限

C.资本成本较高　　D.能增强公司信誉

6.若不考虑财务风险,下列属于利用每股收益无差别点进行企业资本结构分析的正确表述的有(　　)。

A.当预计*EBIT*高于每股收益无差别点时,采用权益筹资方式比采用负债筹资方式有利

B.当预计*EBIT*高于每股收益无差别点时,采用负债筹资方式比采用权益筹资方式有利

C.当预计*EBIT*低于每股收益无差别点时,采用负债筹资方式比采用权益筹资方式有利

D.当预计*EBIT*等于每股收益无差别点时,两种筹资方式的每股收益相同

7.净现值法与现值指数法的主要区别是(　　)。

A.前者是绝对数,后者是相对数

B.前者考虑了货币时间价值,后者没有考虑货币时间价值

C.前者所得的结论总是与内含报酬率法一致,后者得出的结论有时与内含报酬率法不一致

D.前者不便于在投资额不同的方案之间比较,后者便于在投资额不同的方案间比较

8.企业的信用政策包括(　　)。

A.信用条件　　B.收账政策　　C.坏账准备　　D.信用标准

9.确定再订货点,需要考虑的因素有(　　)。

A.交货时间　　B.存货的平均需用量

C.保险储备量　　D.存货的平均供应量

10.从贴现现金流量理论看,影响股票内在价值的基本因素有(　　)。

A.股份公司的现金股利　　B.股票的市场价格

C.股票的面值　　D.投资者的必要报酬率

三、判断题(每小题1分,共10分,正确的在题后括号内打√,错误的打×)

1.现金管理的基本目标是加速现金回收,减缓现金支出。　(　　)

2.存货的经济订货批量大小与订货提前期的长短没有关系。　(　　)

3.可转换债券是一种含有期权的有价证券,其市场价格就是期权价格。　(　　)

4.根据肯定当量系数可以把各年不肯定的现金流量换算成肯定的现金流量,其取值与管理层对风险的好恶有关。　(　　)

5.关于经营杠杆系数,在相关范围内,产销量上升,经营风险加大。　(　　)

6.直接筹资过程简单,筹资效率高,筹资费用低。　(　　)

7.货币时间价值所代表的是没有投资风险和通货膨胀因素的投资报酬率。　(　　)

8.风险本身可能带来超出预期的损失,也可能带来超出预期的收益。　(　　)

9.财务管理宏观环境是企业财务决策可以改变的、影响企业财务活动的外部约束条件。　(　　)

10.企业可以利用金融市场来调整资本结构。　(　　)

四、简答题(每题5分,共10分)

1.企业责任中心有哪些?如何考核责任中心?

2.企业资本经营的方式有哪些?

五、计算题(每小题8分,共40分,要求有计算过程,计算结果精确到小数点后两位)

1.甲打算购置一套住房,有两种付款方式可供选择:

第一种:从现在起,每年年初支付3万元,连续支付15年;

第二种:从第5年起,每年年初支付3.2万元,连续支付15年。

假定银行利率10%,则甲应选择哪种付款方式?

$(P/A,10\%,15)=7.606\ 1$　$(P/A,10\%,14)=7.366\ 7$　$(P/A,10\%,18)=8.201\ 4$

$(P/A,10\%,19)=8.364\ 9$　$(P/A,10\%,3)=2.486\ 9$　$(P/A,10\%,4)=3.169\ 9$

$(P/F,10\%,3)=0.751\ 3$　$(P/F,10\%,4)=0.683\ 0$

2.某公司有一投资项目,该项目投资总额为 6 000 元,其中 5 400 元用于设备投资,600 元用于垫支流动资产资金。预期该项目投产后可使营业收入增加,第一年营业收入增加 3 000 元,第二年营业收入增加 4 500 元,第三年营业收入增加 6 000 元,每年需追加的付现成本:第一年为 1 000 元,第二年 1 500 元,第三年 1 000 元。该项目有效期为三年,项目结束时收回流动资产 600 元。该公司所得税率为 40%,固定资产无残值,采用直线法计提折旧,公司要求的最低报酬率为 10%,则该公司是否接受该项目?

$(P/F,10\%,1)=0.909\ 1$　$(P/F,10\%,2)=0.826\ 4$　$(P/F,10\%,3)=0.751\ 3$

3.宏达公司某年销售额为 1 000 万元,税后利润为 120 万元。若财务杠杆系数为 2,固定成本为 280 万元,假定所得税税率为 25%,该公司没有优先股。

要求:

(1)计算该公司的息税前利润;

(2)计算该公司边际贡献;

(3)计算该公司总杠杆系数;

(4)如果本年的每股收益为 8 元,预计明年销售额较本年增长 20%,则明年的每股收益是多少?

4.某企业每年需要甲材料 8 000 件,每次订货成本为 320 元,每件材料的年储存成本为 8 元,该种材料的单价为 25 元/件,一次订货量在 2 000 件以上时可获得 4%的折扣,在 3 000 件以上时可获得 5%的折扣。

要求:计算确定对企业最有利的订货批量。

5.宏达公司 2016 年发放股利共 400 万元。过去 10 年间该公司的盈利以 10%的固定速度持续增长,2016 年税后盈利为 800 万元。2017 年预期盈利 1 000 万元,而投资总额为 900 万元。预计 2017 年以后仍会恢复 10%的增长率。宏达公司如果采取下列不同的股利政策,请分别计算 2017 年的股利:

(1)股利按照盈利的长期增长率稳定增长;

(2)维持 2016 年的年股利支付率;

(3)若采用剩余股利政策,宏达公司目标资本结构为负债与权益之比 1∶2。

模拟试卷(B)参考答案

一、单项选择题

1.C　2.B　3.B　4.A　5.B　6.D　7.C　8.D　9.B　10.B　11.C　12.B　13.C　14.C　15.A　16.D　17.A　18.D　19.C　20.A

二、多项选择题

1.ACD　2.ABD　3.ABC　4.ACD　5.ACD　6.BD　7.AD　8.ABD　9.ABC　10.AD

三、判断题

1.×　2.√　3.×　4.√　5.×　6.×　7.√ 8.√　9.×　10.√

四、简答题

1.根据不同责任中心的控制范围和责任对象,可将责任中心分为三种:成本中心、利润中心和投资中心。责任中心的考核方法由于不同责任中心职权范围不同,责任预算的内容、考核的具体指标和方法也有所不同。主要包括:成本中心业绩评价、利润中心业绩评价以及投资中心业绩评价。

2.资本经营的方式主要包括公司并购、公司上市、战略联盟、资产剥离以及企业分立。第一,公司并购。公司并购主要分为吸收合并与新设合并,也包括收购或接管简称为公司并购。第二,公司上市。公司上市可以在国内上市也可以在国外。但通常所指的是国内上市。国内公司上市按方式分为发行上市、买壳上市、借壳上市和分拆上市等。第三,战略联盟。战略联盟指两个或两个以上的经营单位以实现互惠互利的战略目标为目的,通过一定方式组成的松散型网络组织。第四,资产剥离。从具体实践来看,资产剥离方式包括资产置换,减资,资产出售等形式。而从方式来看,主要分为单纯资产剥离和战略性资产剥离两种。第五,企业分立。企业分立是依照法律规定,将一个企业分化成为两个或两个以上的新企业的法律行为。

五、计算题(本大题共5小题,每小题8分,共40分,要求按步骤写出计算过程)

1.

第一种情况付款为预付年金,其现值 = 3 万元×[(P/A,10%,14)+1)] = 3 万元×8.366 7 = 25.10 万元

第二种情况付款为递延年金,其中 $m=3$,$n=15$。其现值 = 3.2 万元×(P/A,10%,15)×(P/F,10%,3) = 3.2 万元×7.606 1×0.751 3 = 18.29 万元

因此,甲企业应选择第二种付款方式。

2.

年折旧 = 5 400 元÷3 = 1 800 元

(1)现金流量分析

NCF_0 = 0−6 000 元 = −6 000 元

NCF_1 = (3 000 元−1 000 元)×(1−40%)+1 800 元×40% = 1 920 元

NCF_2 = (4 500 元−1 500 元)×(1−40%)+1 800 元×40% = 2 520 元

NCF_3 =(6 000 元-1 000 元)×(1-40%)+1 800 元×40%+600 元=4 320 元

(2)计算净现值

NPV=1 920 元×(P/F,10%,1)+2 520 元×(P/F,10%,2)+4 320 元×(P/F,10%,3)-6 000 元 =1 745.28 元+2 082.528 元+3 245.616 元-6 000 元=1 073.42 元

(3)由于 $NPV>0$,该项目应当接受。

3.

(1)税前利润 $=\frac{120\text{ 万元}}{1-25\%}=160$ 万元

$EBIT=(EBIT-I)\times DFL=160$ 万元×2=320 万元

(2)$M=EBIT+F=320$ 万元+280 万元=600 万元

(3)$DTL=\frac{M}{EBIT-I}=\frac{600\text{ 万元}}{160\text{ 万元}}=3.75$

(4)预计明年每股收益:EPS=8 元×(1+20%×3.75)= 14 元

4.

$$Q^*=\sqrt{\frac{2KD}{K_C}}=\sqrt{\frac{2\times320\times8\ 000}{8}}\text{件}=800\text{ 件}$$

(1)不享受折扣,每次采购 800 件,年相关成本为:

$8\ 000\text{ 件}\times25\text{ 元/件}+\frac{8\ 000}{800}\times320\text{ 元}+\frac{800}{2}\times8\text{ 元}=206\ 400\text{ 元}$

(2)每次采购 2 000 件,享受 4%的折扣,年相关成本为:

$8\ 000\text{ 件}\times25\text{ 元/件}\times(1-4\%)+\frac{8\ 000}{2\ 000}\times320\text{ 元}+\frac{2\ 000}{2}\times8\text{ 元}=201\ 280\text{ 元}$

(3)每次采购 3 000 件,享受 5%的折扣,年相关成本为:

$8\ 000\text{ 件}\times25\text{ 元/件}\times(1-5\%)+\frac{8\ 000}{3\ 000}\times320\text{ 元}+\frac{3\ 000}{2}\times8\text{ 元}=202\ 853.33\text{ 元}$

因为每次采购 2 000 件的年相关总成本最低,所以每次采购 2 000 件。

5.

(1)2017 年支付股利为:

400 万元×(1+10%)= 440 万元

(2) 2016 年股利支付率为:

$\frac{400\text{ 万元}}{800\text{ 万元}}\times100\%=50\%$

2017 年支付股利为:1 000 万元×50%=500 万元

(3) 为满足投资所需的盈利:

900 万元×50%=450 万元

2017 年支付股利为:

$1\ 000\text{ 万元}-900\times\frac{2}{3}=400\text{ 万元}$

参考文献

[1] 敬文举,张昌文.财务管理[M].重庆:重庆大学出版社,2017.

[2] 敬文举,陈丽佳,等.资产评估学[M].长春:吉林大学出版社,2015.

[3] 欧阳祖友,袁康来,敬文举,等.财务管理[M].长沙:湖南大学出版社,2013.

[4] 中国注册会计师协会.财务成本管理[M].北京:中国财政经济出版社,2016.

[5] 闫华红.2017 年注册会计师考试应试指导及全真模拟测试·财务成本管理(上下册)[M].北京:北京大学出版社,2017.

[6] 竺素娥,曾爱民.财务管理习题案例[M].大连:东北财经大学出版社,2014.

[7] 何瑛.上市公司财务管理案例[M].北京:经济管理出版社,2016.

[8] 王先庆.现代资本经营[M].北京:经济管理出版社,2012.

[9] 王明虎,等.财务管理原理[M].北京:机械工业出版社,2014.

[10] 周一虹.财务管理咨询[M].北京:经济科学出版社,2013.

[11] 陈亚东.创业实务[M].重庆:重庆大学出版社,2013.

[12] 梁巧转,赵文红.创业管理[M].北京:电子工业出版社,2015.

[13] 杨兆廷,刘颖.证券投资学[M].北京:人民邮电出版社,2013.

[14] 王勇.投资项目可行性分析[M].北京:电子工业出版社,2012.

[15] 岳虹.财务报表分析[M].北京:中国人民大学出版社,2009.

[16] 郭晓梅.高级管理会计理论与实务[M].大连:东北财经大学出版社,2016.